高等职业教育“十二五”规划教材

基础会计

JICHU KUAIJI

◎主　编　陈　斌
◎副主编　岳　方　池巧珠

重庆大学出版社

内容提要

本书根据学生由具体到抽象的认知规律，紧密联系会计实务，以项目为导向，以任务驱动教学，将教材内容整合为3大模块、9个教学项目，按照会计岗位认识、会计循环和会计业务处理程序来组织教材的内容。

会计岗位认识模块介绍会计岗位职权、会计人员守则、会计法律规范；会计日常业务循环模块，结合原始凭证→记账凭证→会计账簿→会计报表的日常业务循环，阐述了会计实务处理的专门方法与程序；基于会计工作过程的实务处理模块，结合建账→日常业务处理→期末业务处理整个会计工作过程，通过会计核算技能训练，有助于缩短学生会计顶岗适应期。

图书在版编目(CIP)数据

基础会计/陈斌主编．—重庆：重庆大学出版社，2012.4(2017.1 重印)
高等职业教育“十二五”规划教材
ISBN 978-7-5624-6584-3

Ⅰ.①基… Ⅱ.①陈… Ⅲ.①会计学—高等职业教育—教材 Ⅳ.①F230

中国版本图书馆 CIP 数据核字(2012)第 024405 号

高等职业教育“十二五”规划教材
基础会计
主 编 陈 斌
副主编 岳 方 池巧珠
责任编辑：范 莹 版式设计：范 莹
责任校对：贾 梅 责任印制：赵 晟
*
重庆大学出版社出版发行
出版人：易树平
社址：重庆市沙坪坝区大学城西路 21 号
邮编：401331
电话：(023) 88617190 88617185(中小学)
传真：(023) 88617186 88617166
网址：http://www. cqup. com. cn
邮箱：fxk@ cqup. com. cn (营销中心)
全国新华书店经销
重庆市国丰印务有限责任公司印刷
*
开本：720mm×960mm 1/16 印张：25.25 字数：454 千
2012 年 4 月第 1 版 2017 年 1 月第 4 次印刷
印数：7 501—8 500
ISBN 978-7-5624-6584-3 定价：43.00 元

编写委员会

主　任：林　彬　福建商业高等专科学校党委书记

副主任：黄克安　福建商业高等专科学校校长、教授、硕士生导师、政协福建省委常委、国务院政府特殊津贴专家、国家级教学名师

吴贵明　福建商业高等专科学校副校长、教授、博士后、硕士生导师、省级教学名师

秘书长：刘莉萍　福建商业高等专科学校教务处副处长、副教授

委　员：（按姓氏笔画排序）

王　瑜　福建商业高等专科学校旅游系主任、教授、省级教学名师

叶林心　福建商业高等专科学校商业美术系副教授、福建省工艺美术大师、高级工艺美术师

庄惠明　福建商业高等专科学校经济贸易系党总支书记兼副主任（主持工作）、副教授、博士后、硕士生导师

池　玫　福建商业高等专科学校外语系主任、教授、省级教学名师

池　琛　中国抽纱福建进出口公司总经理

张荣华　福建冠福家用现代股份有限公司财务总监

陈增明　福建商业高等专科学校教务处长、副教授、省级教学名师

陈建龙　福建省长乐力恒锦纶科技有限公司董事长

陈志明　福建商业高等专科学校信息管理工程系主任、副教授

陈成广　东南快报网站主编

苏学成　北京伟库电子商务科技有限公司中南大区经理

林　娟　福建商业高等专科学校基础部主任、副教授

林　萍　福建商业高等专科学校思政部主任、副教授、省级教学名师

林常青　福建永安物业公司董事长

林军华　福州最佳西方财富大酒店总经理

洪连鸿　福建商业高等专科学校会计系主任、副教授、省级教学名师

章月萍　福建商业高等专科学校工商管理系主任、副教授、省级教学名师

黄启儒　福建海峡服装有限公司总经理

董建光　福建交通（控股）集团副总经理（副厅级）

谢盛斌　福建锦江科技有限公司人力行政副总经理

廖建国　福建商业高等专科学校新闻传播系主任、副教授

序

胡锦涛总书记在清华大学百年校庆讲话中提出，人才培养、科学研究、服务社会、文化传承创新是现代大学的四大功能。高校是人才汇集的高地、智力交汇的场所，在这里，古今中外的思想、理论、学说相互撞击、相互交融，理论实践相互充实、相互升华，百花齐放、百家争鸣，并以其强大的导向功能辐射影响全社会，堪称社会新思想、新理论、新观念的发源地和集散中心。教师扮演着人类知识传承者和社会责任担当者的角色，更应践行“立德、立功、立言”人生三不朽。

当下许多教师，特别是青年教师尚未脱离从家门到校门、从校门再到校门的“三门学者”的路径依赖，致使教学内容单调、研究成果片面。要在教学上有所成绩、学术上有所建树、事业上有所成就，不仅要做“出信息、出对策、出思想”的“三出学者”，更要从“历史自觉”的高度有效克服自身存在的“历史不足”，勇于探索出一条做一名“出门一笑大江横”“出类拔萃显气度”“出人头地见风骨”的“三出学者”路径。作为高职高专院校的教师，要培养学生成为“应用型”“高端技能型”人才，更要亲密接触社会、基层获取实践经验，做到既博览群书又博采众长，既“书中学”更“做中学”，成为既有理论又有实践经验的综合型人才。

百年商专形成了“铸造做人之行，培育做事之品”的“品行教育”特色。学校在做强硬实力的同时，不遗余力致力于软实力建设。要求教师一要敢于接触社会，不能“两耳不闻窗外事，一心只读圣贤书”，要广泛接触社会，了解社情民意，与企事业单位“亲密接触”；二要勇于深入基层，唯有对基层、对实际有深入的了解，才能做到“春江水暖鸭先知”，才能适时将这些知识与信息传播给学生；三要勤于实践锻炼。教师只有自觉增强实践能力，接受新信息、新知识、新概念，了解新理念，跟踪新技术，不断更新自身的知识体系和能力结构，才能更加适应外界环境变化和学生发展的需求。俗话说：“要给学生一杯水，自己就要有一桶水”，现在看来，教师拥有“一桶水”远远不够了，教师应该是“一条奔腾不息的河流”！教师要有“绝知此事要躬行”的手、要有“留心处处皆学问”的眼、要有“跳出庐山看庐山”的胆，在“悬思—苦索—顿悟”之后，以角色自信和历史自觉，厚积薄发，沉淀思想、观点、经验、体悟。

百年商专，在数代前贤和师生的共同努力下，取得了无数的荣誉，形成了自己的特色和性格，拥有了自己的尊严和声誉，奠定了自己的地位和影响，也创出了自己的品牌和名气。不同时代的商专人都应为丰富商专的内涵作出自己的贡献。当下的“商专人”更应以“商专人”为荣,靠精神、靠文化、靠人才、靠团结、靠拼搏,敬业精业、齐心协力、同舟共济,强基固础、争先创优,攻艰克难、奋发有为。在共同感受学生成长、丰富自己人生、铸就学校未来的同时,服务社会、奉献社会,为我国的高职教育作出自己一份贡献。

源于此,学校在长乐企业鼎力支持下建立“校本教材出版基金”,鼓励和支持有丰富教学与企业经验、较高学术水平与教材编写能力的教师和相关行业企业专家共同编写校本教材。本系列校本教材在编写过程中,力求实现体现“校企合作、工学结合”的基本内涵;符合高职教育专业建设和课程体系改革的基本要求,以“基于工作过程或以培养学生实际动手能力”为主线设计教材总体架构;符合实施素质教育和加强实践教学的要求;反映科学技术、社会经济发展和教育改革的要求;体现当前教学改革和学科发展的新知识、新理念、新模式。

斯言不尽,代以为序。

福建商业高等专科学校党委书记　林　彬
2011 年 12 月

前言

根据教育部“高职高专培养高技能应用型人才”教学要求，福建商业高等专科学校与福建六建集团财务总监、注册会计师共同编写了《基础会计》。本书根据学生由具体到抽象的认知规律，紧密联系会计实务，以项目为导向，以任务驱动教学，将教材内容整合为三大模块、9个教学项目，按照会计岗位认识、会计循环和会计业务处理程序来组织教材的内容，是对传统《基础会计》教材的大胆改革，是对工学结合教学模式在教材建设上的一种探索和尝试。

本书以会计岗位认识作为开篇模块，通过介绍会计岗位职权、会计人员守则、会计法律规范，不仅使初涉会计领域的学生，对会计工作留下了具体形象的认识，而且有助于培养会计专业学生遵纪守法观念和会计执业道德，将教书育人的教育思想落实到基础会计教学。

会计日常业务循环模块，结合原始凭证→记账凭证→会计账簿→会计报表的日常业务循环，阐述了会计实务处理的专门方法与程序，使学生掌握会计核算工作的基本方法与技能，为后续会计课程的学习奠定基础。

基于会计工作过程的实务处理模块，以实际会计工作过程为导向来组织教学，结合建账→日常业务处理→期末业务处理整个会计工作过程，通过会计核算技能训练，有助于缩短学生会计顶岗适应期。

本书分为9个教学项目：会计岗位认识、填制和审核原始凭证、填制和审核记账凭证、登记会计账簿、认识会计报表、选择账务处理程序、建账、掌握日常业务处理和掌握期末业务处理，在教学项目框架下再设置若干教学任务，形成完整的教学内容。将会计对象、原始凭证、原始凭证审核结合起来讲解，有助于学生理解原始凭证所体现的会计对象，同时通过讲解原始凭证审核，使学生对会计监督职能有了更具体的认识。

本书根据会计要素、会计科目、会计账户、会计报表、复式记账（如借贷记账法）、记账凭证内在联系，将它们结合起来讲解，使学生清楚认识到会计要素、会计科目、会计账户、会计报表实际上是一种会计分类汇总方法，是对会计对象（经济业务原始凭证）进行总分类和明细分类的方法。记账凭证实际上是会计分类方法和复式记账原理的综合利用。

本书由陈斌副教授担任主编，负责拟定全书体例、大纲和最后的统稿和定稿。福建六建集团财务总监、注册会计师岳方副教授担任副主编，负责全书体例、大纲和初稿的审核。池巧珠副教授担任副主编负责商定全书体例、大纲编写。福建天健正信会计师事务所有限公司注册会计师、注册税务师江楠经理担任主审。全书编写分工如下：陈斌编写项目1、项目7、项目8和项目9；池巧珠编写项目2；蔡秋玉编写项目3；林舒航编写项目4、项目6和项目9中的任务6；林菡编写项目5。

在编写过程中，我们借鉴和参考了其他院校的有关基础会计教材，在此表示诚挚的谢意！由于编写时间仓促，编者水平有限，书中难免存在疏漏之处，恳请读者批评指正。

编　者

2012年1月

目　录

模块1　会计岗位的认识

模块2　会计日常业务循环

模块3 基于会计工作过程的实务处理

模块1 会计岗位的认识

本模块通过介绍会计岗位职权、会计人员守则、会计法律规范，不仅使初涉会计领域的学生，对会计工作留下了具体形象的认识，而且有助于培养会计专业学生遵纪守法观念和会计执业道德，将教书育人的教育思想落实到基础会计教学中。

项目1　认识会计岗位

知识目标

1. 掌握会计的含义、目标、基本职能及核算原则；

2. 熟悉会计职业和会计岗位、会计机构的设置；

3. 理解会计确认、计量和报告的基本前提与会计信息质量的要求；

4. 了解会计核算的基本方法及会计法规体系。

技能目标

1. 熟悉会计职业与会计工作的内容；

2. 懂得会计机构、会计人员和会计岗位的设置；

3. 学会分析会计人员的行为是否符合会计职业道德；

4. 懂得会计核算的基本前提及会计信息质量要求，并在实务操作中遵守前提和要求。

导学案例

关于会计的对话

甲：什么是会计？这还不简单，会计就是指一个人，比如，我们公司的刘会计，是我们公司的会计人员。

乙：不对，会计不是指人，会计是指一项工作，比如我们常常这样问一个人，你在公司做什么？他说，我在公司当会计，这里会计当然是指会计工作了。

丙：会计不是指一项工作，也不是指一个人，而是指一个部门，一个机构，即会计机构。你们看，每个公司都有一个会计部，或者会计处什么的，这里会计就是指会计部门，显然是一个机构。

丁：你们都错了，会计既不是一个人，也不是一项工作，更不是指一个机构，而是指一门学科，我表哥就是在厦门大学学会计的，他当然是去学一门学科或科学。

结果，他们谁也说服不了谁。亲爱的同学，如果让你来谈谈什么是会计的问题，你会怎么说呢？

任务1 认识会计与会计工作

1.1.1 认识会计

1）什么是会计

在日常生活中，会计确实有多种不同的含义。甲、乙、丙、丁四个人的看法都说明了会计含义的一部分，但又都不全面。那么什么是会计呢？会计又是如何产生和发展的？

（1）会计的产生

会计不是从来就有的，是社会发展到一定历史阶段的产物。在人类的生产和经济的发展中，人们为了取得生产经营成果，必然耗费人力、物力和财力。生产经营者一方面要关心劳动成果的多少，另一方面也关注劳动耗费的高低。因此，人们在推动生产和经济的不断发展的同时，必然也必须对经营成果和劳动耗费进行确认与计量，并加以比较分析，只有这样才能对生产和经济的发展进行有效的组织、管理和推动。

早在原始社会，人们为了生存而狩猎，狩猎有所得亦有所耗。人们要对狩猎成果和发生的耗费通过“结绳”“刻石”等方法加以计数,这是会计最早的萌芽。那时会计还是生产职能的“附带职能”。

后来随着劳动生产率的提高、人类社会的发展,生产有了剩余产品,人们为了积聚财富,开始了交换并有目的地节约耗费,实现收益最大化。为了实现这一经营目标,人们认识到必须对生产经营活动进行系统的确认与计量、记录、分析和比较,这时,会计就从生产职能中分离出来,成为特殊的独立的职能,这就是会计的产生。

(2)会计的发展

早期的会计是比较简单的,只是对财物的收支进行计算和记录。随着社会生产的日益发展和科学技术水平的不断进步与发展,会计经历了一个由简单到复杂,由低级到高级的漫长的发展过程。

会计的最初表现形态是人类对经济活动的计量与记录行为,早在原始社会初期,我国就有了会计的萌芽,“刻木计数”“结绳记事”便是其最原始的表现形式。西周时设有专职的“司书”和“司会”官职,进行“月计岁会”,负责对政府的财政收支进行记录与核算,并定期向统治者报告。如当时建立的“日报”“月要”和“岁会”等报告文书,初步具备了旬报、月报、年报等会计报告的作用。唐宋时期,出现了“四柱结算法”,官厅中办理钱粮报销或移交,要编造“四柱清册”,将全部经济活动分为“旧管”“新收”“开除”和“实在”4 个方面,其基本关系是“旧管 + 新收 - 开除 = 实在”,通过四柱平衡公式,结算财产物资增减变化及其结果。“四柱结算法”说明我国古代会计已经发展到相当高的水平。明末清初,出现了以四柱为基础的龙门账,用以计算盈亏,将全部账目分为进(相当于收入)、缴(相当于各项支出)、存(相当于各项资产)、该(相当于资本负债)四大类,应用“进 - 缴 = 存 - 该”的平衡公式计算盈亏,分别编制“进缴表”(资产负债表)、“存该表”(利润表),在两表中计算求出的盈亏数应当相等,称为“合龙门”,以此钩稽全部账目的正误。清朝采用天地合账。在这种方法下,账簿采用垂直书写,直行分为上下两格,上格记收,称为“天”,下格记付,称为“地”,上下两格所登记的数额必须相等,即所谓“天地合”。

四柱清册、龙门账、天地合账,充分显示了我国历史上各个时期传统中式簿记的特点。标志着我国复式记账法的正式产生。

在欧洲,复式簿记诞生于资本主义萌芽时期的意大利,1494 年意大利数学家卢卡·巴其阿勒出版了《算术、几何和比例概要》,详细地阐述了借贷记账原理,并介绍了日记账、分类账和总账 3 种账簿为基础的会计制度,标志着现代会计的正式产生,卢卡·巴其阿勒也被后人尊为会计学之父。

19 世纪中叶以后,以借贷复式记账法为主要内容的英式会计、美式会计传入我国,我国会计学者也致力于西式会计传播,这对改革中式簿记,促进我国会计的发展起到了一定的作用。

随着经济活动更加复杂,生产日益社会化,人们的社会关系更加广泛,会计的地位和作用、会计的目标、会计所应用的原则、方法和技术都在不断发展、变化并日趋完善,并逐步形成自身的理论和方法体系。另外,科学技术水平的提高也对会计的发展起了很大促进作用。现代数学、现代管理科学与会计的结合,特别是电子计算机在会计数据处理中的应用,使会计工作的效能发生了很大变化。它扩大了会计信息的范围,提高了会计信息的精确性和及时性。

为了适应发展社会主义市场经济的要求。从 1992 年起我国进行了全面的会计改革,颁布了企业会计准则、企业财务通则,以及分行业的企业会计制度和财务制度,简称两则两制,自 1993 年 7 月 1 日起实施。此后,一直在陆续制定和颁布具体会计准则,并对分行业的会计制度进行了统一。例如,2000 年颁布了全国统一的《企业会计制度》,2002 年颁布了《金融企业会计制度》,2004 颁布了《小企业会计制度》。2006 年 2 月财政部又重新修订和颁布了《企业会计准则——基本准则》和 38 个具体会计准则,使之更适合我国经济体制改革的需要。这一系列改革,使我国会计理论和实务获得了前所未有的发展,走上与国际会计惯例趋同的道路,使会计真正成为世界通用的商业语言。

(3)会计的含义

会计是为适应人类生产实践和经济管理的客观需要而产生和发展起来的,随着社会生产力的发展,会计的重要性也逐渐为人们所认识。社会生产力的发展是无止境的,会计的发展也是无止境的。会计发展的历史告诉我们:经济越发展,会计越重要。

随着社会生产的发展和会计活动的变化,会计的内容得到了不断的充实、完善和更新发展。目前我国关于会计本质认识的主要观点有两种:一种观点认为会计是"一个以提供财务信息为主的经济信息系统的信息系统论",其侧重点为会计是一种处理信息系统的手段,其主要功能在于:将企事业单位的财务会计信息提供给有关使用者。另一种观点认为会计是"人们管理生产过程的一种社会活动的管理活动论",其侧重点为会计本身就是一种管理活动,而不仅仅是一种手段。

客观而言,上述两种观点并不是对立的,事实上,会计本身即具有双重属性,它既是一种经济信息系统,又是一种经济管理活动。

因此,会计可以定义为:会计是以货币为主要计量单位,通过一系列专门方法，对一定单位的经济活动进行连续、系统、综合的核算和监督，旨在提供财务会计信息，以此参与单位的经营管理，并以提高经济效益为目标的一种管理活动。

会计的含义包括3个方面的内容：

会计是一种提供财务会计信息的管理活动——会计的本质。

对经济活动进行核算和监督——会计的基本职能。

以货币计量为基本形式——会计的主要特点。

2)会计的目标

会计目标亦称会计目的，是要求会计工作完成的任务或达到的标准。在不同历史阶段，会计的具体目标是不同的，会计目标受环境因素的影响，随环境因素的变化而变化。

会计的基本目标就是要向企业内外部有关方面提供有用的财务会计信息，同时，还应直接或间接地参与控制本单位的经营活动。我国的《企业会计准则》对会计目标做了明确的规定：会计信息应当符合国家宏观经济管理的要求，满足有关方面了解企业财务状况和经营成果的需要，满足企业加强经济管理的需要。会计目标是会计管理的出发点和最终要求。在会计实践活动中，会计目标决定和制约着会计管理活动的方向，是优化会计行为，制定、改进和评价会计程序和方法的依据，涉及会计工作的方方面面。

企业财务会计信息的使用者包括内部和外部使用者两类。会计信息的内部使用者是指企业内部的管理人员，由于财务会计信息全面、综合地反映了企业的经营活动及其结果，因此，在企业的整个经营活动过程中，企业各个阶层和各个方面的管理人员，在对其所面临经营管理问题作出决策时，一般都要借助于会计核算所产生的财务会计信息。会计信息的外部使用者，泛指与企业有直接利害关系的投资者、债权人，也包括与企业有间接利害关系的政府部门及供应商和客户。

3)会计的基本职能

会计的职能是指会计在经济管理中所具有的功能。会计的基本职能是核算和监督。我国的《会计法》把会计核算和会计监督作为核心内容，并据此作出了一系列明确的规定。《会计法》的这些规定,体现了会计所固有的基本功能,也符合会计所要达到的基本目标要求。

(1)会计的核算职能

会计的核算职能,亦称会计的反映职能,是指以货币为主要计量单位,通过确认、计量、记录和报告,对企业的经营活动过程及其结果进行连续、系统、准确的记录、计算、报告,为企业的经济管理提供有用的会计信息。简单地说,会计的核算职能就是记账、算账与报账的过程。会计首先是对原始凭证进行审核,在真实完整的基础上进一步在账簿中进行登记,最后对账簿记录进行分析汇总,编制会计报表,通过会计报表向单位内部和外部的有关方面提供本单位的财务信息。

会计核算贯穿于经济活动的全过程。从会计工作的现状看,会计核算的职能主要是从数量方面综合反映企业单位已经发生或已经完成的各项经济活动,即事后核算,它是会计的基础工作。把个别的、大量的经济业务,经过记录、分类、计算、汇总,转化为一系列经济信息,使其正确地、综合地反映企业单位的经济活动过程和结果,为经营管理提供数据资料。

(2)会计的监督职能

会计的监督职能是指以国家的财经法规、政策、制度、纪律和会计信息为依据,对经济活动的合理性、合法性进行检查和控制。

会计的监督应贯穿企业经济活动的全过程,这种单位内部会计监督具有社会监督和国家监督不可替代的作用。同时这种监督更应是一种全方位的监督,既包括对货币资金的监督,也应包括对实物的监督。现代社会的会计监督职能已扩展到以内部会计监督为基础、政府监督为主导、社会审计监督为补充的三位一体的会计监督体系。

①单位内部会计监督。单位内部会计监督的主要内容包括以下4个方面:a.对凭证、账簿和会计报告的监督。b.对实物、款项的监督。c.对财务收支的监督。d.对其他经济活动的监督。

②国家会计监督。国家会计监督是一种外部监督,主要是指政府财政、审计、税务、人民银行、证券监管、保险监管等管理部门依照法律、行政法规的规定,通过审查会计资料来对有关单位的经济行为所进行的监督检查。

③社会会计监督。社会会计监督主要是指会计师事务所依法对受托单位的经济活动进行审计,并据实作出客观评价的一种监督。

会计的其他职能

随着经济的发展，会计的职能在不断地拓展，会计人员还要分析经济情况，预测经济远景，参与经济决策。因此，会计除具有核算、监督两种基本职能外，还具有其他职能。

1. 预测职能

预测职能是指根据过去的历史资料，通过一定的数学方法和逻辑推理，对各单位的经济活动的未来前景所进行的预计和推测。预测可以为决策提供数据资料。

预测的目的是定量或定性地判断、推测和规划经济活动的发展变化前景，并对此作出评价，以指导和调节经济活动，谋求最佳经济效益。

特点：具有连续性、科学性、全面性、近似性和局限性。

2. 决策职能

决策职能是指在未来经济活动中，为了实现企业目标而从若干备选方案中选定最优方案的过程。

会计决策的目的是以尽可能小的耗费，取得尽可能多的效益。

会计决策的步骤：确定决策目标，搜集决策资料；提出各种可行的备选方案；对可行的备选方案进行评价，从中选出最优方案。

3. 控制职能

控制职能是指按照管理的目的和要求，通过组织、指挥、协调企业的经济活动，对经济行为进行必要的干预，使之按照预定的轨道有序地进行。如事先编制计划，确定企业财务目标；事中组织计划的执行，并随时利用会计信息同财务目标相比较，进行评价；对存在的问题及时反馈，并采取措施调整脱离计划的偏差，以实现预定的财务目标。

4. 分析职能

分析职能是指以会计核算提供的信息资料和其他资料为依据，运用专门方法，对会计主体的经济活动结果、财务状况，以及预算执行情况等，进行比较、分析、评价，总结经验，巩固成绩，找出存在的问题，挖掘潜力，改进工作。

(3)会计核算与会计监督的关系

会计核算和会计监督两项职能关系十分密切,两者是相辅相成的。核算是监督的基础,没有核算就无法进行监督,只有正确地核算,监督才有真实可靠的依据。而监督则是核算的延续和深化,如果只有核算而不进行监督,就不能发挥会计应有的作用,只有严格地进行监督,核算所提供的数据资料才能在经济管理中发挥更大的作用。

4)会计的特点

会计的特点是指会计和其他经济核算的不同点。由于会计核算是会计的基本环节,因此会计的特点主要体现在会计核算方面,它有3个基本特点:

(1)以货币作为主要计量尺度

会计为了从数量上来核算和监督各企业、机关和事业等单位经济活动,需要运用实物量度(千克、吨、米、台、件等)、劳动量度(劳动日、工时等)和货币量度(元、角、分等)3种计量尺度,但应以货币量度为主。只有借助于统一的货币量度,才能取得经营管理上所必需的连续、系统而综合的会计资料。因此,货币量度始终是会计最基本的、统一的、主要的计量尺度。

(2)具有连续性、系统性、综合性和全面性

会计对经济活动过程进行核算和监督,是按照经济活动发生的时间顺序不间断地连续记录,并且对现在或将来可能影响企业收益的、能够用货币表现的经济业务,都必须全面、准确地记录下来。会计日常记录的内容,应当按照国家的方针、政策、制度或会计惯例以及管理的要求,定期进行归类整理,以揭示经济业务所固有的内部联系,以便随时提供企业经营管理所需的各种资料。

(3)以凭证为依据

会计的任何记录和计量都必须以会计凭证为依据,这就使会计信息具有真实性和可验证性。只有经过审核无误的原始凭证才能据以编制记账凭证,登记账簿进行加工处理。这一特征也是其他经济管理活动所不具备的。

(4)具有一整套科学实用的专门方法

为了正确地反映企业经济活动,会计在长期发展过程中,形成了一系列科学实用的专门核算方法,即按照经济业务发生的顺序进行连续、系统、全面地记录和计算,为企业经营管理提供必要的经济信息。这些专门核算方法相互联系,相互配合,构成一个完整的核算和监督经济活动过程及其结果的方法体系,是会计管理区别于其他经济管理的重要特征之一。

1.1.2 认识会计工作

1)会计职业

会计职业是会计人员所从事的职业,大体上可以分为3类:注册会计师、企业会计和行政事业会计。其中,注册会计师职业属于第三产业范畴,是一种以超然独立的地位为客户提供专业性服务的职业。

注册会计师是依法取得注册会计师证书,并接受委托从事审计和会计咨询、会计服务业务的执业人员。会计人员要想取得注册会计师资格,一般须通过全国统一组织的注册会计师考试。注册会计师的业务范围主要包括两大类:一是会计查账验证业务,即审计业务;二是会计咨询服务业务。

企业会计是会计人员最主要的职业。任何一个企业单位都不可以没有会计。我国在各类企业从事会计工作的会计人员数以百万计。企业会计根据工作需要设有不同的岗位。这些岗位有两个系列,一个是行政职务系列,如总会计师、财务经理、会计科长、记账员、出纳员等;另一个是专业技术职务系列,包括高级会计师、会计师、助理会计师、会计员等。年轻一代的会计人员,要取得专业技术职务的任职资格,也须通过国家统一组织的考试。在企业管理人员中,会计人员占有重要的地位,而且不少有作为的会计人员,最终有可能晋升为企业最高阶层的管理人员。

行政事业会计。政府部门、行政机关和事业单位一般也都设有会计机构,有大批会计人员在这些单位从事行政事业会计工作。这些单位通常是实行预算会计制度,故行政事业会计又可称为预算会计。行政事业会计也设有相应的专业职务岗位。

2)会计从业资格

《会计法》规定,从事会计工作的人员,必须取得会计从业资格证书。《会计从业资格证书》是具有一定会计专业知识和技能的人员从事会计工作的资格证书,是从事会计工作必须具备的基本最低要求和前提条件,是证明能够从事会计工作的唯一合法凭证,是进入会计岗位的"准入证",是从事会计工作的必经之路。它是一种资格证书,是会计工作的"上岗证",不分级别。会计从业资格证书的取得必须通过会计从业资格考试。会计从业资格证书一经取得,在全国范围内有效。《会计从业资格管理办法》明确提出和规定了会计工作人员上岗注册登记、离岗备案、调转登记等会计从业资格证书的管理要求。

会计从业资格管理办法(节选)

第二章 会计从业资格的取得

第七条 国家实行会计从业资格考试制度。

第八条 申请参加会计从业资格考试的人员,应当符合下列基本条件:

(一)遵守会计和其他财经法律、法规;

(二)具备良好的道德品质;

(三)具备会计专业基础知识和技能。

因有《会计法》第四十二条、第四十三条、第四十四条所列违法情形,被依法吊销会计从业资格证书的人员,自被吊销之日起5年内(含5年)不得参加会计从业资格考试,不得重新取得会计从业资格证书。

因有提供虚假财务会计报告,做假账,隐匿或者故意销毁会计凭证、会计账簿、财务会计报告,贪污、挪用公款,职务侵占等与会计职务有关的违法行为,被依法追究刑事责任的人员,不得参加会计从业资格考试,不得取得或者重新取得会计从业资格证书。

第九条 会计从业资格考试科目为:财经法规与会计职业道德、会计基础、初级会计电算化(或者珠算五级)。

会计从业资格考试大纲由财政部统一制定并公布。

第十条 申请人符合本办法第八条规定且具备国家教育行政主管部门认可的中专以上(含中专,下同)会计类专业学历(或学位)的,自毕业之日起2年内(含2年),免试会计基础、初级会计电算化(或者珠算五级)。

前款所称会计类专业包括:(1)会计学;(2)会计电算化;(3)注册会计师专门化;(4)审计学;(5)财务管理;(6)理财学。

3)会计人员继续教育

取得会计从业资格的人员必须持续接受一定形式的、有组织的理论知识、专业技能和职业道德的教育和培训活动,不断保持其专业胜任能力和职业道德水平。

财政部于2006年11月20日正式发布了《会计人员继续教育规定》(财会〔2006〕19号,以下简称《规定》)。《规定》首次明确了会计人员每年接受面授培训的时间累计不应少于24小时，且会计人员所在单位负责组织和督促本单位的会计人员参加继续教育。另外，会计人员所在单位应当将把会计人员参加继续教育的情况作为会计人员任职、晋升的依据之一。继续教育主管部门将把会计人员参加继续教育情况的考核结果作为评选先进会计工作者、颁发会计人员荣誉证书的依据之一。

4）会计人员的岗位职责

会计人员的职责，是考核会计人员工作质量的重要标准。根据《中华人民共和国会计法》和《会计人员职权条例》中的规定，一般而言，其职责主要包括如下：

①按照国家财务制度的规定，认真编制并严格执行财务计划、预算，遵守各项收入制度、费用开支范围和开支标准，分清资金渠道，合理使用资金，保证完成财政上缴任务。

②按照国家会计制度的规定，记账、算账、报账，做到手续完备，内容真实，数字准确，账目清楚，日清月结，按期报账。

③按照银行制度的规定，合理使用贷款，加强现金管理，做好结算工作。

④按照经济核算原则，定期检查、分析财务计划、预算的执行情况，挖掘增收节支的潜力，考核资金使用效果，揭露经营管理中的问题，及时向领导提出建议。

⑤按照国家会计制度的规定，妥善保管会计凭证、账簿、报表等档案资料。

⑥遵守、宣传、维护国家财政制度和财经纪律，同一切违法乱纪行为作斗争。

会计专业职务与会计专业技术资格

1. 会计专业职务

会计专业职务，是区别会计人员业务技能的技术等级。根据《会计专业职务试行条例》的规定，会计专业职务分为高级会计师、会计师、助理会计师和会计员；高级会计师为高级职务，会计师为中级职务，助理会计师和会计员为初级职务。

2. 会计专业技术资格

会计专业技术资格，是指担任会计专业职务的任职资格。分为初级资格、中级资格和高级资格。

根据《会计专业技术资格考试暂行规定》以及相关补充规定的规定，会计师、助理会计师和会计师技术资格实行全国统一考试制度，以考代评。

初级、中级会计资格的取得试行全国统一考试制度；考试科目为：

初级资格：经济法基础、初级会计实务；

中级资格：财务管理、经济法、中级会计实务。

高级会计师资格试行考试与评比相结合制度。高级资格（考评结合），考试科目为：高级会计实务

报考初级会计资格考试的人员必须具备会计从业资格证书以及教育部认可的高中以上学历。报考中级会计资格考试的人员除具备上述条件外，还必须有下列条件：

(1)取得大专学历的，从事会计工作满5年；

(2)取得大学本科学历的，从事会计工作满4年；

(3)取得双学士学位或研究班毕业的，从事会计工作满2年；

(4)取得硕士学位的，从事会计工作满1年；

(5)取得博士学位。

会计工作年限是指取得相应学历前、从事会计工作时间的总和。

5）会计人员的工作权限

会计人员在工作中必须认真履行自己的职责，完成企业会计核算的各项任务。为此，《会计人员职权条例》中明确规定了会计人员具有下列工作权限：

①有权要求本单位有关部门、人员认真执行国家批准的计划、预算，遵守国家财经纪律和财务会计制度；如有违反，会计人员有权拒绝付款、拒绝报销或拒绝执行，并向本单位领导人报告。对于弄虚作假、营私舞弊、欺骗上级等违法乱纪行为，会计人员必须坚决拒绝执行，并向本单位领导人或上级机关、财政部门报告。

会计人员对于违反制度、法令的事项，不拒绝执行，又不向领导人或上级机关、财政部门报告的，应同有关人员负连带责任。

②有权参与本单位计划编制，定额制定，签订经济合同，参加有关的生产、经营管理会议。领导人和有关部门对会计人员提出的有关财务开支和经济效果方面的问题和意见，要认真考虑，合理的意见要加以采纳。

③有权监督、检查本单位有关部门的财务收支、资金使用和财产保管、收发、计量、检验等情况。

6)会计人员的职业道德

会计人员职业道德,是会计人员从事会计工作应当遵循的道德标准。建立会计人员职业道德规范,是对会计人员强化道德约束,防止和杜绝会计人员在工作中出现不道德行为的有效措施。建立基层单位会计人员的职业道德规范,在我国尚属空白。但在实际工作中,会计人员丧失原则、有意隐瞒真实情况、甚至为违法违纪活动出谋划策的行为时有发生,严重违背了作为一个会计人员应当具备的基本标准。有必要在建立会计人员职业道德规范的基础上,强化对会计人员的职业道德教育和监督检查,提高会计人员的职业道德水平。因此,《会计基础工作规范》专门对会计人员的职业道德问题作出了规定,主要包括以下6个方面:

①敬业爱岗。即会计人员应当热爱本职工作,努力钻研业务,使自己的知识和技能适应所从事工作的要求。

②熟悉法规。即会计人员应当熟悉财经法律、法规和国家统一会计制度,并结合会计工作进行广泛宣传。

③依法办事。即会计人员应当按照会计法律、法规、规章规定的程序和要求进行会计工作,保证所提供的会计信息合法、真实、准确、及时、完整。

④客观公正。即会计人员办理会计事务应当实事求是、客观公正。

⑤搞好服务。即会计人员应当熟悉本单位的生产经营和业务管理情况,运用掌握的会计信息和会计方法,为改善单位内部管理、提高经济效益服务。

⑥保守秘密。即会计人员应当保守本单位的商业秘密,除法律规定和单位领导人同意外,不能私自向外界提供或者泄露单位的会计信息。

《会计基础工作规范》同时要求,财政部门、业务主管部门和各单位应当定期检查会计人员遵守职业道德的情况,并作为会计人员晋升、晋级、聘任专业职务、表彰奖励的重要考核依据;会计人员违反职业道德的,由所在单位进行处罚;情节严重的,由会计证发证机关吊销其会计证。

7)违反《会计法》应承担的法律责任

①违反《会计法》规定,有下列行为之一的,由县级以上人民政府财政部门责令限期改正,可以对单位并处三千元以上五万元以下的罚款;对其直接负责的主管人员和其他直接责任人员,可以处二千元以上二万元以下的罚款;属于国家工作人员的,还应当由其所在单位或者有关单位依法给予行政处分:

a.不依法设置会计账簿的;

b.私设会计账簿的;

c. 未按照规定填制、取得原始凭证或者填制、取得的原始凭证不符合规定的；

d. 以未经审核的会计凭证为依据，登记会计账簿或者登记会计账簿不符合规定的；

e. 随意变更会计处理方法的；

f. 向不同的会计资料使用者提供的财务会计报告编制依据不一致的；

g. 未按照规定使用会计记录文字或者记账本位币的；

h. 未按照规定保管会计资料，致使会计资料毁损、灭失的；

i. 未按照规定建立并实施单位内部会计监督制度或者拒绝依法实施的监督或者不如实提供有关会计资料及有关情况的；

j. 任用会计人员不符合本法规定的。

有上述所列行为之一，构成犯罪的，依法追究刑事责任。

②对伪造、变造会计凭证、会计账簿，编制虚假财务会计报告，构成犯罪的，依法追究刑事责任。

有上述行为，尚不构成犯罪的，由县级以上人民政府财政部门予以通报，可以对单位并处五千元以上十万元以下的罚款；对其直接负责的主管人员和其他直接责任人员，可以处三千元以上五万元以下的罚款；属于国家工作人员的，还应当由其所在单位或者有关单位依法给予撤职直至开除的行政处分；对其中的会计人员，并由县级以上人民政府财政部门吊销会计从业资格证书。

③对隐匿或者故意销毁依法应当保存的会计凭证、会计账簿、财务会计报告的处罚。处罚方式与上述第二点相同。

④授意、指使、强令会计机构、会计人员及其他人员伪造、变造会计凭证、会计账簿，编制虚假财务会计报告或者隐匿、故意销毁依法应当保存的会计凭证、会计账簿、财务会计报告，构成犯罪的，依法追究刑事责任；尚不构成犯罪的，可以处五千元以上五万元以下的罚款；属于国家工作人员的，还应当由其所在单位或者有关单位依法给予降级、撤职、开除的行政处分。

任务2　了解会计法律规范

1.2.1　我国会计法律规范体系

会计法律规范体系是指国家权力机关或其他授权机构制定的，用于指导和约束会计核算实务、规范会计基础工作、规定会计主体和相关人员会计责任等规范性文件的总和。它是组织和从事会计工作必须遵守的规范。目前，我国会计法律规范体系的构成与层次如图1.1所示。

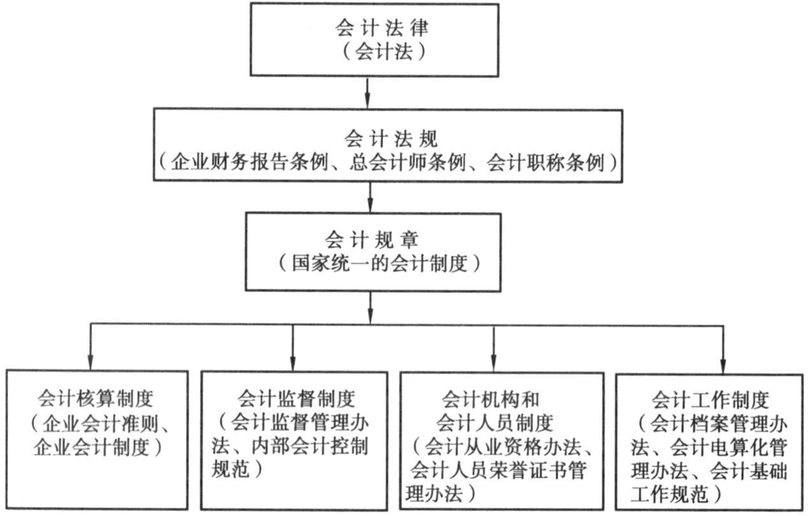

图1.1　我国现阶段会计法律规范体系

1.2.2　会计法律规范

会计法律规范是指国家权力机关和行政机关制定的各种有关会计工作的规范性文件的总称，是调整会计机构和会计人员在办理会计事务过程中以及国家在管理会计工作过程中发生的会计关系的法律规范。

1)会计法律

会计法律是指由全国人民代表大会及其常务委员会经过一定立法程序制

定的有关会计工作的法律。我国的会计法律是指《中华人民共和国会计法》(以下简称《会计法》)。《会计法》共有7章52条,主要规定了会计工作的基本目的、会计管理权限、会计责任主体、会计核算和会计监督的基本要求、会计人员和会计机构的职责权限,并对会计法律责任作出了详细规定。《会计法》明确规定将农村村民委员会作为其他经济组织列入《会计法》的适用范围。它在会计法律体系中居于最高层次,是制定其他会计法规的依据,也是指导会计工作的基本规范。

我国于1985年1月21日颁发了《会计法》,于同年5月1日正式施行,并于1993年12月、1999年10月先后两次修订。《会计法》是我国会计工作的基本法,是制定其他会计法规的依据,也是指导我国会计工作的最高准则。《会计法》主要规定了会计工作的基本目的、会计管理权限、会计责任主体、会计核算和会计监督的基本要求、会计人员和会计机构的职责权限,并对会计法律责任作出了详细的规定。

《会计法》的颁布施行,对加强会计工作,保障会计人员行使职权,发挥会计工作在加强经济管理、提供经济效益、维护国家财经纪律中的作用,具有十分重要的意义。

2)会计法规

会计法规是指调整社会经济关系中有关会计关系的法律规范。根据我国法规体系的构成,按照制定或批准的机关不同,会计法规可分为会计行政法规、地方性会计法规和自治会计法规。其中,会计行政法规是指由国务院制定并发布,或者国务院有关部门拟定经国务院批准发布,调整经济生活中某些方面会计关系的法律规范。它的制定依据是《会计法》,是会计法律的补充和具体化,其权威性和法律效力仅次于会计法律,如国务院发布的《企业财务报告条例》《总会计师条例》和《会计职称条例》等。地方性会计法规由省、自治区、直辖市人民代表大会及其常务委员会制定发布,制定的依据是会计法,并要与会计行政法规不相抵触。

3)会计规章

会计规章主要是指由主管全国会计工作的行政机关——财政部,就会计工作中的某些方面所制定的规范性文件。国务院其他各部门依据其职责制定的有关会计工作的规范性文件也属于会计规章,但必须报财政部审核或者备案。会计规章的制定依据是会计法律和会计行政法规。根据调整对象和内容的不同,会计规章可分为会计核算制度、会计监督制度、会计机构和会计人员制度以及会计工作制度。

(1)会计核算制度

会计核算制度主要是就会计核算中对经济业务计量、确认和报告要求等所作的规定,如财政部颁布的一系列企业具体会计准则、行政事业单位会计制度、小企业会计制度等。

会计准则与会计制度

1. 会计准则

会计准则是关于会计确认、计量、报告的会计行为规范,是进行会计核算工作必须共同遵守的基本要求。它是我国境内所有企业、事业单位进行会计工作所必须遵循的基本规范,是我国会计法规体系的重要组成部分,对我国企、事业单位的财务会计核算具有普遍的约束力。

我国的《企业会计准则》于1992年11月30日由财政部颁发,并于1993年7月1日起执行。我国的《事业单位会计准则》(试行)于1997年5月28日由财政部颁发,自1998年1月1日起试行。随着我国市场经济体制的逐步推进和完善,我国的会计准则也逐步与国际会计准则趋同。2006年2月15日,财政部发布了包括《企业会计准则——基本准则》(以下简称《基本准则》)和38项具体准则在内的企业会计准则体系,要求自2007年1月1日起所有上市公司开始执行,并鼓励其他企业执行。

会计准则体系由3个层次体系构成,包括1项基本准则、38项具体准则和2项应用指南。

(1)第一层次:基本准则。基本准则是对会计核算要求所做的原则性规定,是进行会计核算工作必须共同遵守的基本要求,体现了会计核算的基本规律。基本准则规定了会计目标、基本假设、会计基础和会计信息质量要求、会计要素及其确认、计量原则以及财务报告的基本规范。它对具体准则起着统驭作用,可以确保各具体准则的内在一致性。它具有覆盖面广、概括性强等特点。

(2)第二层次:具体准则。具体准则是根据基本准则的要求,对经济业务的会计处理作出具体规定的准则,用来指导企业各类经济业务的确认、计量、记录和报告。具体准则有38项,分为一般业务准则、特殊行业的特殊业务准则和报告准则3类。其特点是操作性强，可据以直接组织该项业务的核算。

(3)第三层次：企业会计准则应用指南。企业会计准则应用指南是根据基本准则和具体准则制定的，用来指导会计实务的操作，主要解决在运用准则处理经济业务时所涉及的会计科目、账务处理、会计报表及其格式。

企业会计准则应用指南由两部分组成：第一部分为会计准则解释；第二部分为会计科目和主要账务处理。

2. 会计制度

国家统一的会计制度，是指国务院财政部门根据《会计法》制定的关于会计核算、会计监督、会计机构和会计人员以及会计工作管理的制度，包括制度、准则、办法等，其法律效力低于会计行政法规。

会计制度是国家关于会计核算的原则、方法和程序等所作的统一规范。会计制度主要包括总说明、会计科目和会计报表，并附有主要会计事项分录举例，是各单位实施会计核算的主要依据之一。

国家统一的会计制度包括会计规章和会计规范性文件两部分。会计规章是根据《会计法》规定的程序，由财政部制定并由部门首长签署命令予以公布的制度办法，如财政部发布的《财政部门实施会计监督办法》《会计从业资格管理办法》和《代理记账管理办法》，以及《企业会计准则——基本准则》等。会计规范性文件是指主管全国会计工作的行政部门即国务院财政部门以文件形式发布的规范性文件。会计规范性文件主要有：《企业会计准则第1号—— 存货》等38项具体准则及其应用指南，《会计基础工作规范》《企业会计制度》《金融企业会计制度》《小企业会计制度》《会计档案管理办法》，以及财政部和农业部联合发布的《村集体经济组织会计制度》等。

新中国成立以来，我国会计制度经过多次重大变革。财政部于2000年12月29日发布了新修订的《企业会计制度》，2001年11月27日发布了《金融企业会计制度》，2004年4月27日发布了《小企业会计制度》，2004年10月19日发布了《民间非营利组织会计制度》。会计制度的颁发，是统一会计核算标准，提高会计信息质量的有力保障。

(2)会计监督制度

会计监督制度主要是就会计工作的监督检查程序及其管理要求所作的规定，如《会计监督管理办法》《内部会计控制规范》等。

(3)会计机构和会计人员制度

会计机构和会计人员制度主要是对会计机构和会计人员管理要求所作的规定，如《会计从业资格办法》等。

(4)会计工作制度

会计工作制度主要是就会计工作的基础管理和基本要求所作的规定,如《会计基础工作规范》等。

任务3　掌握会计核算基本理论

1.3.1　会计核算的前提与会计信息质量要求

1)会计核算的基本前提与核算基础

(1)会计核算的基本前提

会计核算的基本前提是对会计核算所处的时间、空间环境所作的合理设定。具体来说,就是对会计工作中存在的一些特定关系或尚未明确的因素,根据客观的正常情况或发展趋势所作的合乎逻辑的判断和假定,故又称为会计假设。会计核算对象的确定、会计方法的选择、会计数据的搜集都要以这一系列的前提为依据,这是世界各国会计界所公认和接受的会计惯例。会计核算的基本前提包括会计主体、持续经营、会计分期和货币计量等。

①会计主体。会计主体,又称为会计实体、会计个体,是指会计信息所反映的特定单位或者组织,它规范了会计工作的空间范围。

会计工作的目的是反映一个单位的财务状况、经营成果和现金流量,为包括投资者在内的各个方面作出经济决策和投资决策服务。会计所要反映的总是特定的对象,只有明确规定会计核算的对象,将会计所要反映的对象与其他经济实体区别开来,才能保证会计核算工作的正常开展,实现会计的目标。因此,明确会计主体,为会计人员在日常的会计核算中对各项交易或事项作出正确判断、对会计处理方法和会计处理程序作出正确选择提供了依据。会计主体不同于法律主体。一般来说,法律主体往往是一个会计主体,但会计主体不一定是法律主体。

②持续经营。持续经营是指在可以预见的将来,企业将会按当前的规模和状态继续经营下去,不会停业,也不会大规模削减业务。

企业是否持续经营对会计政策的选择,影响很大。只有设定企业是持续经营的,才能进行正常的会计处理。这是权责发生制赖以建立的基础。

由于持续经营是根据企业发展的一般情况所作的设定，企业在生产经营过程中缩减经营规模乃至停业的可能性总是存在的。为此，往往要求定期对企业持续经营这一前提作出分析和判断。一旦判定企业不符合持续经营前提，就应当改变会计核算的方法。

③会计分期。会计分期是指将一个企业持续经营的生产经营活动划分为一个个连续的、长短相同的期间，所以又称会计期间。

会计分期的目的，是将持续经营的生产经营活动划分成连续、相等的期间，据以结算盈亏，按期编制财务报告，从而及时地向各方面提供有关企业财务状况、经营成果和现金流量信息。会计期间分为年度、半年度、季度和月度，会计期间是按公历起讫日期确定的。我国会计年度自公历每年的 1 月 1 日起至 12 月 31 日止。

④货币计量。货币计量是指采用货币作为计量单位，记录和反映企业的生产经营活动。

在我国，要求采用人民币作为记账本位币，是对货币计量这一会计前提的具体化。考虑到一些企业的经营活动更多地涉及外币，同时也规定，业务收支以人民币以外的货币为主的企业，可以选定其中一种货币作为记账本位币。当然，提供给境内的财务会计报告使用者的应当折算为人民币。

(2)会计核算的基础

按照新会计准则的规定："企业应当按照权责发生制为基础进行会计确认、计量和报告。"

虽然企业的资源及其变动都会引起现金流动，但由于会计分期的存在，企业现金的实际收付期间和资源实际变动的期间可能不一致。由此，在确认资产、负债、收入、费用时，就出现两种制度的选择：第一种是收付实现制，即按照期间内实际收付的现金对相关项目进行确认、计量和报告；第二种是应计制，按照资源及其变动的发生期间来确认、计量和报告。

权责发生制又称"应计制"，即会计上对收入和费用，应将其在实际发生影响的期间来确认，而不是其发生现金收付的期间来确认。将权责发生制作为会计确认、计量和报告的基础，从根本上解决了收入和费用的配比问题，更有利于考核企业在一定期间内的经营业绩和管理水平。

2)会计信息质量要求

由于会计核算是以企业的经济活动及其结果为对象，因此会计核算所产生信息的质量必须满足投资者、债权人以及其他有关方面的需要，满足企业进行

决策的需要。按照《企业会计准则——基本准则》的规定,企业会计核算的质量必须达到以下几个方面的要求:

(1)真实可靠性

企业应当以实际发生的交易或者事项为依据进行会计确认、计量和报告,如实反映符合确认和计量要求的各项会计要素及其他相关信息,保证会计信息真实可靠、内容完整。即会计核算所提供的财务会计信息能如实地反映其核算对象的实际情况。真实可靠的会计信息必须具备如实反映、可验证性和中立性3个方面的品质特性。

(2)相关性

企业提供的会计信息应当与财务会计报告使用者的经济决策需要相关,有助于财务会计报告使用者对企业过去、现在或者未来的情况作出评价或者预测。即会计核算所提供的财务会计信息必须与使用者所面临的决策有关。与决策相关的信息必须具备有预测价值、反馈价值和及时性3个方面的品质特征。

(3)清晰性(可理解性)

企业提供的会计信息应当清晰明了,便于财务会计报告使用者理解和使用。即企业会计核算的一切纪录,包括会计凭证、账簿、财务会计报告等都要清晰、易懂,对重要和复杂的经济业务,在报告时应用规范化的文字加以说明。

(4)可比性

企业提供的会计信息应当具有可比性(包括纵向可比和横向可比),即会计核算时所采用的确认、计量和报告的方法与口径的一致性为前提。

同一企业不同时期发生的相同或者相似的交易或者事项,应当采用一致的会计政策,不得随意变更。确需变更的,应当在附注中说明。

不同企业发生的相同或者相似的交易或者事项,应当采用规定的会计政策,确保会计信息口径一致、相互可比。

(5)实质重于形式

企业应当按照交易或者事项的经济实质进行会计确认、计量和报告,不应仅以交易或者事项的法律形式为依据。即当法律形式不能准确表达交易或事项的经济实质的时候,应超越法律形式,按照交易或事项的经济实质进行核算。

实质重于形式要求企业应当按照交易或者事项的经济实质进行会计确认、计量和报告,不应仅以交易或者事项的法律形式为依据。应注意:

①一般情况下,经济实质和法律形式是一致的。

②实质重于形式的典型运用有:融资租赁、售后回购、关联关系确定等。

(6)重要性

企业提供的会计信息应当反映与企业财务状况、经营成果和现金流量等有关的所有重要交易或者事项。即凡属重要事项,必须按照规定的会计方法和程序进行处理,并在财务会计报告中予以充分、准确的披露;次要事项,则可适当简化处理。(重要的应该单独反映,不重要的可以简化处理。)

此项要求,企业应当认真理解和把握,对于财务人员而言,必须结合自身企业的经营特点和规模适当的选择适合与企业经营和管理要求的会计核算方法和程序,做到在保证会计核算所产生的财务会计信息质量的前提下,尽量减少环节、简化方法,提高会计核算的效率和效果。

(7)谨慎性

企业对交易或者事项进行会计确认、计量和报告应当保持应有的谨慎,不应高估资产或者收益、低估负债或者费用。

①谨慎性要求企业对交易或者事项进行会计确认、计量和报告时应当保持应有的谨慎,不应高估资产或者收益、不应低估负债或者费用。

②谨慎性的应用并不允许企业设置秘密准备(不应该计提的减值准备,根据调节利润的需要而故意多提或少提),如果企业故意低估资产或者收益,或者故意高估负债或者费用,将不符合会计信息的可靠性和相关性要求,损害会计信息质量,扭曲企业实际的财务状况和经营成果,从而对使用者的决策产生误导,这是会计准则所不允许的。

谨慎性原则反映了会计人员对其所承担的责任的一种态度,它可以在一定程度上降低管理当局对企业通常过于乐观的态度所可能导致的风险。

要想更好地贯彻谨慎性要求,必须在提高会计人员业务素质的基础上提高其职业判断能力。

(8)及时性

企业对于已经发生的交易或者事项,应当及时进行会计确认、计量和报告,不得提前或者延后。即会计核算只有满足了及时性的要求,才能使会计核算所产生的财务会计信息具有相关性。

3)会计计量的要求

企业在进行会计核算时,可根据具体情况选择历史成本、重置成本、可变现净值、观值、公允价值几种计量方式。

(1)会计计量的属性

①历史成本。在历史成本计量下,资产按照购置时支付的现金或者现金等

价物的金额,或者按照购置资产时所付出的对价的公允价值计量。负债按照因承担现时义务而实际收到的款项或者资产的金额,或者承担现时义务的合同金额,或者按照日常活动中为偿还负债预期需要支付的现金或者现金等价物的金额计量。

②重置成本。在重置成本计量下,资产按照现在购买相同或者相似资产所需支付的现金或者现金等价物的金额计量。负债按照现在偿付该项债务所需支付的现金或者现金等价物的金额计量。

③可变现净值。在可变现净值计量下,资产按照其正常对外销售所能收到现金或者现金等价物的金额,扣减该资产至完工时估计将要发生的成本、估计的销售费用以及相关税费后的金额计量。

④现值。在现值计量下,资产按照预计从其持续使用和最终处置中所产生的未来净现金流入量的折现金额计量。负债按照预计期限内需要偿还的未来净现金流出量的折现金额计量。

⑤公允价值。在公允价值计量下,资产和负债按照在公平交易中,熟悉情况的交易双方自愿进行资产交换或者债务清偿的金额计量。

(2)会计计量的标准

企业在对会计要素进行计量时,一般应当采用历史成本;采用重置成本、可变现净值、现值、公允价值计量的,应当保证所确定的会计要素金额能够取得并可靠计量。

1.3.2 会计核算的基本程序和基本方法

1)会计核算的基本程序

会计核算的基本程序是指对发生的经济业务进行会计数据处理与信息加工的程序。它包括会计确认、计量、记录和报告等程序。

会计确认、计量、记录和报告作为一种基本程序或方法都有其具体内容,并需要采用一系列专门方法。

(1)会计确认

会计确认是指会计数据进入会计系统时确定如何进行记录的过程。

会计确认主要解决 3 个问题:①应否确认。确定某一经济业务是否需要确认。②如何确认。确定该业务应确认为哪个会计要素。③何时确认。确定该业务应在何时进行确认。

(2)会计计量

会计在确认某一经济业务可以作为会计信息加以接收记录之后,就要对该项经济业务引起的某些会计要素具体项目的金额变动加以正确计量,然后才能予以科学、准确的记录。

“计量”即要选定:①计量单位——计量尺度的量度单位。②计量属性——要予以计量的某一会计事项的品质。

计量单位:主要以货币作为基本计量单位;一般采用名义货币(即不考虑货币币值的变动)作为计量单位。

资产的计量属性:是指会计要素可用货币计量的各种特性,可用于计量的属性有历史成本、重置成本、可变现净值、现值及公允价值。

计量模式:特定的计量单位和计量属性相结合就构成了特定的计量模式。

(3)会计记录

会计记录是各种会计账簿、会计凭证、会计报表及发票、合同、签约等其他原始资料的统称,有时专指账簿记录。

会计记录是指对经过会计确认、会计计量的经济业务,采用一定方法记录下来的过程。

(4)会计报告

通过账簿记录形成的会计信息资料,信息量大而且比较分散,不能集中、概括说明各单位的财务状况和经营成果。因此,必须进行集中,并形成一套全面综合反映单位财务状况、经营情况及其成果的财务指标体系,以财务报表的形式反映出来。

2)会计核算的基本方法

会计核算方法是对会计对象的具体内容进行确认、计量、记录和报告所运用的方法体系,主要包括设置账户、复式记账、填制和审核凭证、登记账簿、成本计算、财产清查、编制会计报表7种具体方法。

(1)设置会计科目和账户

设置会计科目是对会计对象的具体内容分类进行核算的方法。设置会计科目就是在设计会计制度时事先规定这些项目,然后根据它们在账簿中开立账户,分类地、连续地记录各项经济业务,反映由于各经济业务的发生而引起的各会计要素的增减变动情况和结果,为经济管理提供各种类型的会计指标。

(2)复式记账

复式记账法就是对任何一笔经济业务,都必须用相等的金额在两个或两个以上的有关账户中相互联系地进行登记。采用这种方法记账,使每项经济业务所涉及的两个或两个以上的账户发生对应关系,同时,在对应账户上登记的金额相等,即保持平衡关系。通过账户的对应关系及金额相等的平衡关系,便于了解每项经济业务的来龙去脉及其相互关系,检查有关经济业务的记录是否正确。

(3)填制和审核凭证

会计凭证是记录经济业务、明确经济责任的书面证明,是登记账簿的依据。凭证必须经过会计部门和有关部门审核。只有经过审核并认为正确无误的会计凭证,才能作为记账的根据。通过填制和审核凭证,不仅为会计核算提供完整的、真实的原始资料,保证会计记录有根有据、账簿记录正确,也是监督经济业务的合法性和合理性的一种专门方法。

(4)登记账簿

账簿是用来全面、连续、系统地记录各项经济业务的簿籍,也是保存会计数据资料的重要工具。登记账簿就是将所有的经济业务按其发生的时间顺序,分门别类地记入有关账簿。登记账簿必须以会计凭证为依据,使大量分散的会计凭证归类、加工成完整、系统的数据资料,并定期进行结账、对账,以便为编制会计报表提供完整而有系统的会计数据。

(5)成本计算

成本计算是指在生产经营过程中,按照一定对象归集和分配发生的各种费用支出,以计算确定该对象的总成本和单位成本的一种专门方法。通过成本计算,可以核算和监督生产经营过程中所发生的各项费用是否节约或超支,同时又是确定企业盈亏和制定物业管理与服务收费标准的基础。

(6)财产清查

财产清查就是盘点实物、核对账目,查明各项财产物资、货币资金和往来款项的实有数额,并查明实存数与账存数是否相符的一种专门方法。

通过财产清查,可以加强会计记录的正确性,保证会计核算资料的正确性,监督财产的合理使用,挖掘财产物资使用潜力,改进财产管理,确保财产安全完整都具有重要的作用。因此它是会计核算必不可少的方法。

(7)编制会计报表

编制会计报表是以一定的表格形式,对一定时期内账簿记录内容的总括反映,也就是对编表单位在一定时期内的经济活动过程和结果加以综合反映的一种书面性文件。它是会计核算的专门方法。会计报表提供的信息不仅可以为企业管理者进行决策时服务,也可以满足与企业有经济利害关系的集团和个人了解企业财务状况和经营成果的需要。

上述会计核算的各种方法不是孤立的,而是相互联系、密切配合的,一环套一环构成一个完整的程序和方法体系。在会计核算工作中,必须正确地运用这些会计核算方法:对于日常发生的各项经济业务,要填制和审核会计凭证,按照规定的会计科目对经济业务进行分类核算,并应用复式记账法记入有关账簿;对于生产经营过程中所发生的各项费用,应当进行成本计算;对于账簿记录,要通过财产清查加以核实,在保证账实相符的基础上,根据账簿记录,定期编制会计报表。

上述各种会计核算方法之间的相互关系,可以按照会计核算对经济业务的处理程序来表示(图1.2)。

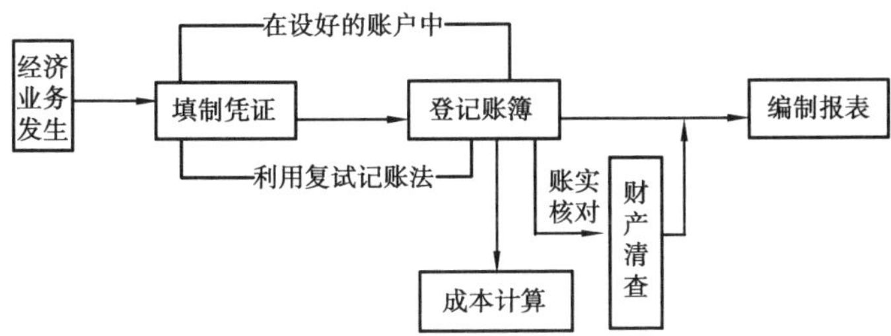

图1.2 会计核算基本处理程序

项目小结

- 会计与会计工作
  - 会计
    - 什么是会计
    - 会计的目标
    - 会计的基本职能
    - 会计的特点
  - 会计工作
    - 会计职业
    - 会计从业资格——通过会计从业资格考试取得
    - 会计人员继续教育——每年面授培训累计不应少于 24 小时
    - 会计人员的岗位职责——《会计法》和《会计人员职权条例》规定
    - 会计人员的工作权限——《会计人员职权条例》规定
    - 会计人员的职业道德
    - 违反《会计法》应承担的法律责任——《会计法》规定
  - 会计法律规范
    - 会计法律——会计法
    - 会计法规
    - 会计规章
- 会计核算基本理论
  - 会计核算的基本前提
  - 会计核算的基础——权责发生制
  - 会计核算的质量要求
  - 会计计量的属性
  - 会计核算的基本程序
  - 会计核算的基本方法

思考与实践

一、思考题

1. 简述会计的目标、职能与作用。
2. 简述会计核算的方法。
3. 我国会计准则对会计信息质量提出了哪些要求？
4. 会计职业道德的内容包括哪些？

5. 简述会计法规体系的构成。
6. 简述会计的特点。

二、单项选择题

1. 关于会计的说法错误的是(　　)。
   A. 会计是一项经济管理活动
   B. 会计的主要工作是核算和监督
   C. 会计的对象针对的是某一主体平时所发生的经济活动
   D. 货币是会计唯一计量单位
2. 会计的基本职能是(　　)。
   A. 监督和预测　　B. 核算和监督
   C. 反映和核算　　D. 分析和决策
3. 以下不属于会计监督的特点是 (　　)。
   A. 事前监督　　B. 事中监督
   C. 系统性监督　　D. 事后监督
4. 会计准则规定,企业应当以(　　)为基础进行会计确认、计量和报告。
   A. 收付实现制　　B. 历史成本
   C. 实际成本　　D. 权责发生制
5. 会计提供的会计信息应当反映与企业财务状况、经营成绩和现金流量有关的所用重要交易或者事项,是企业会计信息质量的(　　)要求。
   A. 可靠性　　B. 相关性
   C. 重要性　　D. 清晰性
6. 以下对会计分期说法不正确的是(　　)。
   A. 会计分期是对会计主体活动的时间范围上的限定
   B. 会计期间分为年度、半年度、季度和月度
   C. 会计年度、半年度、季度、月度均按公历起讫日期确定
   D. 会计分期是对会计主体活动的空间范围上的限定
7. (　　)是会计确认、计量和报告的前提。
   A. 会计信息质量要求　　B. 会计基本假设
   C. 会计目标　　D. 会计基本职能
8. 会计核算过程中,会计处理方法前后各期(　　)。
   A. 应当一致,不得随意变更　　B. 经过批准就可随意变动
   C. 可以任意变动　　D. 应当一致,不得变动

9.(　　)是会计人员从事会计工作必须遵循的基本原则和共同标准。

A. 会计法　　B. 会计制度

C. 会计准则　　D. 会计科目

10. 凡是从事会计工作的人员,必须取得(　　)。

A. 会计专业证书　　B. 助理会计师资格证

C. 会计从业资格证　　D. 会计师资格证

三、多项选择题

1. 下列各项关于会计核算和会计监督之间的关系说法正确的是(　　)。

A. 两者之间存在着相辅相成、辩证统一的关系

B. 会计核算是会计监督的基础

C. 会计监督是会计核算的保障

D. 会计监督和会计监督没有什么必然的联系

2. 会计职业大体上可以分为(　　)。

A. 注册会计师　　B. 会计师

C. 企业会计　　D. 行政事业会计

3. 会计法律规范体系包括(　　)。

A. 会计制度　　B. 会计法规

C. 会计规章　　D. 会计法

4. 下列各项中,属于会计基本假设的包括(　　)。

A. 会计主体　　B. 持续经营

C. 会计分期　　D. 货币计量

5. 下列关于会计主体的说法中,正确的有(　　)。

A. 会计主体一定是法律主体

B. 会计主体可以是独立法人,也可以是非法人

C. 会计主体可以是一个企业,也可是企业中的一个特定组成部分

D. 会计主体有可能是单一企业,也可能是几个企业组成的企业集团

6. 下列关于权责发生制的说法中,正确的有(　　)。

A. 以本期是否有收款的权利或付款的义务为标准来确认本期的收入和费用

B. 当期已经发生的收入,如果款项没有收到,不应当作为当期收入

C. 不属于当期的收入,即使款项在当期收到,不应当作为当期收入

D. 不能将预收或预付的款项作为本期的收入或费用处理

7. 会计核算的基本程序包括(　　)。

A. 会计确认　　B. 会计计量

C. 会计记录　　D. 会计报告

8. 下列方法中,属于会计核算方法的有(　　)。

A. 填制和审核凭证　　B. 登记账簿

C. 编制财务预算　　D. 编制会计报表

9. 我国《企业会计准则》规定,会计期间分为(　　)。

A. 年度　　B. 半年度

C. 季度　　D. 月度

10. 会计人员的职业道德包括(　　)。

A. 敬业爱岗、熟悉法规　　B. 依法办事、客观公正

C. 搞好服务、保守秘密　　D. 维护企业的一切利益

四、判断题

1. 会计以货币计量为基本形式,凡是不能用货币计量的经济活动,都不是会计所反映的内容。(　　)
2. 会计的最基本功能是会计监督。(　　)
3. 会计核算所提供的各种信息是会计监督的依据。(　　)
4. 会计核算的3项工作是指记账、对账、报账。(　　)
5. 会计对外提供的会计信息以货币为主要计量手段。(　　)
6. 会计以货币为主要计量单位,但不是唯一的计量单位,会计日常工作中还用到劳动计量和实物计量。(　　)
7. 凡是特定单位能够以货币表现的经济活动,即企业生产经营全过程的全部内容,都是会计的核算对象。(　　)
8. 会计的本质是一个信息系统。(　　)
9. 会计的核算职能仅仅是对经济活动进行事后反映。(　　)
10. 会计监督就是会计人员通过会计工作对经济活动进行监督。(　　)

五、业务题

1. 结合会计职能、会计目标和会计人员的岗位职责等知识点,讨论如何理解会计既是“一种经济信息系统,又是一种经济管理活动”这一本质描述。
2. 结合会计职业划分,通过调研试对自己的专业学习及职业发展进行规划。

模块2
会计日常业务循环

会计日常业务循环模块，结合原始凭证→记账凭证→会计账簿→会计报表的日常业务循环，阐述了会计实务处理的专门方法与程序，使学生掌握会计核算工作的基本方法与技能，为后续会计课程的学习奠定基础。

项目2 填制和审核原始凭证

知识目标

1. 了解制造业、流通业以及行政事业单位资金的简单循环与周转；
2. 了解原始凭证的种类及其在会计核算中的作用；
3. 掌握原始凭证填制与审核的要点。

技能目标

1. 正确辨别各种原始凭证；
2. 正确填制各种原始凭证；
3. 正确审核各种原始凭证。

导学案例

企业采购员李荣启出差回来报销差旅费。宾馆的发票记载单价为 60 元，人数 1 人，时间为 10 天，总金额为 600 元。而李荣启却将单价 60 元直接改为 360 元，小写金额改为 3 600 元，将大写金额前加了一个“叁仟”，报销后贪污金额为 3 000 元。

思考与讨论

1. 出纳员对此应承担什么责任？
2. 对采购员李荣启应怎样进行处理？
3. 出纳员应如何审核这类虚假业务？

任务1 理解会计对象

2.1.1 会计对象的概念与内容

会计对象就是会计核算和监督的内容,即特定主体能够以货币表现的经济活动。从广义上讲,会计对象是再生产过程中的资金运动;从狭义上讲,会计对象是一个特定主体能够用货币表现的经济活动。以货币表现的经济活动,通常称为价值运动或资金运动。由于各个主体经济活动的内容和性质不同,因此,会计具体的对象也不完全相同,无论是资金的来源、内容还是资金的运动形式都不同,所以会计核算和监督的具体内容也有所差异。下面分别从制造企业、流通企业和行政事业单位3类加以说明。

2.1.2 企事业单位的资金循环

1)制造企业的资金循环

制造企业的基本经济活动是生产准备、生产产品和销售产品,一方面为社会提供所需的产品,满足人们的生活需要;另一方面满足企业自身扩大再生产的需要。其生产经营过程分为供应、生产和销售3个阶段。

(1)供应过程

企业为了独立进行生产经营活动,必须拥有一定的财产。这些财产的货币表现就是企业的资金。企业从一定来源渠道取得的资金,在企业的生产经营过程中,随着供、产、销过程的不断进行,经常改变其形态。在供应过程中,要以货币资金购买设备等固定资产,支付材料价款,支付运输费、装卸费等,为生产经营的正常进行做好准备工作。设备等固定资产购置、材料采购完成后,货币资金就成为储备资金。供应过程中资金的运动形态是货币资金——储备资金。

(2)生产过程

生产过程是制造企业经营过程的中心环节。在生产过程中,工人借助机器设备等对原材料进行加工使其改变原有的实物形态,变为在产品再形成产成品,最后入库成为库存商品。同时,机器设备等劳动资料因使用而磨损,还要支付工人工资和其他费用。在这过程中,实物形态的变化是原材料—在产品—产成品—库存商品,资金的运动形态是储备资金—生产资金—产成品资金。

(3)销售过程

在销售过程中,企业将产品销售出去,这时产成品资金转化为货币资金。其间,企业要支付销售费用,缴纳税费,结转产品销售成本,计算财务成果。企业又会用货币资金购买生产用材料,支付生产费用,继续参加经营周转。在这一过程中,资金的运动形态是产成品资金——货币资金。

概括来说就是:从货币资金开始,依次通过供应过程、生产过程和销售过程,分别表现为储备资金、生产资金、产成品资金以及结算资金等各种不同的形态,然后又回到货币资金。从货币资金开始又回到货币资金的这一运动过程叫做资金循环。由于再生产不断进行所引起的连续不断的资金循环,叫做资金的周转。企业资金的周转,是企业供、产、销过程,或者说是企业再生产过程的综合货币反映。制造企业资金运动如图 2.1 所示:

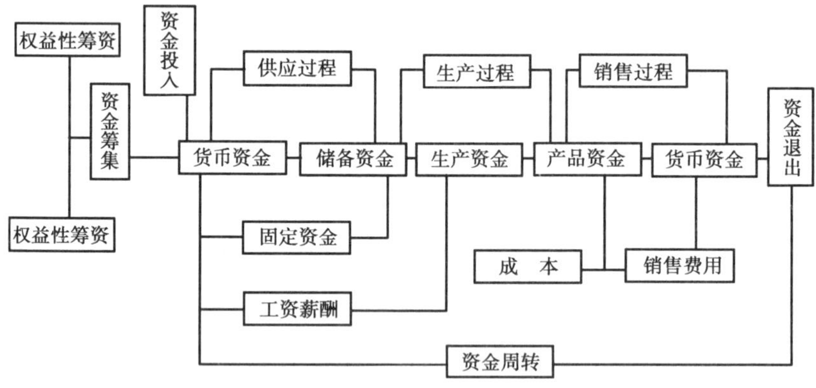

图 2.1 工业企业的资金运动图

2)流通企业的资金循环

流通企业的资金运动不同于制造企业的资金运动。流通企业的经营活动,主要包括购进和销售两个阶段。

(1)购进阶段

企业以货币资金购进商品,支付商品价款、运输费、装卸费等,商品等待销售期间,要支付保管和存储费用。在这一过程中,资金的运动形态为:货币资金——商品资金。

(2)销售阶段

在销售过程中,企业将产品销售出去,这时产成品资金转化为货币资金。其间,企业要支付销售费用,缴纳税费,结转产品销售成本,计算财务成果。企业又会用货币资金购进商品,继续参加经营周转。在这一过程中,资金的运动形态是商品资金——货币资金。

同制造企业一样,流通企业也是从货币资金开始,经过商品资金,最后又回到货币资金的运动过程,并不断地周转。流通企业的资金运动如图 2.2 所示:

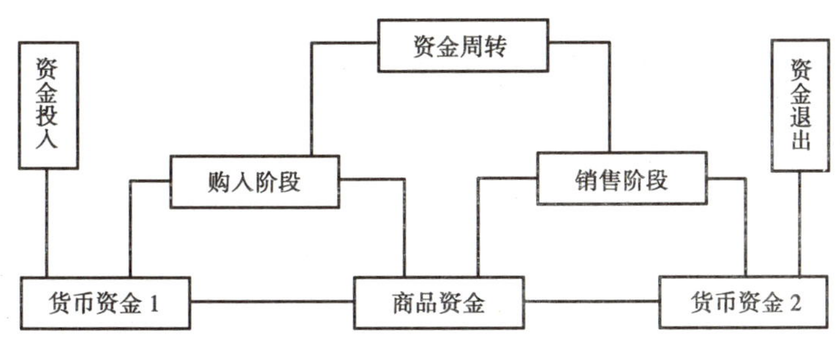

图 2.2 商业企业的资金运动图

3)行政事业单位的资金循环

行政事业单位不以营利为目的,不直接从事物质产品的生产和销售。行政事业单位经营的目标主要是为了完成国家赋予的任务,因而其货币资金运动情况相对简单。各行政事业单位的任务各不相同,其业务活动的内容也各不相同,但他们的活动都需要一定的资金,其资金大部分都是国家的行政拨款,称为预算拨款。在获得后按照预算规定的用途开支标准和各项财经制度,办理各项经费支出,称为预算支出。行政事业单位没有企业的采购、生产、销售,只是要在预算资金的范围内完成国家交予的任务。因此,行政事业单位的资金运动不表现为循环形式。行政事业单位的资金运动如图 2.3 所示:

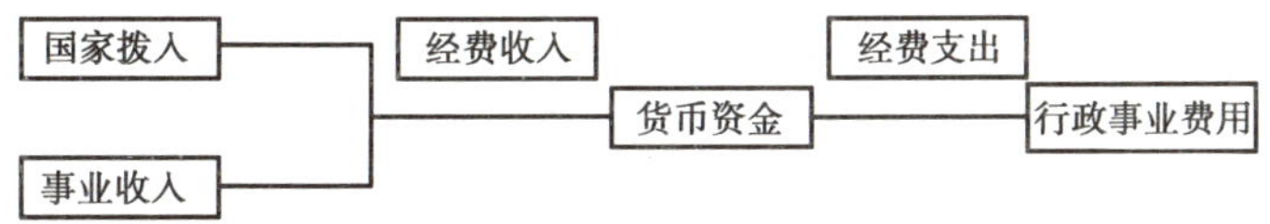

图 2.3 行政事业单位的资金运动图

任务2　认识原始凭证

2.2.1　原始凭证的含义及基本要素

1)原始凭证

原始凭证又称单据,是在经济业务发生或完成时取得或填制的,用以记录或证明经济业务的发生或完成情况的最原始的书面证明。它不仅能用来记录经济业务发生或完成情况,还可以明确经济责任,是进行会计核算工作的原始资料和重要依据,是会计资料中最具有法律效力的一种文件。

2)原始凭证的基本内容

原始凭证格式多种多样,内容各异而且复杂,但它们的主要作用是相同的,原始凭证用来记录经济业务的内容、明确有关人员的经济责任,因此,原始凭证必须具备若干要素。这些共同性要素是:

①凭证名称和编号;

②填制凭证的日期;

③接受凭证单位的名称(抬头);

④经济业务的内容摘要;

⑤经济业务涉及的计量单位、单价、数量和金额;

⑥填制单位的名称或填制人姓名;

⑦经办人员的签名或盖章。

除应当具备原始凭证的上述内容外,还应当注意:

①从外单位取得的原始凭证,应使用统一发票,发票上应印有税务专用章或发票专用章;必须加盖填制单位的公章。②自制的原始凭证,必须要有经办单位负责人或者由单位负责人指定的人员签名或者盖章。

购货取得的发票是典型的原始凭证,其一般格式如凭证2.1所示。

凭证 2.1

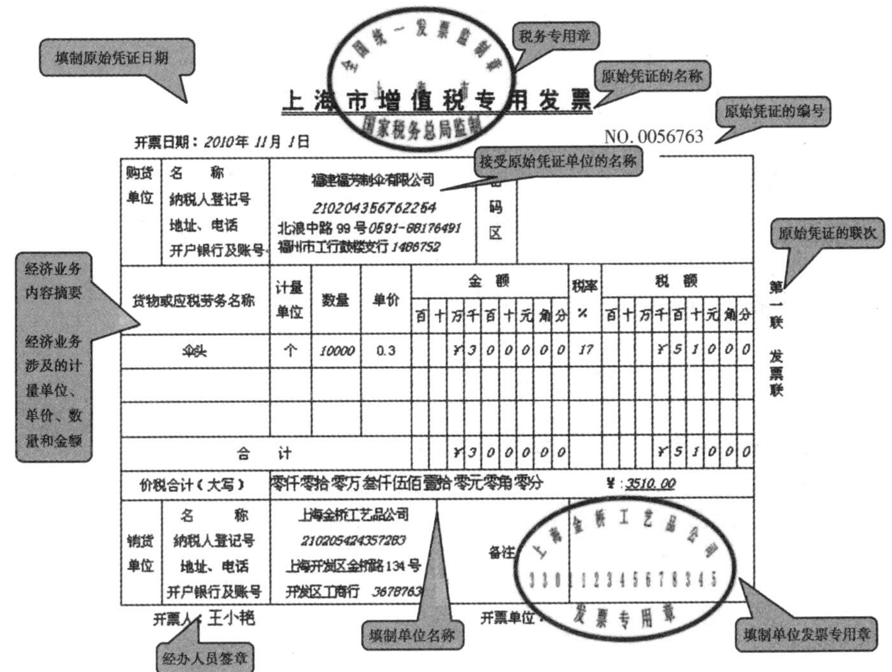

上海市增值税专用发票

开票日期：2010年 11月 1日　　　　NO. 0056763

购货单位	名　称	福建福芳制伞有限公司	密码区	
	纳税人登记号	210204356762254		
	地址、电话	北浪中路 99 号 0591-88176491		
	开户银行及账号	福州市工行鼓楼支行 1486752		

货物或应税劳务名称	计量单位	数量	单价	金额 百	十	万	千	百	十	元	角	分	税率 %	税额 百	十	万	千	百	十	元	角	分
伞头	个	10000	0.3			￥	3	0	0	0	0	0	17				￥	5	1	0	0	0
合　计						￥	3	0	0	0	0	0					￥	5	1	0	0	0

价税合计（大写）	零仟零拾零万叁仟伍佰壹拾零元零角零分　　￥：3510.00

销货单位	名　称	上海金桥工艺品公司	备注
	纳税人登记号	210205424357283	
	地址、电话	上海开发区金桥路 134 号	
	开户银行及账号	开发区工商行　3678763	

开票人：王小艳　　　　开票单位：

第一联　发票联

1. 超市的购物小票，是原始凭证吗？为什么？

2. 汽车票、火车票，是原始凭证吗？为什么？

3）原始凭证的作用

原始凭证格式多种多样，内容各异，但它们的作用基本相同，原始凭证的主要作用有以下 3 点：

（1）原始凭证是会计核算的原始资料和主要依据

原始凭证是提供原始资料、传递经济信息的工具，是证实经济业务真实、正确、合法、合规的依据。企业办理各项经济业务，都必须取得或填制原始凭证。可见，原始凭证是记录经济活动的原始资料，通过原始凭证可以直接获取和传递经济信息。通过对原始凭证的审核可以有效地保证其所记录经济业务内容的真实性。因此，原始凭证的首要作用是保证企业会计核算内容的客观性。

(2)原始凭证是会计监督的依据

由于原始凭证记录和反映了经济业务活动的发生和完成情况等具体内容，所以通过对原始凭证的严格审核，就可以检查每笔经济业务是否合理、合规和合法。审核原始凭证的过程就是实施会计监督的过程。因此，原始凭证的审核是加强会计监督的重要手段。

(3)原始凭证可以明确有关人员的经济责任

由于发生每项经济业务都要取得或填制原始凭证并且由经办人员在凭证上签名盖章，明确有关人员的经济责任。一旦出现违纪违法问题，也便于查找源头，并追究有关人员的经济责任。

2.2.2 原始凭证的种类

1)原始凭证按其来源不同分类

(1)外来原始凭证

外来原始凭证是指在同外单位发生经济往来事项时，从外单位取得的原始凭证。如发票、飞机和火车的票据、银行收付款通知单、企业购买商品、材料时，从供货单位取得的发货票等，如凭证2.2所示。

凭证2.2

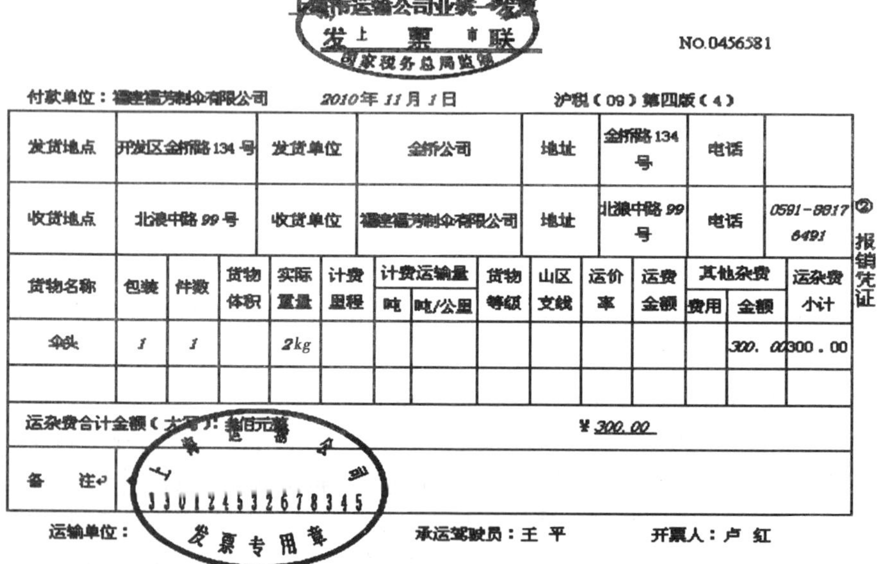

统一发票监
上海市运输公司业统一发票
发票联
国家税务总局监制

NO.0456581

付款单位：福建福芳制伞有限公司　　2010年11月1日　　沪税(09)第四版(4)

<table>
<tr><td>发货地点</td><td colspan="2">开发区金桥路134号</td><td colspan="2">发货单位</td><td colspan="3">金桥公司</td><td colspan="2">地址</td><td colspan="2">金桥路134号</td><td colspan="2">电话</td><td></td></tr>
<tr><td>收货地点</td><td colspan="2">北浪中路99号</td><td colspan="2">收货单位</td><td colspan="3">福建福芳制伞有限公司</td><td colspan="2">地址</td><td colspan="2">北浪中路99号</td><td colspan="2">电话</td><td>0591-88176491</td></tr>
<tr><td rowspan="2">货物名称</td><td rowspan="2">包装</td><td rowspan="2">件数</td><td rowspan="2">货物体积</td><td rowspan="2">实际重量</td><td rowspan="2">计费里程</td><td colspan="2">计费运输量</td><td rowspan="2">货物等级</td><td rowspan="2">山区支线</td><td rowspan="2">运价率</td><td rowspan="2">运费金额</td><td colspan="2">其他杂费</td><td rowspan="2">运杂费小计</td></tr>
<tr><td>吨</td><td>吨/公里</td><td>费用</td><td>金额</td></tr>
<tr><td>伞头</td><td>1</td><td>1</td><td></td><td>2kg</td><td></td><td></td><td></td><td></td><td></td><td></td><td></td><td></td><td>300.00</td><td>300.00</td></tr>
<tr><td></td><td></td><td></td><td></td><td></td><td></td><td></td><td></td><td></td><td></td><td></td><td></td><td></td><td></td><td></td></tr>
<tr><td colspan="8">运杂费合计金额(大写)：叁佰元整</td><td colspan="7">¥300.00</td></tr>
<tr><td>备　注</td><td colspan="14"></td></tr>
</table>

运输单位：　　承运驾驶员：王 平　　开票人：卢 红

②报销凭证

(2)自制原始凭证

自制原始凭证是指在经济业务事项发生或完成时,由本单位内部经办部门或人员填制的凭证。如材料入库单、领料单、开工单、销货发票、银行进账单、支票、固定资产折旧计算表、成本计算等,如凭证2.3所示。

凭证2.3

收 料 单

年 月 日 NO.0001633

供货单位			发票号			购进日期			
货号	名称	型号规格	单位	数量		进货价		验收损耗	
				发票	实收	单价	金额	数量	金额
注明采购方式								用途	
			合计						

第二联 财会计账

仓库负责人: 保管员: 交货人:

2)自制原始凭证按其填制手续及方法不同分类

(1)一次凭证

一次凭证是指只记载一项业务或同时记载若干项同类性质经济业务的原始凭证,其填制手续是一次完成的,可作为记账的原始依据。所有外来原始凭证都是一次凭证,自制原始凭证中大部分也是一次凭证,如企业有关部门领用材料的"领料单"、职工"借款单" 、销货发票等,如凭证2.4所示。

凭证2.4

借 款 单

年 月 日 NO.0049769

所属部门		借款人							
借款金额	大写		万	千	百	十	元	角	分
用途									
财务部门	负责人	审核	记账			经办人			

第一联 存根联

(2)累计凭证

累记凭证是指在一定时期内(一般以一月为限)连续发生的同类经济业务的自制原始凭证,其填制手续是随着经济业务事项的发生而分次进行的。如制造企业的"限额领料单"就是常用的一种累计凭证。累计凭证既可作为一种管理手段,也可以减少凭证数量,简化凭证填制的手续,如凭证 2.5 所示。

凭证 2.5

限额领料单

领料部门:　　　　　　　　　　　　　　　　凭证编号:

用途:　　　　　　　　　年　　月　　　　　　发料仓库:

<table>
<tr><td rowspan="2">材料名称</td><td rowspan="2">规格</td><td rowspan="2">单位</td><td rowspan="2">计划投产量</td><td rowspan="2">单位消耗定额</td><td rowspan="2">领用限额</td><td colspan="3">实　发</td></tr>
<tr><td>数量</td><td>单价</td><td>金额</td></tr>
<tr><td></td><td></td><td></td><td></td><td></td><td></td><td></td><td></td><td></td></tr>
<tr><td rowspan="2">日期</td><td colspan="4">领　用</td><td colspan="4">退　料</td></tr>
<tr><td>数量</td><td>领料人</td><td colspan="2">发料人</td><td>数量</td><td>退料人</td><td>收料人</td><td>限额结余数量</td></tr>
<tr><td></td><td></td><td></td><td colspan="2"></td><td></td><td></td><td></td><td></td></tr>
<tr><td></td><td></td><td></td><td colspan="2"></td><td></td><td></td><td></td><td></td></tr>
<tr><td></td><td></td><td></td><td colspan="2"></td><td></td><td></td><td></td><td></td></tr>
</table>

供应部门负责人:　　　　　生产计划部门负责人:　　　　　仓库负责人:

(3)汇总原始凭证

汇总原始凭证是指根据一定时期内反映相同经济业务的多张原始凭证,汇总编制而成的自制原始凭证,以集中反映某项经济业务总括发生情况。汇总原始凭证既可以简化会计核算工作,又便于进行经济业务的分析比较。如制造企业会计部门根据"领料单"编制的"发出材料汇总表"等,如凭证 2.6 所示。

3)原始凭证按照其格式不同分类

(1)通用凭证

通用凭证是由有关部门统一印制、在一定范围内使用的具有统一格式和使用方法的原始凭证,如凭证 2.7 所示。

(2)专用凭证

专用凭证是由单位自行印制、仅在本单位内部使用的原始凭证。如收料单、领料单、限额领料单、发出材料汇总表、制造费用分配表、工资汇总单、工资费用分配表等,如凭证2.8所示。

凭证2.6　　**11月份发出材料汇总表**

	布料/元	配件/元	修理备用件/元
生产晴雨伞	40 000.00	5 000.00	
生产广告伞	14 000.00	6 000.00	
生产车间一般领用			1 000.00
管理部门领用			300.00
销售部门领用			100.00
合　计	54 000.00	11 000.00	1 400.00

审核:周南　　制表:越奇

凭证2.7

福州市商业零售发票
发　票　联

NO.0314194

4041003000

购货单位(人):　　年　月　日

货　号	品名及规格	单　位	数　量	单　价	金额 万	千	百	十	元	角	分
合计金额(大写)											
结算方式		开户行及账号									

②报销凭证

销货单位:　　收款人:　　开票人:

凭证 2.8

收料单

（三联式）

年　月　日　　　　NO.0001633

<table>
<tr><td>供货单位</td><td></td><td colspan="2">发票号</td><td colspan="2"></td><td colspan="2">购进日期</td><td colspan="2"></td></tr>
<tr><td rowspan="2">货号</td><td rowspan="2">名称</td><td rowspan="2">型号规格</td><td rowspan="2">单位</td><td colspan="2">数　量</td><td colspan="2">进货价</td><td colspan="2">验收损耗</td></tr>
<tr><td>发票</td><td>实收</td><td>单价</td><td>金额</td><td>数量</td><td>金额</td></tr>
<tr><td></td><td></td><td></td><td></td><td></td><td></td><td></td><td></td><td></td><td></td></tr>
<tr><td></td><td></td><td></td><td></td><td></td><td></td><td></td><td></td><td></td><td></td></tr>
<tr><td></td><td></td><td></td><td></td><td></td><td></td><td></td><td></td><td></td><td></td></tr>
<tr><td colspan="3">注明采购方式</td><td colspan="4"></td><td colspan="1"></td><td colspan="2">用　途</td></tr>
<tr><td colspan="3"></td><td colspan="4">合　计</td><td></td><td colspan="2"></td></tr>
</table>

第二联　财会记账

仓库负责人：　　　　保管员：　　　　交货人：

4）原始凭证按照主要经济业务分类

（1）货币资金收支凭证

货币资金收支凭证如凭证 2.9 和凭证 2.10 所示。

凭证 2.9

中国工商银行进账单（回单）　1

年　月　日　　　　第　　号

<table>
<tr><td rowspan="3">出票人</td><td>全　称</td><td></td><td rowspan="3">收款人</td><td>全　称</td><td colspan="10"></td></tr>
<tr><td>账　号</td><td></td><td>账　号</td><td colspan="10"></td></tr>
<tr><td>开户银行</td><td></td><td>开户银行</td><td colspan="10"></td></tr>
<tr><td colspan="5" rowspan="2">人民币
（大写）</td><td>千</td><td>百</td><td>十</td><td>万</td><td>千</td><td>百</td><td>十</td><td>元</td><td>角</td><td>分</td></tr>
<tr><td></td><td></td><td></td><td></td><td></td><td></td><td></td><td></td><td></td><td></td></tr>
<tr><td colspan="2">票据种类</td><td></td><td colspan="12" rowspan="3">出票人开户行盖章</td></tr>
<tr><td colspan="2">票据张数</td><td></td></tr>
<tr><td colspan="3">单位主管　会计　复核　记账</td></tr>
</table>

此联是出票人开户银行交给出票人的回单

凭证 2.10

中国工商银行 转账支票存根 (闽)

XIV87233497

附加信息

出票日期 年 月 日

收款人:

金 额:

用 途:

单位主管 会计

中国工商银行 转账支票 (闽) XIV87233498

出票日期(大写) 年 月 日 付款行名称:

收款人: 出票人账号:

本支票付款期限十天

人民币(大写)	亿	千	百	十	万	千	百	十	元	角	分

用途

上列款项请从

我账户内支付

出票人签章 复核 记账

(2)销售发票凭证

销售发票凭证如凭证 2.11 所示。

凭证 2.11

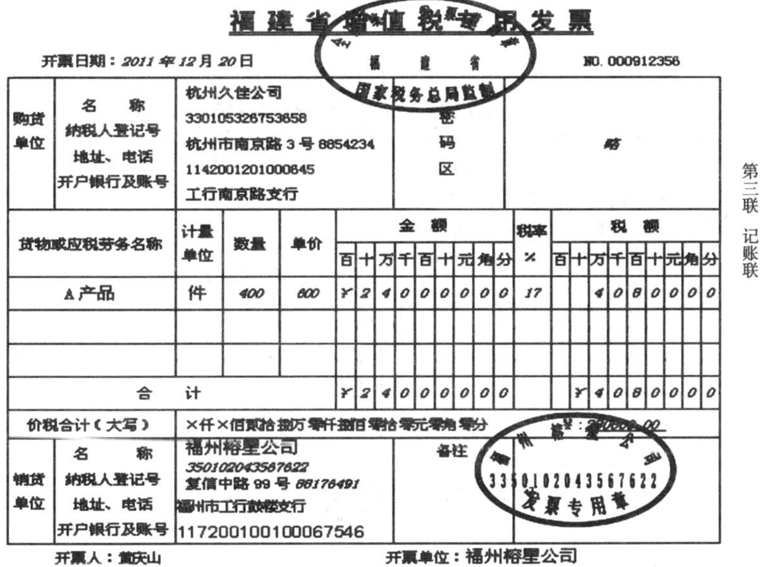

福建省增值税专用发票

开票日期:2011 年 12 月 20 日 NO. 000912356

购货单位	名称	杭州久佳公司	密码区	
	纳税人登记号	330105326753658		
	地址、电话	杭州市南京路 3 号 8854234		
	开户银行及账号	1142001201000645 工行南京路支行		

货物或应税劳务名称	计量单位	数量	单价	金额 百	十	万	千	百	十	元	角	分	税率 %	税额 百	十	万	千	百	十	元	角	分
A 产品	件	400	600	¥	2	4	0	0	0	0	0	0	17			4	0	8	0	0	0	0
合计				¥	2	4	0	0	0	0	0	0			¥	4	0	8	0	0	0	0

价税合计(大写) ×仟×佰贰拾捌万零仟捌佰零拾零元零角零分 ¥:280800.00

销货单位	名称	福州榕星公司	备注
	纳税人登记号	350102043567622	
	地址、电话	复信中路 99 号 88176491	
	开户银行及账号	福州市工行鼓楼支行 11720010010006754 6	

开票人:黄庆山 开票单位:福州榕星公司

第三联 记账联

(3)采购货物凭证

①采购发票。如凭证 2.12 和凭证 2.13 所示。

凭证 2.12

广东省增值税专用发票

开票日期：2011 年 12 月 15 日　　　　NO. 00091238

购货单位			
名称	福州榕星公司	密码区	略
纳税人登记号	350102043567622		
地址、电话	复信中路 99 号 88176491		
开户银行及账号	福州市工行鼓楼支行 117200100100067546		

货物或应税劳务名称	计量单位	数量	单价	金额 百	十	万	千	百	十	元	角	分	税率 %	税额 百	十	万	千	百	十	元	角	分
甲材料	千克	2000	80	¥	1	6	0	0	0	0	0	0	17		¥	2	7	2	0	0	0	0
乙材料	千克	4 000	15			6	0	0	0	0	0	0				1	0	2	0	0	0	0
合计				¥	2	2	0	0	0	0	0	0			¥	3	7	4	0	0	0	0

价税合计（大写）×仟×佰贰拾伍万柒仟肆佰零拾零元零角零分　¥：257400.00

销货单位			
名称	广州大发公司	备注	
纳税人登记号	440106719280541		
地址、电话	中山路 30 号 8834687		
开户银行及账号	工行中山分理处 117200100456798J		

开票人：黄庆山　　　　开票单位：广州大发公司

第一联 发票联 购货方记账

凭证 2.13

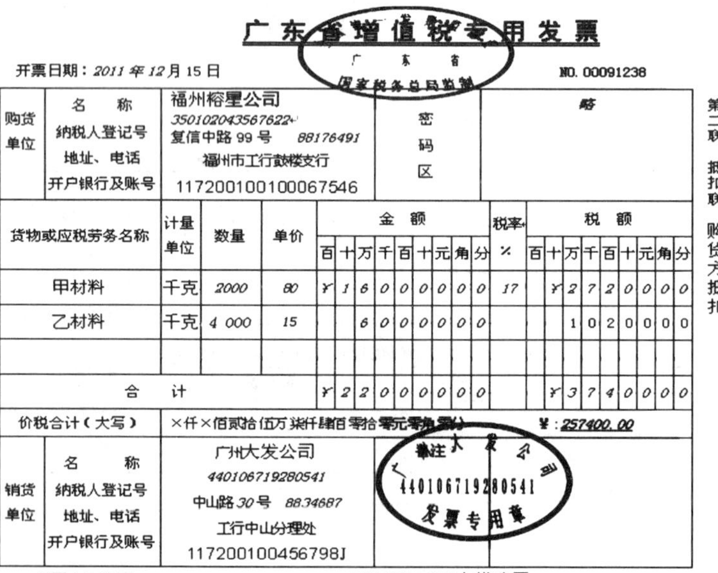

广东省增值税专用发票

开票日期：2011 年 12 月 15 日　　　　NO. 00091238

购货单位			
名称	福州榕星公司	密码区	略
纳税人登记号	350102043567622		
地址、电话	复信中路 99 号 88176491		
开户银行及账号	福州市工行鼓楼支行 117200100100067546		

货物或应税劳务名称	计量单位	数量	单价	金额 百	十	万	千	百	十	元	角	分	税率 %	税额 百	十	万	千	百	十	元	角	分
甲材料	千克	2000	80	¥	1	6	0	0	0	0	0	0	17		¥	2	7	2	0	0	0	0
乙材料	千克	4 000	15			6	0	0	0	0	0	0				1	0	2	0	0	0	0
合计				¥	2	2	0	0	0	0	0	0			¥	3	7	4	0	0	0	0

价税合计（大写）×仟×佰贰拾伍万柒仟肆佰零拾零元零角零分　¥：257400.00

销货单位			
名称	广州大发公司	备注	
纳税人登记号	440106719280541		
地址、电话	中山路 30 号 8834687		
开户银行及账号	工行中山分理处 117200100456798J		

开票人：黄庆山　　　　开票单位：广州大发公司

第二联 抵扣联 购货方抵扣

②入库单。入库单凭证如凭证 2.14 所示。

凭证 2.14

<table>
<tr><td colspan="11" align="center">材 料 入 库 单</td><td rowspan="11">第三联 财会记账</td></tr>
<tr><td colspan="11" align="center">2011 年 12 月 18 日</td></tr>
<tr><td>供货单位</td><td colspan="2">广州大发公司</td><td colspan="2">附原凭 3 张</td><td>发票号</td><td colspan="3">NO. 00091238</td><td colspan="2">2011 年 12 月 15 日</td></tr>
<tr><td rowspan="2">货号</td><td rowspan="2">名称</td><td rowspan="2">型号规格</td><td rowspan="2">单位</td><td colspan="2">数 量</td><td colspan="2">进货价</td><td colspan="3">验收损耗</td></tr>
<tr><td>发票</td><td>实收</td><td>单价</td><td>金额</td><td>数量</td><td colspan="2">金额</td></tr>
<tr><td>005</td><td>甲材料</td><td></td><td>千克</td><td>2 000</td><td>2 000</td><td>80</td><td>160 000.00</td><td></td><td colspan="2"></td></tr>
<tr><td>006</td><td>乙材料</td><td></td><td>千克</td><td>4 000</td><td>4 000</td><td>15</td><td>60 000.00</td><td></td><td colspan="2"></td></tr>
<tr><td></td><td></td><td></td><td></td><td></td><td></td><td></td><td></td><td></td><td colspan="2"></td></tr>
<tr><td colspan="4">注明采购方式</td><td colspan="3">运杂费</td><td>300.00</td><td colspan="3">用 途</td></tr>
<tr><td colspan="4">发 货</td><td colspan="3">合 计</td><td>¥220 300.00</td><td colspan="3">原材料</td></tr>
<tr><td colspan="11">仓库负责人:周南　　保管员:越奇　　交货人:王平</td></tr>
</table>

(4)购买设备凭证

①购买设备发票。

购买设备发票如凭证 2.15 和凭证 2.16 所示。

凭证 2.15

开票日期：2011 年 12 月 13 日　　　　NO. 00071898

<table>
<tr><td rowspan="4">购货单位</td><td>名　　称</td><td colspan="4">福州榕星公司</td><td rowspan="4" colspan="10">密码区</td><td rowspan="4" colspan="9">略</td><td rowspan="9">第一联 发票联 购货方记账</td></tr>
<tr><td>纳税人登记号</td><td colspan="4">350102043567622</td></tr>
<tr><td>地址、电话</td><td colspan="4">复信中路 99 号 0591-88176491</td></tr>
<tr><td>开户银行及账号</td><td colspan="4">福州市工行鼓楼支行 117200100100067546</td></tr>
<tr><td rowspan="2" colspan="2">货物或应税劳务名称</td><td rowspan="2">计量单位</td><td rowspan="2">数量</td><td rowspan="2">单价</td><td colspan="9">金　额</td><td rowspan="2">税率 %</td><td colspan="9">税　额</td></tr>
<tr><td>百</td><td>十</td><td>万</td><td>千</td><td>百</td><td>十</td><td>元</td><td>角</td><td>分</td><td>百</td><td>十</td><td>万</td><td>千</td><td>百</td><td>十</td><td>元</td><td>角</td><td>分</td></tr>
<tr><td colspan="2">设备</td><td>台</td><td>1</td><td>6800</td><td></td><td></td><td>4</td><td>0</td><td>0</td><td>0</td><td>0</td><td>0</td><td>0</td><td>17</td><td></td><td></td><td></td><td>6</td><td>8</td><td>0</td><td>0</td><td>0</td><td>U</td></tr>
<tr><td colspan="2"></td><td></td><td></td><td></td><td></td><td></td><td></td><td></td><td></td><td></td><td></td><td></td><td></td><td></td><td></td><td></td><td></td><td></td><td></td><td></td><td></td><td></td><td></td></tr>
<tr><td colspan="5">合　　计</td><td></td><td>¥</td><td>4</td><td>0</td><td>0</td><td>0</td><td>0</td><td>0</td><td>0</td><td>17</td><td></td><td></td><td>¥</td><td>6</td><td>8</td><td>0</td><td>0</td><td>0</td><td>0</td></tr>
<tr><td colspan="2">价税合计（大写）</td><td colspan="22">×佰×拾肆万陆仟捌佰零拾零元零角零分　　46800.00</td></tr>
<tr><td rowspan="4">销货单位</td><td>名　　称</td><td colspan="4">福州华兴公司</td><td rowspan="4" colspan="19">福州华兴公司 350102267426962 发票专用章</td></tr>
<tr><td>纳税人登记号</td><td colspan="4">350102267426962</td></tr>
<tr><td>地址、电话</td><td colspan="4">琴亭路 83 号 2634687</td></tr>
<tr><td>开户银行及账号</td><td colspan="4">工行五四分理处 3864316</td></tr>
</table>

开票人：林小亮　　　　开票单位：福州华兴公司

凭证 2.16

福建省增值税专用发票

国家税务总局监制

开票日期：2011 年 12 月 13 日　　　　NO. 00071898

购货单位	名称 纳税人登记号 地址、电话 开户银行及账号	福州榕星公司 350102043567622 复信中路 99 号 0591-88176491 福州市工行鼓楼支行 117200100100067546	密码区	略

货物或应税劳务名称	计量单位	数量	单价	金额 百	十	万	千	百	十	元	角	分	税率 %	税额 百	十	万	千	百	十	元	角	分
设备	台	1	6800			4	0	0	0	0	0	0	17				6	8	0	0	0	0
合计					¥	4	0	0	0	0	0	0	17			¥	6	8	0	0	0	0
价税合计（大写）	×佰×拾肆万陆仟捌佰零拾零元零角零分													¥：46800.00								

销货单位	名称 纳税人登记号 地址、电话 开户银行及账号	福州华兴公司 350102267426962 [illegible]路 63 号 [illegible] 工行五四分理处 [illegible]	备注

开票人：林小亮　　　　开票单位：福州华兴公司

第二联 抵扣联 购货方抵扣

②设备验收单。

设备验收单凭证如凭证 2.17 所示。

凭证 2.17

固定资产交接验收单

2010 年 12 月 15 日

供货单位	福州华兴公司	附原凭 3 张	发票号	00071898	2011 年 12 月 15 日
固定资产取得方式:购进		发票价格:2000		运杂费等:	
固定资产名称:机器设备——车床			固定资产编号:15		
投入使用日期:2011.1.15			预计使用年限:5		
固定资产折旧方法:直线法			预计净残值:100		
验收部门	验收人	管理部门	管理人	财务部门	
第壹车间	扬样	第壹车间	张厅	洪红	

三 财会

(5)各种费用支出凭证

①工资领取单据。

工资领取单据如凭证 2.18 所示。

凭证 2.18

员工工资条

月份	编号	姓名	职位	应发工资						应扣工资						实发工资	领取人签名
				基本工资	效益奖金	提成	交通补贴	通信补贴	小计	迟到	旷工	事假	所得税	养老金	小计		
10月	001	张三	销售经理	3 500	700	2 400	200	500	7 300	0	0	0	765	350	1 115	6 185	0

员工工资条

月份	编号	姓名	职位	应发工资						应扣工资						实发工资	领取人签名
				基本工资	效益奖金	提成	交通补贴	通信补贴	小计	迟到	旷工	事假	所得税	养老金	小计		
10月	002	李四	销售经理	3 500	700	2 300	200	500	7 200	30	0	0	745	350	1 125	6 075	0

②广告费发票。广告费发票如凭证 2.19 所示。

凭证 2.19

福州市社会服务业统一发票

发票联

NO.042176

单位：福建福芳制伞有限公司　　2011年10月8日

项目	单位	数量	单价	金额 十	万	千	百	十	元	角	分	备注
本季度广告费					¥	7	5	0	0	0	0	
金额（大写）	柒仟伍佰零拾零元零角零分				¥	7	5	0	0	0	0	

收款单位：　　收款人：宁远　　开票人：李军

②报销凭证

350107375122735

发票专用章

③借款利息单据。借款利息单据如凭证 2.20 所示。

凭证 2.20

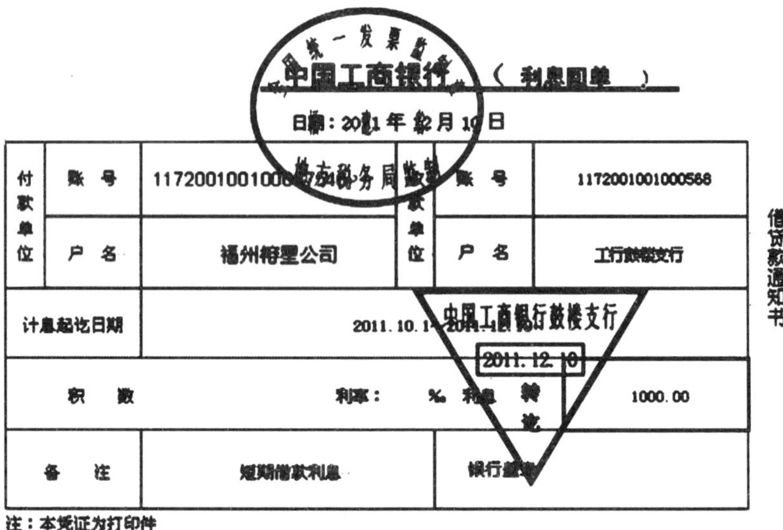

中国工商银行（利息回单）

日期：2011年12月10日

付款单位	账号	117200100100...	收款单位	账号	1172001001000566
	户名	福州榕星公司		户名	工行鼓楼支行
计息起讫日期		2011.10.1—2011.12.10			
积数		利率：‰ 利息			1000.00
备注		短期借款利息	银行盖章		

借贷款通知书

注：本凭证为打印件

④运输费用发票。运输费用发票如凭证 2.21 所示。

凭证 2.21

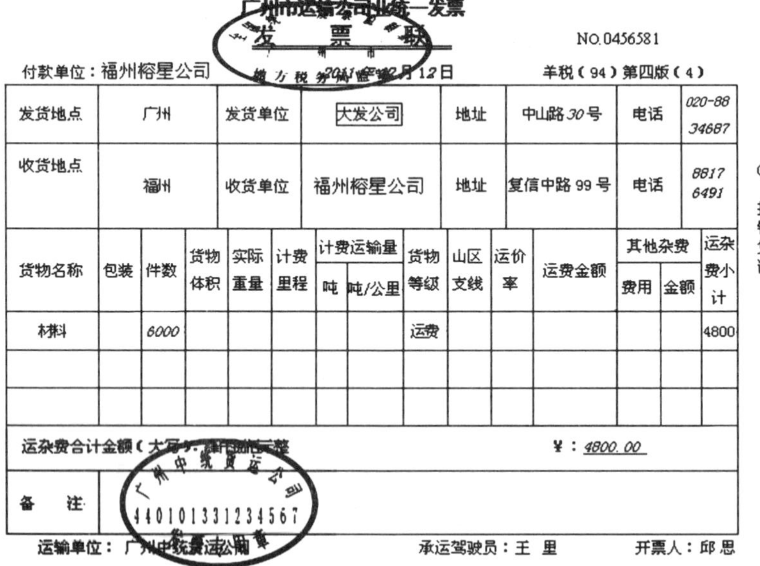

广州市运输公司业统一发票

发票联

NO.0456581

付款单位：福州榕星公司　　2011年12月12日　　羊税(94)第四版(4)

发货地点	广州			发货单位		大发公司				地址	中山路30号	电话		020-88 34687
收货地点	福州			收货单位		福州榕星公司				地址	复信中路99号	电话		8817 6491
货物名称	包装	件数	货物体积	实际重量	计费里程	计费运输量 吨	计费运输量 吨/公里	货物等级	山区支线	运价率	运费金额	其他杂费 费用	其他杂费 金额	运杂费小计
材料		6000						运费						4800
运杂费合计金额（大写）：肆仟捌佰元整										￥：4800.00				
备注														

②报销凭证

运输单位：广州中统货运公司　　承运驾驶员：王里　　开票人：邱思

⑤通信费用发票。通信费用发票如凭证 2.22 所示。

凭证 2.22

福州市电信公司电信业务专用发票

发票联（手写无效） NO.0527490

用户名称	福建福芳制伞有限公司				电话号码	见清单	局编账号	199900178235
合计金额	人民币（大写）	陆仟伍佰元整					金额人民币（小写）	¥：4500.00
项目	国内长途	1500.00	拨打 GSM 国内长途	1000.00				
	区间通话费	500.00	乙类电话基本月租	350.00				
	169 使用费	800.00	8163 使用费	350.00				
	通话费周期：2011.8.10－2011.9.10							

②报销凭证

付款方式：支票托收　　收款员：童君　　收款单位：

(6)股东出资证明凭证。

股东出资证明凭证如凭证 2.23 所示

凭证 2.23

投 资 协 议

为加强双方的业务联系，福州福望公司（以下简称甲方）与福州榕星公司（以下简称乙方）经友好协商，达成以下协议：由甲方向乙方投入资金，价值人民币伍拾万元整（¥500000），并提供有关单据。本协议一式三份，自双方签字之日起生效。

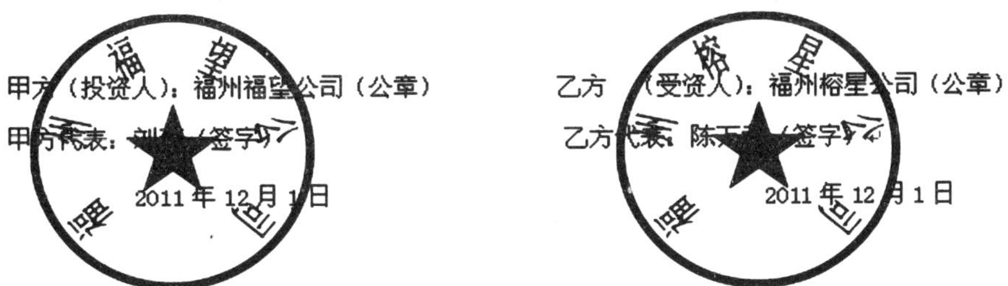

甲方（投资人）：福州福望公司（公章）　　乙方（受资人）：福州榕星公司（公章）

甲方代表：刘（签字）　　乙方代表：陈（签字）

2011 年 12 月 1 日　　2011 年 12 月 1 日

(7)借款凭证

借款凭证如凭证 2.24 和凭证 2.25 所示。

凭证 2.24

中国工商银行流动资金借款收据(回单)

2011年12月5日

借款单位全称	福州榕星公司		存款账号	117200100100067546
贷款种类	经营周转借款	年利率 8%	贷款户账号	1172001001000568
贷款金额	人民币(大写):陆万元整			千百十万千百十元角分 ¥6000000
借款原因或用途:资金周转			约定还款期限:	2011年3月5日
备　　注:			上列贷款已转入你单位的存款户	

此联代存款账户收账通知

凭证 2.25

借　款　单

2011 年 12 月 19 日　　　　NO.0049769

姓　名	黎明	部　门	厂办	职　务	主任
借款原因	出差				
借款金额	人民币(大写):贰仟元整　　¥:2 000.00				
财务部门	负责人 陈万利　审核 高明　记账　经办人 黎明				

会计凭证的种类

会计凭证是记录经济业务,明确经济责任,据以登记账簿的一种具有法律效力的书面证明。会计凭证须载明经济业务的内容、数量、金额并签名或盖章,以明确对该项经济业务的内容的真实性、正确性所应负的责任。一切会计凭证都应经过专人进行严格的审核,只有经过审核无误的凭证才能作为记账的依据。

会计凭证的种类:会计凭证按其填制程序和用途不同,可以分为原始凭证和记账凭证两类。

任务3 填制原始凭证

2.3.1 原始凭证的填制要求

原始凭证的填制必须符合《会计基础工作规范》的规定,因此在填制原始凭证时,必须严格按如下要求进行:

1)真实可靠、手续完备

(1)真实可靠

原始凭证上记载的经济业务必须与实际情况相符,不得弄虚作假,更不得伪造凭证。每张凭证上填列的日期、业务内容、数量、单价、金额等应当准确无误并真实可靠,不得匡算或估计,这样才能保证会计信息的客观真实性。

(2)手续完备

①从外单位取得的原始凭证,应使用统一发票,发票上应印有税务专用章,必须加盖填制单位的公章。

②自制的原始凭证,必须要有经办单位负责人或者由单位负责人指定的人员签名或者盖章。

③支付款项的原始凭证,必须要有收款单位和收款人的收款证明,不能仅

以支付款项的有关凭证代替。

④购买实物的原始凭证,必须有实物验收证明。

⑤销售货物发生退货并退还货款时,必须以退货发票、退货验收证明和对方的收款收据作为原始凭证。

⑥职工公出借款填制的借款凭证,必须附在记账凭证之后。

⑦开具增值税专用发票,须由客户提供增值税一般纳税人证明资料,并严格按有关规定开具,须在发票联和抵扣联上同时加盖单位发票专用章。

⑧经上级有关部门批准的经济业务事项,应当将批准文件作为原始凭证的附件。

【例2.1】 未加盖填制单位发票专用章的发票(凭证2.26)。

凭证2.26

福州市商业零售发票 No.0314194

发票联 4041003000

购货单位(人):福建福芳制伞有限公司 2010年11月3日

货号	品名及规格	单位	数量	单价	金额 万	千	百	十	元	角	分
1-8	笔记本	本	200	5.00	¥	1	0	0	0	0	0
10-1	复印纸	箱	10	50.00		¥	5	0	0	0	0
3-3	胶水	打	5	20.00		¥	1	0	0	0	0
合计金额(大写)	零万壹仟陆佰零拾零元整				¥	1	6	0	0	0	0
结算方式	支票	开户行及账号	工行鼓楼支行 1486752								

②报销凭证

销货单位: 收款人:张三 开票人:高歌

未加盖填制单位发票专用章

【例2.2】 无相关人员签章的收料单(凭证2.27)。

2)内容完整、文字书写清楚

①原始凭证应严格按规定的格式或内容逐项填写经济业务的完成情况,不得漏填或简略。

凭证 2.27

收 料 单

（三联式）

2010 年 11 月 14 日 NO.0001643

供货单位	恒华公司		发票号	NO.98983		购进日期		2010 年 11 月 14 日	
货号	名称	型号规格	单位	数量		进货价		验收损耗	
				发票	实收	单价	金额	数量	金额
012318	布料		匹	4 000	4 000	150	600 000.00		
注明采购方式			运杂费			35 000.00		用 途	
发 货			合 计			635 000.00		原材料	

第二联 财会记账

仓库负责人：周南 保管员：越奇 交货人：

无相关人员签章

②凭证上的文字，可用计算机打印，或正楷字或行书书写，字迹要工整、清晰、易于辨认，不使用未经国务院颁布的简化字。

③一式几联的凭证，必须用双面复写纸套写，做到不串行、不串格、不模糊。单页凭证必须用蓝黑钢笔（水笔）填写。

④凭证填写发生错误，应按规定的方法更正。原始凭证不得涂改、挖补；发现原始凭证有错误的，应当由开出单位重开或者更正，更正处应当加盖开出单位的公章；填错作废的凭证，不得撕毁，要按规定加盖“作废”戳记后保留在原处。现金和银行存款等收付凭证填写错误，不能在凭证上更正，应按规定的手续注销留存，另行重新填写。

3）数字填写必须准确无误，并按规定书写

①原始凭证上的数字填写必须清晰、正确，易于辨认。金额前要写明货币符号，如人民币用“￥”表示，美元用“USD”表示等。

②阿拉伯数字应当逐个书写，不得连笔书写。币种符号与阿拉伯数字金额之间不得留有空白。凡阿拉伯数字前写有币种符号的，数字后面不再写货币单位。

③所有以元为单位（其他货币种类为货币基本单位，下同）的阿拉伯数字，

除表示单价等情况外，一律写到角分；无角分的，角位和分位可写“00”，或者写符号“—”；有角无分的，分位应当写“0”，不得用符号“—”代替。如¥560.00也可以写成¥560.—，但¥560.40不可以写成¥560.4—。

④汉字大写数字金额如零、壹、贰、叁、肆、伍、陆、柒、捌、玖、拾、佰、仟、万等，一律用正楷或者行书书写。大写金额数字到元或者角为止的，在“元”或者“角”字之后应当写“整”字或者“正”字；大写金额数字有分的，分字后面不写“整”或者“正”字。

⑤填写大写金额时，事先印好的“人民币”字样与大写数字之间不得留空；金额数字中间有“0”时，汉字大写金额中可以写一个“零”字。书写时，数字的大写金额和小写金额必须保持一致。如表2.1所示。

表2.1 数字书写举例

序号	小写	大写(错误)	大写(正确)
1	¥5 400.00	人民币伍仟肆佰元整	人民币伍仟肆佰元整
2	¥1 054 000.00	人民币壹佰万零伍万肆仟元整	人民币壹佰零伍万肆仟元整
3	¥6 000.89	人民币陆仟零捌角玖分	人民币陆仟元捌角玖分
4	¥2 008.07	人民币贰仟零捌元柒分	人民币贰仟零捌元零柒分
5	¥315.60	人民币叁佰拾伍元陆角整	人民币叁佰壹拾伍元陆角整
6	¥850.01	人民币捌佰伍拾元壹分整	人民币捌佰伍拾元零壹分
7	¥765.26	人民币柒佰陆拾伍元贰角陆分	人民币柒佰陆拾伍元贰角陆分

【例2.3】 金额错误的现金存款凭条(凭证2.28)。

4)连续编号、及时填制

①各种凭证都必须连续编号，以备查考。一些事先印好编号的重要凭证作废时，在作废的凭证上应加盖“作废”戳记，连同存根一起保存，不得随意撕毁。

②所有经办业务的有关部门和人员，在经济业务实际发生或完成时，必须立即填制或取得原始凭证，及时将原始凭证送交会计部门，不得拖延。

凭证 2.28

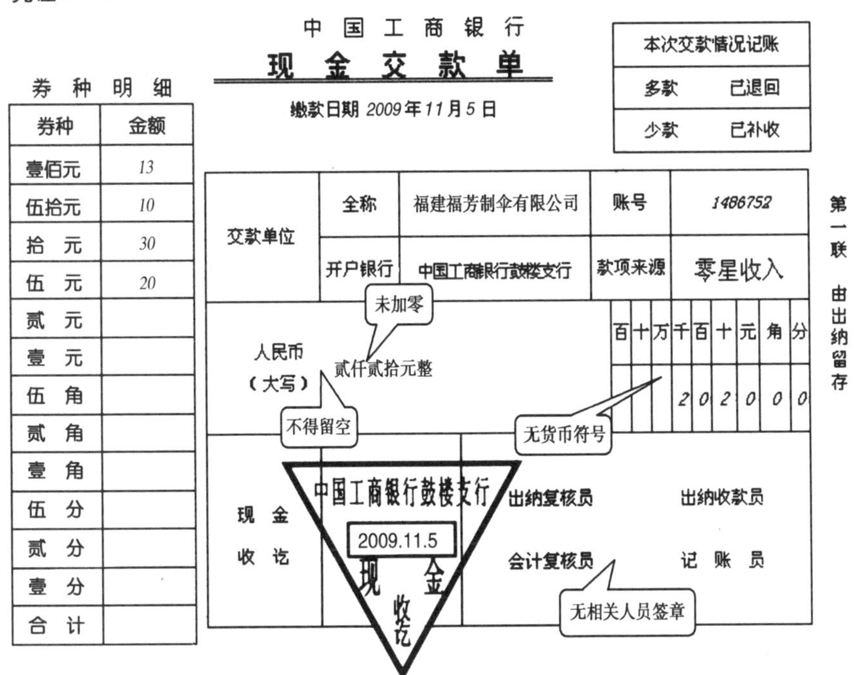

中国工商银行

现金交款单

缴款日期 2009年11月5日

本次交款情况记账	
多款	已退回
少款	已补收

券种明细

券种	金额
壹佰元	13
伍拾元	10
拾 元	30
伍 元	20
贰 元	
壹 元	
伍 角	
贰 角	
壹 角	
伍 分	
贰 分	
壹 分	
合 计	

交款单位	全称	福建福芳制伞有限公司	账号	1486752
	开户银行	中国工商银行鼓楼支行	款项来源	零星收入

人民币（大写）	百	十	万	千	百	十	元	角	分
贰仟贰拾元整				2	0	2	0	0	0

现金收讫

出纳复核员 出纳收款员

会计复核员 记账员

第一联 由出纳留存

【例2.4】 作废的现金支票如凭证2.29所示。

凭证 2.29

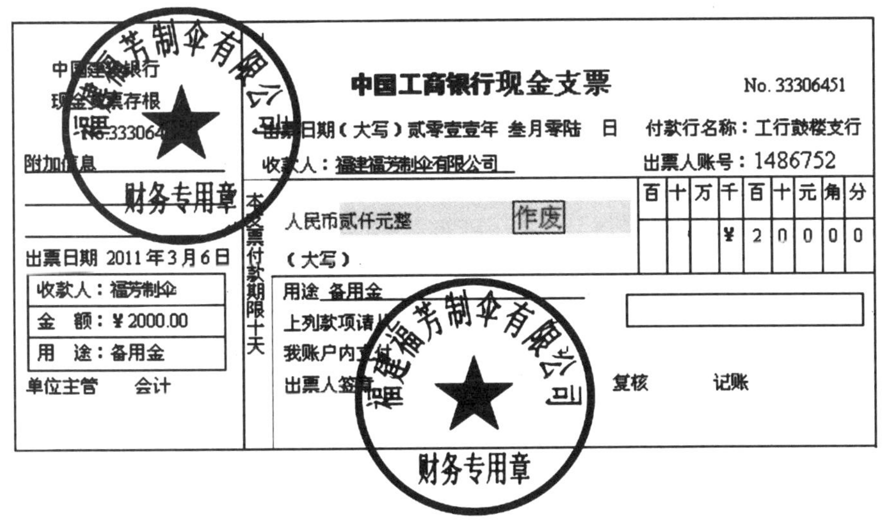

中国工商银行现金支票存根

No.33306451

附加信息

出票日期 2011年3月6日

收款人：福芳制伞

金 额：¥2000.00

用 途：备用金

单位主管 会计

中国工商银行现金支票 No. 33306451

出票日期（大写）贰零壹壹年 叁月零陆 日 付款行名称：工行鼓楼支行

收款人：福建福芳制伞有限公司 出票人账号：1486752

本支票付款期限十天

人民币（大写）	百	十	万	千	百	十	元	角	分
贰仟元整 作废				¥	2	0	0	0	0

用途 备用金

上列款项请从

我账户内支付

出票人签章 复核 记账

2.3.2 原始凭证的填制

原始凭证的填制有 3 种形式:一是根据实际发生或完成的经济业务,由经办人员直接填列;二是根据已经入账的有关经济业务,由会计人员利用账簿资料进行加工整理填列;三是根据若干张反映同类经济业务的原始凭证定期汇总填列汇总原始凭证。因此不同的原始凭证填制方法也不相同。以下是常见的手工填制的原始凭证。

以下一般是出纳手工填制的原始凭证。

1)支票的签发

支票是经常使用的经济凭证。支票是出票人签发的,委托办理支票存款业务的银行在见票时无条件支付确定的金额给收款人或持票人的票据。支票有 4 种,支票上印有"现金"字样的为现金支票,现金支票只能支取现金;支票上印有"转账"字样的为转账支票,转账支票只能转账;支票上未印有"现金"或"转账"字样的为普通支票,普通支票可以用于支取现金,也可用于转账。在普通支票左上角划两条平行线的,为划线支票,划线支票只能转账,不能支取现金。支票由企业的出纳人员负责填写,必须使用钢笔或签字笔,用碳素墨水或蓝黑墨水,按支票簿排定的页数顺序填写,按编号顺序使用。支票的基本联次为二联,即支票存根和支票正联。支票的签发方法如下:

①"出票日期"必须大写,如 2011 年 2 月 8 日,应写为:贰零壹壹年零贰月零捌日;10 月 17 日应写为:壹拾月壹拾柒日。出票日期必须是签发当日,不能填写签发当日以后的日期。

②"付款行"名称为开票人开户银行的名称。

③"出票人账号"为出票人存款户的代号,由开户银行在开立账户时设置。

④"收款人"为支票的持有人,单位、个人均可。提取现金支票的收款人应为个人,如单位的出纳员及其他接受现金的个人。

⑤"金额"需要大小写一致,大写金额最高位数前不留空格,小写金额最高位前加填货币小写符号。"金额"可由出票人签发时填记,也可在签发后由出票人授权收款人补记。

⑥“用途”按实际填写，不能虚构，如付劳务费、提工资等。

⑦“签章”起码包括：出票人的财务专用章和单位法人章。出票人的印鉴与预留银行的印鉴一致。

⑧背书是收支票的人或单位盖章收钱用的。

【例2.5】 2011年1月10日，福建福芳制伞有限公司开出转账支票一张用于支付福州市福兴股份公司购货款30 000元(凭证2.30)。

凭证2.30

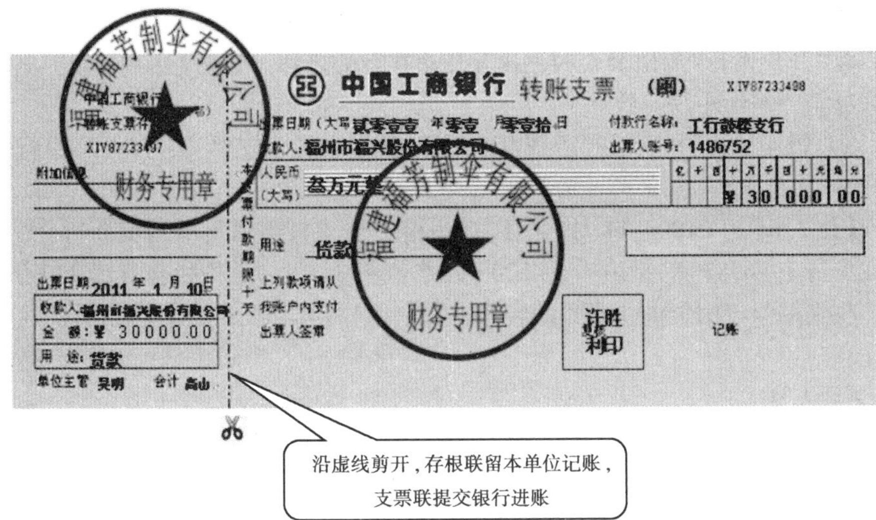

中国工商银行 转账支票 (闽) XIV87233498

出票日期（大写）贰零壹壹 年零壹 月零壹拾日 付款行名称：工行鼓楼支行

收款人：福州市福兴股份有限公司 出票人账号：1486752

人民币（大写）叁万元整 ￥30 000 00

用途 货款

本支票付款期限十天

上列款项请从我账户内支付

出票人签章 记账

中国工商银行 转账支票存根 XIV87233497

附加信息

出票日期 2011年1月10日

收款人：福州市福兴股份有限公司

金额：￥30000.00

用途：货款

单位主管 吴明 会计 高山

支票上的大小写金额和收款人若填写错误不得修改，需作废重填。

2)进账单的填制

进账单是企业因向开户银行送交从外单位取得的支票、银行本票、银行汇票、到期的商业汇票等票据办理银行存款收入业务时填制的单证，由在银行开立存款账户单位的财会人员负责填写。进账单的基本联次为两联，第一联为回单或收账通知，经开户银行审核，加盖银行印章后交还收款人，作为记账依据；第二联为收款人开户银行贷方收入凭证。全部联次用双面复写纸一次套写完成。进账单填制完毕，应对进账单及其相关票据进行审核，以防出错。然后将进账单连同转账支票正联等相关票据提交开户银行受理，银行收款后在回单或收款人通知联上加盖“已受理”或“转讫”章，退给企业。进账单的填制内容如下：

①日期为银行受理和为收款人收账的时间。由于进账单不是票据，其填制日期不用大写。

②“全称”为出票人和收款人的名称。

③“账号”为出票人和收款人存款户的代号。

④“开户银行”为出票人和收款人开户银行的名称。

⑤金额需大小写一致。

⑥“票据种类”指所填制所依据的票据类型，如转账支票、银行汇票、银行本票等。

【例2.6】 2010年11月13日，福州榕星公司售给福州市国贸商行（工行台江支行1976983）一批B产品200件，单位售价500元，价税合计为117 000元。收到福州市国贸商行开具的转账支票一张，将其存入银行。商品已发运凭证2.31。

凭证2.31

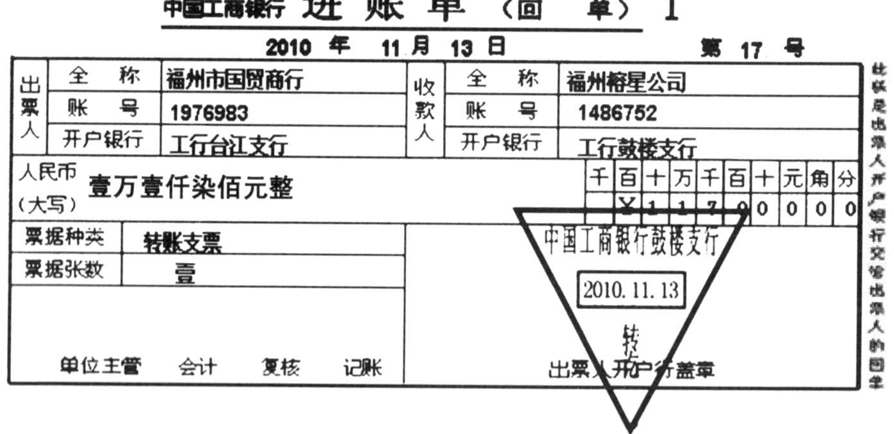

中国工商银行 进 账 单 （回 单） 1

2010 年 11 月 13 日 第 17 号

出票人	全称	福州市国贸商行	收款人	全称	福州榕星公司
	账号	1976983		账号	1486752
	开户银行	工行台江支行		开户银行	工行鼓楼支行
人民币（大写）	壹万壹仟染佰元整			千百十万千百十元角分	¥11700000
票据种类	转账支票				
票据张数	壹				
单位主管 会计 复核 记账				出票人开户行盖章	

3）发票的填制

（1）增值税专用发票

当一般纳税人企业因销售商品、提供应税劳务而收取款项时，必须付款方开具增值税专用发票。增值税专用发票只限于增值税的一般纳税人领购使用，增值税的小规模纳税人和非增值税纳税人不得领购使用。增值税发票一律采用电脑开具,一般由企业的财会人员负责填写,应按编号顺序打印使用,增值税专用发票规定为四联,分别为存根联、发票联、税款抵扣联和记账联。填写要求如下:

①"开票日期"为开出发票的日期,无须大写。

②"纳税人登记号"填写税务机关为纳税人确定的识别号,即税务登记证号码。

③"开户银行及账号"填写纳税人开户银行的名称和纳税人在该银行的结算账户号码。

④票、物相符,票面金额与实际收取的金额相符。

⑤全部联次一次填开,上、下联的内容和金额一致。

⑥发票联和抵扣联加盖财务专用章或发票专用章。

⑦"销货单位"栏内要加盖专用发票销货单位栏戳记(使用蓝色印泥)。专用发票销货单位栏戳记是指按专用发票"销货单位"栏的内容(包括销货单位名称、税务登记号、地址、电话号码、开户银行及账号等)和格式刻制的专用印章。

⑧字迹清楚,不得涂改。如填写有误,应另行开具专用发票,并在误填的专用发票上注明"误填作废"4 个字。如专用发票开具后因购货方不索取而成为废票的,也应按填写有误办理。

【例 2.7】 2010 年 5 月 19 日,福建福芳制伞有限公司向民生商店销售一批产品,开具增值税专用发票,价税合计 702 000 元(凭证 2.32)。

(2)普通发票

全国普通发票简并统一工作于 2009 年底启动,2010 年为实施和过渡阶段。过渡阶段,新旧版普通发票可同时使用,从 2011 年 1 月 1 日起,全国将统一使用新版普通发票,各地废止的旧版普通发票停止使用。新版发票是要求采用机打发票。严格控制手工发票的开具限额和使用范围。手工发票的限额应严格控制在百元版和千元版。考虑到目前有些全国统一使用的票种暂不宜取消,国家税务总局决定仍保留航空运输电子客票行程单、机动车销售统一发票、二手车销售统一发票、公路内河货物运输业统一发票、建筑业统一发票、不动产销售统一发票、换票证。通用发票无法涵盖的公园门票,也可继续保留。

发票应当按照规定的时限、顺序、栏目,全部联次一次性如实开具,并加盖发票专用章。单位和个人在开具发票时,必须做到按照号码顺序填开,填写项目齐全,内容真实,字迹清楚,全部联次一次打印,内容完全一致。因此,纳税人应按上述规定如实开具发票,否则属于未按规定开具发票的行为。

凭证 2.32

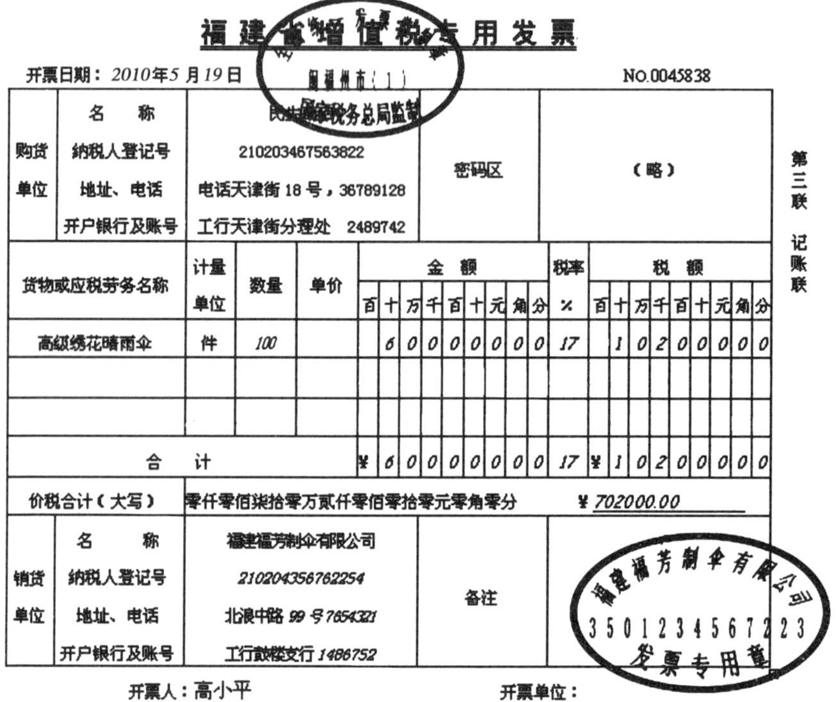

福建省增值税专用发票

开票日期：2010年5月19日　　　　No.0045838

购货单位	项目	内容	密码区
	名　　称	民生[illegible]	（略）
	纳税人登记号	210203467563822	
	地址、电话	电话天津街 18 号，36789128	
	开户银行及账号	工行天津街分理处　2489742	

货物或应税劳务名称	计量单位	数量	单价	金额（百十万千百十元角分）	税率 %	税额（百十万千百十元角分）
高级绣花晴雨伞	件	100		6 0 0 0 0 0 0 0	17	1 0 2 0 0 0 0 0
合　计				￥ 6 0 0 0 0 0 0 0	17	￥ 1 0 2 0 0 0 0 0
价税合计（大写）	零仟零佰柒拾零万贰仟零佰零拾零元零角零分			￥702000.00		

销货单位	项目	内容	备注
	名　　称	福建福芳制伞有限公司	
	纳税人登记号	210204356762254	
	地址、电话	北浪中路 99 号 7654321	
	开户银行及账号	工行鼓楼支行 1486752	

开票人：高小平　　　　开票单位：

第三联　记账联

备注：增值税专用发票一式三联，第一联：发票联，作为购货凭证；第二联：抵扣联，作为税款抵扣凭证；第三联：记账联，作为销售方销售凭证。

【例 2.8】 2010 年 5 月 26 日，福州榕星公司向中华文具店购买复印纸一箱，售价 499 元，开具普通发票（凭证 2.33）。

（3）手工发票的填制

严格控制手工发票的开具限额和使用范围。福建省手工发票只设百元版，不设千元版。其填制方法如下：

①先用垫板将所开这份发票分隔好，以免透到后面。使用黑色水笔开具，不要用圆珠笔。

②填写发票抬头，开票日期。

③项目，服务票按经营范围的规定开；销售票按货物明细项目开，要注明规格数量。

④金额，大小写一致。小写金额两项及以上的要写合计数。

⑤一定要填写开票人，谁开票签谁的名字。

凭证 2.33

中华文具店商业零售普通发票

发票联

发票代码 235010720169

发票号码 05665955

购货单位：福建福芳制伞有限公司

2010 年 5 月 26 日填制 17:04:05

品名及规格型号	单位	数量	单价	金额	备注
复印纸	箱	1	￥499.00	￥499.00	
合　　计　￥499.00					
合计（大写）肆佰玖拾玖元整					
销货单位：中华文具店				全国统一服务专线：400[illegible]	

填票人：高　歌　　收款人：张三　　单位名称（盖章）

第一联　发票联

⑥加盖单位财务专用章或发票专用章。

【例 2.9】 2011 年 8 月 20 日榕星公司支付第三季度物业费 280.20 元（凭证 2.34）。

凭证 2.34

福建省福州市地方税务局服务业及其他行业手工发票

发票代码 235011172450

发票号码 02046111

付款单位：榕星公司

2011 年 8 月 20 日

项　目　内　容	金额					备注
	百	拾	元	角	分	
2011 年 7—9 月份物业费	2	8	0	2	0	
合计人民币（大写）贰佰[illegible]元贰角整						

收款单位名称：[illegible]芳制伞有限公司　　开票人　王秀燕

收款单位税号：[illegible]

第二联　发票联

4)现金交款单的填制

当企业向开户银行送交现金,办理银行存款收入企业时应当填写现金交款单。现金交款单由企业的财会人员负责填写,基本联次为三联,第一联为回单联,由银行受理后退回企业,是企业据以编制记账凭证的原始凭证。全部联次用双面复写纸一次套写完成。现金交款单填制完毕,应对现金交款单及其相关票据、现金数量进行复核,以防出错。然后将审核无误的现金交款单等提交开户银行办理进账。填写要求如下:

①账户名称请填写在"缴款单位全称"一栏,注意要写全称,不要写简称。

②"开户银行"一栏请填写您选择的交款银行,如"中国银行师大支行""中国银行解南支行",并在"账号"一栏填上相应的账号。

③"款项来源"一栏注明款项的来源如零星收入。

④《现金缴款单》第二联是银行回单(回执)。银行收款后会加盖"现金收讫"章交给您,请您妥善保管好,交公司财务开具收据。

⑤如果您的《现金缴款单》填错了,请在缴款时向银行工作人员索要,重新填写。

【例2.10】 2010年11月13日,福州榕星公司向银行送交现金2 000元,填制现金交款单如凭证2.35所示。

凭证2.35

中国工商银行

现金交款单

缴款日期 2010年 11月 13日

券种明细

券种	金额
壹佰元	13
伍拾元	10
拾元	10
伍元	20
贰元	
壹元	
伍角	
贰角	
壹角	
伍分	
贰分	
壹分	
合计	

本次交款情况记账	
多款	已退回
少款	已补收

交款单位	全称	福州榕星公司	账号	1486752
	开户银行	中国工商银行鼓楼支行	款项来源	零星收入
人民币(大写)	贰仟元整			

百	十	万	千	百	十	元	角	分
		¥	2	0	0	0	0	0

现金收讫	中国工商银行鼓楼支行 2010.11.13 现金收讫	出纳复核员	出纳收款员
		会计复核员	记账员

第一联 由出纳留存

5)收据的填制

当企业因相关业务而收取预付款、租金、押金、罚金赔款以及受到投资方的款项时需要开具收据。收据由企业的出纳人员负责填写,按编号顺序使用。基本联次为三联或多联,第一联为存根联,第二联为收据(报销)联,第三联为记账联,全部联次一次套写完成,并加盖单位财务专用章和收款人名章。收据开具完毕,应进行复核,以防差错。然后将收据的第一联保留在收据本上,以备查询;撕下收据的其他各联,第二联交付交款单位或个人收执,第三联留作编制记账凭证的依据。

【例2.11】 2010年5月16日,福建福芳制伞有限公司收到福建旭日公司交来的货款6 000元(凭证2.36)。

凭证2.36

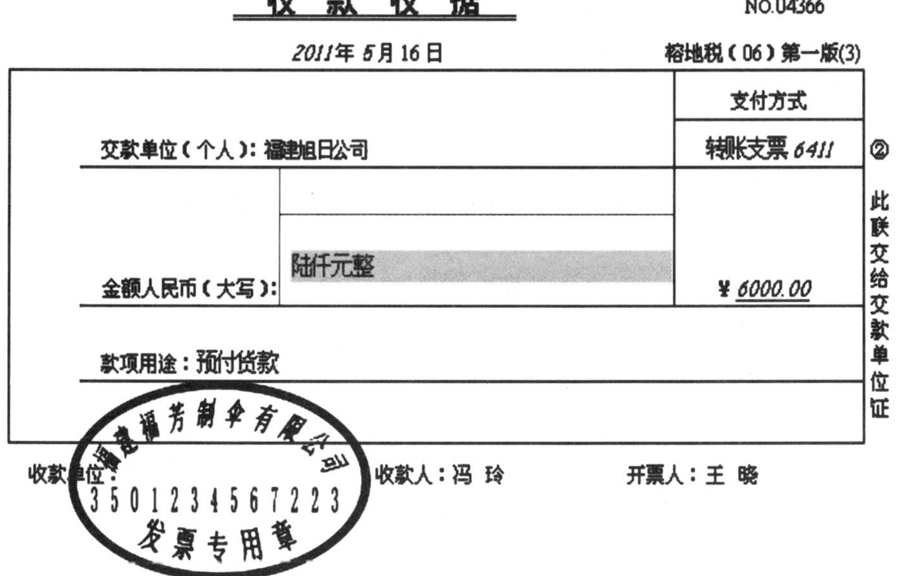

收 款 收 据

NO.04366

2011年 5月 16日

榕地税(06)第一版(3)

	支付方式
交款单位(个人):福建旭日公司	转账支票 6411
金额人民币(大写):陆仟元整	¥ 6000.00
款项用途:预付货款	

② 此联交给交款单位证

收款单位: 收款人:冯 玲 开票人:王 晓

福建福芳制伞有限公司 3501234567223 发票专用章

任务4 审核原始凭证

审核原始凭证是会计核算工作中必不可少的环节,是国家赋予财会人员的监督权限。只有经审核无误后的原始凭证,才能作为编制记账凭证和登记明细分类账的依据。

2.4.1 原始凭证审核的主要内容

1)审核原始凭证的真实性和合法性

(1)真实性审核

主要是审核凭证所反映的内容是否符合所发生的实际情况,数字、文字有无伪造、涂改、重复使用和大头小尾、各联之间数字不符等情况。特别要注意的是:

①内容记载是否清晰,有无掩盖事情真相的现象。

②凭证抬头是否是本单位。

③数量、单价与金额是否相符。

④认真核对笔迹,有无模仿领导笔迹签字冒领现象。

⑤有无涂改,有无添加内容和金额。

⑥有无移花接木的凭证。

(2)合法性审核

审核原始凭证的合法性,这是对原始凭证进行实质性的审核,也是重要的审核,具体说来:

①审核凭证内容是否符合国家的方针、政策、法令制度和计划。

②审核凭证本身是否具有"合法性"。

2)审核原始凭证的合理性

审核所发生的经济业务是否符合厉行节约、反对浪费、有利于提高经济效益的原则,有否违反该原则的现象。如经审核原始凭证后确定有突击使用预算结余购买不需要的物品,有对陈旧过时设备进行大修理等违反上述原则的情况,不能作为合理的原始凭证。

3)审核原始凭证的完整性

主要是审核原始凭证各个项目是否填写齐全,数字是否正确;名称、商品规格、计量单位、数量、单价、金额和填制日期的填写是否清晰,计算是否正确。对要求统一使用的发票,应检查是否存在伪造、挪用或用作废的发票代替等现象,凭证中应有的印章、签名是否齐全、审批手续是否健全等。特别应注意的是:

①外来的发票、收据等是否用复写纸套写?是否是"报销"一联?不属此例的一般不予受理,对于剪裁发票要认真核对剪裁金额是否与大小写金额相符。

②购买商品、实物的各种原始凭证，必须附有保管人的验收单或其他领用者签名才能受理。

③对外支付款项的凭证应附有收款人的收款手续方能转账注销。

④自制的原始凭证附有原始单据的，要审核金额是否相符；无原始单据的是否有部门负责人的批准、签章。

4）审核原始凭证的正确性

审核原始凭证在计算方面是否存在失误。如经审核凭证后确定有业务内容摘要与数量、金额不相对应，业务所涉及的数量与单价的乘积与金额不符，金额合计错误等情况，不能作为正确的原始凭证。对于审核后的原始凭证，如发现有不符合上述要求，有错误或不完整之处，应当按照有关规定进行处理；如符合有关规定，就一定根据审核无误的原始凭证来编制记账凭证。

在审核原始凭证的过程中，会计人员要认真执行《会计法》所赋予的职责、权限，坚持制度、坚持原则。对违反国家规定的收支，超过计划、预算或者超过规定标准的各项支出，违反制度规定的预付款项，非法出售材料、物资，任意出借、变卖、报废和处理财产物资，以及不按国家关于成本开支范围和费用划分的规定乱挤乱摊生产成本的凭证，会计人员应拒绝办理。对于内容不完全、手续不完备、数字有差错的凭证，会计人员应予以退回，要求经办人补办手续或进行更正。对于伪造或涂改等弄虚作假、严重违法的原始凭证，会计人员在拒绝办理的同时，应当予以扣留，并及时向单位主管或上经主管报告，请求查明原因，追究当事人的责任。

会计人员主要应从以下两个方面对原始凭证进行审核：

①内容审核——审核原始凭证的合法性、合理性。

②形式审查——审查原始凭证的完整性、正确性。

2.4.2　原始凭证的错弊及审核后原始凭证的处理

1）原始凭证中容易出现的错误与舞弊

①内容记载含糊不清，或故意掩盖事实真相，进行贪污作弊。

②单位抬头不是本单位。

③数量、单价与金额不符。

④无收款单位签章。

⑤开具“阴阳”发票,进行贪污作弊。

⑥在整理和粘贴原始凭证过程中进行作弊。例如,利用单位原始凭证粘贴、整理不规范的弱点,在进行粘贴、整理时,采用移花接木的手法,故意将个别原始凭证抽出,等以后再重复报销;或在汇总原始凭证金额时,故意多汇或少汇,达到贪污其差额的目的。

⑦模仿领导笔迹签字冒领。

⑧涂改原始凭证上的时间、数量、单价、金额,或添加内容和金额。

原始凭证中的错误主要是把原始凭证中各项内容错记。

原始凭证舞弊是指篡改、伪造、窃取、不如实填写原始凭证、或利用旧、废原始凭证来将个人所花的费用伪装为单位的日常开支,借以达到损公肥私的目的。

2)原始凭证错弊的鉴别

不论原始凭证舞弊采用什么方式,其原始凭证上都会直接或间接地表现出以下特点中的一点或几点。

①对刮、擦或用胶带拉扯的原始凭证,其表面总会有毛糙的感觉,可用手摸,背光目视的方法检查出来;对用“消字灵”等化学试剂消退字迹而后写上的原始凭证,其纸张上显示出表面光泽消失,纸质变脆,有淡黄色污斑和隐约可见的文字笔画残留,纸张格子线和保护花纹受到破坏,新写的字迹由于药剂作用而渗散变淡等特征中的一条或几条。

②对添加改写的原始凭证,其文字分布位置不合比例,字体不是十分一致,有时出现不必要的重描和交叉笔画。

③对于冒充签字的原始凭证,其冒充签字常常在笔迹熟练程度、字形、字的斜度、字体方向和形态、字与字、行与行的间隔、字的大小,压力轻重,字的基本结构等方面存在差异有时可以通过肉眼观察发现。

④对于伪造的原始凭证可以通过对比原始凭证的防伪标志来鉴别。

对于以上 4 种舞弊手法,如属必要,可请公安部门运用特定的技术进行鉴别。

⑤凭证明显不规范，要素不全，经常缺少部分要素，其关键要素经常出现模糊，让人对其经济业务活动的全貌感到模糊。例如购买办公用品（实为购买个人消费品）的假凭证，往往只注明“办公用品”，而不注明到底购买了什么办公用品，其规格、型号、品种、数量如何。

⑥其金额往往只有一个总数，而没有分项目的明细，经不起推敲。

⑦原始凭证的经手人经常含而不露，有时有名无姓或有姓无名，如果仔细追问很可能查无此人。

⑧原始凭证上的时间与业务活动发生的时间及以后的入账时间相距甚远。

⑨主要业务凭证与其他相关的凭证不配套，有时只有其中一部分，而没有另一部分。如销售货物只有销售发票而无发货单据、托运证明、出门单、结算凭证等。

⑩凭证的形式不规则，以非正规的票据凭证代替正规的原始凭证。例如用货币收付凭证代替实物收付凭证；以自制凭证代替外来凭证；以非购销凭证代替购销凭证等。

另外，原始凭证的内容、结算方式、资金流向与对方单位等处都可能存在着异常。

3）审核后原始凭证的处理

①经审核无误的原始凭证，就是真实、完整、合法的凭证，会计人员应及时办理各种必要的会计手续。

②对不真实、不合法的原始凭证，会计人员有权不予接受，并向有关单位主管报告。

③对记载不准确、不完整的原始凭证予以退回，并要求按照国家统一的会计制度的规定更正补充。这里要特别注意，原始凭证记载的各项内容均不得涂改。原始凭证有错误的，应当由出具单位重开或者更正，更正处应当加盖出具单位印章。原始凭证金额有错误的，应当由出具单位重开，不得在原始凭证上更正。

④对伪造或涂改等弄虚作假、严重违法的原始凭证，会计人员在拒绝办理的同时，应当予以扣留，并及时向单位或上级主管部门报告，请求查明原因，追究当事人责任。

原始凭证错误的危害

原始凭证中的错误虽然不是故意行为,但其危害很大,如原始凭证的印鉴错误会使单位财会人员对其真实性和合法性产生怀疑;原始凭证中的金额,计量单位错误会导致多付或少付货币;错误的日期会影响该项业务的正确归属期。

检查原始凭证的方法

检查原始凭证的方法很多,常用的方法是利用查账人员的经验,对凭证中所列各要素进行审阅,视其是否存在异常之处,发现其中可能存在的错弊;或将原始凭证所反映的经济业务与实际情况进行比较,视其是否存在差异并分析差异的性质和原因;或者将不同时期同类原始凭证上的相同要素进行对比分析,寻找其中存在的明显变化,分析其是否具有业务依据和正当原由。

原始凭证数量繁多,来源各异,查账人员不可能对其进行全面检查,常见的形式是采取抽样检查法,即按照一定标志和规律,从凭证总体中抽出其中一部分进行检查,并以此推断总体特性。

在原始凭证的检查中,审阅法和抽样法在诸多查账方法中居主导地位,常常为查账人员首选。另外,查账人员对原始凭证进行分析,还可以使用复核法(对原始凭证所记录反映的有关数据资料进行重复验算);核对法(主要指证证核对,即将记账凭证与所附原始凭证进行核对)、推测和判断(对原始凭证所反映的经济业务进行合理假设,并据以判断其结果,特别是在发现凭证不能反映经济业务真实面貌时);询问与函证法(对有关实物进行审查盘点,以证明原始凭证所记录的数量和金额的正确性);实物鉴定法,即对有疑问的原始凭证,如其真实性存在问题,是否被篡改等,请有关专家对其进行鉴定,以鉴别其真实性和合法性(其主要方法有物理鉴定、化学鉴定和法律鉴定),等等。

- 认识原始凭证
  - 原始凭证的含义
  - 原始凭证的基本要素
  - 原始凭证的种类
- 填制原始凭证
  - 原始凭证的填制要求
  - 原始凭证的填制方法
- 审核原始凭证
  - 原始凭证审核的主要内容
  - 原始凭证容易出现的错弊
  - 原始凭证舞弊的鉴别
  - 审核后原始凭证的处理

一、思考题

1. 什么是原始凭证？原始凭证需具备哪些要素？
2. 填制原始凭证的基本要求是什么？
3. 如何审核原始凭证？
4. 审核后的原始凭证应如何处理？

二、单项选择题

1. 原始凭证按照来源不同，可以分为(　　)。

A. 一次凭证、累计凭证　　B. 外来原始凭证和自制原始凭证

C. 累计凭证和汇总凭证　　D. 通用凭证和专用凭证

2. 下列各项中，不属于原始凭证基本内容的是(　　)。

A. 原始凭证的名称　　B. 填制原始凭证的单位名称

C. 经济业务的基本内容　　D. 接受原始凭证的单位签章

3. 下列各项中，不属于一次性原始凭证的是(　　)。

A. 出库单　　B. 领料单

C. 发出材料汇总表　　D. 收料单

4. 在原始凭证上金额￥6 310.63 的大写应书写为(　　)。
A. 人民币陆仟叁佰拾元陆角叁分
B. 人民币陆仟叁佰壹拾元陆角叁分整
C. 人民币陆仟叁佰壹拾元陆角叁分
D. 人民币陆仟叁佰壹拾点陆角叁分

5. 下列原始凭证中属于外来原始凭证的(　　)。
A. 发出材料汇总表　　B. 工资汇总单
C. 购货发票　　D. 领料单

6. 会计人员对记载不准确、不完整的原始凭证,应当(　　)。
A. 协助补填　　B. 予以报销
C. 予以退回　　D. 予以扣留

7. 在下列原始凭证中,属于累计凭证的是(　　)。
A. 购货发票　　B. 收料单
C. 领料单　　D. 限额领料单

8. 在下列原始凭证中,属于通用凭证的是(　　)。
A. 限额领料单　　B. 收料单
C. 领料单　　D. 增值税专用发票

9. 在下列原始凭证中,属于汇总凭证的是(　　)。
A. 购货发票　　B. 收料单
C. 发出材料汇总表　　D. 限额领料单

10. 在下列原始凭证中,属于自制原始凭证的是(　　)。
A. 支票　　B. 工资汇总表
C. 银行收款通知单　　D. 销货发票

三、多项选择题

1. 原始凭证的基本内容有(　　)。
A. 凭证的名称、日期、编号　　B. 经济业务的内容摘要
C. 经济业务的单价、数量和金额　　D. 接受凭证单位的名称

2. 原始凭证按其取得的来源不同,可分为(　　)。
A. 自制原始凭证　　B. 累计原始凭证
C. 外来原始凭证　　D. 汇总原始凭证

3. “限额领料单”属于(　　)。
A. 汇总凭证　　B. 一次凭证

C. 累计凭证　　D. 自制原始凭证

4. 原始凭证的主要作用在于(　　)。

A. 会计核算的依据　　B. 会计监督的依据

C. 明确经济责任　　D. 作为登账依据

5. 下列项目中,不属于原始凭证的是(　　)。

A. 购销合同　　B. 请购单

C. 银行对账单　　D. 借款单

6. 对外来原始凭证进行真实性审核的内容包括(　　)。

A. 填制的凭证日期是否正确

B. 经济业务的内容是否真实

C. 填制单位公章和填制人员签章是否齐全

D. 是否有本单位公章和经办人签章

7. 原始凭证的填制,除了记录真实、内容完整、手续完备等基本要求外,还要求做到(　　)。

A. 书写清楚规范　　B. 填制及时

C. 不得涂改、刮擦、挖补　　D. 编号连续

8. 原始凭证审核的内容包括(　　)。

A. 真实性、合法性　　B. 合理性

C. 正确性　　D. 完整性

9. 下列属于具有法律效力的原始凭证是(　　)。

A. 生产通知单　　B. 银行收付款通知单

C. 支票　　D. 领料单

10. 2011 年 5 月 10 日,福芳制伞公司材料仓库根据领料单发出甲材料一批。其中:车间生产产品用材料 3 000 件,车间管理用材料 60 件,企业管理部门用材料 120 件。该领料单属于(　　)。

A. 外来原始凭证　　B. 自制原始凭证

C. 专用凭证　　D. 一次凭证

四、判断题

1. 自制原始凭证是企业会计人员自己填制的凭证。　　(　　)

2. 只要单位领导签字的原始凭证,会计人员都必须办理。　　(　　)

3. 从个人取得的原始凭证,可以不要求填制人员的签名盖章。　　(　　)

4. 会计人员对填制有误的原始凭证,可直接修改更正。　　(　　)

5. 企业从外单位取得的原始凭证,必须有填制单位的公章。 ( )

6. 原始凭证开具单位对填制有误的原始凭证,负有更正和重新开具的法律义务,不得拒绝。 ( )

7. 各类原始凭证是由会计人员根据实际发生的经济业务如实填写的。 ( )

8. 如果遗失了从外单位取得的原始凭证,应及时向开具单位请求重新开具。 ( )

9. 所有外来原始凭证都是一次凭证,所有自制原始凭证都是累计凭证。 ( )

10. 原始凭证的审核包括形式审核和内容审核。 ( )

五、业务题

企业的基本信息如下:

企业名称:福建福芳制伞有限公司(简称福芳制伞),增值税一般纳税人。

开户银行:工商银行福州市分行鼓楼支行,账号:1486752。

纳税人登记号:210204356762254。

法人代表:许胜利。

会计:高山;出纳:何丽;会计主管:郑小剑。

仓库负责人:周南;仓库保管员:越奇。

1. 练习原始凭证的填制

2010 年 11 月发生业务如下,请填制相关原始凭证。

①10 日,开出转账支票 8 000 元,向福兴工厂预付伞布料款。假设你是该公司的会计,请填制转账支票(表 2.2)。

②18 日,15 日向上海金桥工艺品公司购进伞布 2 000 匹,每匹单价 150 元,增值税 680 元,今日布料到达并验收入库。增值税发票见表 2.4。假设你是材料保管员,请填制收料单(表 2.3)。

③25 日,向福州荣升贸易公司销售太阳伞 2 000 把,单价 20 元,开出增值税专用发票(表 2.5),并收到对方的转账支票,当日填写银行进账单送存银行。请你填制银行进账单(表 2.6)。

表 2.2

中国建设银行 转账支票存根 No.33888991 附加信息 出票日期 年 月 日 收款人: 金 额: 用 途: 单位主管 会计	本支票付款期限十天	**中国工商银行转账支票** No. 33888991 出票日期（大写） 年 月 日 付款行名称: 收款人: 出票人账号: 人民币（大写） 百 十 万 千 百 十 元 角 分 用途 上列款项请从 我账户内支付 出票人签章 复核 记账

表 2.3

收 料 单

（三联式）

2010 年 *11* 月 *18* 日　　NO. 0001633

供货单位			发票号			购进日期				第二联 财会记账
货号	名称	型号规格	单位	数量		进货价		验收损耗		
				发票	实收	单价	金额	数量	金额	
注明采购方式								用 途		
			合 计							

仓库负责人:　　保管员:　　交货人:

表 2.4

全国统一发票监制章 国家税务总局监制

上海市增值税专用发票

开票日期：2010年 11月 15日　　　　NO.0056875

购货单位	名称 纳税人登记号 地址、电话 开户银行及账号	福建福芳制伞有限公司 210204356762254 北浪中路 99 号 0591－88176491 福州市工行鼓楼支行 1486752	密码区	（略）

货物或应税劳务名称	计量单位	数量	单价	金额 百	十	万	千	百	十	元	角	分	税率%	税额 百	十	万	千	百	十	元	角	分
伞布	匹	2000	150	¥	3	0	0	0	0	0	0	0	17		¥	5	1	0	0	0	0	0
合计				¥	3	0	0	0	0	0	0	0			¥	5	1	0	0	0	0	0

价税合计（大写）	零仟叁拾伍万壹仟零佰零拾零元零角零分　¥：351000.00

销货单位	名称 纳税人登记号 地址、电话 开户银行及账号	上海金桥工艺品公司 210205424357283 上海开发区金桥路 134 号 开发区工商行 3678763	备注	

开票人：王小艳　　　　开票单位：（上海金桥工艺品公司 财务专用章）

第一联 发票联 购货方记账

表 2.5

福建省增值税专用发票

国家税务总局监制

开票日期：2010 年 11 月 25 日　　　　　　　　NO.0045831

<table>
<tr><td rowspan="4">购货单位</td><td>名　称</td><td colspan="4">福州荣升贸易公司</td><td rowspan="4" colspan="2">密码区</td><td rowspan="4" colspan="18">略</td></tr>
<tr><td>纳税人登记号</td><td colspan="4">11122233322456</td></tr>
<tr><td>地址、电话</td><td colspan="4">福州工业路 135 号</td></tr>
<tr><td>开户银行及账号</td><td colspan="4">工商银行 48960112288633</td></tr>
<tr><td rowspan="2" colspan="2">货物或应税劳务名称</td><td rowspan="2">计量单位</td><td rowspan="2">数量</td><td rowspan="2">单价</td><td colspan="9">金　额</td><td>税率</td><td colspan="9">税　额</td></tr>
<tr><td>百</td><td>十</td><td>万</td><td>千</td><td>百</td><td>十</td><td>元</td><td>角</td><td>分</td><td>%</td><td>百</td><td>十</td><td>万</td><td>千</td><td>百</td><td>十</td><td>元</td><td>角</td><td>分</td></tr>
<tr><td colspan="2">太阳伞</td><td>把</td><td>2000</td><td>20</td><td></td><td>¥</td><td>4</td><td>0</td><td>0</td><td>0</td><td>0</td><td>0</td><td>0</td><td>17</td><td></td><td></td><td>¥</td><td>6</td><td>8</td><td>0</td><td>0</td><td>0</td><td>0</td></tr>
<tr><td colspan="2"></td><td></td><td></td><td></td><td></td><td></td><td></td><td></td><td></td><td></td><td></td><td></td><td></td><td></td><td></td><td></td><td></td><td></td><td></td><td></td><td></td><td></td><td></td></tr>
<tr><td colspan="5">合　计</td><td></td><td>¥</td><td>4</td><td>0</td><td>0</td><td>0</td><td>0</td><td>0</td><td>0</td><td></td><td></td><td></td><td>¥</td><td>6</td><td>8</td><td>0</td><td>0</td><td>0</td><td>0</td></tr>
<tr><td colspan="2">价税合计（大写）</td><td colspan="24">零仟零佰零拾肆万陆仟捌佰零拾零元零角零分　¥[illegible]800.00</td></tr>
<tr><td rowspan="4">销货单位</td><td>名　称</td><td colspan="3">福建福芳制伞有限公司</td><td rowspan="4" colspan="3">备注</td><td rowspan="4" colspan="18">福建福芳制伞有限公司 财务专用章</td></tr>
<tr><td>纳税人登记号</td><td colspan="3">210204356762254</td></tr>
<tr><td rowspan="2">地址、电话开户银行及账号</td><td colspan="3">北浪中路 99 号 8817649</td></tr>
<tr><td colspan="3">福州市工行鼓楼支行 1486752</td></tr>
</table>

开票人： 高小平　　　　　　开票单位：

第三联 记账联

表 2.6

中国建设银行进账单（收账通知）

年　月　日　　　　　　第　　号

<table>
<tr><td rowspan="3">付款人</td><td>全　称</td><td colspan="4"></td><td rowspan="3">收款人</td><td>全　称</td><td colspan="10"></td><td rowspan="7">此联是收款人开户行交给收款人的收账通知</td></tr>
<tr><td>账　号</td><td colspan="4"></td><td>账　号</td><td colspan="10"></td></tr>
<tr><td>开户银行</td><td colspan="4"></td><td>开户银行</td><td colspan="10"></td></tr>
<tr><td rowspan="2">人民币（大写）</td><td rowspan="2" colspan="6"></td><td>千</td><td>百</td><td>十</td><td>万</td><td>千</td><td>百</td><td>十</td><td>元</td><td>角</td><td>分</td></tr>
<tr><td></td><td></td><td></td><td></td><td></td><td></td><td></td><td></td><td></td><td></td></tr>
<tr><td colspan="2">票据种类</td><td colspan="3"></td><td rowspan="3" colspan="12">收款人开户行盖章</td></tr>
<tr><td colspan="2">票据张数</td><td colspan="3"></td></tr>
<tr><td colspan="5">单位主管　会计　复核　记账</td></tr>
</table>

2. 实训：审核原始凭证

（1）实训要求

①审核原始凭证。以有关的法令、制度及计划等为依据对每一笔交易或事项所涉及的原始凭证进行审核,审查原始凭证所反映的交易或事项是否合理合法,同时审查原始凭证的内容是否完整、各项目填列是否齐全、数字计算是否正确以及大小写金额是否相符等。

②指出存在的问题。每一笔交易或事项所取得或填写的原始凭证中,至少有一处或多处错误或不完整。认真审核后指出其中存在的问题并提出修改处理意见和方法。

(2)实训资料

①2011 年 11 月 8 日,裁剪车间许霖领用太阳伞布料 15 匹,单价 150 元,领用晴雨伞布料 10 匹,单价 150 元,用于生产(表 2.7)。

②2011 年 11 月 25 日,向福州荣升贸易公司销售太阳伞 2 000 把,单价 20 元,开出增值税专用发票(表 2.8),并收到对方的转账支票一张(表 2.9),尚未送存银行。

③2011 年 12 月 10 日,签发现金支票一张(表 2.10),金额 3 000 元,提现备用。

④2011 年 12 月 18 日,行政科职员康杰宏拿来发票一张(表 2.11),报销购买笔记本、复印纸等办公用品费用。

表 2.7

领　料　单

领料部门　　　　　　　　(三联式)　　　　　　　　NO.0004176

用　　途　　　　　　　2011 年 11 月 8 日　　　　　　字第　号

材料		单位	数量		成本		材料账页
编号	规格及名称		请领	实发	单价	总价	
	太阳伞布料	匹	15	15	150.00	2 250.00	
	晴雨伞布料	匹	10	10	150.00	1 500.00	

第二联　会计部门记账

仓库负责人:　　　记账:　　　发料:王红　　　领料:

表 2.8

开票日期：2011 年 11 月 25 日 NO.0045831

购货单位	名称 纳税人登记号 地址、电话 开户银行及账号	福州荣升贸易公司 11122233322456 福州工业路 135 号 工商银行 4896011 2288633	密码区	略

货物或应税劳务名称	计量单位	数量	单价	金额									税率	税额								
				百	十	万	千	百	十	元	角	分	%	百	十	万	千	百	十	元	角	分
太阳伞	把	2000	20			4	0	0	0	0	0	0	17				6	8	0	0	0	0
合计					¥	4	0	0	0	0	0	0				¥	6	8	0	0	0	0
价税合计（大写）	零仟零佰零拾肆万陆仟捌佰零拾零元零角零分 ¥:46800.00																					

销货单位	名称 纳税人登记号 地址、电话开户银行及账号	福建福芳制伞有限公司 210204356762254 北浪中路 99 号 8817649 福州市工行鼓楼支行 1486752	备注	福建福芳制伞有限公司 财务专用章

开票人： 高小平 开票单位：

表 2.9

中国工商银行转账支票 NO.33889890

出票日期（大写）贰零壹壹 年 拾壹 月 贰拾伍日 付款行名称：福州市工行台江支行

收款人：福建福芳制伞有限公司 出票人账号：4896011

本支票付款期限十天

人民币（大写） 肆万陆仟捌佰元	百	十	万	千	百	十	元	角	分
		¥	4	6	8	0	0	0	0

用途 购货款

上列款项请从
我账户内支付
出票人签章 复核 记账

表 2.10

中国工商银行
现金支票存根

NO.33889990

附加信息

出票日期2011年12月10日

收款人：
金　额：¥3 000.00
用　途：提现备用

单位主管　　会计

中国工商银行现金支票　　NO.33889990

出票日期（大写）贰零壹壹年拾贰月壹拾日　付款行名称：福州市工行鼓楼支行

收款人：福建福芳制伞有限公司　　出票人账号：1486752

本支票付款期限十天

人民币（大写）	百	十	万	千	百	十	元	角	分
叁仟零佰零拾零元整			¥	3	0	0	0	0	0

用途　提现备用

上列款项请从
我账户内支付
出票人签章

复核　　记账

表 2.11

福州市商业零售发票　　No.0314194

4041003000

购货单位（人）：福建福芳制伞有限公司　　2011年 12月 18日

货　号	品名及规格	单　位	数　量	单　价	金额 万	千	百	十	元	角	分
1—8	笔记本	本	60	5.00		¥	3	0	0	0	0
10-1	复印纸	箱	10	50.00			5	0	0	0	0
3-3	胶　水	打	5	20.00			1	0	0	0	0
合计金额（大写）	×万壹仟陆佰零拾零元零角零分					¥	9	0	0	0	0
结算方式	现　金	开户行及账号									

②报销凭证

销货单位：　　收款人：张三　　开票人：高　歌

项目3 填制和审核记账凭证

知识目标

1. 掌握会计要素的涵义及其相互关系；
2. 掌握会计恒等式及企业经济业务对会计恒等式的影响；
3. 了解会计科目的概念、分类与级次及设置会计科目的原则；
4. 掌握会计账户的基本结构及层次以及账户与会计科目的关系；
5. 掌握账户的分类；
6. 掌握复式记账的原理和特点；
7. 掌握借贷记账法的记账符号、账户结构、记账规则和试算平衡；
8. 理解记账凭证的概念和种类；
9. 掌握记账凭证的编制与审核；
10. 了解会计凭证的传递和保管。

技能目标

1. 懂得会计恒等式的原理并在业务核算中进行运用；
2. 能运用会计科目和账户；
3. 能根据经济业务编制会计分录；
4. 能登记"T"字形账户；
5. 能试算平衡；
6. 能填制记账凭证；
7. 能审核记账凭证；
8. 能整理、装订、保管记账凭证。

导学案例

2006 年 3 月 23 日，绍兴县第三纺织有限公司、浙江大丰盛纺织有限公司法定代表人戴仲明因犯故意销毁会计凭证、会计账簿罪，被县人民法院一审判处有期徒刑 3 年，缓刑 4 年，并处罚金人民币 17 万元。戴仲明为绍兴县第三纺织有限公司、浙江大丰盛纺织有限公司法定代表人。2003 年 1 月，被告单位绍兴县第三纺织有限公司将下属的浙江大丰盛纺织有限公司交由戴仲刚承包经营，合同约定戴仲刚每年向绍兴县第三纺织有限公司上交承包款 300 万元。2003 年至 2005 年间，戴仲刚按合同规定共上交承包款 900 万元，绍兴县第三纺织有限公司将其中的 50 万元划入财务账，其余均作为账外收入，并制作相应的账外账。2005 年 3 月，因公司即将破产，为了逃避有关部门的审计查处，身为财务科长的何永水向戴仲明提议将账外账烧毁，戴仲明表示同意，并指使县第三纺织有限公司副经理胡维生具体操作。那么什么是会计凭证，会计凭证上通常记载了什么内容，凭证提供了关于企业真实经济活动的什么证据，为什么要故意销毁会计凭证，它的处罚依据是什么？

任务 1　掌握会计要素与会计等式

3.1.1　掌握会计要素

会计要素是指按照交易或事项的经济特征所作的基本分类，也是指对会计对象按经济性质所作的基本分类，是会计核算和监督的具体对象和内容，是构成会计对象具体内容的主要因素，分为反映企业财务状况的会计要素和反映企业经营成果的会计要素。我国 2007 年 1 月 1 日起施行的《企业会计准则——基本准则》中将会计要素分为六大类，即资产、负债、所有者权益、收入、费用和利润。其中，资产、负债和所有者权益三项会计要素反映企业的财务状况，收入、费用、利润三项会计要素反映企业的经营成果。

1）反映企业财务状况的会计要素

（1）资产

企业从事生产经营活动必须具备一定的物质资源，这些物质资源包括货币资金、机器设备、原材料、厂房等都成为资产。所谓的资产是指企业过去的交易或者事项形成的、由企业拥有或者控制的、预期会给企业带来经济利益的资源。按照资产的定义,资产具有以下3个特征:

①资产是由过去的交易或事项形成的。企业过去的交易或者事项包括购买、生产、建造行为或其他交易或者事项。预期在未来发生的交易或者事项不形成资产。比如计划年底购买的设备就不属于企业的资产。

②资产是由企业拥有或者控制的。由企业拥有或者控制,是指企业享有某项资源的所有权,或者虽然不享有某项资源的所有权,但该资源能被企业所控制。融资租赁的资产实质上转移了与资产所有权有关的全部风险和报酬,应该视为企业的资产。

③资产应该预期能够给企业带来经济利益。预期会给企业带来经济利益,是指直接或者间接导致现金和现金等价物流入企业的潜力。(现金是指库存现金以及可以随时支付的存款:现金等价物通常包括3个月内到期的短期债券投资。)

资产可以按照不同的标准进行分类,通常是按照流动性的不同分为流动资产和非流动资产。流动性是指资产的变现能力,在企业的财务报表中,资产也是以流动性强弱排列的。流动资产主要包括货币资金、交易性金融资产、应收票据、应收账款、预付账款、应收股利、应收利息、其他应收款、存货等。非流动资产是指流动资产以外的资产,主要包括长期股权投资、固定资产、在建工程、工程物质、无形资产等。

(2)负债

负债是指过去的交易或事项形成的、预期会导致经济利益流出企业的现时义务。现时义务是指企业在现行条件下已承担的义务。未来发生的交易或者事项形成的义务,不属于现时义务,不应当确认为负债。按照负债的定义,负债具有以下3个特征:

①负债是由过去的交易或者事项形成的。负债应当由企业过去的交易或者事项所形成的。换句话说,只有过去的交易或者事项才形成负债,企业将在未来发生的承诺、签订的合同等交易或事项不形成负债。

②负债的清偿预期会导致经济利益流出企业。预期会导致经济利益流出企业是负债的一个本质特征,只有企业在履行义务时会导致经济利益流出企业的,才符合负债的定义,如果不会导致企业经济利益流出的,就不符合负债的定义。

③负债必须是企业承担的现时义务。现时义务是指企业在现行条件下已承担的义务。未来发生的交易或者事项形成的义务,不属于现时义务,不应担

确认为负债。

负债可以按照不同的标准进行分类,通常是按照流动性的不同分为流动负债和非流动负债。流动性是指偿还期限的长短,在企业的财务报表中,负债也是以流动性强弱排列的。流动负债主要包括短期借款、应付票据、应付账款、预收账款、应付职工薪酬、应交税费、应付股利、应付利息、其他应付款等。非流动负债是指流动负债以外的负债,主要包括长期借款、应付债券、长期应付款等。

(3)所有者权益

所有者权益也称净资产,是指企业资产扣除负债后,由所有者享有的剩余权益。公司的所有者权益又称股东权益。它具有以下特征:

①非发生减资、清算,企业不需要偿还所有者权益。

②企业清算时,只有在清偿所有的负债后,所有者权益才返还给所有者。

③所有者凭借所有者权益能够参与利润的分配。

所有者权益的来源包括所有者投入的资产、直接计入所有者权益的利得和损失、留存收益等。所有者权益可分为实收资本(或股本)、资本公积、盈余公积和未分配利润等,其中,盈余公积和未分配利润统称为留存收益。

2)反映企业经营成果的会计要素

(1)收入

收入是指企业在日常活动中形成的、会导致所有者权益增加的、与所有者投入资本无关的经济利益的总流入。根据收入的定义,收入具有以下3个方面的特征:

①收入应当是企业在日常活动中形成的。所谓日常活动是指企业为完成其经营目标所从事的经常性活动以及与之相关的活动,包括销售收入、劳务收入、让渡资产使用权收入、建造合同收入、股利收入等。

②收入应当会导致经济利益的流入。收入应当会导致经济利益的流入,可能表现为企业资产的增加,或负债的减少,或两者兼而有之。

③收入应当最终会导致所有者权益的增加。企业取得收入会导致所有者权益的增加,不会导致所有者权益增加的经济利益的流入不属于企业的收入。

(2)费用

费用是指企业为销售商品、提供劳务等日常活动所发生的经济利益的流出。根据费用的定义,费用具有以下3个方面的特征:

①费用应当是企业在日常活动中发生的。这些日常活动的界定与收入中

的日常活动相一致。日常活动中所产生的费用通常包括销售成本、折旧费、无形资产摊销等。

②费用应当会导致经济利益的流出。费用应当会导致经济利益的流出，可能表现为企业资产的减少，或负债的增加，或两者兼而有之。

③费用应当最终会导致所有者权益的减少。费用应当最终会导致所有者权益的减少，不会导致所有者权益减少的经济利益的流出是不能确认费用的。

(3)利润

企业作为独立的经济实体，应当以自己的经营收入抵补其成本费用，并且实现赢利。企业赢利的大小很大程度上反映企业生产经营的经济效益，表明企业在每一个会计期间的最终经营成果。

利润是指企业在一定期间的经营成果。利润包括收入减去费用后的净额、直接计入当期利润的利得和损失等。其中收入减去费用后的净额是指企业日常活动中的经营业绩，直接计入当期利润的利得和损失反映的是企业非日常活动的经营业绩。直接计入当期利润的利得和损失，是指应当计入当期损益、最终会引起所有者权益发生增减变动的、与所有者投入资本或者向所有者分配利润无关的利得和损失，如企业持有的属于交易性金融资产的股票，因公允价值变动带来的收益和损失就属于利得和损失。企业的利润包括营业利润、利润总额和净利润。

①营业利润。营业利润是指营业收入减去营业成本、营业税金及附加、期间费用(包括销售费用、财务费用、管理费用)、资产减值损失，加上公允价值变动净收益、投资净收益后的金额。

②利润总额。利润总额是指营业利润加上营业外收入，减去营业外支出后的金额。

③净利润。净利润是指利润总额减去所得税费用后的金额。

3.1.2 掌握会计等式

1)基本会计等式

会计等式，也称会计平衡公式，或会计方程式，它是对各会计要素的内在经济关系利用数学公式所作的概括表达，即反映各会计要素数量关系的等式。它提示各会计要素之间的联系，是复式记账、试算平衡和编制会计报表的理论依据。反映资产负债表要素之间的数量关系的等式是：资产 = 负债 + 所有者权益。反映利润表要素之间的数量关系的等式是：

收入 - 费用 = 利润

任何企业要从事生产经营活动,必定有一定数量的资产。而任何资产都是经济资源的一种实际存在或表现形式,或为机器设备,或为现金、银行存款等。这些资产所占用的资金都是按照一定的来源取得的,或由投资者投入,或通过银行借入等,即必定有其提供者。显然,一般人们不会无偿地将经济资源(即资产)让渡出去,也就是说,企业中任何资产都有其相应的权益要求,谁提供了资产谁就对资产拥有索偿权,这种索偿权在会计上称为权益。这样就形成了最初的会计等式:

资产 = 权益

这一等式表明,会计等式之所以成立就是因为资产和权益是同一事物的两个方面:一方面是归企业所有的一系列财产(资产),另一方面是对这些财产的一系列所有权(权益)。而且,由于权益要求表明资产的来源,而全部来源又必与全部资产相等,所以全部资产必须等于全部权益。

而权益通常分为两种:一是以投资者的身份向企业投入资产而形成的权益,我们称为所有者权益;另一种是以债权人的身份向企业提供资产而形成的权益,我们称之为债权人权益或负债。

这样,上述等式又可表达成:

资产 = 负债 + 所有者权益

这就是基本的会计等式,反映了企业资产、负债和所有者权益三个会计要素之间的数量关系,也反映了企业某一特定日期的财务状况,也是企业构筑资产负债表的理论依据,现举例说明如下。

【例3.1】 长青公司为一家有限责任公司,经批准于2010年1月1日设立,该公司在2010年3月1日的资产、负债和所有者权益的数量关系可如表3.1所示。

表3.1 长青公司资产负债表(简表)

2010年3月1日　　金额单位:元

资　产	金　额	负债和所有者权益	金　额
银行存款	50 000	应付账款	10 000
应收账款	8 000	所有者权益	90 000
存货	12 000		
固定资产	30 000		
合　计	100 000	合　计	100 000

从上表中看出资金来源等于资金运用,符合会计等式“资产 = 权益”。

2)经济业务对会计等式的影响

在企业的资金到位后,企业会不断地发生各种各样的经济活动,这些经济活动会引起会计要素的增减变动,但是并不会改变会计等式的平衡关系。下面通过长青公司3月份发生的几项经济业务,来说明经济业务的发生所引起的资产和权益要素的变动是不会影响会计等式的恒等关系的。

【例3.2】 3月3日,长青公司用银行存款买入一批货物计1 000元。

这项经济业务发生,一方面公司存货(资产项目)增加了1 000元;另一方面银行存款(资产项目)减少了1 000元,公司资产总额没变,平衡关系没破坏,公司资产与权益总额仍为100 000元。

资产 = 负债 + 所有者权益

100 000 + 1 000 - 1 000 = 100 000

【例3.3】 3月5日,长青公司用银行5 000元偿还以前欠的应付账款,这项经济业务发生,一方面公司银行存款(资产项目)减少了5 000元;另一方面公司的应付账款(负债项目)减少了200元,资产与负债两方同时减少了5 000元,两方总额相等,平衡没破坏,公司资产与权益总额均为95 000元。

资产 = 负债 + 所有者权益

100 000 - 5 000 = 100 000 - 5 000

【例3.4】 3月6日,长青公司向银行借入5 000元短期借款直接用于归还应付账款。

这项业务发生,一方面公司短期借款(负债项目)增加了5 000元;另一方面公司的应付账款(负债项目)减少了5 000元。负债要素内部发生增减变动,且增减额相等,两方总额相等,公司资产与权益总额均为95 000元。

资产 = 负债 + 所有者权益

950 000 = 950 000 + 5 000 - 5 000

【例3.5】 3月10日,长青公司收到后加入的另一位投资人的投资款20 000元。

这项业务发生,一方面公司银行存款(资产项目)增加了20 000元:另一方面公司的实收资本(所有者权益项目)也增加了20 000元。资产与权益两方同时增加20 000元,两方总额相等,公司资产与权益总额均为115 000元。

资产 = 负债 + 所有者权益

950 000 + 20 000 = 950 000 + 20 000

将上述4笔经济业务变化后的有关资产、负债和所有者权益列表如表3.2所示。

表3.2 长青公司资产负债表(简表)

2010年3月31日　　　　金额单位:元

资　产	金　额	负债和所有者权益	金　额
银行存款	64 000	应付账款	0
应收账款	8 000	短期借款	5 000
存货	13 000	所有者权益	110 000
固定资产	30 000		
合　计	115 000	合　计	115 000

企业经济业务的发生所引起的资产、负债和所有者权益的变化一般不外乎上述4种情况,归纳如下。

第一,经济业务的发生,引起资产内部的项目发生此增彼减,增减的金额相同,变动后资产的总额不变,等式仍成立。如【例3.2】。

第二,经济业务的发生,引起负债内部项目或所有者权益项目此增彼减,或负债与所有者权益项目之间的此增彼减,增减的金额相同,变动后等式仍成立。如【例3.4】。

第三,经济业务的发生,引起等式两边金额同时增加,增加的金额相等,不影响等式的恒等关系。如【例3.5】。

第四,经济业务的发生,引起等式两边金额同时减少,减少的金额相等,不影响等式的恒等关系。如【例3.3】。

3)会计等式的其他形式

企业经营的目的是为了获取收入,企业在取得收入的同时,也必然发生相应的费用,收入抵消费用后如有剩余,即表现为企业的利润:如收入不足以抵消费用,则表现为企业的亏损。收入、费用和利润三者指间的关系用公式表示如下:

$$收入 - 费用 = 利润$$

这一会计等式,称为财务成果等式,它反映了收入、费用和利润3个会计要素的关系,揭示了企业在某一特定期间的经营成果。

随着企业经营活动的进行,在会计期间内,企业一方面取得收入,并因此增加资产或减少负债,或两者兼而有之,另一方面,为取得收入要发生相应的各种费用,并因此减少资产或增加负债,或两者兼而有之。因此这样得出公式:

资产 = 负债 + 所有者权益 + 收入 - 费用

即 资产 = 负债 + 所有者权益 + 利润

在会计期末,若企业取得的是利润,按规定程序进行了分配后,留归企业的利润会表现为所有者权益的增加。反之,若发生了亏损,则表现为企业所有者权益的减少。在会计期末,利润或亏损归入所有者权益,又回到了基本会计等式。

综上所述,任何经济业务发生后,都不会破坏资产与权益的平衡关系。会计等式将反映财务状况的会计要素与反映经营成果的会计有机地结合起来,可以为经济管理提供各种会计信息。

3.1.3 认识主要会计报表项目及钩稽关系

1)资产负债表格式、项目及其钩稽关系

资产负债表表示企业在一定日期(通常为各会计期末)的财务状况的会计报表。资产负债表利用会计平衡原则,将合乎会计原则的资产、负债、股东权益交易科目分为“资产”和“负债和所有者权益(或股东权益)”两大区块,可让所有阅读者于最短时间内了解企业经营状况。我国的资产负债表一般采用账户式格式,即资产负债表分左、右两方,左方列示资产项目,右方列示负债与所有者权益项目,左右两方的合计数保持平衡。其格式见项目 9 表 9.13 所示。

资产负债表根据资产、负债、所有者权益(或股东权益)之间的钩稽关系,按照一定的分类标准和顺序,把企业一定日期的资产、负债和所有者权益各项目予以适当排列。它反映的是企业资产、负债、所有者权益的总体规模和结构。一般来说,在资产负债表上,资产按其流动程度的高低顺序排列,即先流动资产,后非流动资产,而非流动资产再划分若干个大类:负债按其到期日由近至远的顺序排列,即先流动负债,后非流动负债:所有者权益则按其永久性递减的顺序排列,即先实收资本,后资本公积、盈余公积,最后是未分配利润。

2)利润表格式、项目及其钩稽关系

利润表是用来反映企业在某一会计期间的经营成果的一种财务报表。在利润表上要反映企业在一个会计期间内的所有收入(广义)与所有费用(广义),并求出报告期的利润额,可以让报表使用者评价一个企业的经营成果和投资效率,分析企业的赢利能力以及预测未来一定时期内的赢利趋势。为了提供

与报表使用者的经营决策相关的信息，收入和费用在利润表中一般按多步式的格式进行列示，即将企业日常活动过程中发生的收入和费用项目与该过程外发生的收入与费用分开。其格式见项目9表9.16所示。

在多步式利润表上，净利润是分若干个步骤计算出来的，具体计算过程见项目9任务3。

3)资产负债表与利润表钩稽关系

资产负债表和利润表都是以权责发生制为基础编制的财务报表，区别在于资产负债表提供的是有关企业某一特定时点上的财务状况方面的信息(期末余额)，而利润表提供的是有关企业某一特定时期内的经营业绩方面的信息(本期发生额)。资产负债表和利润表之间有钩稽关系的是权益里的“未分配利润”，其关系如下：

资产负债表“未分配利润”科目期末数－“未分配利润”科目期初数＝利润表“净利润”科目累计数。

任务2　掌握会计科目与会计账户

3.2.1　掌握会计科目

1)会计科目的概念

会计科目是对会计要素的具体内容进行分类核算的项目，设置会计科目，是对会计要素的具体内容加以科学归类，进行分类、反映和监督的一种方法。

会计要素是对会计对象的基本分类，而这6项会计要素显得过于粗略，难以满足各有关方面对会计信息的需要。一项经济业务即使只涉及一种会计要素，它们也会有不同的经济内容和性质。例如用银行存款购买材料，这笔经济业务只涉及资产这一会计要素，但银行存款表和原材料的经济内容以及在经济活动中的周转方式和作用各不相同，就需要核算和反映资产要素中的银行存款项目减少和原材料项目增加。因此，为了全面、连续、系统地核算和监督经济活动所引起的各会计要素的增减变化，分门别类地为经济管理提供会计核算资料，就需要设置会计科目。

2)会计科目的设置原则

会计科目作为向投资者、债权人、企业经营管理者等提供会计信息的重要手段,在其设置过程中应遵循以下几个原则:

(1)合法性原则

合法性原则是指所设置的会计科目应当符合企业会计准则关于确认和计量的规定。我国现行的企业会计准则中均对企业设置的会计科目作出规定,以保证不同企业对外提供的会计信息的可比性。企业也可以参照会计准则中的统一规定的会计科目,根据自身的实际情况设置会计科目,自行增设、减少或合并某些会计科目,但其设置的会计科目不得违反现行企业会计准则的规定。

(2)相关性原则

相关性原则是指所设置的会计科目应当为提供各方所需要的会计信息服务,满足对外报告与对内管理的要求。根据企业会计准则的规定,企业财务报告提供的信息必须满足对内对外各方面的需要,而设置会计科目必须服务于会计信息的提供,必须与财务报告的编制相协调,相关联。

(3)实用性原则

实用性原则是指所设置的会计科目应符合单位自身特点,满足单位实际需要。企业的组织形式、所处行业经营内容以及业务等各不相同,在会计科目的设置上亦有所区别。在合法的基础上,企业应根据自身特点,设置符合企业需要的会计科目。企业不存在的交易或事项,可不设置相关会计科目。

3)会计科目的分类与级次

(1)会计科目的分类

①按会计要素分类。会计科目分成 6 大类,即资产类、负债类、共同类、所有者权益类、成本类和损益类 6 大类。利润要素属于所有者权益类,收入和费用合并成损益类。由于制造企业主要从事产品的生产,为了反映产品生产过程的耗费,正确计算产品的制造成本,需要专设成本类科目。

②按提供会计信息的详细程度分类。根据会计科目提供会计信息的详细程度,可分为总分类科目和明细分类科目两大类。总分类科目是对某一会计要素的具体内容进行总括分类,反映总括性核算指标的科目。总分类科目也称一级科目和总账科目。明细分类科目是对总分类科目所含的经济内容所作的进一步分类,它是反映核算指标详细、具体情况的科目。如在“应付职工薪酬”总分类科目下设置“工资”“职工福利”“社会保险费”“住房公积金”“工会经费”“职工教育经费”“非货币性福利”“辞退福利”“股份支付”等明细科目,分类反

映应付职工薪酬的具体情况。

明细分类科目的设置，要根据经济管理的具体需要来进行。有的总分类科目需要设置明细科目，如“应收账款”“应付账款”“管理费用”等；有的总分类科目无须设置明细分类科目，如“累计折旧”“本年利润”等。在实际的会计核算工作中，若一个总分类科目下设置的明细分类科目过多，往往会给记账、稽核、查对等带来诸多不变。这时，就可在总分类科目与明细分类科目之间增设二级或多级科目。此时，最明细级科目称为细目，总分类科目与细目之间的科目，统称为子目。也可以按科目由上至下的隶属关系，从总账科目开始依次称为一级科目、二级科目、三级科目等。同一会计科目内部的纵向级次关系如表3.3所示，它们之间是总括与详细、统驭与从属的关系。

表3.3　应交税费科目明细分类表

<table>
<tr><th>总分类科目</th><th colspan="2">明细分类科目</th></tr>
<tr><td rowspan="8">应交税费
（2221）</td><td>子目（二级科目）</td><td>细目（三级科目）</td></tr>
<tr><td rowspan="5">应交增值税
（222101）</td><td>进项税额（22210101）</td></tr>
<tr><td>已交税金（22210102）</td></tr>
<tr><td>销项税额（22210106）</td></tr>
<tr><td>出口退税（22210107）</td></tr>
<tr><td>进项税额转出（22210108）</td></tr>
<tr><td>应交消费税（222102）</td><td></td></tr>
<tr><td>应交所得税（222104）</td><td></td></tr>
</table>

目前，我国的《企业会计制度》和《企业会计准则——应用指南》对不同类型的企业统一制定了总分类科目和部分的明细科目。其中，新的应用指南指出，企业在不违反会计准则中有关确认、计量和报告的规定的前提下，可以根据本单位的实际情况自行增设、分拆和合并会计科目。对于明细科目，企业可以比照应用指南附录中的会计科目一览表自行设置。会计科目编号供企业填制会计凭证、登记会计账簿、查阅会计账目、采用会计软件系统参考，企业可结合实际情况自行确定会计科目编号。我国会计制度规定，总分类科目由国家财政部门统一制定，明细科目由各单位根据实际需要自行设置。

为了便于计算机处理会计业务，我国财政部统一规定的会计科目按一定规则予以编号，总分类科目通常采用四位数编号。从左至右第一位数字表明会计科目归属的大类,具体的含义,"1"表示资产类科目,"2"表示负债类科目,"3"表示共同类科目,"4"表示所有者权益类科目,"5"表示成本类科目,"6"表示损益类科目。第二位数字表示会计科目的主要大类下属的各小类。第三、第四位数字表示各小类下的各个会计科目的自然序号。其中某些会计科目之间可以空号,以便增加科目。具体会计科目如表3.4所示。

表3.4 会计科目表

顺序号	编号	会计科目名称	顺序号	编号	会计科目名称
一、资产类					
1	1001	库存现金	23	1501	待摊费用
2	1002	银行存款	24	1521	持有至到期投资
3	1015	其他货币基金	25	1522	持有至到期投资减值准备
4	1101	交易性金融资产	26	1523	可供出售金融资产
5	1121	应收票据	27	1524	长期股权投资
6	1122	应收账款	28	1525	长期股权投资减值准备
7	1123	预付账款	29	1526	投资性房地产
8	1131	应收股利	30	1531	长期应收款
9	1132	应收利息	31	1541	未实现融资收益
10	1231	其他应收款	32	1601	固定资产
11	1241	坏账准备	33	1602	累计折旧
12	1321	代理业务资产	34	1603	固定资产减值准备
13	1401	材料采购	35	1604	在建工程
14	1402	在途物资	36	1605	工程物资
15	1403	原材料	37	1606	固定资产清理
16	1404	材料成本差异	38	1701	无形资产
17	1406	库存商品	39	1702	累计摊销
18	1407	发出商品	40	1703	无形资产减值准备
19	1410	商品进销差价	41	1711	商誉
20	1411	委托加工物资	42	1801	长期待摊费用
21	1412	包装物及低值易耗品	43	1811	递延所得资产
22	1461	存货跌价准备	44	1901	待处理财产损益

续表

顺序号	编号	会计科目名称	顺序号	编号	会计科目名称
二、负债类					
45	2001	短期借款	55	2314	代理业务负债
46	2101	交易性金融负债	56	2401	预提费用
47	2201	应付票据	57	2411	预计负债
48	2202	应付账款	58	2501	递延收益
49	2205	预收账款	59	2601	长期借款
50	2211	应付职工薪酬	60	2602	长期债券
51	2221	应交税费	61	2801	长期应付款
52	2231	应付股利	62	2802	未确认融资费用
53	2232	应付利息	63	2811	专项应付款
54	2241	其他应付款	64	2901	递延所得税负债
三、所有者权益类					
68	4001	实收资本	71	4103	本年利润
69	4002	资本公积	72	4104	利润分配
70	4101	盈余公积	73	4201	库存股
四、成本类					
74	500	生产成本	76	5201	劳务成本
75	5101	制造费用	77	5301	研发支出
五、损益类					
78	6001	主营业务收入	87	6601	销售费用
79	6051	其他业务收入	88	6602	管理费用
80	6101	公允价值变动损益	89	6603	财务费用
81	6111	投资收益	90	6604	勘探费用
82	6301	营业外收入	91	6701	资产减值损失
83	6401	主营业务成本	92	6711	营业外支出
84	6402	其他业务支出	93	6801	所得税
85	6405	营业税金及附加	94	6901	以前年度损益调整
86	6542	分保费用			

3.2.2 掌握会计账户

1)会计账户的概念

设置会计科目规定了会计核算内容的分类项目,但是只有分类的名称项目,而没有一定的格式,还不能把发生的经济业务情况和由此而引起的各项资金的变化情况连续地、系统地进行核算和监督,以取得经营管理所需要的会计资料。为此,企业还必须根据规定的会计科目开设相应的账户。

账户是根据会计科目在账簿中开设的户头,具有一定用途和结构的记账载体。会计科目与账户是两个既有区别又有联系的概念。其共同点在于两者都按会计对象的内容设置,相同名称的会计科目与账户反映的经济内容相同。两者的区别在于,会计科目只是一个名称,只表明某类经济内容,而账户既有名称又有结构,可以记录和反映某类经济内容的增减变动及其结果。在实际工作中,会计人员往往不加区别地把会计科目与账户作为同义语。

2)会计账户的基本结构与内容

各项经济业务错综复杂,但它们引起会计要素的变动,从数量上看,不外乎是增加和减少两种情况。因此,用来记录经济业务的账户在结构上相应地分为两个基本部分即分别记录经济业务引起的会计要素的增加额和减少额。同时,还要反映各会计要素的增减变动结果,即结余数。这样,反映各会计要素的增加数、减少数和结余数 3 部分就是账户的基本结构。账户一般应包括以下内容:

①账户的名称;

②日期和摘要(记录经济业务的日期和概括说明经济业务的内容);

③增加和减少的金额及余额;

④凭证号数(说明账户记录的依据)。

账户的结构如图 3.1 所示:

年		凭证号数	摘要	左方	右方	余额
月	日					

图 3.1 账户结构

在教学中多采用"丁"字账或"T"字账来代替实际的账户,常用的"T"字账户格式有两种,如图 3.2 和图 3.3 所示。

账户名称

期初余额 本期增加	本期减少
本期增加发生额合计 期末余额	本期减少发生额合计

图 3.2 “T”字账户结构

账户名称

本期减少	期初余额 本期增加
本期减少发生额合计	本期增加发生额合计 期末余额

图 3.3 “T”字账户结构

本期增加额又称为本期增加发生额,是指一定会计期间内在账户记录的增加金额。本期减少额又称为本期减少发生额,是指一定会计期间内在账户记录的减少金额。期初和本期增加发生额之和与本期减少发生额相抵减后的差额,就是期末余额,本期的期末余额转入下期,就是下一个期间的期初余额。4 种金额用公式表示如下:

期末余额 = 期初余额 + 本期发生增加额 - 本期减少发生额

需要说明的是,账户的左右两方,哪一方登记增加发生额,哪一方登记减少金额,其余额在哪一方,取决于所采用的记账方式和账户本身的性质。

3)会计账户的分类

(1)账户分类的概念

账户是用来核算经济业务活动引起的会计要素增减变动情况和结果的一种载体,为了深入地掌握账户的设置和运用,有必要对各种账户进行适当的分类。

账户的分类是指按照账户的基本特征即账户的经济内容和账户的用途、结构为标志,对账户加以分类。账户的经济内容是指账户所反映的会计对象的具体内容:账户的用途是指各账户的作用,即可用来核算什么内容;账户的结构是指账户的左右两方应登记什么,怎样登记。账户的结构、用途是受经济内容制约的,而不同的经济内容又是通过账户的用途、结构来反映的。一般应先按账户的经济内容分类,在此基础上再按账户的用途、结构分类。

(2)账户分类的作用

①进一步认清各类账户的结构、用途和特定的核算内容,以便熟练运用各账户,正确地组织会计核算;

②深入理解各类账户的区别与联系,掌握各类账户的本质及一般规律,以便从本单位经营管理的需要出发,正确合理地设置各类账户,建立起完善的账户体系。

(3)账户按经济内容分类

①账户按经济内容分类的意义。账户的经济内容就是账户所核算和监督的会计对象的具体内容,即企业的资产、负债、所有者权益、收入、费用和利润。由于企业有些业务随着实际情况的发生会产生不同的结果,可能表现为企业的资产,也可能表现为企业负债,具有资产和负债的双重性,把这类账户归为共同类。由于企业在一定期间内实现的利润最终归所有者权益,因此在对这类账户按经济内容分类时,可将利润并入所有者权益。又由于许多企业在生产经营过程中需要进行成本计算,因此要专门设置用于成本计算的账户。企业在一定期间所取得的收益,以及所发生的各项费用和损失,都要体现在当期损益的计算中,因而将这些账户单独归为一类。因此,账户按其反映的经济内容分为:资产类账户、负债类账户、共同类账户、所有者权益类账户、成本类账户、损益类账户等六大类账户。

账户的经济内容的性质决定了账户的本质。账户按经济内容分类是最基本的分类,是其他分类的基础和前提。可以确切地了解每一个或每一类账户核算和监督的基本内容,全部账户的设置能否适应会计主体经济活动的特点,能否满足企业内部各项经济活动管理的需要,能否为相关信息使用者及时、准确提供所需要的会计信息。

②账户按经济内容的分类。

a.资产类账户:反映企业资产增减变动及其结存数额的账户。按照流动性,又可以分为5类。

·流动资产账户:核算可以在一年或者超过一年的一个营业周期内变现的资产账户。如“原材料”“银行存款”等账户。

·长期股权投资账户:核算企业持有的采用成本法和权益法核算的长期股权投资。

·固定资产账户:核算企业使用期限超过一年的房屋、机器以及其他与生产、经营有关的设备、器具、工具等资产的账户。包括“固定资产”“累计折旧”“工程物资”“在建工程”和“固定资产清理”等账户。

·无形资产账户:核算企业为生产商品或者提供劳务、出租给他人、或为管理目的而持有的、没有实物形态的非货币性长期资产的账户。

·其他资产:除上述资产以外的其他资产的账户。如“长期待摊费用”等账户。

b. 负债类账户:反映企业负债增减变动及其实有数额的账户。按其偿还期限的长短可分为以下两类。

·流动负债类账户:核算将在一年(含一年)或者超过一年的一个营业周期内偿还的债务账户。

·长期负债类账户:核算偿还期在一年或者超过一年的一个营业周期以上的负债账户。

c. 共同类账户:共同类科目的特点需要从其期末余额所在方向界定其性质,包括清算资金往来、货币兑换、衍生工具、套期工具、被套期项目。

d. 所有者权益类账户:反映企业所有者投入资本和经营积累与未分配利润的增减变动及其结存数额的账户。

·实收资本账户:核算投资者按照企业章程或合同、协议的约定实际投入企业的资本等内容的账户。

·资本公积账户:投资者投入或其他单位投入,所有权归属于投资者,但不构成实收资本的那部分资本或资产,如资本溢价等。

·盈余公积账户:企业按有关规定从净利润中提取的盈余公积等内容的账户。

·本年利润账户:企业会计年度内全部收入抵减全部支出后的可用于分配的净利润账户。

·利润分配账户:核算企业对净利润按国家有关规定进行分配的账户,包括提取法定盈余公积等。

前两个账户又称为投入资本类账户,后3个账户又称为留存收益类账户。

e. 成本类账户:反映企业在产品生产过程中所发生的各种物资耗费情况的账户,包括“生产成本”“制造费用”“劳务成本”等账户。

f. 损益类账户:包括反映企业收入类的账户和反映费用类的账户,前者如主营业务收入等账户,后者如主营业务成本等账户。

但必须注意的是账户归属的类别并不是唯一的,成本类账户从某种意义上来说,也是资产类账户:双重性质账户的类别应该视其余额的方向而定。

(4)账户按用途和结构分类

账户按用途和结构分类的目的是把所有在用途和结构上相互联系,并具有某些共同特点的账户加以归类,从特性到共性,总结了同类账户在结构和用途上的共同特点,便于认识和掌握账户的使用规律,并正确地管理和运用账户,充分发挥账户作用。

a. 盘存账户。

盘存账户的含义:用来核算企业各种财产物资和货币资产的增减变动及其结存情况的账户,如“固定资产”“库存商品”等账户。

盘存账户的结构如图3.4所示。

借方　　　　盘存账户	贷方
期初余额:期初财产物资和货币资产的结存额 发生额:本期财产物资和货币资产的增加额	发生额:本期财产物资和货币资产的减少额
期末余额:期末财产物资及货币资产的结存额	

图3.4　盘存账户结构

盘存账户的特点:一是所有账户都可以通过定期或不定期的实物盘点和核对账目来检查账户记录是否正确,账实是否相符,检查实存的财产物资和货币资产在管理和使用上是否存在问题。二是在各项财产物资和货币资产有结存的情况下,反映该财产和货币资产的账户期末应有借方余额,除“库存现金”和“银行存款”外的其他盘存账户的明细账,都可以提供实物数量和金额两种核算指标。

b. 资本账户。

资本账户的含义:用来核算企业资本金的增减变动及其实有数额的账户,如“实收资本”“资本公积”等账户。

资本账户的结构如图3.5所示。

借方　　　　资本账户	贷方
发生额:本期资本及资本公积、盈余公积等资本的减少额	期初余额:期初资本实有额 发生额:本期投入资本金及资本公积、盈余公积等资本的增加额
	期末余额:期末资本的实有额

图3.5　资本账户结构

资本账户的特点:一是由于该账户反映企业从外部取得的投资或内部形成的积累,因此该类账户不会出现借方余额。二是由于该账户反映投资人对企业净资产的所有权,因此该类账户都需用货币计量,才能总括反映其增减变化和实有数额的状况。

c.结算账户。

结算账户是用来核算企业与其他单位或个人之间往来结算业务的账户,按照账户的具体用途和结构,结算账户又可分为债权、债务、债权债务结算账户3类。

·债权结算账户。

债权结算账户的含义:又称资产结算账户,是用来核算和监督企业同各个债务单位或个人之间的结算业务的账户。

债权结算账户结构如图3.6所示。

借方 债权结算账户	贷方
期初余额:期初尚未收回的应收款项或预付款项的实有额 发生额:本期应收款项或预付款项的增加额	发生额:本期应收款项的减少额
期末余额:期末尚未收回的应收款项或预付款项的实有额	

图3.6 债权结算账户结构

债权结算账户的特点:一是为了保证核算资料的正确,该账户需要定期通过与有关债务单位或个人核对账目,保证账账相符,因此,该账户要求按建立债务关系的单位和个人设置明细分类账户,进行明细分类核算。二是由于债权结算账户核算对债务单位所取债务的权利,因而该账户无论是总分类核算还是明细分类核算,都只需提供货币信息。

·债务结算账户。

债务结算账户的含义:又称负债结算账户,是用来核算和监督企业同各个债权单位或个人之间的结算业务的账户。

债务结算账户结构如图3.7所示。

借方 债务结算账户	贷方
发生额:本期借入款项、应付款项或预收款项的减少额	期初余额:期初结欠的借入款项、应付款项或预收款项的金额 发生额:本期借入款项、应付款项或预收款项的增加额
	期末余额:期末结欠的借入款项、应付款项或预收款项的金额

图3.7 债务结算账户结构

债务结算账户的特点：一是为了保证核算资料的正确，该账户需要定期通过与有关债权单位或个人核对账目，保证账账相符，因此，该账户要求按建立债权关系的单位和个人设置明细分类账户，进行明细分类核算。二是由于债务结算账户核算对债权单位或个人的责任，因而该账户无论是总分类核算还是明细分类核算，都只需提供货币信息。

· 债权债务结算账户。

债权债务结算账户的含义：又称资产负债结算账户，它是用来核算企业同其他单位和个人及企业内部之间往来结算业务的账户。在企业经济活动中，经常与本企业发生业务往来的单位，往往有时是企业的债务人，有时又是本企业的债权人，在借贷记账下，可设置债权债务双重性质结算账户。

债权债务结算账户结构如图 3.8 所示。

借方　　　　债权债务结算账户	贷方
期初余额：期初应收款项或应收款项大于应付款项的差额数 发生额：本期增加的应收款项或减少的应付款项数	期初余额：期初应付款项或应付款项大于应收款项的差额 发生额：本期减少的应收款项或增加的应付款项数
期末余额：期末应收款项或应收款项大于应付款项的差额数	期末余额：期末应付款项或应付款项大于应收款项的差额数

图 3.8　债权债务结算账户结构

债权债务结算账户的特点：一是按结算业务的对应单位或个人开设明细分类账，以便及时进行结算和核对账目。二是该账户只能提供货币指标。

债权债务结算账户的注意事项包括：

首先，如果一个企业预收货款业务不多，可以将预收货款直接记入“应收账款”账户的贷方，这样“应收账款”账户，成为一个债权债务结算账户。同样，如果一个企业预付货款业务不多，可以将预付货款直接记入“应付账款”账户的借方，这样“应付账款”就成为一个债权债务结算账户。还有的企业不设置“其他应收款”和“其他应付款”账户，而单独设置“其他往来”账户，将其他应收款和其他应付款的增减变动及其结果都集中反映在“其他往来”账户中，使之成为一个债权债务结算账户。

其次，在这类账户中，由于总分类账户的余额不能明确反映企业与有关单位或个人之间债权债务的实际结算情况，因此，在编制资产负债表时，必须根据有关总分类账户所属明细分类账户中的有关余额分析计算填列。例如，如果“应收账款”账户为借方余额应填列在“应收账款”项目下，若为贷方余额应填列在“应付账款”项目下。

d. 集合分配账户。

集合分配账户的含义:该账户是用来归集和分配企业生产经营过程中某个阶段所发生的某种费用的账户。企业在生产经营中经常会发生一些应由各个成本计算对象共同负担的费用,这些费用不能直接计入某个成本计算对象,而应先通过集合分配账户进行归集,然后再按一定标准分配计入各个成本计算对象。如“制造费用”账户。

集合分配账户的账户结构如图3.9所示。

借方　　集合分配账户	贷方
发生额:归集本期某种费用的发生额	发生额:本期分配到各受益对象的费用额

图3.9　集合分配账户

集合分配账户的特点:一是该类账户是一种过渡性账户,该账户归集的成本费用,一般在期末全部分配到各受益对象,费用经分配结转后,本类账户无余额。二是为了考核费用的发生情况,该类账户一般要按费用项目进行明细分类核算。

e. 跨期摊提账户。

跨期摊提账户的含义:跨期摊提账户是用来核算应由各个会计期间共同负担的费用,并将这些费用在各个会计期间进行分摊的账户。按照权责发生制原则和配比原则,应严格划清费用的受益期限,把应由几个会计期间共同负担的产品生产成本或期间费用,合理地分配到各个受益期,以便正确地计算各期产品成本和期间费用。

跨期摊提账户结构如图3.10所示。

借方　　跨期摊提账户	贷方
期初余额:期初已支付而尚未摊配的待摊费用 发生额:本期费用的支付或发生数额	期初余额:期初已预提而尚未支付的预提费用数额 发生额:本期费用的摊配数或预提费用数额
期末余额:期末已支付而尚未摊配的待摊费用数额	期末余额:期末已预提而尚未支付的预提费用数额

图3.10　跨期摊提账户机构

跨期摊提账户的特点:一是当实际支付的费用摊提完毕或预先提取的费用全部支付后,这类账户无余额。二是按费用的种类或用途开设明细分类账,进行明细分类核算。

f. 成本计算账户。

成本计算账户的含义:用来核算生产经营过程中某一阶段所发生的费用,并计算该阶段各成本计算对象实际成本的账户,如"生产成本"等账户。

成本计算账户结构如图3.11所示。

借方 成本计算账户	贷方
期初余额:期初尚未完成经营过程某阶段的成本计算对象的实际成本 发生额:生产经营过程某阶段所发生的应计入成本的全部费用额	发生额:结转已完成某阶段的成本计算对象的实际成本额
期末余额:尚未完成某阶段的成本计算对象的实际成本额	

图3.11 成本计算账户结构

成本计算账户的特点:一是为加强成本管理,成本计算账户应设置明细账,并按成本项目归集各项费用。二是该账户所属明细分类账一方面要适用货币计量,反映全部消耗,提供综合的成本信息,另一方面要适用实物或劳动计量,反映物资或劳动消耗。三是该账户具有盘存账户的结构,起盘存账户的作用,期初余额表示尚未结束的在某一经营阶段上成本计算对象的实际成本。

g. 计价对比账户。

计价对比账户的含义:对某项经济业务,按两种不同的计价标准进行对比,借以确定其业务成果的账户。

计价对比账户结构如图3.12所示。

借方 计价对比账户	贷方
发生额:某项经济业务按一种计价计算的金额,贷差的结转额(贷方计价大于借方计价的差额)	发生额:某项经济业务按另一种计价计算的金额,借差的结转额(借方计价大于贷方计价的差额)

图3.12 计价对比账户结构

计价对比账户的特点:一是对某项经济业务,借方按一种计价标准登记金额,贷方按另一种计价标准登记其金额,将借、贷双方发生额相对比,从而确定其业务成果。如"固定资产清理"账户,借方登记被清理的固定资产账面净值以及清理过程中发生的各种相关费用,贷方登记清理固定资产的变价收入,借贷双方对比的结果,为清理固定资产的业务成果。二是计价对比账户结转后一般期末无余额。

h. 调整账户。

调整账户的含义:为了求得被调整账户的实际余额而设置的账户。

在会计核算工作中,由于经营管理上的需要或其他原因,对于某些资产或所有者权益的核算,需要设置两个账户,用两种不同数字进行反映,以提供管理上所需要的某些特定指标。其中用一个账户来反映资产或所有者权益的原始数字,用另一个账户来反映对原始数字的调整数字,将原始指标和调整指标相加或相减,就可以求得现在的实有指标。记录和反映原始数字的账户称为被调整账户,反映调整数字的账户,称为调整账户。调整账户和被调整账户是相互联系、相互结合在一起的一对账户。

调整账户的分类:调整账户按其调整方式的不同,可分为备抵账户、附加账户、备抵附加账户。

· 备抵(抵减)账户:用来抵减被调整账户的账面余额,以求得被调整账户的实际余额的账户。其调整方式可以用下列公式表示:

被调整账户余额 - 备抵账户余额 = 被调整账户实际余额

从上可以看出,这两个账户的余额是相反的,如果一方在借方,另一方肯定在贷方,反之亦然。按照被调整账户的性质,抵减账户又可以分为两种:

一种为资产备抵账户,用来抵减某一资产账户的余额,以求得该资产账户的实际余额的账户。一般地,被调整账户的余额在借方,调整账户的余额在贷方。如“累计折旧”是“固定资产”的备抵账户,“固定资产”账户借方登记固定资产原始价值,而“累计折旧”账户贷方登记固定资产因损耗而减少的价值,即累计折旧额,差额就是固定资产的实际价值。还有比如“坏账准备”是“应收账款”的备抵账户。

另一种为权益备抵账户,用来抵减某一权益账户的余额,以求得该账户的实际余额的账户。一般地,被调整账户的余额在贷方,调整账户的余额在借方。如“利润分配”账户就是“本年利润”账户的备抵账户,“本年利润”账户的期末贷方余额表示会计期间取得的净利润,“利润分配”账户的期末借方余额表示会计期间利润的分配额,用“本年利润”账户的贷方余额减去“利润分配”账户的借方余额,差额表示期末尚未分配的利润。

· 附加账户:用来增加被调整账户的余额,以求得被调整账户实际余额的账户。调整公式是:

被调整账户余额 + 附加账户余额 = 调整后余额

从上可以看出,被调整账户的余额与附加账户的余额一定在相同的方向,若被调整账户的余额在借方,则附加账户的余额也一定在借方,反之亦然。如“材料采购”账户,通常期末无余额,如出现余额表示尚未运抵企业或有待验收入库的在途物资,期末将该账户的余额与“原材料”账户的余额相加之和,就是期末材料存货的资金占用额。

· 备抵附加账户:既可以用来抵减,也可以用来增加被调整账户余额,以求得被调整账户的实际余额的账户,兼有备抵账户和附加账户两种作用。当其余额与被调整账户的余额在相反方向时,起的是备抵账户的作用,其余额与被调整账户的余额在相同方向时,起的是附加账户的作用。比如“材料成本差异”账户就是备抵附加账户,当工业企业按计划成本进行材料的日常核算时,该账户就是“原材料”这个被调整账户的备抵附加账户。“原材料”账户期末余额表示库存原材料的计划成本,“材料成本差异”账户期末余额表示期末原材料计划成本与实际成本的差额。当“材料成本差异”账户为贷方余额时,表示实际成本低于计划成本的节约额,将“原材料”账户的借方余额减去“材料成本差异”账户的贷方余额,其差额即为库存原材料的实际成本:而当余额在借方时,表示实际成本高于计划成本的超支额,将“原材料”账户的借方余额加上“材料成本差异”账户的借方余额,就是库存原材料的实际成本。

i. 财务成果账户。

财务成果账户的含义:用来核算并确定企业在一定时期内全部经营活动结果的账户。

财务成果账户结构如图 3.13 所示。

借方 财务成果账户	贷方
余额:期末转来的本期各项费用、支出数额	余额:期末转来的本期各项收入数额

图 3.13 财务成果账户结构

财务成果账户的特点:借方登记期末转入的各项费用、支出和损失,贷方登记期末转入的各项收入和收益;期末贷方余额表示企业实现的净利润数;如为借方余额,表示企业发生亏损总额。到年末,企业将本年收入和支出相抵后结出的本年实现的净利润或亏损总额,全部转入“利润分配”账户。

j. 集合配比账户。

集合配比账户的含义:用来汇集企业在经营过程中所取得的收入和发生的成本、税金、费用以及营业外收支,并在期末进行配合比较,计算确定经营期内财务成果的账户。

集合配比账户的分类如下:

· 收入集合配比账户。

收入集合配比账户的含义:用来汇集和结转企业在某一期间内从事经营活动或其他活动的某种收入的账户。

收入集合配比账户的账户结构如图3.14所示。

借方 收入集合配比账户	贷方
发生额:本期减少的收入和期末转入"本年利润账户的净收入	发生额:本期形成或确认的收入
	期末一般无余额

图3.14 收入集合配比账户结构

收入集合配比账户的特点:首先,该账户的借方登记收入的减少或结转数,贷方登记收入的增加数:其次,该账户是一种过渡性的账户。企业通过该类账户汇集某会计期间的收入,一般在当期要全部结转,收入结转后,该账户期末无余额。

· 费用集合配比账户。

费用集合配比账户的含义:用来汇集和结转企业在某一期间内从事经营活动或其他活动的某种费用或支出的账户。

费用集合配比账户的账户结构如图3.15所示。

借方 费用集合配比账户	贷方
发生额:本期费用或支出发生额	发生额:转入"本年利润"账户的费用或支出
期末一般无余额	

图3.15 费用集合配比账户结构

费用集合配比账户的特点:首先,该账户的借方登记费用的增加数,贷方登记费用的结转数;其次,该账户是一种过渡性的账户。企业通过该类账户汇集某会计期间的费用,一般在当期要全部结转,费用结转后,该账户期末无余额。

(5)账户的其他分类

①账户按统驭与被统驭的关系分类。这种分类的标准即是按账户所提供资料详略程度,可以分为统驭账户和被统驭账户。前者提供总括资料的账户,如总分类账户,后者提供详细资料的账户,如明细分类账户。这样分类的原因

如下:

a.不同的信息使用者对会计资料的详略程度要求不同,为满足企业内部各职能部门的管理要求,必须提供相关的总括和明细资料。

b.由于总分类账户只提供价值资料,不便于对有关实物资产进行管理,而明细分类账户则提供价值和实物资料,便于对实物资产进行管理。

c.应用总分类账户与明细分类账户的平行登记原理,以及它们的勾稽关系,便于检查账户记录的正确性。

②账户按其与会计报表的关系分类。

a.资产负债表账户:资产类、负债类和所有者权益类账户。

资产负债表是反映企业报告期末资产、负债和所有者权益的会计报表。根据资产、负债和所有者权益账户的期末余额编制。这类账户反映资产、负债、资本的实体。通常有余额,所以又称实账户或永久性账户。

b.利润表账户:收入、费用、利润类账户。

“利润表”是反映企业报告期的收入、费用和利润的会计报表,根据收入、费用、利润类账户的发生额编制的。这些账户反映生产经营过程中的收入、费用、利润,期末无余额,下期开始后需另行开设,所以又称为虚账户或过渡性账户、临时账户。

任务3 掌握借贷记账法的原理

3.3.1 复式记账法

1)记账方法的概念

在确定了会计的核算对象,并按照会计对象划分为会计要素和会计科目后,我们只是解决了经济业务的分类问题,账户的介绍也只是为分类记录数据提供了场所,至于如何利用账户记录企业的经营活动信息,则必须采用科学的记账方法。记账方法就是指在账簿中登记经济业务的方法。

2)复式记账原理

在会计发展的过程中,人们采用过并经过长期实践的会计记账方法有两种:单式记账法和复式记账法。

(1)单式记账法

单式记账法是指发生的经济业务只在一个账户中进行记录的记账方法。例:用银行存款购买材料,只在银行存款中登记,不在材料账上登记。单式记账法是一种简单、不完整的记账方法。它不能全面、系统地反映经济业务的来龙去脉,也不便于检查账户记录的正确性。

(2)复式记账法

复式记账法是指发生的每一项经济业务,都以相等的金额,在相互关联的两个或两个以上账户中进行记录的记账方法。上述用银行存款购买材料的业务,一方面在银行存款账上进行登记,另一方面又应在材料账上进行登记。会计等式为复式记账提供了理论的依据。我们从"资金来源 = 资金占用"的资金运动规律出发,阐述了会计等式的平衡原理,并通过具体的经济业务举例论述了任何一笔经济业务的发生都会引起会计等式中各要素项目的增减变动,但变动的结果都是不会破坏会计等式的平衡关系。从会计等式的平衡关系出发,可以发现复式记账法的本质,就是按照资金运动"有来源必有去处"这一客观规律进行记账。企业发生的所有经济业务无非就是涉及资金的增加和减少两个方面,并且是一项资金在量上的增加和减少,总是与另一项资金在量上的减少或增加相伴而生。这样就要求会计在记账的时候,必须把各项经济业务所涉及资金增减变化的原因和结果都记录下来,从而完整、全面地反映经济业务所引起的资金运动的来龙去脉。复式记账方法恰恰就是适应了资金运动这一规律性的客观情况,把每一项经济业务所涉及的资金在量上的增减变化,通过来龙与去脉两个方面的两个或者两个以上账户的记录予以全面反映。会计等式的平衡原理实际就是复式记账的原理。

复式记账法与单式记账法相比,它弥补了单式记账法的缺点。有两个特点:一是不仅可以了解每一项经济业务的来龙去脉,而且通过全部经济业务的数据记录,能够全面、系统地反映经济活动的过程和结果。二是由于对每一项经济业务都以相等的金额进行分类登记,可以利用账户记录进行试算平衡,检查账户记录的正确性。

我国历史上的复式记账法有 3 种,即借贷记账法、增减记账法和收付记账法。它们的特点是:第一,记账符号不同。借贷记账法是以"借""贷"二字为记账符号:增减记账法是以"增""减"二字为记账符号:收付记账法是以"收""付"二字为记账符号。第二,账户的结构不同。借贷记账法的账户结构分为借方和贷方,而借贷已失去它本身的含义。增减记账法的"增""减"和收付记账法的"收""付"具有实际意义。这些方法中以借贷记账法的使用最为广泛,目前我国的《企业会计准则》规定中国境内的所有企业都应采用借贷记账法。

3.3.2 借贷记账法

借贷记账法的产生

复式簿记的演变,从它的萌芽到接近于完备形式,大约经历了300年(13世纪初至15世纪末)。这一演变过程都发生在中世纪的意大利商业城市(如威尼斯、热那亚等城市)。当时,地中海沿岸某些城市的商业和手工业发展很快,出现了马克思所说的"资本主义生产的最初萌芽"。发达的商品经济,特别是地中海沿岸某些城市中十分活跃的商业(包括海上贸易)和银钱兑换业,都迫切要求从簿记中获得有关经济往来和经营成果的重要信息。经过一段孕育时期以后,簿记的方法终于取得了重大突破,科学的复式簿记法在意大利诞生了。这一演变过程大体上经历了3个不同的发展阶段:

①佛罗伦萨式——复式簿记的萌芽阶段(1211—1340年)。这一阶段以1211年佛罗伦萨银行家采用的簿记为代表(这是目前保存的意大利最古老的会计账簿,现收藏于佛罗伦萨梅迪奇·拉乌莱芝纳图书馆)。其主要特点是:

记账方法——转账;

记账对象——仅限于债权债务人(人名账户);

记录形式——叙述式(借贷上下连续登记)。

②热那亚式——复式簿记的改良阶段(1340—1494年)。这一阶段以1340年热那亚市政厅的总账为代表(这是会计界公认的世界上最早的一册明显具备复式记账所有特征的会计记录,现收藏于热那亚古文化馆)。其主要特点是:

记账方法——复式;

记账对象——除债权债务(人名账户)外,还包括商品、现金(物名账户);

记录形式——左借右贷账户对照式(两侧型账户)。

③威尼斯式——复式簿记的完备阶段(1494—1854年)。这一阶段以1494年卢卡·帕乔利(Luca Pacioli)著名的《算术、几何、比及比例概要》一书

的正式出版为代表。此书的出版,使得复式簿记的优点及方法很快为世人所认识,并广为流传,因而具有划时代的意义,标志着现代会计的开始。至1854年,爱丁堡注册会计师协会的出现,会计正式成为一门独立的职业。其主要特点是:

记账方法——复式;

记账对象——除债权、债务、现金(人名账户与物名账户)外,还包括了损益与资本(损益账户与资本账户);

记录形式——账户式。

运用借贷记账法进行会计核算,必须理解和掌握它的基本要点,包括记账符号、账户结构、记账规则、会计分录、试算平衡5个方面:

1)记账符号

借贷记账法是以"借"和"贷"作为记账符号,用以指明记账的增减方向、账户之间的对应关系和账户余额的性质等。而与这两个文字的字义及其在会计史上的最初含义无关,不可望文生义。"借"和"贷"是会计的专门术语,并已经成为通用的国际商业语言,并赋予了新的含义。

①代表账户中两个固定的部位。一切账户,均需设置两个部位记录某一具体经济事项数量上的增减变化(来龙去脉),账户的左方一律称为借方,账户的右方一律称为贷方。

②表示资金的运动方向。贷方一般反映价值运动的起点,即资金从哪里来,借方一般反映价值运动终点,即资金运动到哪里去。

③表示资金数量的增减变化。贷方反映资金来源的增加,负债、所有者权益、收入的增加均在贷方反映,减少则记入相反的方向:而借方反映资金占用的增加,资产、费用的增加均在借方反映,减少则记入相反方向。

④表示余额方向和账户性质。一般而言,资产类账户的余额在借方,负债、所有者权益类账户的余额在贷方。

2)账户结构

在上述对记账符号的介绍下,我们只是粗略介绍了六大要素的记账方位,下面将详细讲述在借贷记账法下各要素账户的具体结构。

(1)资产类账户的结构

资产类账户的登记方法是,资产的增加额记入借方,减少额记入贷方,账户如有期初余额或者期末余额,一般均在借方。具体结构用"T"字形账户列示如图3.16所示:

借方	资产类账户 贷方
期初余额 本期增加额	本期减少额
本期借方发生额（增加额）合计 期末余额	本期贷方发生额（减少额）合计

图 3.16 资产类账户结构

对于资产类账户而言，其账户余额可以用下列公式表示：

借方期末余额 = 借方期初余额 + 借方本期发生额 − 贷方本期发生额

（2）负债和所有者权益类账户的结构

负债和所有者权益类账户的登记方法相同，即负债和所有者权益类账户的增加额记入贷方，减少额记入借方，账户如有期初或期末余额，一般均在贷方。具体结构用“T”字形账户列示如图 3.17 所示：

借方	负债及所有者权益类账户 贷方
本期减少额	期初余额 本期增加额
本期借方发生（减少额）合计	本期贷方发生（增加额）合计 期末余额

图 3.17 负债及所有者权益类账户结构

对于负债及所有者权益类账户而言，其账户余额可以用下列公式表示：

贷方期末余额 = 贷方期初余额 + 贷方本期发生额 − 借方本期发生额

（3）收入类账户结构

由于收入可以增加所有者权益，因此账户的登记方法和所有者权益类账户相同，收入的增加额记入贷方，收入的减少额记入借方，会计期间结束后，本期收入增加额减去本期收入减少额的差额为结转额，在账结法下，一般这个结转额要通过该账户的借方转入本年利润账户贷方，因此收入类账户一般没有余额。具体结构用“T”字形账户列示如图 3.18 所示：

借方	收入类账户 贷方
本期减少额或结转额	本期增加额

图 3.18 收入类账户结构

（4）费用类账户结构

费用要素由于最终会使所有者权益要素减少，账户的登记方法和所有者权益账户相反,费用的增加额记入借方,费用的减少额记入贷方,会计期间结束时,本期费用增加额减去本期费用减少额的差额为结转额,这个结转额要通过该账户的贷方转入本年利润账户借方,所以费用类账户一般没有余额。具体结构用"T"字形账户如图3.19所示:

借方	费用类账户 贷方
本期增加额	本期减少额或结转额

图3.19 费用类账户结构

尽管会计要素中有独立的利润要素,但是在会计科目的分类表上,由于是按经济内容来划分,没有利润类项目科目单独列出。而实际核算利润情况的两个账户"本年利润"和"利润分配"在性质上是被划分为所有者权益要素,原因是利润被看作所有者权益的组成部分。由于这两个账户不仅和前面讲的收入费用类密切相关,同时结构也较为特殊,故单独说明。

【例3.6】 用银行存款购买材料2 000元。

这笔经济业务的发生引起了资产要素中的银行存款和存货发生了变化。变化的结果是银行存款减少了2 000元,根据账户的性质,要在银行存款的贷方登记2 000元;同时原材料增加了2 000元,根据账户的性质,要在原材料的借方相应登记2 000元。登记方法如图3.20和图3.21所示:

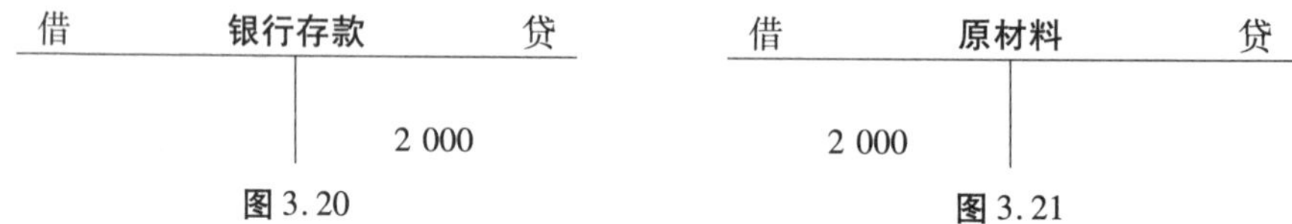

图3.20　　图3.21

【例3.7】 向银行借入短期借款80 000元,直接偿还应付账款。

这笔经济业务的发生引起了负债要素中的短期借款和应付账款发生了变化。变化的结果是短期借款增加了80 000元,根据账户的性质,要在短期借款的贷方登记80 000元;同时应付账款减少了80 000元,根据账户的性质,要在应付账款的借方相应登记80 000元。登记方法如图3.22和图3.23所示:

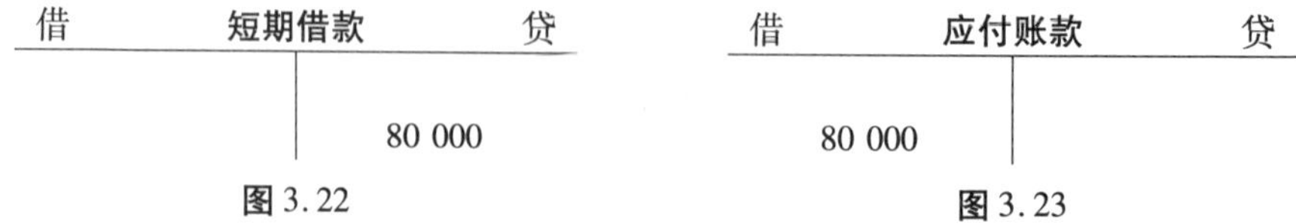

图3.22　　图3.23

【例3.8】 企业接受投资者投资一台设备，价值20 000元。

这笔经济业务的发生引起了资产要素中的固定资产和所有者权益要素中的实收资本发生了变化。变化的结果是固定资产增加了20 000元，根据账户的性质，要在固定资产款的借方登记20 000元；同时实收资本增加了20 000元，根据账户的性质，要在实收资本的贷方相应登记20 000元。登记方法如图3.24和图3.25所示：

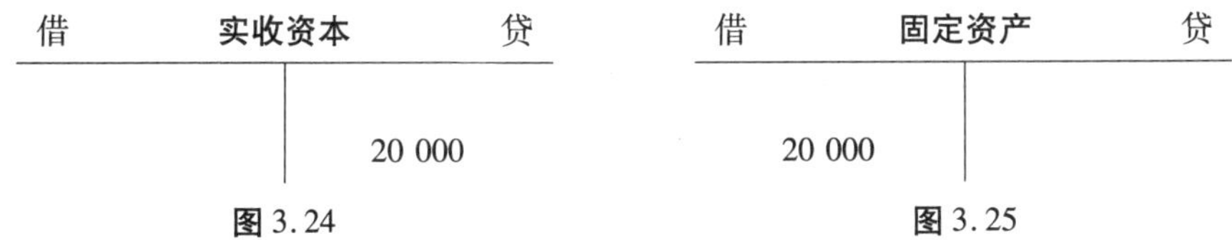

图3.24 图3.25

【例3.9】 用银行存款归还短期借款20 000元。

这笔经济业务的发生引起了资产要素中的银行存款和负债要素中的短期借款发生了变化。变化的结果是银行存款减少了20 000元，根据账户的性质，要在银行存款的贷方登记20 000元；同时短期借款减少了20 000元，根据账户的性质，要在短期借款的借方相应登记20 000元。登记方法如图3.26和图3.27所示：

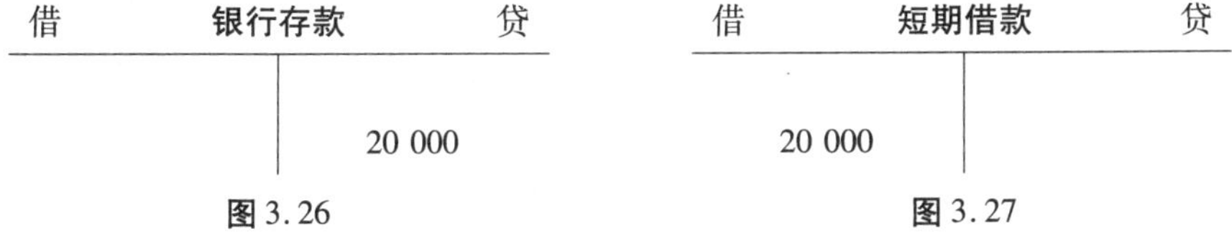

图3.26 图3.27

3）记账规则

通过以上4笔经济业务的具体举例应用，可以发现对每一笔经济业务进行记录所遵循的规则恰好就是“有借必有贷，借贷必相等”的规则。

需要说明的是，运用借贷记账法在账户登记经济业务后，有关账户之间就形成了应借、应贷的关系。账户之间借、应贷的关系，称为账户的对应关系。存在对应关系的账户就成为对应账户。如第4笔经济业务中的“银行存款”账户就是“长期借款”的对应账户。

4）会计分录

（1）定义

在前述业务的处理中，为了直观地反映借贷记账法的记账规则，我们将经济业务发生引起的各个要素项目的变动直接记入相应的账户。实际上在具体的登账过程中,为了清晰地反映账户间的对应关系,同时也为了保证账户记录的正确性,对每一笔经济业务,在记入账户之前,首先要根据经济业务发生时取得或填制的原始凭证编制会计分录,同时将会计分录记入记账凭证,再根据记账凭证中的会计分录登记账户。因此,编写会计分录是应用复式记账的必要环节。会计分录是指对某项经济业务标明其应借、应贷账户及其金额的记录,简称分录。会计分录是由应借应贷方向、对应账户(科目)名称及应记金额三要素构成。按照所涉及账户的多少,分为简单会计分录和复合会计分录。简单会计分录指只涉及一个账户借方和另一个账户贷方的会计分录,即一借一贷的会计分录;复合会计分录指由两个以上(不含两个)对应账户所组成的会计分录,即一借多贷、一贷多借或多借多贷的会计分录。

将上述4笔经济业务编制会计分录如下:

①借:原材料　2 000
　　贷:银行存款　2 000

②借:应付账款　80 000
　　贷:短期借款　80 000

③借:固定资产　20 000
　　贷:实收资本　20 000

④借:短期借款　20 000
　　贷:银行存款　20 000

(2)会计分录的步骤

第一,分析经济业务涉及的是资产、负债、所有者权益还是收入、费用(成本)、利润;

第二,确认会计科目,记账方向(借或贷);

第三,确定记入哪个(或哪些)账户的借方、哪个(或哪些)账户的贷方;

第四,确定应借应贷账户是否正确,借贷方金额是否相等。

(3)格式和要求

第一,先借后贷:借和贷要分行写,并且文字和金额的数字都应错开;在一借多贷或一贷多借的情况下,要求借方或贷方的文字和金额数字必须对齐。

第二,贷方记账符号、账户、金额都要比借方退后一格,表明借方在左,贷方在右。

需要指出的是,为了保持账户对应关系的清楚,一般不宜把不同经济业务合并在一起,编制多借多贷的会计分录。但在某些特殊情况下为了反映经济业务的全貌,也可以编制多借多贷的会计分录。

5)试算平衡

为了保证一定时期内发生的经济业务在账户中登记的正确性,需要在一定时期终了时,根据会计等式的"有借必有贷,借贷必相等"的记账规则,对账户记录进行试算平衡。可以采用两种试算平衡方法,即发生额试算平衡法和余额试算平衡法。

(1)发生额试算平衡法

它是根据本期所有账户借方发生额合计与贷方发生额合计的恒等关系,检验本期发生额记录是否正确的方法。公式为:

全部账户本期借方发生额合计 = 全部账户本期贷方发生额合计

(2)余额试算平衡法

它是根据本期所有账户借方余额合计与贷方余额合计的恒等关系,检验本期账户记录是否正确的方法。根据余额时间不同,又分为期初余额平衡与期末余额平衡两类。期初余额平衡是期初所有账户借方余额合计与贷方余额合计相等,期末余额平衡是期末所有账户借方余额合计与贷方余额合计相等。公式为:

全部账户的借方期初余额合计 = 全部账户的贷方期初余额合计

全部账户的借方期末余额合计 = 全部账户的贷方期末余额合计

实际工作中,余额试算平衡通过编制试算平衡表方式进行。常用的试算平衡表格式有3种:一种是总分类账户本期发生额试算平衡表(表3.5);一种是总分类账户余额试算平衡表(表3.6),还有一种是总分类账户本期发生额及余额试算平衡表(表3.7),又称综合试算平衡表。

表3.5 本期发生额试算平衡表

账户名称	本期发生额	
	借方	贷方
合计		

表 3.6　余额试算平衡表

账户名称	本期发生额	
	借方	贷方
合计		

表 3.7　综合试算平衡表

账户名称	期初余额		本期发生额		期末余额	
	借方	贷方	借方	贷方	借方	贷方
合计						

下面举例说明试算平衡方法的运用：

【例 3.10】　某企业各账户的期初余额情况如下：银行存款 300 000 元，固定资产 500 000 元，短期借款 100 000 元，应付账款 80 000 元，实收资本 500 000 元，盈余公积 120 000 元，现根据上述 4 笔经济业务登记有关账户后，用结出的本期发生额和期末余额结果编制的试算平衡表如表 3.8 所示：

表 3.8　综合试算平衡表

账户名称	期初余额		本期发生额		期末余额	
	借方	贷方	借方	贷方	借方	贷方
银行存款	300 000			22 000	278 000	
原材料			2 000		2 000	
固定资产	500 000		20 000		520 000	
短期借款		100 000	20 000	80 000		160 000
应付账款		80 000	80 000			0
实收资本		500 000		20 000		520 000
盈余公积		120 000				120 000
合计	800 000	800 000	122 000	122 000	800 000	800 000

结论：在上述综合试算平衡表编制完毕后，合计数中有三对平衡数。经

过试算平衡,如果这三对平衡数合计后借贷双方不平衡,说明账户记录或计算有错误。如果借贷双方平衡,说明账户记录和计算基本正确,因为有下列主要错误的存在,并不影响借贷双方平衡,因此不能通过试算平衡发现这些错误。

①多记或少记某项经济业务相同的金额。

②重记或漏记某项经济业务。

③借贷方向正确,但记入了错误的账户。

④经济业务的借贷方向相互颠倒。

任务4 填制和审核记账凭证

3.4.1 认识记账凭证

1)记账凭证的概念

会计部门根据审核无误的原始凭证编制的,载有会计分录,作为登记账簿的直接依据的书面文件。

任何单位的经济业务都是不断发生而又错综复杂的,由于原始凭证种类繁多,数量庞大,格式不一,不便直接作为记账的依据,为了便于记账,就必须将各种原始凭证所反映的经济业务加以归类和整理,另行填制记账凭证,确定会计分录,据以记账。这样,不仅可以大大简化记账的工作量,减少记账差错,而且也便于对账和查账,在一定程度上提供了会计核算的工作质量。因此,记账凭证是对原始凭证所反映的经济内容进行归类整理,按照登账要求确定账户名称、方向和金额的一种记录,是将原始凭证上反映的经济信息转换为会计信息的过程,是会计信息的初始确认阶段。

2)记账凭证的种类

(1)按不同用途分类

按不同用途,记账凭证可分为专用记账凭证和通用记账凭证。

①专用记账凭证。专用记账凭证是专门用于记录某一类经济业务的记账凭证。专用记账凭证按其反映经济业务内容的不同,又分为收款凭证、付款凭证和转账凭证,格式如凭证3.1、凭证3.2和凭证3.3所示:

凭证 3.1

收款凭证

借方科目：　　　　　　　　年　月　日　　　　　　　第　号

摘要	贷方科目	记账（　）	金　额	
			一级科目	二级或明细科目
合计				

会计主管：　　记账：　　出纳：　　复核：　　制证：　　附件　张

凭证 3.2

付款凭证

贷方科目：　　　　　　　　年　月　日　　　　　　　第　号

摘要	借方科目	记账（　）	金　额	
			一级科目	二级或明细科目
合计				

会计主管：　　记账：　　出纳：　　复核：　　制证：　　附件　张

凭证 3.3

转账凭证

年　月　日　　　　　　　第　号

摘要	会计科目	记账（　）	借方金额		贷方金额	
			一级科目	二级或明细科目	一级科目	二级或明细科目
合计						

会计主管：　　记账：　　复核：　　制证：　　附件　张

a. 收款凭证:用来记载与货币资金收入相关业务的记账凭证,是根据有关现金和银行存款收款业务的原始凭证填制的,是登记现金日记账、银行存款日记账以及有关明细账和总账等账簿的依据,也是出纳人员收讫款项的依据。

b. 付款凭证:用来记载与货币资金付出相关业务的记账凭证,是根据有关现金和银行存款付款业务的原始凭证填制的,是登记现金日记账、银行存款日记账以及有关明细账和总账等账簿的依据,也是出纳人员支付款项的依据。

c. 转账凭证:用来记载与货币资金收付无关的经济业务的记账凭证,如生产产品领用材料,产品完工入库等经济业务。

在实际工作中,对货币资金内部的相互关联的业务,如从银行提现,通常可采用只编制付款凭证的方法,以防止出现重复记账的现象。

②通用记账凭证。在经济业务比较简单的单位也可以不采用上述3种记账凭证,而改用一种通用的记账凭证,适用于反映所有的经济业务,格式与转账凭证基本相同,以简化核算手续,如凭证3.4所示。一般适用于经济业务较简单、规模较小的单位。

凭证3.4　　**记账凭证**

年　月　日　　　　第　号

摘要	会计科目	记账(　)	借方金额		贷方金额	
			一级科目	二级或明细科目	一级科目	二级或明细科目
合计						

会计主管:　记账:　出纳:　复核:　制证:　附件　张

(2)按记账凭证的内容分类

按记账凭证的内容分类可分为以下几种:

①单一记账凭证:直接根据原始凭证编制而成,只包括一笔会计分录的记账凭证,如收款凭证、付款凭证、转账凭证、通用凭证。

②汇总记账凭证:根据一定时期内同类单一记账凭证定期汇总而重新编制的记账凭证,有汇总付款凭证、汇总收款凭证、汇总转账凭证,目的是为了简化总账的登记工作,如凭证3.5、凭证3.6和凭证3.7所示。

凭证3.5 **汇总收款凭证**

借方科目: 年 月 日 汇收字第 号

贷方科目	金额				记账	
	(1)	(2)	(3)	合计	借方	贷方
合计						

附注:(1)自__1__日至__10__日 收款凭证 共计________张
(2)自__11__日至__20__日 收款凭证 共计________张
(3)自__21__日至__30__日 收款凭证 共计________张

凭证3.6 **汇总付款凭证**

贷方科目: 年 月 日 汇付字第 号

借方科目	金额				记账	
	(1)	(2)	(3)	合计	借方	贷方
合计						

附注:(1)自__1__日至__10__日 收款凭证 共计________张
(2)自__11__日至__20__日 收款凭证 共计________张
(3)自__21__日至__30__日 收款凭证 共计________张

凭证 3.7

汇总转账凭证

借(贷)方科目: 年 月 日 汇转字第 号

贷(借)方科目	金额				记账	
	(1)	(2)	(3)	合计	借方	贷方
合计						

附注:(1)自__1__日至__10__日 收款凭证 共计________张

(2)自__11__日至__20__日 收款凭证 共计________张

(3)自__21__日至__30__日 收款凭证 共计________张

③科目汇总表:根据一定时期内所有的单一记账凭证定期按会计科目汇总而重新编制的记账凭证,目的也是为了简化总账的登记工作量,如凭证 3.8 所示。

凭证 3.8

科目汇总表

年 月 日至 日

科目名称	总账页数	本期发生额		记账凭证起讫号数
		借方	贷方	
合计				

④联合凭证:把原始凭证或原始凭证汇总表的内容与记账凭证的内容合二

为一,既可以用来记录经济业务的内容,又可以用来代替记账凭证,作为记账的依据,目的是减少凭证填制的工作量,如发料凭证汇总表(凭证3.9)。

凭证3.9 **发料凭证汇总表**

年　月　日

<table>
<tr><th colspan="3">领料部门及用途</th><th>原材料及主要材料</th><th>燃料</th><th>外购半成品</th><th>辅助材料</th><th>低值易耗品</th><th>包装物</th><th>合计</th></tr>
<tr><td rowspan="6">生产成本</td><td rowspan="2">××车间</td><td>××产品</td><td></td><td></td><td></td><td></td><td></td><td></td><td></td></tr>
<tr><td>××产品</td><td></td><td></td><td></td><td></td><td></td><td></td><td></td></tr>
<tr><td rowspan="2">××车间</td><td>××产品</td><td></td><td></td><td></td><td></td><td></td><td></td><td></td></tr>
<tr><td>××产品</td><td></td><td></td><td></td><td></td><td></td><td></td><td></td></tr>
<tr><td rowspan="2">××车间</td><td>××产品</td><td></td><td></td><td></td><td></td><td></td><td></td><td></td></tr>
<tr><td>××产品</td><td></td><td></td><td></td><td></td><td></td><td></td><td></td></tr>
<tr><td rowspan="2">辅助生产</td><td colspan="2">××车间</td><td></td><td></td><td></td><td></td><td></td><td></td><td></td></tr>
<tr><td colspan="2">××车间</td><td></td><td></td><td></td><td></td><td></td><td></td><td></td></tr>
<tr><td rowspan="3">制造费用</td><td colspan="2">××车间</td><td></td><td></td><td></td><td></td><td></td><td></td><td></td></tr>
<tr><td colspan="2">××车间</td><td></td><td></td><td></td><td></td><td></td><td></td><td></td></tr>
<tr><td colspan="2">××车间</td><td></td><td></td><td></td><td></td><td></td><td></td><td></td></tr>
<tr><td>管理费用</td><td colspan="2">公司总部</td><td></td><td></td><td></td><td></td><td></td><td></td><td></td></tr>
<tr><td colspan="3">合　计</td><td></td><td></td><td></td><td></td><td></td><td></td><td></td></tr>
</table>

制表:

(3)按记账凭证填制的会计科目数分类

按记账凭证填制的会计科目数的不同,可分为以下几种:

①单式记账凭证:每张凭证上只填列一个会计科目,而对应的账户名称仅作为参考,不可据此记账。一笔会计分录涉及多个会计科目,则应编制多张凭证,并用编号将其联系起来。其中填列借方科目的称为借项记账凭证(凭证3.10),填列贷方科目的称为贷项记账凭证(凭证3.11)。单式记账凭证的优点在于:便于记账工作的分工;便于按科目汇总;可加速凭证的传递;有利于贯彻内部控制制度,防止差错和舞弊。

凭证 3.10　　　　　　**借项记账凭证**

对应科目：　　　　　　年　月　日　　　　　　编号

摘要	一级科目	二级或明细科目	金额	记账
合　计				

会计主管：　记账：　出纳：　复核：　制证：　附件　张

凭证 3.11　　　　　　**贷项记账凭证**

对应科目：　　　　　　年　月　日　　　　　　编号

摘要	一级科目	二级或明细科目	金额	记账
合　计				

会计主管：　记账：　出纳：　复核：　制证：　附件　张

②复式记账凭证：在一张凭证上完整地列出每笔经济业务涉及的全部会计科目。收款凭证、付款凭证、转账凭证等都是复式记账凭证。复式记账凭证的优点是在一种凭证上能完整地反映一笔经济业务的全貌，且填写方便，附件集中，缺点是不便于分工记账及科目汇总。

3.4.2 填制记账凭证

1）记账凭证的基本要素

记账凭证的基本要素有如下 8 项：

①记账凭证的名称；

②填制凭证日期；

③记账凭证的编号；

④经济业务的简要说明，即摘要；

⑤会计分录即应记的账户名称、金额和方向；

⑥所附原始凭证的张数；

⑦记账备注，即已登记账簿的金额，应在“记账”栏内打“√”号或签章；

⑧有关人员的签章。包括会计主管人员、审核人员及填制人员和记账人员的签章，收款凭证和付款凭证还要有出纳人员的签章。

具体情况如凭证 3.12 和凭证 3.13 所示。

凭证 3.12

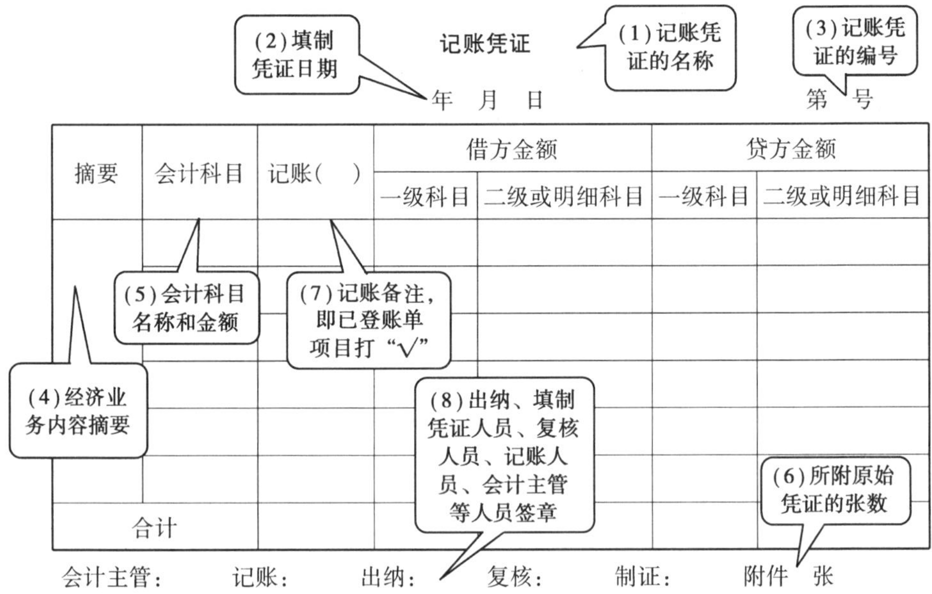

记账凭证

年　月　日　　　　第　号

摘要	会计科目	记账（　）	借方金额		贷方金额	
			一级科目	二级或明细科目	一级科目	二级或明细科目
合计						

会计主管：　记账：　出纳：　复核：　制证：　附件　张

2)记账凭证的填制要求

填制记账凭证的基本要求与填制原始凭证的基本要求相同，必须做到记录真实、内容完整、计算准确、填制及时，书写清楚。此外，还应符合以下要求：

(1)记账凭证日期的填写

因为收付款业务需要登入当天的日记账，记账凭证的日期应是货币资金收付的实际日期。转账凭证原则上按收到原始凭证的日期确定。如果一份转账凭证中包括有不同日期的同类原始凭证时，也可以将填制日期作为凭证日期。

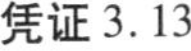
凭证 3.13

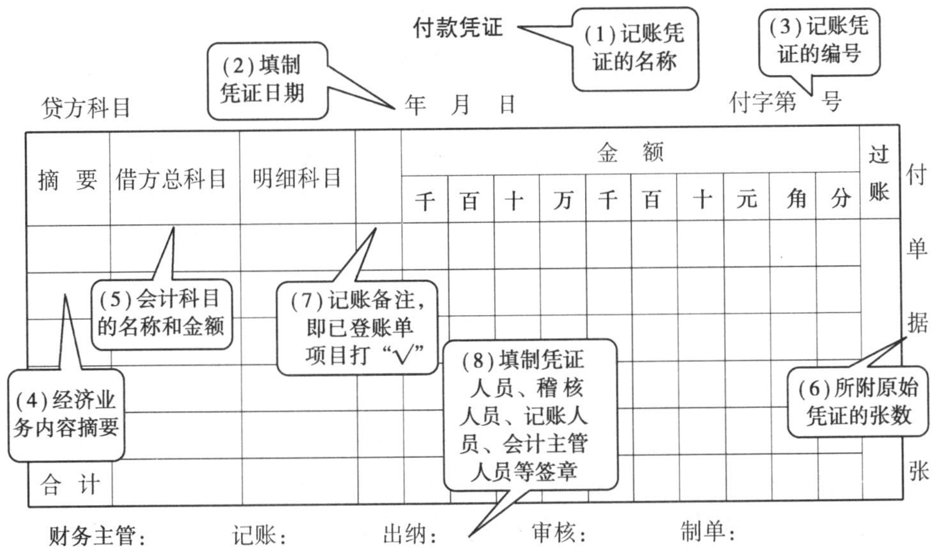

(2)摘要的填写

摘要的填写要符合几个要求：一是真实准确，其内容与经济业务的内容和所附原始凭证的内容相符；二是简明扼要，书写整齐清洁。通常只填写经济业务的简要情况，如是收付款业务，还应写明涉及对方单位或人名和重要单据(如发票、收付款单据)的号码，以便查找。

(3)正确编制会计分录

必须按会计制度统一规定的会计科目填写，不可任意简化或改动，不得只写会计科目的编号，不写科目名称，需要填写明细科目的，应在“明细科目”栏填写明细科目的名称。记账方向、金额和账户的对应关系必须清楚。金额方面，首先要与原始凭证的金额保持一致。其次要书写规范，平行对准科目栏次和借贷栏次，防止错栏串行；金额数字要填写到分位，如角位、分位无数字要写“00”，如角位有数字而分位无数字，则要在分位上写“0”；每笔业务填入金额后，要在合计行内填写合计金额，并在合计数前填写货币符号，不是合计数，则不填写货币符号。最后，记账凭证金额栏若有空行，应画斜线或“S”形线注销。画线应从金额栏最后一笔金额数字下的空行画到合计数上面的空行，注意斜线两端都不能画到金额数字的行次上。

(4)各种记账凭证必须连续顺序编号

采用“字号编号法”,在收款凭证号码前面冠以“现收”或“银收”字样;付款凭证号码前面冠以“现付”或“银付”字样;转账凭证号码前面冠以“转”字样,用以控制各种记账凭证。也可以采用“分数编号法”,如一笔经济业务需填制两张转账凭证,凭证的顺序为“1”,则可编为“转字第1 $\frac{1}{2}$ 号”和“转字第1 $\frac{2}{2}$ 号”,每月末最后一张记账凭证的编号旁边加注“全”字。通用记账凭证可按业务发生的先后顺序编号。

(5)附件张数要注明

除更正错账和期末结账的记账凭证,都必须附有原始凭证并注明附件张数,否则对记账凭证真实性、正确性的审核就无从谈起。所附原始凭证的张数,一般以自然张数为准。即凡是与业务相关的每一张凭证,都应作为记账凭证的附件,包括原始凭证汇总表及所附原始凭证或说明性质的资料等,但差旅费、市内交通费等的报销业务除外,各种费用报销单据,要先粘贴在一张粘贴纸上,作为一张原始凭证附件。

一张原始凭证记录的经济业务涉及几张记账凭证时,应将原始凭证附在主要记账凭证后,在其他记账凭证上注明该主要记账凭证编号或者附上原始凭证复印件。一张原始凭证所列支出需要由两个或两个以上单位共同负担时,应由保存该原始凭证的单位向其他单位开具原始凭证分割单。如果所附原始凭证内容十分重要或数量过多须单独保存的,应在记账凭证摘要栏说明。

(6)注明过账标记

过账标记是将记账凭证的内容过入账簿的结束标记。记账人员应在登记账簿以后,在相应的会计科目“记账符号”栏中划“√”号,以防漏记或重记。

(7)明确经济责任

记账凭证应按制单—审核—出纳(现金、银行存款收付业务)—记账—会计主管的顺序传递,每一个经手人员都应在记账凭证的相关栏目中签名或盖章,以明确责任。

(8)正确处理错误凭证

如果记账之前发现记账凭证有错误,应当重新填制正确的记账凭证,并将错误的记账凭证作废或销毁。如果发现已经登记入账的记账凭证有错误,应区分情况按不同的方法进行更正。

3）记账凭证的填制

（1）单式记账凭证的填制

由于每一张单式记账凭证上只填列一个会计科目，因此一项经济业务的会计分录涉及几个会计科目，就应填制几张记账凭证。为了说明几个会计科目之间的对应关系，便于日后核对，对所填制的反映一项经济业务的一套记账凭证编一个总号，再按凭证的张数分别编排分号。如一笔经济业务涉及3个会计科目，则应编制3张记账凭证，每一张凭证的编号分别为$1\frac{1}{3}$，$1\frac{2}{3}$，$1\frac{3}{3}$。

（2）复式记账凭证的填制

由于复式记账是用来记载一笔完整的经济业务所涉及的会计科目，因此不能将不同的经济业务合并编制记账凭证。

①如何选择记账凭证。

a. 应借科目涉及“库存现金”“银行存款”的选择收款凭证；

b. 应贷科目涉及“库存现金”“银行存款”的选择付款凭证；

c. 应借应贷科目不涉及“库存现金”“银行存款”的选择转账凭证；

d. 应借应贷科目同时涉及“库存现金”“银行存款”的选择付款凭证。

②复式记账凭证的填制。

a. 收款凭证的填制。

·“摘要”栏应填写经济业务内容的简要说明。

·在凭证的右上方为记账凭证编号，可按银收、现收顺序编号（一月重编一次，不能重号，也不能漏号）。

·收款凭证上方“借方科目”应填列“银行存款”或“现金”科目，“贷方科目”填写与“银行存款”或“库存现金”相对应的一级科目和二级明细科目，各贷方科目的金额应填入本科目同一行的“金额”栏中。“合计”行的金额表示借方科目“银行存款”或“库存现金”的金额。付款凭证刚好相反。转账凭证则上方没有借方科目或贷方科目。

·年、月、日应按收到货币资金的日期填写。

·“记账”栏内注明已记入现金账及有关分类账的符号，一般用打“√”表示，避免漏记账或重记账。

·附件张数应按独立的原始凭证计算填列。

【例3.11】 2011 年5 月10 日,A 商店给东方企业送来现金100 元,归还前欠零星购货款(凭证3.14)。

凭证3.14

收款凭证

借方科目:库存现金　　2011 年 5 月 10 日　　现收字第 1 号

摘要	贷方科目		金额	记账(√)	附件
	一级科目	二级科目			
归还欠款	应收账款	A 商店	100.00		
合计			￥100.00		张

会计主管:　记账:　出纳:　审核:　填制:

b. 付款凭证的填制。

付款凭证的填制方法与收款凭证基本相同。不同的只是列在格式左上角的是"贷方科目",填列"库存现金"或"银行存款"科目,在格式的第二栏则是"借方科目",填列与付出款项相对应的会计科目。按银付、现付顺序编号,日期按付出货币资金的时间填写。

【例3.12】 东方企业2011 年6 月1 日采购圆钢4 000 千克,每千克1.9 元,共计人民币7 600 元,开出支票一张(凭证3.15)。

凭证3.15

付款凭证

贷方科目:银行存款　　2011 年 6 月 1 日　　银付字第 1 号

摘要	贷方科目		金额	记账(√)	附件
	一级科目	二级科目			
采购圆钢	物资采购	圆钢	7600.00		
合计			￥7600.00		张

会计主管:　记账:　出纳:　审核:　填制:

c. 转账凭证的填制。

转账凭证与前两种凭证的不同在于借方、贷方都是在格式中反映,而不是在格式的左上角列示借方或贷方;在相应的金额栏内填列应借科目的金额和应贷科目的金额;格式的下方不必有出纳人员的签章。按转字第×号顺序编号,日期原则上按收到原始凭证的日期确定。如果一份转账凭证中包括有不同日期的同类原始凭证时,也可以将填制日期作为凭证日期。

【例3.13】 东方企业2011年6月10日，生产丙产品领用A材料1 000千克，单价1元，领用B材料1 000千克，单价2元，共计3 000元(凭证3.16)。

凭证3.16

转账凭证

2011 年 6 月 10 日 转字第 1 号

摘 要	一级科目	二级科目	借方金额	贷方金额	记账(√)
生产领用材料	生产成本		3000.00		
	原材料	A材料		1000.00	
		B材料		2000.00	
合计			￥3000.00	￥3000.00	

附件 张

会计主管： 记账： 审核： 填制：

值得注意的是，在经济业务很少的单位，为了适应各自的特点，可以采用如下两类记账凭证。

a. 在经济业务很少的单位，通常配备会计、出纳各一人，凭证数量很少，不必采用收、付款和转账这3种记账凭证，可以采用一种通用的记账凭证，不论现金、银行存款的收付业务和各种转账业务，均填制一种记账凭证，并凭此登记账簿。通用记账凭证的格式与专用记账凭证中的转账凭证基本相同，只是增加了“出纳”的签章。

【例3.14】 2011年6月30日，东方企业计提折旧，管理部门应计提417元，生产车间应计提8 333元，合计8 750元(凭证3.17)。

凭证3.17

通用记账凭证

2011 年 6 月 30 日 转字第 18 号

摘 要	一级科目	二级科目	借方金额	贷方金额	记账(√)
计提固定资产折旧	制造费用		8333.00		
	管理费用		417.00		
	累计折旧			8750.00	
合计			￥8750.00	￥8750.00	

附件 张

会计主管： 记账： 出纳： 审核： 填制：

b. 在经济业务特别多的单位，凭证数量多，会计配备多人，分工较细。为了快速组织凭证传递,及时登记账簿,缩短汇总凭证发生额的时间,通常采用单式记账凭证取代复式记账凭证,这在金融系统中广泛采用。

(3)汇总凭证的填制

①汇总收款凭证是根据货币资金账户的借方设置,按对应的贷方账户汇总;

②汇总付款凭证是根据货币资金账户的贷方设置,按对应的借方账户汇总;

③汇总转账凭证是根据转账凭证按贷方设置,按对应的借方账户汇总。

这三种汇总记账凭证都应定期(如每5天或10天)汇总一次,为了汇总的方便,同时也为了保持汇总以后的账户对应关系清晰,在编制收款凭证时,最好编制“一借一贷”或“一借多贷”的记账凭证;在编制付款凭证或转账凭证时,最好编制“一借一贷”或“多借一贷”的记账凭证。

(4)科目汇总表的编制

科目汇总表是根据记账凭证,按照相同的会计科目归类,定期(每5天或10天)汇总一次。为了编制科目汇总表,记账凭证最好采用单式记账凭证,这样既可以简化汇总的手续,又可以减少差错。

3.4.3 审核记账凭证

为了正确登记账簿和监督经济业务,除了编制记账凭证的人员应当认真负责、正确填制、加强自审以外,同时还应建立专人审核制度。因此,记账凭证的审核,除了要对原始凭证进行复审外,还应注意以下几点:

1)合规性审核

审核记账凭证是否附有原始凭证,原始凭证是否齐全,内容是否合法,记账凭证的所记录的经济业务与所附原始凭证所反映的经济业务是否相符。

2)技术性审核

审核记账凭证的应借、应贷科目是否正确,账户对应关系是否清晰,所使用的会计科目及其核算内容是否符合会计准则和会计制度的规定,金额计算是否准确,摘要的填写是否清楚,项目填写是否齐全,包括日期、凭证编号、二级和明细会计科目、附件张数以及有关人员签章等项目。

在审核过程中,如果发现差错,应查明原因,按规定办法及时处理和更正。只有经过审核无误的记账凭证,才能据以登记账簿。

3.4.4 传递和保管会计凭证

1)会计凭证的传递

(1)概述

各种会计凭证所记载的经济业务不同,涉及的部门和人员不同,办理的业务手续和所需时间也不尽相同,因此,应当为各种会计凭证规定一个合理的传递程序,即一笔经济业务发生后,由谁填制或取得原始凭证,填制多少联,填制的各联凭证或取得的凭证应分别交到哪个部门,由谁办理下一个业务手续,由谁交到会计部门,再由谁负责整理填制记账凭证,又由谁负责审核、记账,直到最后由谁归纳保管为止。因此,会计凭证从取得或填制开始,经过审核、记账、装订到归档保管为止,在单位内部各有关部门和人员之间,按事前规定的时间、路线办理业务手续、进行处理的过程称为会计凭证的传递。

记账凭证除了作为记账依据之外,还有其他的用途,如组织经济活动、协调业务关系、强化内部控制、明确岗位责任等。因此,正确组织会计凭证的传递,有利于企业内部各相关部门和人员及时了解和掌握经济业务的情况,做到环环相扣,相互协调;也有利于加速经济业务处理,加强各部门的岗位责任制,充分发挥会计的监督职能作用。

(2)内容

会计凭证传递包括传递路线、传递时间、传递手续。传递路线是指各种会计凭证的联次及其流程。各单位应根据本单位的具体情况规定本企业的传递路线,既要保证会计凭证经过必要的环节进行审核和处理,又要避免会计凭证在不必要的环节停留,从而保证会计凭证沿着最简捷、最合理的路线传递。会计凭证传递时间是指各种凭证在各经办环节所停留的最长时间。一般应根据相关部门和人员在正常状态下办理经济业务所需要的时间来确定。但必须注意,一切会计凭证的传递和处理都必须在会计报告期内完成。传递手续是指会计凭证过程中相互毗邻环节之间的衔接手续。凭证的收发、交接手续都应按一定的手续制度办理。当然传递路线、传递时间、传递手续应根据具体情况及时作出调整。

2)会计凭证的保管

会计凭证是会计档案的重要组成部分。会计档案是指会计凭证、会计账簿和财务报告等会计核算的专业材料,是记录和反映经济业务的重要史料和证据。具体包括会计凭证类、会计账簿类、财务报告类和其他类。会计凭证类包括原始凭证、记账凭证、汇总凭证和其他会计凭证。会计账簿类包括总账、明细账、日记账、固定资产卡片、辅助账簿和其他会计账簿。财务报告类有月度、季度、年度财务报告,包括会计报表、附表、辅助及文字说明和其他财务报告。其他类包括银行存款余额调节表、银行对账单、其他应当保存会计的核算专业资料、会计档案移交清册、会计档案保管清册、会计档案销毁清册。

《会计基础工作规范》第 55 条规定:会计机构、会计人员要妥善保管会计凭证。会计凭证的保管,是指把经过审核并据以入账后的整理装订成册的会计凭证归档存查。会计凭证保管的主要规定如下:

①定期整理归类会计凭证,加具封面装订成册。每月末会计凭证登账完毕后,将本月的会计凭证(记账凭证连同附的原始凭证或原始凭证汇总表)按编号顺序整理,整齐折叠,并加具封面,按期装订成册。在封面上注明单位名称、年度、月份和起讫日期、凭证种类、起讫号码,由装订人在装订线封签处签名或者盖章。每月的会计凭证可以装订成一本或若干本,册数的多少取决于单位的业务量。

对于数量过多的原始凭证,可以在记账凭证上注明“附件另订”,并注明原始凭证的名称及编号。

对于各种经济合同、契约、押金收据以及涉外文件等重要原始凭证,应当另编目录,单独登记保管,并在有关的记账凭证和原始凭证上相互注明日期和编号,以便日后查阅。

②原始凭证不得外借。其他单位如因特殊原因需要使用原始凭证时,经本单位会计机构负责人、会计主管人员批准,可以复制。向外单位提供的原始凭证复制件,应当在专设的登记簿上登记,并由提供人员和收取人员共同签名或者盖章。

③外来原始凭证遗失办法理手续。从外单位取得的原始凭证如有遗失,应当取得原开出单位盖有公章的证明,并注明原来凭证的号码、金额和内容等,由经办单位会计机构负责人、会计主管人员和单位领导人批准后,才能代做原始凭证。如果确实无法取得证明的,如火车、轮船、飞机票等凭证,由当事人写明详细情况,由经办单位会计部门负责人、会计主管人员和单位领导人批准后,代做原始凭证。

④每月装订成册的会计凭证,会计应指定会计人员负责保管。年度终了后,会计凭证与其他会计档案一起,可暂由会计机构保管 1 年,期满后,应由会计机构编制移交清册,移交本单位档案机构统一保管。会计档案的保管、调阅

和销毁,均需按国家的有关规定办理。

⑤会计凭证的保管期限。会计档案的保管期限,根据其特点,分为永久和定期两类,其保管期限分为3年、5年、10年、15年、25年5类。会计档案的保管期限从会计年度终了的第一天算起。《会计档案管理办法》规定我国企业和其他组织的会计凭证保管期限为15年。

⑥会计档案销毁程序。保管期满的会计档案,除《会计档案管理办法》第十一条规定的情形外,可以按照以下程序销毁:

a. 由本单位档案机构会同会计机构提出销毁意见,编制会计档案销毁清册,列明销毁会计档案的名称、卷号、册数、起止年度和档案编号、应保管期限、已保管期限、销毁时间等内容。

b. 单位负责人在会计档案销毁清册上签署意见。

c. 销毁会计档案时,应当由档案机构和会计机构共同派员监销。国家机关销毁会计档案时,应当由同级财政部门、审计部门派员参加监销。财政部门销毁会计档案时,应当由同级审计部门派员参加监销。

d. 监销人在销毁会计档案前,应当按照会计档案销毁清册所列内容清点核对所要销毁的会计档案;销毁后,应当在会计档案销毁清册上签名盖章,并将监销情况报告本单位负责人。

《会计档案管理办法》第11条规定:保管期满,但未结清的债权债务原始凭证和涉及其他未了事项的原始凭证,不得销毁,应当单独抽出立卷,保管到未了事项完结时为止。单独抽出立卷的会计档案,应当在会计档案销毁清册和会计档案保管清册中列明。

正在项目建设期间的建设单位,其保管期满的会计档案不得销毁。

填制和审核记账凭证
- 会计要素
- 会计等式
- 会计科目
- 会计账户
- 复式记账
- 记账凭证

一、思考题

1. 什么是会计要素？各个会计要素包含的内容有哪些？

2. 负债与所有者权益有什么区别与联系？

3. 会计对象、会计要素、会计科目和账户之间的关系如何？

4. 经济业务的类型有哪几种？为什么无论发生什么经济业务，都不会破坏资产与权益之间的平衡关系？

5. 会计科目与账户之间有什么联系和区别？

6. 账户的基本结构是如何划分的？

7. 什么是借贷记账法？如何理解借贷记账法中“借”字和“贷”字的含义？

8. 借贷记账法下账户的结构如何规定？

9. 如何编制会计分录？

10. 为什么要进行试算平衡？如何进行？

11. 什么是会计凭证？它在会计核算中有什么作用？

12. 记账凭证有哪些分类？举例说明它们的特点。

13. 审核会计凭证主要应从哪些方面着手进行？

14. 为什么要重视会计凭证的填制、审核、整理、传递和保管工作？

二、单项选择题

1. 下列会计科目中，属于损益类科目的是(　　)。

A. 主营业务成本　　B. 生产成本
C. 制造费用　　D. 其他应收款

2. (　　)不是设置会计科目的原则。

A. 实用性原则　　B. 相关性原则
C. 权责发生制原则　　D. 合法性原则

3. “预付账款”科目按其所归属的会计要素不同，属于(　　)类科目。

A. 资产　　B. 负债
C. 所有者权益　　D. 成本

4. 下列会计科目中，不属于资产类的是(　　)。

A. 应收账款　　B. 累计折旧　　C. 预收账款　　D. 预付账款

5. 总分类会计科目一般按(　　)进行设置。

A. 企业管理的需要　　B. 统一会计制度的规定

C. 会计核算的需要　　D. 经济业务的种类不同

6. 关于会计科目,下列说法中不正确的是(　　)。

A. 会计科目的设置应该符合国家统一会计准则的规定

B. 会计科目是设置账户的依据

C. 企业不可以自行设置会计科目

D. 账户是会计科目的具体运用

7. 在下列项目中,与"制造费用"属于同一类科目的是(　　)。

A. 固定资产　　B. 其他业务成本

C. 生产成本　　D. 主营业务成本

8. "其他业务成本"科目按其所归属的会计要素不同,属于(　　)类科目。

A. 成本　　B. 资产

C. 损益　　D. 所有者权益

9. 所设置的会计科目应符合单位自身特点,满足单位实际需要,这一点符合(　　)原则。

A. 实用性　　B. 合法性　　C. 谨慎性　　D. 相关性

10. 下列不属于企业资产类科目的是(　　)。

A. 预付账款　　B. 坏账准备

C. 累计折旧　　D. 预收账款

11. 下列属于负债类科目的是(　　)。

A. 预付账款　　B. 应交税费

C. 长期股权投资　　D. 实收资本

12. 下列项目中,不属于所有者权益类科目是(　　)。

A. 实收资本　　B. 资本公积

C. 盈余公积　　D. 未分配利润

13. 下列会计科目中,属于企业损益类的是(　　)。

A. 盈余公积　　B. 固定资产　　C. 制造费用　　D. 财务费用

14. 下列不属于总账科目的是(　　)。

A. 固定资产　　B. 应交税费

C. 应交增值税　　D. 预付账款

15. 会计科目是对(　　)的具体内容进行分类核算的项目。

A. 经济业务　　B. 会计主体　　C. 会计对象　　D. 会计要素

16. 账户贷方登记增加额的有(　　)。
A. 资产　B. 负债　C. 成本　D. 费用
17. 用来记录费用的账户期末(　　)。
A. 无余额　B. 余额在借方
C. 余额在贷方　D. 余额不固定
18. 账户借方登记增加额的有(　　)。
A. 所有者权益　B. 负债
C. 成本　D. 收入
19. 会计科目和账户之间的区别在于(　　)。
A. 记录资产和权益的增减变动情况不同
B. 记录资产和负债的结果不同
C. 反映的经济内容不同
D. 账户有结构而会计科目无结构
20. 账户按用途和结构分类时,“累计折旧”账户属于(　　)。
A. 备抵附加调整账户　B. 备抵调整账户
C. 资产账户　D. 跨期摊提账户
21. “材料成本差异”账户按用途和结构分类,属于(　　)。
A. 盘存账户　B. 备抵调整账户
C. 附加调整账户　D. 备抵附加调整账户
22. 当调整账户的余额与被调整账户的余额方向相反时,该调整账户称为(　　)。
A. 调整账户　B. 备抵调整账户
C. 附加调整账户　D. 备抵附加调整账户
23. “利润分配”账户按经济内容分类,属于(　　)。
A. 资产账户　B. 负债账户
C. 所有者权益账户　D. 备抵调整账户
24. “本年利润”账户的调整账户是(　　)。
A. “盈余公积”账户　B. “营业外收入”账户
C. “营业外支出”账户　D. “利润分配”账户
25. 采用复式记账的方法,主要是为了(　　)。
A. 便于登记账簿
B. 如实地、完整地反映经济业务的来龙去脉
C. 提高会计工作的效率

D. 便于会计人员的分工协作

26. 借贷记账法的理论基础是(　　)。

A. 会计要素　B. 会计原则　C. 会计等式　D. 复式记账法

27. “借”“贷”记账符号表示(　　)。

A. 债权债务关系的变化　B. 记账金额

C. 平衡关系　D. 记账方向

28. 产品生产领用材料,应编制的记账凭证是(　　)。

A. 收款凭证　B. 付款凭证

C. 转账凭证　D. 一次凭证

29. 记账凭证的填制是由(　　)完成的。

A. 出纳人员　B. 会计人员

C. 经办人员　D. 主管人员

30. 从银行提取现金 500 元,应编制(　　)。

A. 银行存款的收款凭证　B. 银行存款的付款凭证

C. 现金的收款凭证　D. 现金的付款凭证

三、多项选择题

1. 下列等式中属于正确的会计等式有(　　)。

A. 资产 = 权益

B. 资产 = 负债 + 所有者权益

C. 收入 - 费用 = 利润

D. 资产 = 负债 + 所有者权益 + (收入 - 费用)

2. 属于引起会计等式左右两边会计要素变动的经济业务有(　　)。

A. 收到某单位前欠货款 20 000 元存入银行

B. 以银行存款偿还银行借款

C. 收到某单位投来机器一台,价值 8 万元

D. 以银行存款偿还前欠货款

3. 所有者权益与负债有着本质的不同,即(　　)。

A. 两者性质不同　B. 两者偿还期不同

C. 两者享受的权利不同　D. 两者风险程度不同

4. 企业的收入具体表现为一定期间(　　)。

A. 现金的流入　B. 银行存款的流入

C. 企业其他资产的增加　D. 企业负债的增加

5. 下列内容属于流动资产的有(　　)。

A. 存放在银行的存款　　B. 存放在仓库的材料

C. 厂房和机器　　D. 企业的办公楼

6. "借""贷"记账符号表示(　　)。

A. 借表示资产类账户的增加,贷表示资产类账户的减少

B. 记账金额

C. 平衡关系

D. 记账方向

7. 企业用银行存款偿还应付账款,引起会计要素变化的有(　　)。

A. 资产增加　B. 资产减少　C. 负债增加　D. 负债减少

8. 借贷记账法的记账符号"贷"对于下列会计要素表示增加的有(　　)。

A. 负债　　B. 所有者权益

C. 收入　　D. 利润

9. 企业用银行存款偿还应付账款,引起会计要素变化的有(　　)。

A. 资产增加　B. 资产减少　C. 负债增加　D. 负债减少

10. 企业的资产包括(　　)。

A. 现金　　B. 存货

C. 经营租入的设备　　D. 银行存款

11. 复式记账凭证按与货币资金的关系有以下几种(　　)。

A. 借项凭证　B. 收款凭证　C. 付款凭证　D. 转账凭证

12. 收款凭证可以作为出纳人员(　　)的依据。

A. 收入货币资金　　B. 付出货币资金

C. 登记现金日记账　　D. 登记银行存款日记账

13. 下列凭证中,属于复式凭证的是(　　)。

A. 借项凭证　B. 转账凭证　C. 收款凭证　D. 付款凭证

14. 会计凭证可以(　　)。

A. 记录经济业务　　B. 明确经济责任

C. 登记账簿　　D. 财产清查

四、判断题

1. 会计要素中既有反映财务状况的要素,也含反映经营成果的要素。(　　)

2. 与所有者权益相比,负债一般有规定的偿还期,而所有者权益没有。(　　)

3. 与所有者权益相比,债权人无权参与企业的生产经营、管理和收益分配,而所有者权益则相反。 ( )

4. 资产、负债与所有者权益的平衡关系是反映企业资金运动的静态,如考虑收入、费用等动态要素,则资产与权益总额的平衡关系必然被破坏。 ( )

5. 资产 = 负债 + 所有者权益,是静态的会计等式,而动态的会计等式则是资产 = 负债 + 所有者权益 +(收入 - 费用)。 ( )

6. 企业接受捐赠物资一批,计价 10 万元,该项经济业务会引起收入增加,权益增加。 ( )

7. 企业以存款购买设备,该项业务会引起等式左右两方会计要素发生一增一减的变化。 ( )

8. 企业收到某单位还来欠款 1 万元,该项经济业务会引起会计等式左右两方会计要素发生同时增加的变化。 ( )

9. 不管是什么企业发生任何经济业务,会计等式的左右两方金额永不变,故永相等。

10. 账户是根据会计科目设置的,具有一定的格式和结构。 ( )

11. 会计科目是账户的名称,是账户的载体和具体运用。 ( )

12. 账户中上期的期末余额转入本期就是本期的期初余额。 ( )

13. 成本类科目包括制造费用、生产成本及主营业务成本等科目。 ( )

14. 会计科目不能记录经济业务的增减变化及结果。 ( )

15. 在不违反国家统一会计制度的前提下,明细科目可以根据企业内部管理的需要自行制定。 ( )

16. 在借贷记账法下,账户用哪一方登记增加或减少取决于账户的性质。 ( )

17. 会计分录包括经济业务涉及的账户名称、记账方向和金额三方面内容。 ( )

18. 有借必有贷,借贷必相等是借贷记账法的记账规则。 ( )

19. 一个账户的借方如果用来记录增加额,其贷方一定用来记录减少额。 ( )

20. 在借贷记账法下,全部账户的借方发生额等于全部账户的贷方发生额。 ( )

21. 转账凭证只能登记与货币资金收付无关的业务。 ( )

22. 企业将现金存入银行,一方面引起现金减少,另一方面又引起银行存款增加,因此应填制“现金付款凭证”和“银行存款收款凭证”。 ( )

23. 各种记账凭证都只能根据一张原始凭证逐一编制。（ ）

24. 属于货币资金收入的业务，都应填制收款凭证 。（ ）

25. 记账凭证的“记账”栏内用“√”表示已审核完毕。（ ）

26. 外来凭证都是一次性原始凭证。（ ）

27. 记账凭证的填制日期应是经济业务发生或完成的日期。（ ）

28. 记账凭证的形式可以是收款凭证、付款凭证、转账凭证或通用记账凭证。（ ）

29. 为了简化核算工作，有的企业可以将一部分自制的原始凭证或原始凭证汇总表直接代替记账凭证。（ ）

30. 记账凭证按是否经过汇总，可分为累计凭证和一次凭证。（ ）

31. 汇总原始凭证是根据许多相同的原始凭证编制的。（ ）

32. 原始凭证和记账凭证都具有较强的法律效力。（ ）

五、业务题

1. 某企业月末各项目余额如下：

①银行里的存款 120 000 元；

②投资者投入资本 7 000 000 元；

③向银行借入两年期的借款 600 000 元；

④出纳处存放现金 1 500 元；

⑤向银行借入半年期的借款 500 000 元；

⑥仓库里存放的原材料 519 000 元；

⑦应付外单位货款 80 000 元；

⑧机器设备价值 2 500 000 元；

⑨房屋及建筑物价值 420 000 元；

⑩仓库里存放的产成品 194 000 元；

⑪应收外单位货款 100 000 元；

⑫以前年度尚未分配的利润 750 000 元；

⑬正在加工中的产品 75 500 元；

⑭对外长期投资 5 000 000 元。

要求：判断资料中各项目的资产、负债、所有者权益类别；计算资产总额、负债总额、所有者权益总额，检验是否符合会计基本等式。

2. 假设某企业 12 月 31 日的资产、负债、所有者权益的情况如表 3.9 所示：

表3.9

资产	金额	负债及所有者权益	金额
现金	1 000	短期借款	10 000
银行存款	27 000	应付账款	32 000
应收账款	35 000	应交税金	9 000
原材料	52 000	长期借款	B
长期投资	A	实收资本	240 000
固定资产	200 000	资本公积	23 000
合计	375 000	合计	C

要求:1. 填出表中的A,B,C的数字。

2. 计算企业的资产总额。

3. 计算企业的负债总额。

4. 计算企业的净资产总额。

3. 某企业本月发生业务如下:

①购进甲材料一批40 000元,进项税额6 800元,材料已验收入库,款项用银行存款支付。

②张进出差借支差旅费1 000元,以现金支付。

③销售产品一批,售价30 000元,销项税额5 100元,款项已收存银行。

④用现金购进办公用品150元,其中车间使用50元,厂部行政管理部门用100元。

⑤张进出差返回,报销差旅费870元,余款交回现金。

⑥发出甲材料6 000元,其中生产A产品领用2 000元,B产品领用3 400元,车间一般耗用600元。

⑦收回华源工厂所欠账款12 000元,存入银行。

⑧结转已售产品成本26 000元。

要求:根据以上业务判断应编制收款凭证、付款凭证还是转账凭证,并编制相应的会计分录。

项目4　登记会计账簿

知识目标

1. 理解会计账簿的含义，了解会计账簿的作用及其与账户的关系；
2. 能够正确地区分各类会计账簿，掌握其分类方法；
3. 了解会计账簿的启用方法，掌握会计账簿的记账规则；
4. 掌握如何进行账证核对、账账核对、账实核对。

技能目标

1. 能说出账簿的含义、种类、作用；
2. 能具有基本的建账能力；
3. 能具备登记日记账、总分类账、明细分类账的能力；
4. 能具备进行总分类账与明细分类账平行登记的能力。

导学案例

张小华是刚进校的会计专业学生。第一学期，学校里组织他们到合作企业的财务科进行参观，以感受专业文化。第二天，小张和同学们来到新华工厂的财务室分组参观。小张这组首先来到了现金会计李明处，只见李会计的桌子上放了两个本子，上面分别写着“库存现金明细账”和“银行存款明细账”。打开后，小张发现里面记了很多的内容。随后，他来到了总账王成处，见到王成那里也有一模一样的本子，但上面写着“总分类账”，打开后，小张发现里面账页的形式和记录的方法似乎与上两本账簿有所不同，但小张又说不出有什么不同；最后，他来到了会计宋伟处，只见他的桌面上堆了好几个本子，但不像刚才是一本装订好的本子，而是一本本类似于活页夹的东西，上面写着“原材料明细账”“应收账款明细账”等,里面的账页和刚才看到的几本有相似之处,但又不完全相同。小张糊涂了,都是所谓的“账本”,为什么要用不同形式呢?里面的账页格式为什么又各不相同呢?根据什么来选用不同的账页呢?它们填列的方法是否相同呢?带着这些疑问,小张回到学校询问老师。老师告诉他,这些疑问通过对会计账簿这一章的学习,就都能找到答案。

任务1 认识会计账簿

4.1.1 初步了解会计账簿

1)会计账簿的定义

会计账簿是指由具有一定格式的、相互联系的账页组成,以审核无误的会计凭证为依据,全面、系统、连续地记录各项经济业务的簿籍,简称账簿。

每一项经济业务都需要在记账凭证上进行记录和反映,以便正确、及时地反映和监督各项经济业务的发生和完成情况。但是,记账凭证只能提供单个的、缺乏联系的信息。一个企业在一定时期会发生大量的经济业务,记账凭证数量多而且比较分散,不能全面、系统地反映整个企业的经济活动。因而,为了全面了解一个企业的经济活动,必须将分散在会计凭证上的会计信息加以归类、整理、分类、汇总,将同类经济业务连续、系统、全面、综合地反映出来。这就需要设置和登记账簿,通过账簿记录,将大量分散在会计凭证上的核算资料进行归类整理,为报表的编制提供依据。

2)会计账簿的意义

登记账簿是会计核算的一种专门方法,科学地设置和登记账簿对全面反映企业财务变动状况,以及提供真实、准确的会计核算资料,提高经济管理水平,具有重要的意义。

①账簿可以全面、系统、连续地反映各单位的经济活动的全貌。账簿是将分散在会计凭证上的资料加以归类整理,并加工成有用的会计信息,反映了各会计要素的变动情况及其结果。

②账簿记录是编制会计报表的主要来源。会计报表所需要的各项数据均来源于账簿记录,账簿的设置和登记是否准确、可靠,直接影响到财务报表的质量。

③账簿是考核企业经营成果、分析企业经营情况的重要依据。通过账簿提供的资料,能全面了解企业的财务状况和经营成果,通过与计划、定额等指标的比较,可以考核其执行及完成情况,为加强经济管理提供原始数据资料。

④账簿是检查财产物资是否安全、完整的重要依据。通过账簿,可以随时了解和具体掌握各项财产物资的增减变化情况;将有关账簿的结存数额与对应的财产物资实存数额进行核对,可以监督检查账实是否相符,以保证财产物资的安全、完整。

3)掌握会计账簿与账户的关系

会计账簿与账户之间是形式和内容的关系,账簿只是一个外在形式,账户才是它的真实内容。具体说明如下:

①账户存在于账簿之中,账簿中的每一个账页都是账户的存在形式和载体。没有账簿,账户就无法存在。

②账簿序时、分类地记载经济业务的工作是在个别账户中完成的。

4.1.2 会计账簿的种类

在会计核算的过程中,不同的账簿其用途、形式、内容和登记方法都各不相同。为了更好地了解和使用各种账簿,有必要对账簿进行分类。在实际工作中,可以按以下几种方法对会计账簿进行分类。

1)按用途分类

账簿按用途不同,可以分为序时账、分类账和备查账。

(1)序时账

序时账又称日记账,是按经济业务发生时间的先后顺序,逐日、逐笔登记的账簿。在实际工作中,时间的先后顺序通常是指会计凭证的编号顺序,即会计部门制作会计凭证的先后顺序。

日记账按其记录内容的不同,又分为特种日记账和普通日记账两种。普通日记账是将企业每天发生的所有经济业务,不论其性质如何,均按其先后顺序编成会计分录,记入账簿;特种日记账是用来记录某些需要特别关注、大量发生的经济业务,并起汇总作用的会计账簿,按记录经济业务的不同,可分为库存现金日记账、银行存款日记账等。

(2)分类账

分类账是对全部经济业务按总分类账户和明细分类账户进行分类登记的账簿。分类账簿按其反映指标的详细程度不同,划分为总分类账簿和明细分类账簿两种。

总分类账簿又称总分类账,是按总分类账户分类设置并登记全部经济业务的会计账簿。明细分类账又称明细账,是按明细分类账户登记的账簿。总账总括地记录和反映经济业务的概括情况,是对明细账的汇总;明细账详细地记载了经济业务的具体内容,是对总账的补充。

(3)备查账

备查账又称辅助账,是对某些在序时账和分类账中未能记载或记载不全的事项进行补充登记的账簿,从而在正式账簿之外,对某些经济内容提供补充信息。例如,租入固定资产登记簿、应收票据登记簿、委托加工材料登记簿等。由于备查账不是真正的账簿,所以没有固定的账页格式,与其他账簿之间也没有特定的关系,各单位可以根据实际需要进行设置。

2)按外表形式分类

账簿按外表的形式不同可分为订本账、活页账和卡片账。

(1)订本账

订本账是在账簿启用之前就把若干顺序编号的账页装订在一起的账簿。采用订本账,可以防止账页散失,并能够避免人为的抽换账页,从而保证账簿的安全性。但由于账页序号和总数已经固定,不能随意增减,因此,在使用前必须为每一账户预留账页。订本账在实际使用中,可能出现某些账户预留账页不足,影响账簿记录的连续性,或者某些账户预留过多,造成不必要的浪费。另外,采用订本账,在同一时间内,只能由一个人登账,不便于分工记账。一般来说,重要的账簿采用订本账,如总分类账、库存现金日记账、银行存款日记账等。

(2)活页账

活页账是指根据业务需要,将若干张零散的账页自行组合而成的账簿。活页账可以根据需要添减账页,使用比较灵活,保管比较方便,但账页容易散乱丢失,也容易出现人为抽换等问题。因此,在使用时应预先对账页连续编号,并由有关人员在账页上加盖印章,年末应将其装订成册后保存。由于活页账的账页不事先固定装订在一起,在同一时间内,可以由若干会计人员分工记账。一般来说,明细账都采用活页账。

(3)卡片账

卡片账是将账户所需要的格式印制在硬卡上而制成的账簿。严格地说,卡片账也是一种活页账,只不过它不是装在活页账夹中,而是装在卡片箱内。卡片的数量可以随着经济业务的多少而增减,无须经常更换,但容易散失。对此,可将卡片打孔固定保管。在我国,单位一般只对固定资产的核算采用卡片账形式进行登记。

3)按账页格式分类

账簿按照其所使用的账页格式,可以划分为三栏式账簿、多栏式账簿、数量金额式账簿等。

(1)三栏式账簿

这是由三栏式账页组成的账簿。一般设有借方、贷方和余额 3 个基本栏目,用以反映某项资金的增减、结余情况。三栏式账页适用于只需要进行金额核算的经济业务。例如,总分类账、各种日记账、债权债务类明细账等。

(2)多栏式账簿

这是由多栏式账页组成的账簿。虽然多栏式账页的基本结构也采用借方、贷方、余额 3 栏,但根据其所要反映的经济业务的特点,可在借方或贷方栏目下面再分别设若干专栏,以详细、具体地记载某一类经济业务的情况。多栏式账页一般适用于需要进行分项目具体反映的经济业务。例如,制造费用、管理费用等费用类明细账。

(3)数量金额式账簿

这是由数量金额式账页组成的账簿。数量金额式账页的基本结构也采用借方、贷方、余额 3 栏,但在每栏的下面再分别设置数量、单价、金额 3 个小栏目,以具体地反映这三者之间的关系。数量金额式账页适用于既需要进行金额核算又需要进行数量核算的经济业务。例如,库存商品、原材料等存货类明细账。综上所述,账簿的分类如图 4.1 所示。

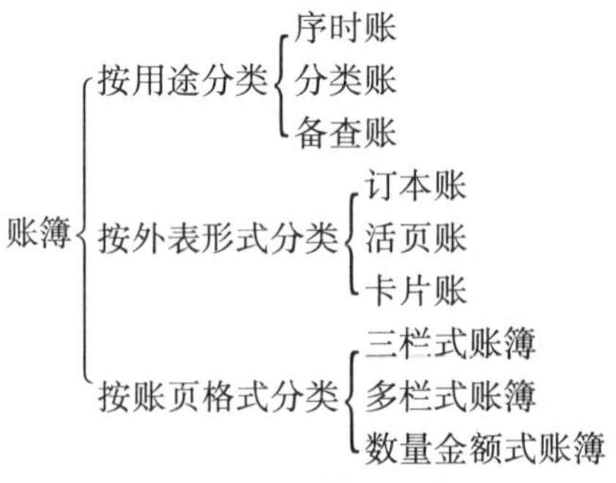

图 4.1　账簿的分类

任务2 登记会计账簿

4.2.1 会计账簿的内容、启用与记账规则

1)会计账簿的设置规则

①《会计基础工作规范》(以下简称《规范》)第56条规定:"各单位应当按照国家统一会计制度的规定和会计业务的需要设置会计账簿。会计账簿包括总账、明细账、日记账和其他辅助性账簿。"

②应根据会计业务的需要设置。一般而言,一个单位设置一本总账、一本库存现金日记账和一本银行存款日记账,设置若干本明细账,应设置哪些明细账要根据会计业务的需要而定。

《规范》第57条规定:库存现金日记账和银行存款日记账必须采用订本式账簿,不得用银行对账单或者其他方法代替日记账。

《规范》第58条规定:实行会计电算化的单位,用计算机打印的会计账簿必须连续编号,经审核无误后装订成册,并由记账人员和会计机构负责人、会计主管人员签字或盖章。

③账簿的设置要组织严密,能够全面、分类、序时地反映和监督经济业务活动情况,便于提供全面、系统的核算资料。

④要科学划分账簿的核算范围及层次,账簿之间既要互相联系,能清晰地反映账户间的对应关系,又要防止相互重叠,避免重复记账。

⑤账页格式要符合所记录的经济业务的内容要求,力求简明实用,既要防止过于烦琐,又要避免过于简单,以满足日常管理和编制报表的资料需求。

2)会计账簿的基本内容

各种账簿所记录的经济内容不同,样式又多种多样,而不同样式的账簿所包括的具体内容也尽一致,但各种账簿都应具备一些基本内容。这些基本内容主要包括以下3个方面:

(1)封面

封面主要标明会计账簿的名称,如总分类账、库存现金日记账、银行存款日

记账等。

(2)扉页

扉页主要用来标明会计账簿的使用信息,如本账簿启用的日期、截止的日期、页数、册次、责任人签章、交接记录等。其样式如表 4.1 所示。

表 4.1　会计账簿扉页(启用表)

单位名称		公　章
账簿名称	（第　册）	
账簿编号		
账簿页数	本账簿共计　页　（检点人盖章）	
启用日期	公元　年　月　日	

经管人员	单位主管		财务主管		复　核		记　账	
	姓名	盖章	姓名	盖章	姓名	盖章	姓名	盖章

交接记录	经管人员		接管				交出			
	职别	姓名	年	月	日	盖章	年	月	日	盖章

备注	

(3)账页

账页是账簿用来记录经济业务事项的载体。不同的账页样式不一样,但一般都应包括以下几个方面。

①账户的名称(会计科目)。

②登记账簿的日期栏。

③凭证种类和号数栏。

④摘要栏(记录经济业务内容的简要说明)。

⑤金额栏(记录经济业务的增减变动情况)。

⑥总页次(账簿总页数)和分户页次(该账户所在的页数)栏。

3)会计账簿的启用

在启用会计账簿时,应当在账簿封面上写明单位名称和账簿名称以及所属的会计年度,并在账簿扉页上填写启用表,其中包括单位名称、账簿名称、账簿编号、启用日期、单位负责人、主管会计、审核人员和记账人员等项目。更换记账人员时,应办理交接手续,在交接记录内填写交接日期和交接人员姓名并签章。

启用订本账时,应当从第一页到最后一页顺序编定页数,不得调页、缺号。使用活页式账页,应当按账户顺序编号,并需定期装订成册,装订之后再按实际使用的账页顺序编定页码,另加目录,记明每个账户的名称和页次。

4)会计账簿的记账规则

为了保证账簿资料的真实、可靠,会计人员在登记账簿时必须严格按照以下要求进行。

①应当根据审核无误的会计凭证登记会计账簿。账簿记录中的日期,应该填写记账凭证上的日期;以自制原始凭证(如收料单、领料单等)作为记账依据的,账簿记录中的日期应按有关自制凭证上的日期填列。为了保持账页的美观,每一页的第一笔业务的年、月应在"年""月"栏中填写,只要不跨月度,以后本页再登记时,一律只填日期,不填月份。跨月登记时,应在上月的月结线下的月份栏内填写新的月份。

②登记完毕后,要在记账凭证上签名或者盖章,并注明已经登账的符号(如√),避免重记、漏记。

③账簿中书写的文字和数字上面要留有适当的空间,不要写满格,一般应占格距的1/2,以便留有改错的空间,同时也是为了保持账页的美观;阿拉伯数字的书写要符合规范,文字的书写要工整,不得自造简化汉字,如图4.2所示。

④登记账簿必须使用蓝黑墨水或者碳素墨水,并用钢笔书写,不得使用圆珠笔或者铅笔书写。但银行的复写账簿可以用圆珠笔书写。

⑤下列4种情况,可以用红色墨水记账。

会计小写数字标准字体字型

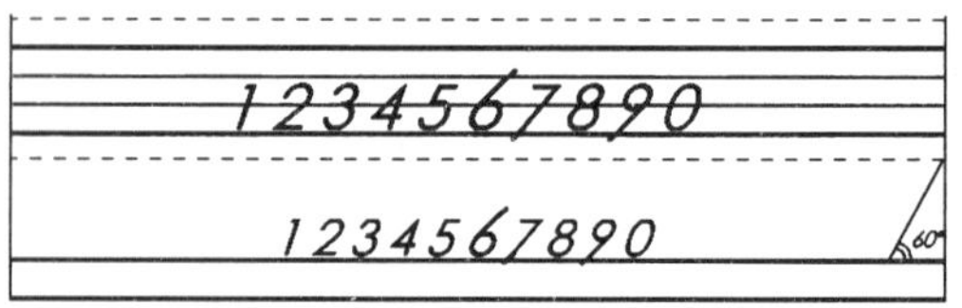

23.41 不规范的写法，1.没有预留更正错误记录的空间；
2.数字间距太小。

23.41 规范的写法

图 4.2 会计中阿拉伯数字的标准写法

● 按照红字冲账的记账凭证，冲销错误记录。

● 在不设借、贷等栏的多栏式账页中，登记减少数。

● 在三栏式账户的余额栏前，如未印明余额方向，在余额栏内登记负数余额。

● 根据国家统一的会计制度的规定可以使用红字登记的其他会计记录。

⑥在登记各种账簿时，应按页次顺序连续登记，不得隔页、跳行。如果发生隔页、跳行，应在空页、空行处用红色墨水画对角线注销，或者注明“此页空白”“此页注销”或“此行空白”“此行注销”字样，并在所画对角线的交叉处由记账人员签名或者盖章，如表 4.2 和表 4.3 所示。

表 4.2 跳行的账页处理

会计科目：库存商品

2005 年		凭证		摘要	借方	贷方	借或贷	余额
月	日	种类	号数					
8	1			期初余额			借	200 000
	16	转	18	入库	100 000		借	300 000
				此行注销		李乐		
	18	转	28	出库		50 000	借	250 000

记账人员

表 4.3 隔页的账页处理

会计科目:库存商品

2005 年		凭 证		摘 要	借 方	贷 方	借或贷	余额
月	日	种类	号数					
						李乐		
				此页注销				

⑦凡需要结出余额的账户,结出余额后,应当在“借或贷”栏内注明“借”或者“贷”字样。没有余额的账户,应当在“借或贷”栏内写“平”字,并在余额栏内用“0”并在其下加波浪线的特殊符号表示。注意,库存现金日记账和银行存款日记账必须逐日结出余额。具体情况如表 4.4 所示。

表 4.4 应收账款明细账

公司名称:AK公司

2005 年		凭 证		摘 要	借	贷	借或贷	余额
月	日	字	号					
8	1			期初余额			借	60 000
	8		1	收回贷款		60 000	平	0
	16		3	销售商品款未收	20 000		借	20 000
	31			本月合计	20 000	60 000	借	20 000

写出余额方向，余额方向代表账户的性质

计算余额

⑧每一账页登记完毕结转下页时,应当结出本页的合计数及余额,写在本页最后一行和下页第一行有关栏内,并在摘要栏内注明“过次页”和“承前页”字样;也可以将本页的合计数及金额只写在下页第一行的有关栏内,并在摘要栏内注明“承前页”字样,如表4.5 所示。对“过次页”的本页合计数可分为以下3 种情况:

a. 对需要结计本月发生额的账户,结计“过次页”的本页合计数应当为自本月初起至本页末止的发生额合计数,这样既可以根据“过次页”的合计数随时了解自本月初起至本页末止的发生额,也便于月末结账时加计“本月合计”数额。

表 4.5

会计科目:原材料

20××年		凭证		摘要	借方	贷方	借或贷	余额
月	日	种类	号数					
2	6			承前页	200 000	10 000		100 000
	15	转	35	入库	100 000		借	300 000
	17	转	36	出库		50 000		
				过次页	300 000	60 000	借	150 000

每一页登记完毕,应“过次页”

下一页的第一行应登记“承前页”的内容保证账簿登记连续性

会计科目:原材料

20××年		凭证		摘要	借方	贷方	借或贷	余额
月	日	种类	号数					
2	17			承前页	300 000	60 000	借	150 000
	18	转	39	入库	100 000			

b. 对需要结计本年累计发生额的账户,结计“过次页”的本页合计数应当为自年初起至本页末止的累计数,这样既可以根据“过次页”的合计数随时了解自年初起至本页末止的累计发生额,也可以为年终结账时加计“本年累计”数额提供方便。

c. 对既不需要结计本月发生额也不需要结计本年累计发生额的账户,可以只将每页末的余额结转次页。对这类账户,有时为了验证月末余额的计算是否正确,可以用铅笔结出每页的发生额——这个合计数不占正式空格,一般写在底线的下边。

⑨实行会计电算化的单位,总账和明细账应当定期打印。发生收款和付款业务的,在输入收款凭证和付款凭证的当天必须打印出库存现金日记账和银行存款日记账,并与库存现金核对无误。

4.2.2 会计账簿的格式与登记方法

1)日记账的格式和登记方法

日记账是按照经济业务发生的时间先后顺序,逐日、逐笔登记的账簿。日记账按其记录经济业务内容的不同,分为普通日记账和特种日记账。

(1)普通日记账的样式和登记方法

普通日记账是根据经济业务发生的先后的顺序,逐日、逐笔登记全部经济业务的会计账簿。由于普通日记账是逐笔编制会计分录的,所以也称为“会计分录簿”。其样式如表4.6所示:

表4.6 普通日记账样式

20××年		摘 要	账户名称	借方金额	贷方金额
月	日				
3	1	购办公用品	管理费用 库存现金	200	 200
	4	提现	库存现金 银行存款	30 000	 30 000
	13	发放工资	应付职工薪酬 库存现金	27 000	 27 000
……					
		本月合计		300 875	300 875

普通日记账的登记方法如下:

①“日期”栏登记经济业务发生的时间。

②“摘要”栏简要填写经济业务的内容。

③“账户名称”栏填写会计分录涉及的会计科目名称。

④“借方金额”栏填写应借记账户的金额。

⑤“贷方金额”栏填写应贷记账户的金额。

普通日记账能够全面反映经济业务的发生及初步会计确认的情况,它的主要作用在于控制会计凭证。因此,在采用了其他方法保证会计凭证安全、完整的情况下,也可以不设普通日记账。在我国的实际工作中,已很少使用普通日记账,而主要使用特种日记账。

(2)特种日记账的样式和登记方法

特种日记账是专门用以序时登记某一类经济业务的日记账。一个单位要设置哪些特种日记账,应根据具体情况而定。一般来说,一个单位大量发生的、重复次数很多的、很重要、应重点反映和监督的经济业务,都可以设置特种日记账予以重点反映。一个企业通常可设置如下的特种日记账:库存现金日记账、银行存款日记账、购货日记账、销货日记账等。下面主要介绍最常用的库存现金日记账和银行存款日记账。

①库存现金日记账。

库存现金日记账是由出纳员对现金收付业务逐日、逐笔按经济业务发生的先后顺序进行登记的,用以详细地、序时地记录和监督企业现金的收入、支出和结余情况的一种账簿。其格式主要是三栏式,必须使用订本账。

三栏式库存现金日记账是设置有“收入栏”“支出栏”和“余额栏”,并由出纳人员根据现金收、付款记账凭证和银行存款付款凭证(从银行提取现金的业务),按经济业务发生的顺序逐日、逐笔进行登记的一种特种日记账。除应提供每日的现金收入、支出及余额的信息外,还应设置“对应科目”栏,以提供反映现金收入的来源和支出的用途等方面的信息。一般企业均设置三栏式日记账,具体样式如表4.7所示。

其登记方法如下:

表4.7

现金日账
(三联式)

填列收、付款凭证日期

填列分录中现金科目的对方科目

每日业务终了计算填列

20××年		凭证		摘要	对方科目	收入	付出	结余
月	日	种类	号数					
3	1			月初余额				200
	1		银付1	从银行提现金	银行存款	1 000		1 200
	1		现付2	职工于方借款	其他应收款		1 000	200
	1	现收1		于方交回余款	其他应收款	250		450

填列收、付款凭证种类与编号

简明扼要说明经济业务内容

根据收、付款凭证所列金额填列

a.“日期”栏:登记现金的实际收付日期。

b.“凭证号数”栏:登记记账所依据的记账凭证的种类及其编号。例如,记账凭证为15号现金收款凭证,记为“现收15号”;记账凭证为20号现金付款凭证,记为“现付20号”;记账凭证为25号银行存款付款凭证,记为“银付25号”。准确记录凭证号码,有利于查账和核对。

c.“摘要”栏:简要说明所记经济业务的内容。文字要简练,但要能说明问题。

d.“对方科目”栏:填列会计分录中与借或贷记现金账户相对应的那一方的科目名称,也就是现金收入的来源科目或现金支出的用途科目。其作用是便于了解经济业务的来龙去脉。例如,用现金支付办公费100元,“对方科目”栏就应填“管理费用”。

e.“收入金额”“支出金额”和“结存金额”栏:收入、支出栏用以分别记录实际发生的现金收入和支出金额。每日应在本日所记的最后一笔经济业务行的下一行(本日合计行)进行本日合计,并在本日合计行内的“摘要”栏填写“本日合计”字样,分别合计本日的收入和支出,并计算出余额,填写在该行内的“收入金额”栏、“支出金额”栏和“结存金额”栏。如果一个单位的现金收付业务不多,可不填写本日合计行,但需结出每日的余额并填写在每日所记的最后一笔经济业务行的“结存金额”栏内。每日应将现金日记账的结存金额(即余额)与库存现金核对,即“日清”;月末要计算并填列收入合计数和支出合计数,即“月结”。

②银行存款日记账。

银行存款日记账是用来核算和监督银行存款每日的收入、支出和结余情况的账簿。该账簿由出纳人员根据银行存款的收款凭证和付款凭证序时、逐日、逐笔进行登记,每日终了时结出该账户的收入、支出合计数和余额,并定期与银行对账单对账。银行存款日记账的账页样式一般为三栏式,但也可以采用多栏式。它与库存现金日记账的区别是在“摘要”栏前需设置“结算凭证”和“对方单位”两栏,以便与银行对账单核对。同时,银行存款日记账还可以提供银行存款收入的来源和支出的用途,以查看是否符合有关规定。其样式如表4.8所示。

三栏式银行存款日记账的登记方法与三栏式库存现金日记账相同。

2)总分类账的格式和登记方法

总分类账也称总账,是按照总分类账户分类登记,以提供总括会计信息的账簿。由于总分类账能够全面、总括地反映经济活动的情况,并为编制会计报表提供资料,因此任何单位都要设置总分类账。

表 4.8

银行存款日记账

(三栏式)

登记方法与现金日记账相同

登记分录中银行存款的对方科目

20××年		凭证编号	摘　要	结算凭证		对方科目	收　入	付　出	结　余
月	日			种类	号数				
3	1		月初余额						200 000
	1	银付 1	提取现金	现金支票	0356	现金		5 000	195 000
	1	银付 1	销售收入	转账支票	2375	主营业务收入	35 100		230 100
	1	银付 2	付材料款	转账支票	0431	物资采购		46 800	183 300

登记结算凭证的种类和号码

登记方法与现金日记账相同

总分类账的账页样式最常见的为三栏式。采用这种账页的总分类账要求每一个账户单独使用一个账页,并为每个账户预留若干张账页,每一账页上设置"借方""贷方"和"余额"三栏。账页样式如表 4.9 所示。

表 4.9

总账

(三栏式)

登记记账凭证日期

根据记账凭证所列金额填列

会计科目:原材料

20××年		凭　证		摘　要	借　方	贷　方	借或贷	余额
月	日	种类	号数					
3	1			月初余额			借	30 000
	1	转	1	甲材料入库	10 000		借	40 000
	2	转	2	发出甲材料		5 000	借	35 000
				(以下略)				
3	31			本月合计	50 000	35 000	借	45 000

登记记账凭证的种类与编号

简明扼要说明经济业务内容

根据余额性质填列

计算填列

总分类账可以根据记账凭证逐笔登记,也可以根据科目汇总表或汇总记账凭证等登记。总分类账的登记取决于核算形式,其内容将在项目6中予以介绍。

3)明细分类账的格式和登记方法

明细分类账又称明细账,是根据二级账户或明细分类账户开设账页,分类、连续地登记业务,以提供明细核算资料的账簿。明细分类账所提供的有关经济活动的详细资料也是编制会计报表的依据之一。各个单位在设置总分类账的基础上,还应根据管理的需要,按照总账科目设置若干必要的明细分类账,作为总分类账的必要补充。这样既能根据总分类账了解某一科目的总括情况,又能根据有关的明细分类账进一步了解该科目的详细情况。

各个单位应根据经营管理的需要,为各种财产物资、应收和应付款项、收入、费用、利润等有关总账科目设置各种明细分类账,进行明细分类核算。明细分类账一般采用活页式账簿,有的采用卡片账(如固定资产),其样式有三栏式、多栏式、数量金额式和横线登记式等。

(1)三栏式明细分类账

三栏式明细分类账是设有借方、贷方和余额3个栏目,用以分类核算各项经济业务,提供详细核算资料的账簿。其样式与三栏式总账格式相同,适用于只进行金额核算的明细分类账户,如“应收账款”“应付账款”等单纯以金额反映业务的明细账。现以“应付账款——甲公司”为例,格式如表4.10所示。

表4.10

明细账

(三栏式)

登记记账凭证日期

根据记账凭证所列金额填列

会计科目: 应付账款:甲公司

20××年		凭证		摘要	借方	贷方	借或贷	余额
月	日	种类	号数					
3	1			月初余额			借	30 000
	1	转	1	购买甲材料		10 000	借	40 000
	2	银付	2	归还贷款	5 000		借	35 000
				(以下略)	0			
3	31			本月合计	50 000	35 000	借	45 000

登记记账凭证的种类与编号

简明扼要说明经济业务内容

根据余额性质填列

计算填列

(2)多栏式明细分类账

多栏式明细分类账是将属于同一个总账科目的各个明细项目合并在一张账页上进行登记,并在三栏式账页的基础上,根据经济业务的特点和经营管理的需要在账户的借方或贷方分设若干专栏,以集中反映各有关明细项目增减变化情况的账簿。

按照专栏设置方向的不同,多栏式明细分类账可分为借方多栏式、贷方多栏式以及借贷方多栏式3种格式。借方多栏式是在"借方"栏按明细项目分设若干专栏,主要适用于借方需设置明细项目的成本费用类账户,如"管理费用""制造费用""生产成本"等账户。现以"制造费用"为例,其样式如表4.11所示。

表4.11

制造费用明细账

(只按借方发生额设置专栏的多栏式)

业务日期、凭证和摘要等内容等填列方法同前

有关费用发生时,均在预先按借方设置的相应栏次中登记

20××年		凭证号数	摘要	工资	福利费	折旧费	办公费	……	合计
月	日								
3	1		月初余额	3 000	420	2 800	200		6 420
	5	转5	分配工资	5 500					11 920
	5	转6	提取福利费		770				12 690
	15	付7	购办公用品				300		12 990
	31	转33	提取折旧			3 200			16 190
	31	转34	分配	8 500	1 190	6 000	500		16 190

月末分配制造费用时应用红字登记,反映对制造费用的冲减

贷方多栏式是在"贷方"栏按明细项目分设若干专栏,主要适用于贷方需设置明细项目的收入类账户,如"其他业务收入""主营业务收入""营业外收入"等账户。现以"其他业务收入"为例,其样式如表4.12所示。

表4.12 其他业务收入

20××年		凭证号数	摘要	借方	贷方					余额
月	日				材料销售	出租固定资产	出租包装物	……	合计	
3	1		期初余额		33 000					33 000

续表

20××年		凭证号数	摘要	借方	贷方					余额
月	日				材料销售	出租固定资产	出租包装物	……	合计	
	1	银收4	销售材料		5 000				5 000	38 000
	2	转4	销售材料		6 000				6 000	44 000
	17	转33	计算租金			4 000	7 000		11 000	55 000
	31		收入合计		44 000	4 000	7 000		55 000	55 000
	31	转49	结转收入	55 000	(44 000)	(4 000)	(7 000)		(55 000)	平
	31		期末余额							平

借贷方多栏式是在“借方”栏和“贷方”栏均按明细项目分设若干专栏，主要适用于借、贷方均需设置明细项目的账户，如“应交税费——应交增值税”“本年利润”等账户。现以“应交税费——应交增值税”账户为例，其样式如表4.13所示。

表4.13 应交税费——应交增值税

20××年		凭证号数	摘要	借方				贷方				借或贷	余额
月	日			进项税额	已交税金	……	合计	销项税额	出口退税	……	合计		
2	1		期初余额									贷	9 000
	5	银付6	购料	1 000			1 000					贷	8 000
	8	银收12	销售产品								5 000	贷	13 000
	9	银收14	销售产品								3 000	贷	16 000
	28		本月合计	6 000			6 000	12 000			12 000	贷	15 000

(3)数量金额式明细分类账

数量金额式明细分类账也采用“借方(收入)”“贷方(发出)”“余额(结存)”三栏式的基本结构，但在每栏下面又分别设置“数量”“单价”“金额”3个小栏目。数量金额式明细分类账适用于如“原材料”“库存商品”等既需要进行金额核算，又需要进行具体的实物数量核算的经济业务。现以“原材料”账户为例，样式如表4.14所示。

表 4.14　原材料明细账

材料类别：原料
材料名称或规格：圆钢
材料编号：0164

计量单位：千克
存放地点：8号库
储备定额：8 000千克

20××年		凭证号数	摘要	借方(收入)			贷方(发出)			借或贷	余额(结存)		
月	日			数量	单价	金额	数量	单价	金额		数量	单价	金额
3	1		月初余额							借	4 000	1.8	7 200
	7	转 10	入库	1 000	1.5	1 500					4 000 1 000	1.8 1.5	7 200 1 500
	10	转 32	发出				2 000	1.8	3 600		2 000 1 000	1.8 1.5	3 600 1 500
3	31	——	本月合计	1 000	——	1 500	2 000	——	3 000	借	3 000	1.5	4 500

填写明细核算内容的相关资料
计算填列
根据领用出库数量填列
根据材料成本计算结果填列
计算填列
日期、凭证和摘要等填法同前
可采用先进先出法、后进后出法、加权平均法等方法计算填列
根据验收入库数量填列

经济业务发生后，根据有关记账凭证及原始凭证上的具体内容，登记明细科目的数量、单价，并计算出金额，然后按照选定的核算方法计算出结余的数量、单价和金额。由于企业所采用的发出存货的计价方法不同，登记发出栏的时间及金额也不尽相同，因而最终核算结果也会出现差异。

4)备查账的设置和登记方法

备查账是一种辅助账簿，通过设置这种账簿，可以为单位的经济活动及经营管理的需要提供必要的补充资料。各企业应根据会计制度的规定，结合单位的实际管理需要设置备查账，如“租入固定资产登记簿”“受托加工材料登记簿”等。备查账没有固定的格式，可由企业根据实际需要自行确定，与其他账簿之间也不存在严密的勾稽关系。

为方便使用，备查账一般采用活页账。现以“租入固定资产登记簿”为例，样式如表 4.15 所示。

表4.15 租入固定资产登记簿

名称及规格	租　约	租出单位	租入日期	租　金	使用部门		归还日期
					日期	单位	
备　注							

4.2.3 总账与明细账之间的平行登记

1)平行登记的作用

平行登记是指经济业务发生后,根据会计凭证,一方面要登记有关的总分类账户,另一方面要同时登记该总分类账所属的各有关明细分类账户。总分类账户与其所属的明细分类账户所反映的会计事项是相同的,登账时所依据的是同一原始凭证,分别以总括指标和详细指标的形式反映同一项内容。为了使总分类账与其所属的明细分类账之间能起到统驭与补充的作用,便于账户核对,并确保核算资料的正确、完整,必须采用平行登记的方法,在总分类账及其所属的明细分类账中进行记录。

2)平行登记的特点

依据相同:对于需要提供其详细指标的每一项经济业务,应根据审核无误后的记账凭证,一方面记入有关的总分类账户,另一方面要记入同期总分类账所属的有关各明细分类账户。

时期相同:对同一项经济业务,应同一会计期间内分别记入总分类账和明细分类账。

方向相同:登记总分类账及其所属的明细分类账的方向应当相同。这里所指的方向,是指所体现的变动方向,而并非相同记账方向。

金额相等:记入总分类账户的金额与记入其所属的各明细分类账户的金额相等。按平行登记规则记账之后,总分类账与明细分类账之间产生了下列数量关系:

①总分类账本期发生额 = 明细账本期发生额合计。

②总分类账期末余额 = 所属明细账期末余额合计。

3)平行登记的账务处理

企业业务资料：

假设华夏公司“原材料”总分类账户所属明细分类账户的期初余额为：

甲种材料　　50 吨　　每吨 150 元　　计 7 500 元

乙种材料　　200 吨　　每吨 200 元　　计 40 000 元

合计　　　　　　　　　　　　　　　　47 500 元

该企业本期有关材料的总分类账与明细分类账平行登记的步骤如下：

①将原材料的期初余额 47 500 元，计入“原材料”总分类账户的借方；同时，在“甲种材料”和“乙种材料”明细分类账户的借方分别登记甲、乙两种材料的期初结存数量和金额，并注明计量单位和单价。

②将本期入库的材料总额 31 000 元，计入“原材料”总分类账户的借方；同时将入库的甲、乙、丙 3 种材料的数量、金额分别计入有关明细分类账户的借方。

③将本期发出的材料总额 82 000 元，计入“原材料”总分类账户的贷方；同时将发出的甲、乙、丙 3 种材料的数量、金额分别计入有关明细分类账户的贷方。

④期末，根据“原材料”总分类账户和有关明细分类账户的记录，结出本期发生额和期末余额。

具体情况如表 4.16、表 4.17、表 4.18 和表 4.19 所示。

表 4.16　总分类账

第　1　页

会计科目名称及其编号　原材料

总页码	1
本户页次	1

20××年		凭证编号	摘要	借方										贷方										借或贷	余额										核对号
月	日			千	百	十	万	千	百	十	元	角	分	千	百	十	万	千	百	十	元	角	分		千	百	十	万	千	百	十	元	角	分	
6	1		期初余额																					借				4	7	5	0	0	0	0	
6	8	转1	购入材料				3	1	0	0	0	0	0											借				7	8	5	0	0	0	0	√
6	9	转2	发出材料														4	1	0	0	0	0	0	借				3	7	5	0	0	0	0	√
			本月合计				3	1	0	0	0	0	0				4	1	0	0	0	0	0	借				3	7	5	0	0	0	0	

表 4.17 原材料明细分类账

类别：原材料

品名及规格：乙材料　　　　计量单位：吨

20××年		凭证编号	摘要	收入									发出									余额								
月	日			数量	单价	金额							数量	单价	金额							数量	单价	金额						
						万	千	百	十	元	角	分			万	千	百	十	元	角	分			万	千	百	十	元	角	分
6	1		期初余额																			200	200.00	4	0	0	0	0	0	0
6	8	转1	购入材料	100	200.00	2	0	0	0	0	0	0										300	200.00	6	0	0	0	0	0	0
6	9	转2	发出材料										150	200.00	3	0	0	0	0	0	0	150	200.00	6	0	0	0	0	0	0
			本月合计	100	200.00	2	0	0	0	0	0	0	150	200.00	3	0	0	0	0	0	0	150	200.00	3	0	0	0	0	0	0

表 4.18 原材料明细分类账

类别：原材料

品名及规格：丙材料　　　　计量单位：吨

20××年		凭证编号	摘要	收入									发出									余额								
月	日			数量	单价	金额							数量	单价	金额							数量	单价	金额						
						万	千	百	十	元	角	分			万	千	百	十	元	角	分			万	千	百	十	元	角	分
6	8	转1	购入材料	20	250.00		5	0	0	0	0	0										20	250.00		5	0	0	0	0	0
6	9	转2	发出材料										8	250.00		2	0	0	0	0	0	12	250.00		3	0	0	0	0	0
			本月合计	20	250.00		5	0	0	0	0	0	8	250.00		2	0	0	0	0	0	12	250.00		3	0	0	0	0	0

表 4.19 原材料明细分类账

类别：原材料

品名及规格：甲材料　　　　计量单位：吨

20××年		凭证编号	摘要	收入									发出									余额								
月	日			数量	单价	金额							数量	单价	金额							数量	单价	金额						
						万	千	百	十	元	角	分			万	千	百	十	元	角	分			万	千	百	十	元	角	分
6	1		期初余额																			50	150.00		7	5	0	0	0	0
6	8	转1	购买材料	40	150.00		6	0	0	0	0	0										90	150.00	1	3	5	0	0	0	0
6	9	转2	发出材料										60	150.00		9	0	0	0	0	0	30	150.00		4	5	0	0	0	0
			本月合计	40	150.00		6	0	0	0	0	0	60	150.00		9	0	0	0	0	0	30	150.00		4	5	0	0	0	0

项目小结

认识会计账簿
- 会计账簿的含义
- 设置会计账簿的意义
- 会计账簿与账户的关系
- 会计账簿的种类

登记会计账簿
- 会计账簿的内容、启用与记账规则
  - 会计账簿的设置规则
  - 会计账簿的基本内容
  - 会计账簿的启用
  - 会计账簿的记账规则
- 会计账簿的格式与登记方法
  - 日记账的格式与登记方法
  - 总分类账的格式与登记方法
  - 明细账的格式与登记方法
  - 备查账的格式与登记方法

会计账簿的平行登记
- 平行登记的作用
- 平行登记的特点
- 平行登记的账务处理

思考与实践

一、思考题

1. 明细账应该如何选择账簿格式？
2. 会计账簿中有哪几种可以反映数量指标？
3. 登记明细账的依据有哪些？

二、单项选择题

1. 总分类账簿一般应采用(　　)。

A. 活页账簿　　B. 卡片账簿

C. 订本账簿　　D. 备查账簿

2. 活页账簿和卡片账簿可适用于(　　)。

A. 库存现金日记账　　B. 总分类账

C. 银行存款日记账　　D. 明细分类账

3. 原材料明细账的外表形式一般采用（　　）。

A. 订本式　　B. 活页式　　C. 三栏式　　D. 多栏式

4. 对于将现金存入银行的业务登记银行存款日记账的依据是（　　）。

A. 现金收款凭证　　B. 现金付款凭证

C. 银行存款收款凭证　　D. 银行存款付款凭证

5. 制造费用明细账一般采用的账页格式是（　　）。

A. 三栏式　　B. 数量金额式

C. 多栏式　　D. 任意一种明细账格式

6. 平行登记是指同一项经济业务在（　　）。

A. 汇总凭证与有关账户之间登记　　B. 各有关总分类账户中登记

C. 各有关明细分类账户中登记　　D. 总账及其所属明细账户之间登记

7. 对于临时租入固定资产，应在（　　）中登记。

A. 序时账簿　　B. 总分类账簿

C. 明细分类账簿　　D. 备查账簿

三、多项选择题

1. 账簿按其用途分为（　　）。

A. 订本式账簿　　B. 序时账簿

C. 分类账簿　　D. 备查账簿

2. 对账的主要内容包括（　　）。

A. 账表核对　　B. 账证核对

C. 账账核对　　D. 账实核对

3. 数量金额式明细分类账的账页格式适用于（　　）。

A. "库存商品"明细账　　B. "管理费用"明细账

C. "应收账款"明细账户　　D. "原材料"明细账户

4. 关于账簿的启用，下列说法正确的有（　　）。

A. 启用时，应详细登记账簿扉页的"账簿启用表"

B. 每一本账簿均应编号并详细记录其册数共计页数和启用日期

C. 调换记账人员，便应立即换用账簿

D. 账簿交换时，会计主管人员应该监交，并签章

5. 账账相符是指（　　）。

A. 账簿记录与记账凭证相符

B. 全部总账的借方发生额合计与贷方发生额合计相符

C. 总账余额与其所属明细账余额相符

D. 现金、银行存款总账与现金日记账、银行存款日记账余额相符

6. 借方多栏式的账页格式适用于(　　)明细账。

A. 本年利润　　B. 主营业务收入

C. 物资采购　　D. 生产成本

7. 用红色墨水登记账簿时,适用于(　　)情况。

A. 按照红字冲账的记账凭证,冲销错误记录

B. 在不设借贷、收付等栏的多栏式账页中,登记减少数

C. 在三栏式账户的余额栏前,如未印明余额的方向,在余额栏内登记负数余额

D. 任何一笔经济业务

8. 下列凭证可作为总分类账登记依据的有(　　)。

A. 原始凭证　　B. 记账凭证

C. 汇总记账凭证　　D. 科目汇总表

9. 在总分类账及其所属的明细分类账中进行平行登记时,应注意的要点包括(　　)。

A. 依据相同　　B. 方向相同　　C. 期间相同　　D. 金额相等

四、判断题

1. 序时账簿就是库存现金日记账和银行存款日记账。　(　　)

2. 各种明细账的登记依据,既可以是原始凭证、汇总原始凭证,也可以是记账凭证。　(　　)

3. 对于“原材料”账户的明细分类账,应采用多栏式账页。　(　　)

4. 对发生的经济业务,总分类账户和其所属的明细分类账户必须在同一会计期间全部登记入账。　(　　)

5. 记账除结账、改错和冲销账簿以外,不得用红色墨水。　(　　)

6. 每一个会计主体都必须设置总分类账簿、序时账簿和备查账簿。(　　)

7. 所有的总分类账户都要分设明细分类账户。　(　　)

8. 新的会计年度开始,必须全部更换新的账簿。　(　　)

五、业务题

【目的】练习登记库存现金日记账和银行存款日记账。

【资料】泉岭公司 2011 年 5 月 31 日银行存款日记账余额为 105 800 元,现

金日记账的余额为 3 600 元。6 月份发生下列现金和银行存款收付业务:

① 2 日,以银行存款归还前欠凯乐厂购货款 48 000 元。

② 5 日,出售产品 500 件,货款 40 000 元及发票上的增值税 6 800 元当即收到,存入银行。

③ 6 日,以银行存款上缴上月未缴所得税 19 000 元。

④10 日,从银行提取现金 500 元备用。

⑤12 日,职工宋军预借差旅费 1 000 元,以现金支付。

⑥15 日,收到天源厂还来前欠货款 43 500 元,存入银行。

⑦16 日,以现金支付销售产品搬运费 200 元。

⑧20 日,以银行存款归还短期借款 26 000 元。

⑨25 日,以银行存款支付外购材料款 9 400 及增值税 1 598 元。

⑩28 日,将超过核定限额的库存现金 900 元送存银行。

⑪29 日,宋军出差返回,报销差旅费 800 元,余款交回现金。

⑫30 日,以银行存款支付本月水电费 750 元。

【要求】

1. 编制收款凭证和付款凭证。

2. 开设并登记三栏式现金日记账和银行存款日记账。

项目5　认识会计报表

知识目标

1. 了解财务报告作用、种类、内容；
2. 理解财务报表的编制要求。

技能目标

理解并掌握资产负债表、利润表的结构及原理。

导学案例

陆小康准备投资创建一家超市，首先他从各种渠道筹集到资金100万元，其中他人投入资金70万元，向银行借入3年长期借款30万元，然后，他拿这笔资金购买了厂房、小汽车40万元，采购商品30万元，购买股票10万元。到月末，他在银行的存款数为20万元。

你能帮助陆小康计算出其资产、负债和所有者权益各是多少吗?

任务1　认识会计报表

5.1.1　会计报表的含义与作用

1)会计报表的含义

会计报表是指对企业会计信息提供的，反映企业某一特定日期的财务状况和某一会计期间的经营成果、现金流量等会计信息的文件。

2)会计报表的作用

会计报表的目的,是向会计报表的使用者提供与企业财务状况、经营成果和现金流量等有关的会计信息,反映企业管理层受托责任履行情况,有助于财务报告使用者作出经济决策。财务报告使用者通常包括投资者、债权人、政府及其有关部门和社会公众等。财务报表是财务报告的主要组成部分,它所提供的会计信息具有重要作用,主要体现在以下几个方面:

①全面系统地揭示企业一定时期的财务状况、经营成果和现金流量,有利于经营管理人员了解本单位各项任务指标的完成情况,评价管理人员的经营业绩,以便及时发现问题,调整经营方向,制定措施改善经营管理水平,提高经济效益,为经济预测和决策提供依据。

②有利于国家经济管理部门了解国民经济的运行状况。通过对各单位提供的财务报表资料进行汇总和分析,了解和掌握各行业、各地区经济的经济发展情况,以便宏观调控经济运行,优化资源配置,保证国民经济稳定持续发展。

③有利于投资者、债权人和其他有关各方掌握企业的财务状况、经营成果和现金流量情况,进而分析企业的赢利能力、偿债能力、投资收益、发展前景等,为他们投资、贷款和贸易提供决策依据。

④有利于满足财政、税务、工商、审计等部门监督企业经营管理。通过财务报表可以检查、监督各企业是否遵守国家的各项法律、法规和制度,有无偷税漏税的行为。

3)财务会计报告的构成

财务会计报告由会计报表、会计报表附注和财务情况说明书三部分组成。会计报表是财务会计报告的主干部分,它是以会计账簿为主要依据,以货币为计量单位,按照规定的格式,总括反映会计主体一定期间的财务状况、经营成果和现金流量的报告文件。会计报表附注是为了便于会计报表使用者理解会计报表的内容而对会计报表的编制基础、编制依据、编制原则和方法及主要项目所做的解释。财务情况说明书是对企业的财务状况和经济成果进行分析总结的书面报告,它是财务会计报告使用者了解、考核和评价企业经营活动情况的重要资料。

会计报表是综合反映一定时期财务状况和经营成果的文件,是财务会计报告的主要组成部分,是企业向外部传递会计信息的主要途径。

会计报表至少应包括资产负债表、利润表、现金流量表、所有者权益(股东权益)变动表、附注。

①资产负债表是反映企业某一特定日期财务状况的会计报表。

②利润表是反映企业一定会计期间经营成果的会计报表。

③现金流量表是反映企业在一定会计期间的现金和现金等价物流入和流出情况的会计报表。

④所有者权益变动表反映构成所有者权益的各组成部分当期的增减变动情况。

⑤附注是对在会计报表中列示项目所做的进一步说明,以及对未能在这些报表中列示项目的说明等。

小企业编制的会计报表可以不包括现金流量表。

5.1.2 会计报表的种类和编制要求

1)会计报表的种类

会计报表根据不同需要,可以按照不同的标准进行分类。

(1)按反映的经济业务的内容分类

按反映的经济业务内容不同,会计报表可以分为静态报表和动态报表。资产负债表反映企业在某一特定日期所拥有的资产、需偿还的债务及股东(投资者)拥有的净资产情况,通常称为静态报表;利润表反映企业在一定会计期间的经营成果,即利润或亏损的情况,表明企业运用所拥有的资产的获利能力,通常称为动态报表。

(2)按会计报表的服务对象分类

会计报表按其服务对象分类,分为外部报表和内部报表两大类。外部报表是企业向外部的会计信息使用者报告经济活动和财务收支情况的会计报表,如资产负债表、利润表、现金流量表和所有者权益变动表。这类报表一般有统一的格式和编制要求。内部报表是用来反映经济活动和财务收支的具体情况,为管理者进行决策提供信息的会计报表。这类报表无规定的格式和种类。

(3)按照编制的时间分类

按照会计报表编制的时间分类,可分为年报和中期报表。年报是年度终了以后编制的,全面反映企业财务状况、经营成果及其分配、现金流量等方面的报表。中期报表是指在短于1年的会计期间编制的会计报表,如半年末报表、季报、月报。半年末报表是指每个会计年度的前6个月结束后对外提供的财务会计报告。季报是季度终了以后编制的报表,种类比年报少一些。月报是月终编制的会计报表,只包括一些主要的报表,如资产负债表、利润表等。

(4)按会计报表的编制单位分类

按会计报表的编制单位分类,可分为单位会计报表、汇总会计报表和合并会计报表。单位会计报表是由独立核算的会计主体编制的,用以反映某一会计主体的财务状况、经营成果的会计报表。汇总报表是由上级主管部门、专业公司根据基层所属企业所编制的报表加以汇总编制的报表,汇总编制时还包括主管部门、专业公司本身的业务。合并会计报表是控股公司把其本身与其附属公司看作是一个统一的经济实体,用一套会计报表来反映其拥有或控制的所有资产和负债,以及其控制范围内的经营成果的会计报表。合并报表反映的是控股公司与其附属公司共同的财务状况和经营成果。

2)财务会计报告的编制要求

企业编制会计报表,应根据真实的交易、事项以及登记完整、核对无误的会计账簿记录和其他有关资料,按照国家统一的会计制度规定的编制基础、编制依据、编制原则和方法,做到内容完整、数字真实、计算准确、编报及时。会计报表之间、会计报表各项目之间,凡是有对应关系的数字,应当相互一致,会计报表中本期与上期的有关数字,应当相互衔接。会计报表附注和财务情况说明书应按照《企业会计准则第 30 号——财务报表列报》规定,对会计报表中需要说明的事项作出真实、完整、清楚的说明。对外提供的财务会计报告,应由单位负责人和主管会计的负责人、会计机构负责人(会计主管人员)签名并盖章;设置总会计师的企业,还应由总会计师签名并盖章,方可生效。

为了充分发挥财务报表的作用,财务报表的种类、格式、内容和编制方法,都应由财政部统一制定,企业应严格地按照统一规定填制和上报,才能保证财务报表口径一致,便于各有关部门利用财务报表,了解、考核和管理企业的经济活动。为确保财务报表质量,编制财务报表必须符合以下要求:

(1)以持续经营为基础

企业应当以持续经营为基础,根据实际发生的交易和事项,按照《企业会计准则——基本准则》和其他各项会计准则的规定进行确认和计量,在此基础上编制财务报表。以持续经营为基础编制财务报表不再合理的,企业应当采用其他基础编制财务报表,并在附注中披露这一事实。比如企业正式决定或被迫在当期或将在下一个会计期间进行清算或停止营业,这表明其处于非持续经营状态,应当采用其他基础编制财务报表,并在附注中声明财务报表未以持续经营为基础列报、披露未以持续经营为基础的原因和财务报表的编制基础。

(2)项目列报前后各期一致性

财务报表项目的列报应当在各个会计期间保持一致,不得随意变更,除非会计准则要求改变财务报表项目的列报,或者企业经营业务的性质发生重大变化,变更财务报表项目的列报能够提供更可靠、更相关的会计信息。

(3)项目选择遵循重要性原则

重要性,是指财务报表某项目的省略或错报会影响使用者据此作出经济决策的,该项目具有重要性。重要性应当根据企业所处环境,从项目的性质和金额大小两方面予以判断。性质或功能不同的项目,应当在财务报表中单独列报,但不具有重要性的项目除外。性质或功能类似的项目,其所属类别具有重要性的,应当按其类别在财务报表中单独列报。

判断项目性质的重要性,应当考虑该项目的性质是否属于企业日常活动等因素;判断项目金额大小的重要性,应当通过单项金额占资产总额、负债总额、所有者权益总额、营业收入总额、营业成本总额、净利润等直接相关项目金额的比重加以确定。

(4)项目金额按总额反映

财务报表中的资产项目和负债项目的金额、收入项目和费用项目的金额不得相互抵消,应分别按其总额列示,除非其他会计准则另有规定。但是,对于资产项目按扣除减值准备后的净额列示,不属于抵消。比如应收账款项目,应按扣除其坏账准备后的净额列示。非日常活动产生的损益,以收入扣减费用后的净额列示,不属于抵消。

(5)提供前期比较数据

当期财务报表的列报,至少应当提供所有列报表项目的上一可比会计期间的比较数据,以及与理解当期财务报表相关的说明,但其他会计准则另有规定的除外。财务报表项目的列报内容发生变更的,应当对上期比较数据按照当期的列报要求进行调整,并在附注中披露调整的原因和性质,以及调整的各项目金额。对上期比较数据进行调整不切实可行的(指企业在作出所有合理努力后,仍然无法采用某项规定),应当在附注中披露不能调整的原因。

(6)报表组成内容完整

企业除了完成报表数据的填列外,还应当在财务报表的显著位置至少披露下列各项:

①编报企业的名称;

②资产负债表日或财务报表涵盖的会计期间;

③人民币金额单位；

④财务报表是合并财务报表的，应当予以标明。

(7)报表数据真实可靠

根据会计信息的质量要求，企业财务报表所填列的数据必须真实可靠，能准确地反映企业的财务状况和经营成果。不得以估计数字填列财务报表，更不得弄虚作假、篡改、伪造数字。为了确保财务报表的数据真实准确，应做到如下几点：

①报告期内所有的经济业务必须全部登记入账，应根据核对无误的账簿记录编制财务报表，不得用估计数字编制财务报表，不得弄虚作假，不得篡改数字。

②在编制财务报表之前，应认真核对账簿记录，做到账证相符、账账相符。发现有不符之处，应先查明原因，加以更正，再据以编制财务报表。

③企业应定期进行财产清查，对各项财产物资、货币资金和往来款项进行盘点、核实，在账实相符的基础上编制财务报表。

④在编制财务报表时，要核对财务报表之间的数字，有钩稽关系的数字应要认真核对；本期财务报表与上期财务报表之间的数字应相对衔接一致、本年度财务报表与上年度财务报表之间相关指标数字应衔接一致。

(8)报表编报及时

企业至少应当按年编制财务报表。年度财务报表涵盖的期间短于1年的，应当披露年度财务报表的涵盖期间，以及短于1年的原因。

企业应按规定的时间编报财务报表，及时逐级汇总，以便报表的使用者及时、有效地利用财务报表资料。为此，企业应科学地组织好会计的日常核算工作，选择适合本企业具体情况的会计核算组织程序认真做好记账、算账、对账和按期结账工作。

3)会计报表报送时间安排

月度中期财务会计报告通常仅指会计报表。会计报表至少应当包括资产负债表和利润表，以及应交增值税明细表。月度中期财务会计报告应当于月度终了后6天内(节假日顺延)对外提供。

季度中期财务会计报告通常仅指会计报表。会计报表至少应当包括资产负债表和利润表，以及应交增值税明细表。季度中期财务会计报告应当于季度终了后15天内(节假日顺延)对外提供。

半年度中期财务会计报告应当包括资产负债表和利润表(上市公司还需编

制现金流量表)等会计报表和会计报表附注中有关重大的事项的说明,且至少应当反映相关两个期间的比较数据。半年度中期财务会计报告应当于半年度中期结束后两个月内对外提供。目前,由于行业的不同,半年度财务报告的编制与否及编制时间有不同要求。

年度财务报表应当包括会计制度规定应编制的资产负债表、利润表、现金流量表及相关的附表。报送时间一般在次年45日之内,且至少应当反映相关两个期间的比较数据。

任务2　认识资产负债表

5.2.1　资产负债表的概念及作用

1)资产负债表的概念

资产负债表表示企业在一定日期(通常为各会计期末)的财务状况(即资产、负债和所有者权益的状况)的主要会计报表。资产负债表利用会计平衡原则,将合乎会计原则的资产、负债、股东权益”交易科目分为“资产”和“负债及股东权益”两大区块,在经过分录、转账、分类账、试算、调整等会计程序后,以特定日期的静态企业情况为基准,浓缩成一张报表。其报表功用除了企业内部除错、经营方向、防止弊端外,也可让所有阅读者于最短时间了解企业经营状况。资产负债表是反映企业在某一特定日期财务状况的报表。例如,公历每年12月31日的财务状况,由于它反映的是某一时点的情况,所以,又称为静态报表。

2)资产负债表的作用

资产负债表主要提供有关企业财务状况方面的信息。通过资产负债表,可以提供某一日期资产的总额及其结构,表明企业拥有或控制的资源及其分布情况,即,有多少资源是流动资产、有多少资源是长期投资、有多少资源是固定资产,等等;可以提供某一日期的负债总额及其结构,表明企业未来需要用多少资产或劳务清偿债务以及清偿时间,即,流动负债有多少、长期负债有多少、长期负债中有多少需要用当期流动资金进行偿还,等等;可以反映所有者所拥有的权益,据以判断资本保值、增值的情况以及对负债的保障程度。资产负债表还可以提供进行财务分析的基本资料,如将流动资产与流动负债进行比较,计算出流动比率;将速动资产与流动负债进行比较,计算出速动比率等,可以表明企业的变现能力、偿债能力和资金周转能力,从而有助于会计报表使用者作出经济决策。

5.2.2 资产负债表的内容与结构

1)资产负债表的内容

资产负债表的内容主要包括资产、负债和所有者权益3部分。

①资产:资产负债表中资产反映企业在某一特定日期所拥有的经济资源总额,分为流动资产和非流动资产两类,并分项列示。

流动资产通常包括:货币资金、交易性金融资产、应收票据、应收账款、其他应收款、预付账款、存货、一年到期的非流动资产。

非流动资产包括:可供出售金融性资产、持有至到期投资、固定资产、在建工程、无形资产及其他非流动资产。

②负债:资产负债表中的负债反映企业在某一特定日期所承担的债务总额,按照偿还期限的长短,分为流动负债和长期负债。

流动负债包括:短期借款、应付票据、应付账款、预收账款、应付职工薪酬、应付福利费、应付利润、应交税费、其他应交款、其他应付款、一年内到期的长期负债等项目。

长期负债包括:长期借款、应付债券、长期应付款等项目。

③所有者权益:资产负债表中的所有者权益反映企业在某一特定日期投资者拥有的净资产的总额,一般按照实收资本、资本公积、盈余公积和未分配利润分项列示。

2)资产负债表的结构

资产负债表的结构包括表首、正表和补充资料3部分。其中,表首概括地说明报表名称、编制单位、编制日期、报表编号、货币名称、计量单位等。正表是资产负债表的主体,列示了用以说明企业财务状况的各个项目。

资产负债表正表的格式一般有两种:报告式资产负债表和账户式资产负债表。报告式资产负债表是上下结构,上半部列示资产,下半部列示负债和所有者权益。具体排列形式又有两种:一是按"资产=负债+所有者权益"的原理排列;二是按"资产-负债=所有者权益"的原理排列。

账户式资产负债表是左右结构,左边列示资产,右边列示负债和所有者权益。不管采取什么格式,资产各项目的合计等于负债和所有者权益各项目的合计这一等式不变。

流动资产		流动负债
		+
+	=	非流动负债
		+
非流动资产		所以者权益
（资产总价值）		（企业投资者总价值）

在我国,资产负债表采用账户式。每个项目又分为“期末余额”和“年初余额”两栏分别填列。资产负债表格式见项目9表9.13。

5.2.3 资产负债表的列报要求

①资产负债表应当按照资产、负债和所有者权益分类列示。同时应当将流动资产和非流动资产、流动负债和非流动负债分别列示。

②流动资产与非流动资产的区分如下:

符合下列条件之一的资产,应当归类为流动资产;

a.预计在一个正常营业周期中变现、出售或耗用;

b.主要为交易目的而持有的;

c.预期在自资产负债表日起1年内变现的;

d.自资产负债表日起1年内,交换其他资产或清偿负债的能为不受限制的现金或现金等价物。

流动资产以外的资产,应当归类为非流动资产。非流动资产应当按照长期投资、固定资产、无形资产及其他资产等分类列示。

《企业会计准则第30号——财务报表列报》中判断流动资产、流动负债时所称的一个正常营业周期,是指企业从购买用于加工的资产起至实现现金或现金等价物的期间。

正常营业周期通常短于1年,在1年内有几个营业周期。但是,也存在正常营业周期长于1年的情况,如房地产开发企业开发用于出售的房地产开发产品,往往超过1年才变现、出售或耗用,但仍应划分为流动资产。

③流动负债与非流动负债的区分如下:

负债满足下列条件之一的,应当归类为流动负债:

a.预计在一个正常营业周期中清偿;

b.主要为交易目的而持有;

c.在资产负债表日起1年内到期应予以清偿;

d. 企业无权自主地将清偿推迟至资产负债表日后 1 年以上。

当没有可靠证据表明企业的营业周期超过 1 年,或者同行业大多数企业的营业周期均不超过 1 年时,企业应当以 1 年作为划分流动资产与非流动资产、流动负债与非流动负债的标准。

流动负债以外的负债,应当归类为非流动负债。非流动负债应当按照长期负债的性质分类列示。

对于在资产负债表日起 1 年内到期的负债,企业预计能够自主地将清偿义务展期至资产负债表日起 1 年以上的,应当归类为非流动负债;不能自主地将清偿义务展期的,即使在资产负债表日后、财务报告批准报出日前签订了重新安排清偿计划协议,该项负债仍应归类为流动负债。

企业在资产负债表日或之前违反了长期借款协议,导致贷款人可随时要求清偿的负债,应当归类为流动负债。贷款人在资产负债表日或之前同意提供在资产负债表日起 1 年以上的宽限期,企业能够在此期限内改正违约行为,且贷款人不能要求随时清偿,该项负债应当归类为非流动负债。其他长期负债存在类似情况的,比照前述两款处理。

④资产负债表的主要项目构成如下:

a. 资产负债表中的资产类至少应当包括以下单列项目:货币资金、应收及预付款项、交易性金融资产、存货、持有至到期投资、长期股权投资、投资性房地产、固定资产、生物资产、递延所得税资产、无形资产。

b. 资产负债表中的负债类至少应当包括以下单列项目:短期借款、应付及预收款项、应交税费、应付职工薪酬、预计负债、长期借款、长期应付款、应付债券、递延所得税负债。

c. 资产负债表中的所有者权益类至少应当包括以下单列项目:实收资本(或股本)、资本公积、盈余公积、未分配利润。

任务 3 认识利润表

5.3.1 利润表的概念及作用

1) 利润表的概念

利润表是反映企业在一定会计期间经营成果的报表。例如,反映 2011 年 1

月 1 日至 12 月 31 日经营成果的利润表,由于它反映的是某一期间的情况,因此,又称为动态报表。有时,利润表也称为损益表、收益表。

2)利润表的作用

利润表上所反映的会计信息,可以用来评价一个企业的经营效率和经营成果,评估投资的价值和报酬,进而衡量一个企业在经营管理上的成功程度。具体来说有以下几个方面的作用:

①利润表可作为经营成果的分配依据。利润表反映企业在一定期间的营业收入、营业成本、营业费用以及营业税金、各项期间费用和营业外收支等项目,最终计算出利润综合指标。利润表上的数据直接影响到许多相关集团的利益,如国家的税收收入、管理人员的奖金、职工的工资与其他报酬、股东的股利等。正是由于这方面的作用,利润表的地位曾经超过资产负债表,成为最重要的财务报表。

②利润表能综合反映生产经营活动的各个方面,可以有助于考核企业经营管理人员的工作业绩。企业在生产、经营、投资、筹资等各项活动中的管理效率和效益都可以从利润数额的增减变化中综合的表现出来。通过将收入、成本费用、利润与企业的生产经营计划对比,可以考核生产经营计划的完成情况,进而年评价企业管理当局的经营业绩和效率。

③利润表可用来分析企业的获利能力、预测企业未来的现金流量。损益表揭示了经营利润、投资净收益和营业外的收支净额的详细资料,可据以分析企业的赢利水平,评估企业的获利能力。同时,报表使用者所关注的各种预期的现金来源、金额、时间和不确定性,如股利或利息、出售证券的所得及借款的清偿,都与企业的获利能力密切相关,所以,收益水平在预测未来现金流量方面具有重要作用。

5.3.2 利润表的内容与列报要求

1)利润表的内容

从内容上看,利润表主要由收入、费用、利得和损失 4 部分构成:从报表的结构上看,报表分为营业利润、税前利润总额和净利润 3 部分。

在利润表中,企业应当分别列示从事经营业务取得的收入、对外投资取得的收入与非经营业务取得的收入,并按照费用的功能分类,将费用划分为从事经营业务发生的成本、销售费用、管理费用和财务费用等。

按照《企业会计准则第30号——财务报表列报》的规定,利润表至少应单独反映下列信息的项目:

①营业收入,包括主营业务收入和其他业务收入;

②营业成本,包括主营业务成本和其他业务成本;

③营业税金,包括主营业务和其他业务应缴纳的税金及附加;

④管理费用,包括企业行政管理部门为管理和组织生产经营活动而发生的各项费用;

⑤销售费用,包括为销售商品所发生的各种费用;

⑥财务费用,包括企业在生产经营过程中为筹集资金而发生的各种费用;

⑦投资收益,包括企业对外投资所取得的收益或发生的损失;

⑧公允价值变动损益,包括各项资产由于公允价值变动所产生的损益;

⑨资产减值损失,包括各项资产由于减值而可能发生的损失;

⑩非流动资产处置损益,包括处置固定资产等非流动资产所发生的损益。

2)利润表的列报要求

利润表编制的原理是"收入-费用=利润"的会计平衡公式和收入与费用的配比原则。

在生产经营中企业不断地发生各种费用支出,同时取得各种收入,收入减去费用,剩余的部分就是企业的赢利。取得的收入和发生的相关费用的对比情况就是企业的经营成果。如果企业经营不当,发生的生产经营费用超过取得的收入,企业就发生了亏损;反之企业就能取得一定的利润。会计部门应定期(一般按月份)核算企业的经营成果,并将核算结果编制成报表,这就形成了利润表。

财务会计报告
- 认识财务会计报告
- 认识资产负债表
- 认识利润表

一、思考题

1. 什么是财务报表？企业为什么需要编制财务报表？

2. 财务报告包括哪些内容？

3. 资产负债表的基本构成是什么？它的主要用途何在？通过阅读资产负债表能获得哪些信息？

4. 什么是利润表？多步式利润表的功能是什么？通过阅读利润表能获得哪些信息？

5. 论述我国现行企业财务报告体系及其结构。

二、单项选择题

1. 资产负债是反映企业在(　　)财务状况的报表。

A. 一定时期　　B. 某一特定日期

C. 某一特定时期　　D. 某一会计期间

2. 财务报表应当根据登记完整、核对无误的下列(　　)编制。

A. 账簿记录和其他有关资料　　B. 原始凭证和其他有关资料

C. 记账凭证和其他有关资料　　D. 会计凭证和账簿记录

3. 下列财务报表中属于动态报表的是(　　)。

A. 资产负债表　　B. 利润表

C. 利润分配表　　D. 资产减值准备明细表

4. (　　)统称为中期报表。

A. 月度报表　　B. 季度报表

C. 半年度报表　　D. 年度报表

5. (　　)是指反映企业在一定会计期间的经营成果的会计报表。

A. 资产负债表　　B. 利润表

C. 现金流量表　　D. 所有者权益变动表

三、多项选择题

1. 会计报表的编制要求有(　　)。

A. 真实可靠　　B. 相关可比

C. 全面完整　　D. 编报及时

2. 下列说法正确的是(　　)。

A. 资产负债表是静态报表,利润表是动态报表

B. 资产负债表反映的是财务状况,利润表反映的是经营成果

C. 资产负债表是月份报表,利润表是年度报表

D. 资产负债表和利润表都是企业的主表

3. 按月编制的财务会计报告包括的内容是(　　)。

A. 财务情况说明书　　B. 会计报表附注

C. 资产负债表　　D. 利润表

4. 会计报表至少应包括(　　)。

A. 资产负债表　　B. 利润表

C. 现金流量表　　D. 所有者权益变动表

5. 资产负债表左方列示(　　)各项目,右方列示(　　)各项目。

A. 资产　　B. 负债

C. 费用　　D. 所有者权益

四、判断题

1. 编制财务报表的过程。实质上就是对日常会计核算资料。按照一定的指标体系,进行综合加工整理,并系统化的过程。(　　)

2. 年度、半年度财务会计报告应包括财务报表、财务报表附注和财务情况说明书三方面。(　　)

3. 利润表是反映企业一定时期全部资产、负债和所用者权益情况的会计报表。(　　)

4. 财务会计报告使用者包括投资者、债权人、政府及有关部门和社会公众等。(　　)

5. 我国会计准则体系和会计制度规定,资产负债表格式可采用账户式或报告式。(　　)

项目6　选择账务处理程序

知识目标

1. 掌握账务处理程序的种类;
2. 掌握各种账务处理程序的特点、核算要求、优缺点及其适用范围;
3. 掌握各种账务处理程序的步骤;
4. 掌握科目汇总表和记账凭证的编制方法。

技能目标

1. 熟练应用记账凭证账务处理程序;
2. 熟练应用科目汇总表账务处理程序。

导学案例

王小虎进入企业实习没多久,就熟悉了企业财务部门的整个核算流程。立恒股份采用的是传统的记账凭证账务处理程序,即对发生的每一笔经济业务,都要按照时间顺序填制记账凭证,然后根据记账凭证逐笔登记各种账簿,再进行账簿核对,最后根据核对无误的账簿记录编制财务报告。可是,最近几年,随着企业规模的不断扩大,企业的业务量也逐步加大,财务部的人员几乎每天都要加班。因此,小王思考再三,向财务部经理提出了自己的想法:对于立恒股份这样一个经济业务活动繁多的企业,继续采用记账凭证账务处理程序,在人员不变的基础上,还能否如期保质保量地完成核算任务呢?能否在会计核算的某些环节做出改进?改进后的账务处理程序有何优缺点,适用于哪些企业?通过本章的学习,我们将逐步解决这些问题。

任务1　了解账务处理程序

6.1.1　账务处理程序的含义

1）账务处理程序的定义

账务处理程序又称会计核算程序，是指凭证与账簿组织、记账程序和记账方法三者相互结合的方式。它是记账和生成会计数据信息的步骤和方法。具体来说，账务处理程序是指从填制、审核原始凭证及编制记账凭证开始，到登记日记账、明细分类账，再到编制财务报表的全过程的组织程序和方法。账务处理程序的核心是账簿组织，不仅会计凭证的种类、格式和填制方法要取决于账簿组织，而且记账程序也要适应账簿组织的情况。

2）账务处理程序的意义

为了更好地反映和监督企业和行政、事业等单位的经济活动，为经济管理提供全面、系统的会计核算资料，必须相互联系地运用会计核算的专门方法，采用一定的组织程序，规定设置会计凭证、账簿及会计报表的种类和格式；规定各凭证之间、各种账簿之间、各种报表之间的相互关系以及填制方法和登记程序。这是账务处理程序的重要内容。

6.1.2　账务处理程序的种类

在我国长期的会计工作实践中，逐步形成了适应不同会计主体需要的账务处理程序。概括起来主要有：记账凭证账务处理程序；科目汇总表账务处理程序；汇总记账凭证账务处理程序。这3种账务处理程序既有共同点，又有各自的特点。其共同点如图6.1所示。

对图6.1所示的各流程说明如下：

①根据原始凭证编制原始凭证汇总表。

②根据原始凭证或原始凭证汇总表编制记账凭证（包括收款凭证、付款凭证和转账凭证）。

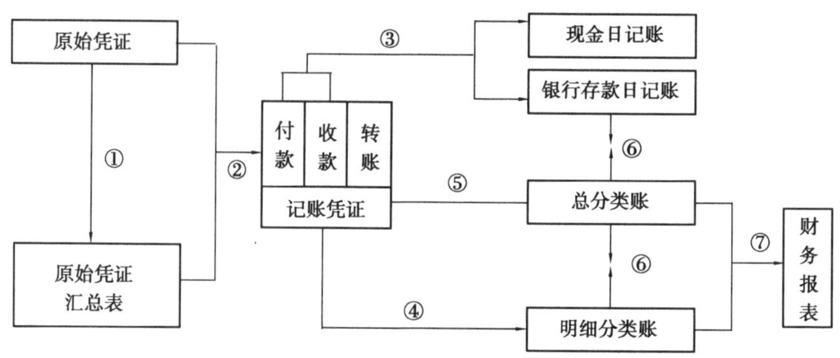

图6.1 账务处理程序

③根据收、付款凭证，逐日、逐笔登记库存现金日记账和银行存款日记账（做到“日清月结”）。

④根据记账凭证及其所附原始凭证或原始凭证汇总表逐笔登记各类明细分类账。

⑤这是各种账务处理程序的不同点所在，各种账务处理程序的主要区别在于登记总账的依据和方法不同。

⑥月末，将各类明细账的余额与总分类账的余额核对相符。

⑦月末，根据核对无误的账务记录，编制财务报表。

任务2 熟悉记账凭证账务处理程序

6.2.1 记账凭证账务处理程序

1）记账凭证账务处理程序的特点

记账凭证账务处理程序是指根据原始凭证或原始凭证汇总表填制记账凭证以后，直接根据记账凭证逐笔登记总分类账的一种账务处理程序。其主要特点是直接根据记账凭证逐笔登记总分类账。记账凭证账务处理程序是最基本的账务处理程序，反映了会计核算程序的一般内容。从一定意义上说，其他各种账务处理程序都是在此基础上发展和演变而成的。

2)记账凭证账务处理程序中涉及的凭证和账簿

采用记账凭证账务处理程序时,记账凭证可以采用通用记账凭证,也可以采用收款凭证、付款凭证和转账凭证等专用记账凭证,用以记录各类经济业务。账簿一般需要设置总分类账、明细分类账。其中现金、银行存款日记账和总分类账一般采用三栏式。明细账则根据管理的需要进行设置,分别采用三栏式、数量金额式和多栏式账页。有外币业务的单位,其外币现金日记账、外币银行存款日记账及外币往来账,一般采用复币式格式。

3)记账凭证账务处理程序的工作步骤

记账凭证账务处理程序的流程如图6.2所示。

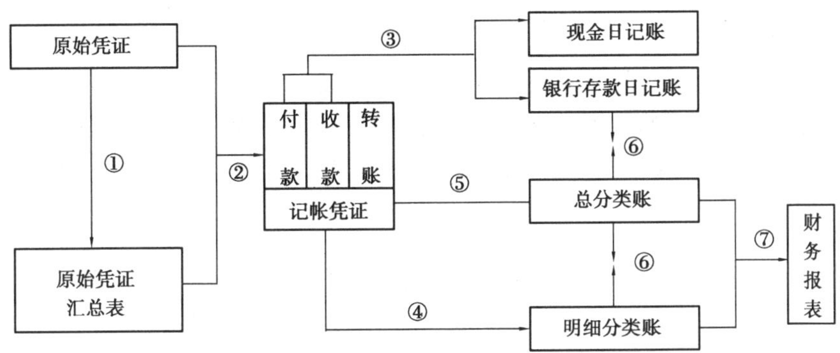

图6.2　记账凭证账务处理程序

①根据原始凭证编制原始凭证汇总表。

②根据原始凭证或原始凭证汇总表编制记账凭证(包括收款凭证、付款凭证和转账凭证)。

③根据收、付款凭证,逐日、逐笔登记现金日记账和银行存款日记账(做到“日清月结”)。

④根据记账凭证及其所附原始凭证或原始凭证汇总表逐笔登记各类明细分类账。

⑤根据记账凭证逐笔登记总分类账。

⑥月末,将各类明细账的余额与总分类账的余额核对相符。

⑦月末,根据核对无误的账簿记录,编制财务报表。

4)记账凭证账务处理程序的优缺点及其适用范围

采用记账凭证核算程序登记总账时的依据是各种记账凭证,根据各种记账凭证直接逐笔登记总分类账,然后将总分类账的余额与现金日记账、银行存款日记账和各种明细账的余额核对,做到账证、账账和账实相符后,即可编制会计报表。因此,记账凭证账务处理程序的主要优点有两点:

①总分类账户中能较详细地反映某一类经济业务的来龙去脉,便于对账目进行分析和检查。

②账务处理程序清晰、简单,便于掌握。

其缺点是由于是根据记账凭证逐笔登记总分类账,当企业规模较大、经济业务量较多时,登记总账的工作量太大。因此,这种核算程序适用于经营规模较小、经济业务量较少、记账凭证不多的单位。

由于记账凭证账务处理程序是直接根据记账凭证逐笔登记总分类账的,因此,要尽可能地将同类原始凭证编制成原始凭证汇总表,然后再根据原始凭证汇总表填制记账凭证,以便尽可能地减少记账凭证的数量,从而减少登记总分类账的工作量。

6.2.2 记账凭证账务处理程序案例

万达公司 2010 年 10 月 31 日总账的期末余额如表 6.1 所示:

表 6.1 万达公司总账科目余额表　　单位:元

科目名称	借方余额	贷方余额
库存现金	750	
银行存款	593 900	
应收账款	98 000	
原材料	112 400	
库存商品	585 000	
固定资产	3 785 000	
累计折旧		848 525
短期借款		40 000
应付账款		48 525

续表

科目名称	借方余额	贷方余额
应交税费		41 200
应付利息		1 800
应付职工薪酬		0
实收资本		2 800 000
资本公积		165 000
盈余公积		150 000
本年利润		300 000
利润分配		780 000
合　计	5 175 050	5 175 050

该公司2010年11月发生的经济业务如下。

①1日,收到国家投资款500 000元,存入银行。

②1日,从开户银行借入为期3个月的借款30 000元,款项存入银行。

③2日,销售给天明公司A商品2 000件,单位售价260元,价款计520 000元,增值税88 400元;B商品1 500件,单位售价150元,价款计225 000元,增值税38 250元,款项已收到存入银行。

④2日,总经理办公室工作人员耿直购买办公用品,报销现金500元。

⑤5日,从银行提取现金55 000元,准备发放工资。

⑥5日,用现金发放工资55 000元。

⑦8日,从宏达公司购入甲材料2 000千克,增值税专用发票上注明货款20 000元,增值税为3 400元,款项已用银行存款支付,材料已验收入库。

⑧ 9日,用银行存款归还万历公司的材料款48 525元。

⑨11日,核算本月应负担的借款利息1 800元。

⑩15日,销售给升力工厂B商品1 000件,单位售价150元,价款总计150 000元,增值税25 500元,款项尚未收到。

⑪20日,用银行存款支付水电费30 000元。其中,车间15 000元,行政部门15 000元。

⑫23日,收到升力工厂的货款。

⑬25 日,用银行存款支付产品广告费 2 000 元。

⑭28 日,以银行存款 6 500 元购入计算机一台,已交付使用。

⑮29 日,计算本月固定资产折旧 3 000 元,其中,车间固定资产折旧 2 000 元,行政部门固定资产折旧 1 000 元。

⑯公司材料仓库本月发出如表 6.2 所示。

表 6.2　材料仓库本月出库表　　单位:元

	甲材料	乙材料	合　计
A 商品	10 000		10 000
B 商品		12 500	12 500
车间	1 600	1 400	3 000
厂部	500	500	1 000
合　计	12 100	14 400	26 500

⑰30 日,核算本月应付职工工资。其中,生产 A 人商品工人的工资 15 000 元,生产 B 商品工人的工资 20 000 元,车间管理人员的工资 8 000 元,行政管理人员的工资 12 000 元。

⑱30 日,结转已销售产品成本:A 商品 2 000 件,每件成本 180 元,共计 360 000元;B 商品 2 500 件,每件成本 90 元,共计 225 000 元。

⑲30 日,结转制造费用,按生产工人工资比例进行分配。

⑳30 日,本月生产的 A 产品和 B 产品完工入库,结转 A 产品和 B 产品成本。

㉑30 日,结转本月主营业务收入。

㉒30 日,结转本月主营业务成本。

㉓30 日,结转管理费用、财务费用、销售费用。

㉔30 日,计算本月应交所得税。

㉕30 日,结转本月所得税。

记账凭证账务处理程序步骤:

第 1 步:根据发生的经济业务的原始凭证编制记账凭证。各原始凭证如凭证 6.1 至凭证 6.25 所示。

凭证 6.1

收款凭证

借方

科目 银行存款 　　　　2010 年 11 月 1 日　　　　收 字第 1 号

摘要	贷方科目		金额										记账符号
	总账科目	明细科目	千	百	十	万	千	百	十	元	角	分	
接受投资	实收资本	国家投资款			5	0	0	0	0	0	0	0	✓
合计				¥	5	0	0	0	0	0	0	0	✓

附单据 2 张

财务主管 　　记账 　　出纳 　　审核 　　制单 杜牧

凭证 6.2

收款凭证

借方

科目 银行存款 　　　　2010 年 11 月 1 日　　　　收 字第 2 号

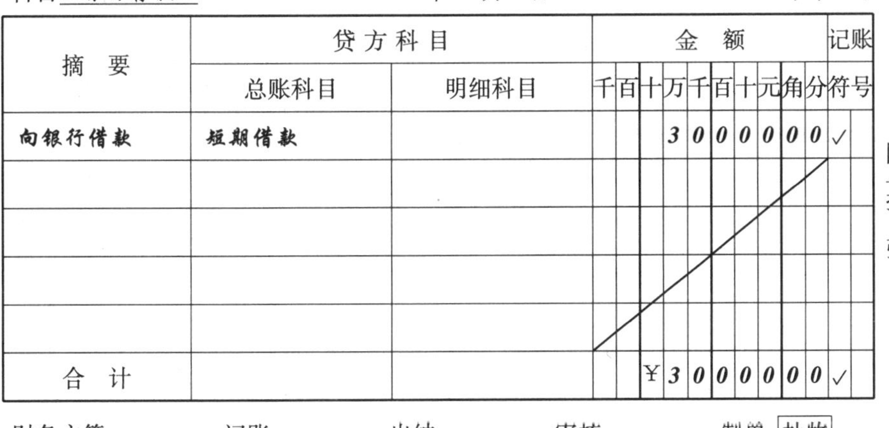

摘要	贷方科目		金额										记账符号
	总账科目	明细科目	千	百	十	万	千	百	十	元	角	分	
向银行借款	短期借款					3	0	0	0	0	0	0	✓
合计					¥	3	0	0	0	0	0	0	✓

附单据 2 张

财务主管 　　记账 　　出纳 　　审核 　　制单 杜牧

凭证 6.3

收款凭证

借方

科目 银行存款　　　　　　2010 年 11 月 2 日　　　　　　收 字第 3 号

摘要	贷方科目		金额										记账
	总账科目	明细科目	千	百	十	万	千	百	十	元	角	分	符号
销售商品	主营业务收入	A 商品			5	2	0	0	0	0	0	0	✓
		B 商品			2	2	5	0	0	0	0	0	✓
	应交税费	应交增值税(销)			1	2	6	6	5	0	0	0	✓
合计				¥	8	7	1	6	5	0	0	0	✓

附单据 2 张

财务主管　　　记账　　　出纳　　　审核　　　制单 杜牧

凭证 6.4

付款凭证

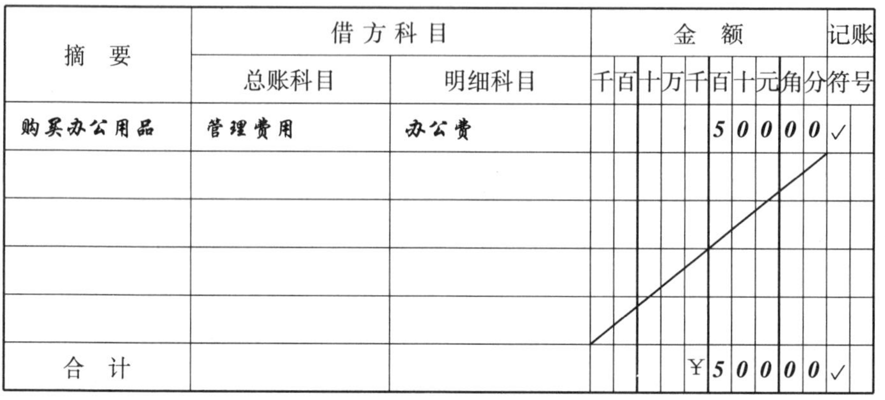

贷方

科目 库存现金　　　　　　2010 年 11 月 2 日　　　　　　付 字第 1 号

摘要	借方科目		金额										记账
	总账科目	明细科目	千	百	十	万	千	百	十	元	角	分	符号
购买办公用品	管理费用	办公费						5	0	0	0	0	✓
合计							¥	5	0	0	0	0	✓

附单据 1 张

财务主管　　　记账　　　出纳　　　审核　　　制单 杜牧

凭证 6.5

付款凭证

贷方

科目 银行存款　　　　　　　2010 年 11 月 5 日　　　　　　　付 字第 2 号

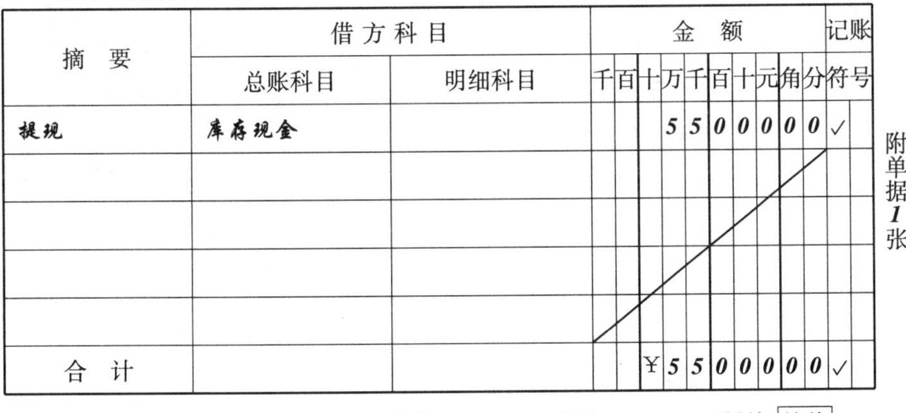

摘要	借方科目 总账科目	借方科目 明细科目	千	百	十	万	千	百	十	元	角	分	记账符号
提现	库存现金					5	5	0	0	0	0	0	✓
合计					¥	5	5	0	0	0	0	0	✓

附单据 1 张

财务主管　　记账　　出纳　　审核　　制单 杜牧

凭证 6.6

付款凭证

贷方

科目 库存现金　　　　　　　2010 年 11 月 5 日　　　　　　　付 字第 3 号

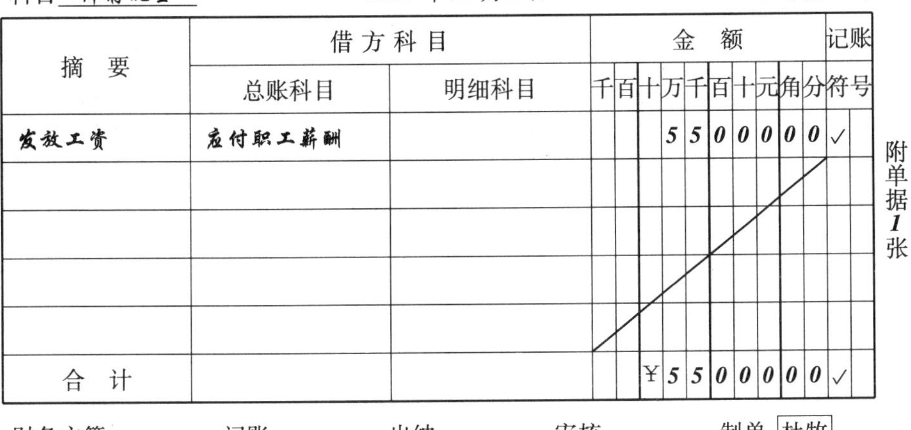

摘要	借方科目 总账科目	借方科目 明细科目	千	百	十	万	千	百	十	元	角	分	记账符号
发放工资	应付职工薪酬					5	5	0	0	0	0	0	✓
合计					¥	5	5	0	0	0	0	0	✓

附单据 1 张

财务主管　　记账　　出纳　　审核　　制单 杜牧

凭证 6.7

付款凭证

贷方
科目 银行存款　　　　2010 年 11 月 8 日　　　　付 字第 4 号

摘　要	借方科目		金　额										记账
	总账科目	明细科目	千	百	十	万	千	百	十	元	角	分	符号
采购	原材料	甲材料				2	0	0	0	0	0	0	✓
	应交税费	应交增值税(进)					3	4	0	0	0	0	✓
合　计					¥	2	3	4	0	0	0	0	✓

附单据 2 张

财务主管　　记账　　出纳　　审核　　制单 杜牧

凭证 6.8

付款凭证

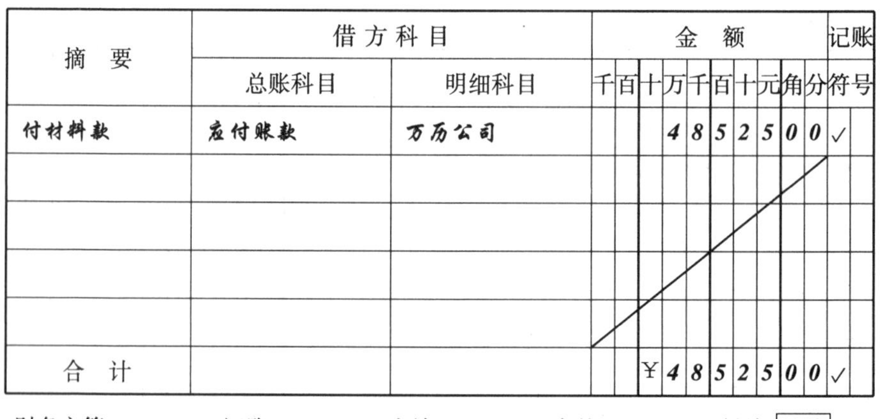

贷方
科目 银行存款　　　　2010 年 11 月 9 日　　　　付 字第 5 号

摘　要	借方科目		金　额										记账
	总账科目	明细科目	千	百	十	万	千	百	十	元	角	分	符号
付材料款	应付账款	万历公司				4	8	5	2	5	0	0	✓
合　计					¥	4	8	5	2	5	0	0	✓

附单据 1 张

财务主管　　记账　　出纳　　审核　　制单 杜牧

凭证6.9

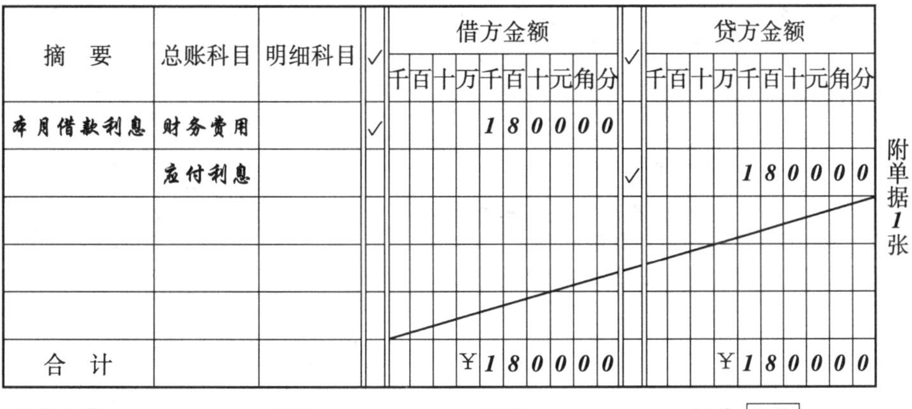

转账凭证

2010年11月11日　　　　转字第1号

摘要	总账科目	明细科目	✓	借方金额（千百十万千百十元角分）	✓	贷方金额（千百十万千百十元角分）
本月借款利息	财务费用		✓	180000		
	应付利息				✓	180000
合计				¥180000		¥180000

附单据1张

财务主管　　记账　　审核　　制单 杜牧

凭证6.10

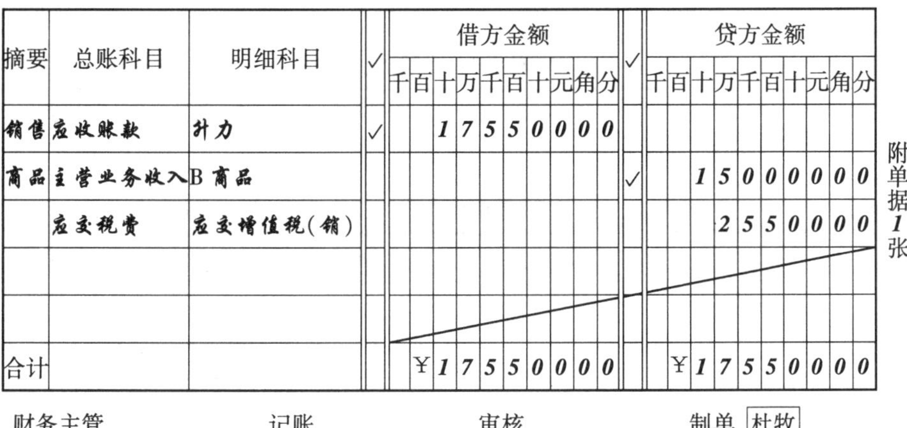

转账凭证

2010年11月15日　　　　转字第2号

摘要	总账科目	明细科目	✓	借方金额（千百十万千百十元角分）	✓	贷方金额（千百十万千百十元角分）
销售	应收账款	扑力	✓	17550000		
商品	主营业务收入	B商品			✓	15000000
	应交税费	应交增值税(销)				2550000
合计				¥17550000		¥17550000

附单据1张

财务主管　　记账　　审核　　制单 杜牧

凭证 6.11

付款凭证

贷方

科目 银行存款　　　　2010 年 11 月 20 日　　　　付 字第 6 号

摘要	借方科目		金额										记账符号
	总账科目	明细科目	千	百	十	万	千	百	十	元	角	分	
水电费	制造费用					1	5	0	0	0	0	0	✓
	管理费用	水电费				1	5	0	0	0	0	0	✓
合计					¥	3	0	0	0	0	0	0	✓

附单据 1 张

财务主管　　记账　　出纳　　审核　　制单 杜牧

凭证 6.12

收款凭证

借方

科目 银行存款　　　　2010 年 11 月 23 日　　　　收 字第 4 号

摘要	贷方科目		金额										记账符号
	总账科目	明细科目	千	百	十	万	千	百	十	元	角	分	
收到货款	应收账款	升力工厂			1	7	5	5	0	0	0	0	✓
合计				¥	1	7	5	5	0	0	0	0	✓

附单据 1 张

财务主管　　记账　　出纳　　审核　　制单 杜牧

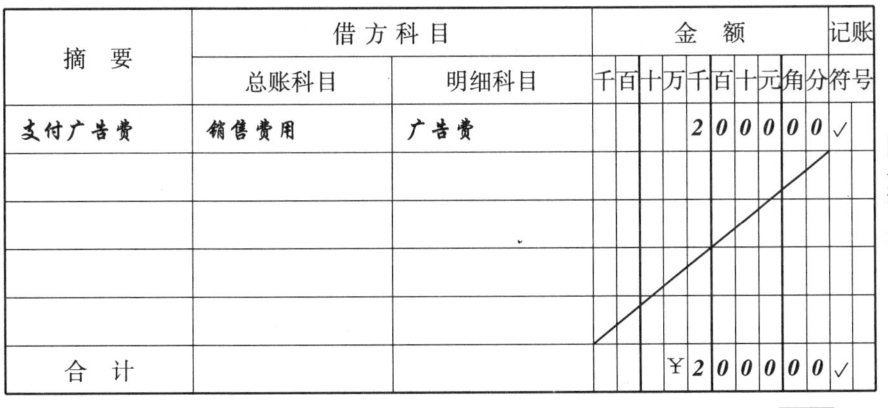

凭证 6.13

付款凭证

贷方

科目 银行存款　　　　2010 年 11 月 25 日　　　　付 字第 7 号

摘要	借方科目		金额										记账符号
	总账科目	明细科目	千	百	十	万	千	百	十	元	角	分	
支付广告费	销售费用	广告费					2	0	0	0	0	0	✓
合计						¥	2	0	0	0	0	0	✓

附单据 1 张

财务主管　　记账　　出纳　　审核　　制单 杜牧

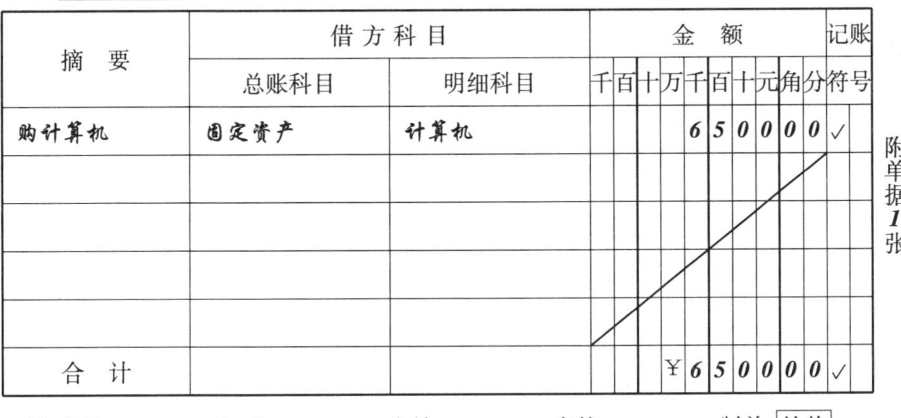

凭证 6.14

付款凭证

贷方

科目 银行存款　　　　2010 年 11 月 28 日　　　　付 字第 8 号

摘要	借方科目		金额										记账符号
	总账科目	明细科目	千	百	十	万	千	百	十	元	角	分	
购计算机	固定资产	计算机					6	5	0	0	0	0	✓
合计						¥	6	5	0	0	0	0	✓

附单据 1 张

财务主管　　记账　　出纳　　审核　　制单 杜牧

凭证 6.15

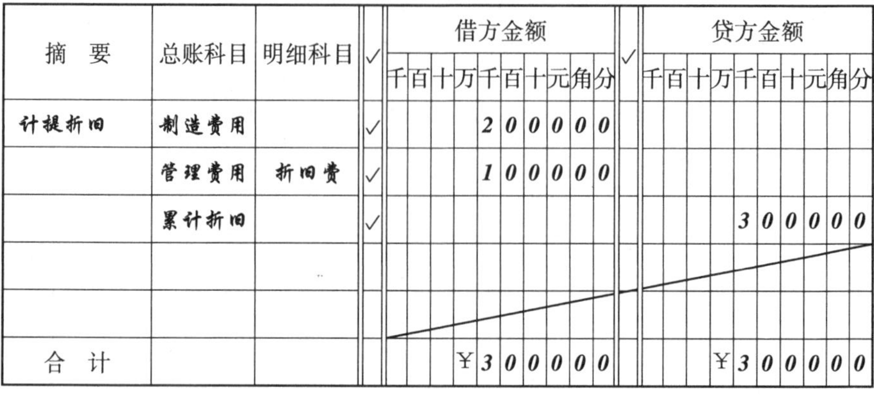

转账凭证

2010 年 11 月 29 日　　转字第 3 号

摘要	总账科目	明细科目	✓	借方金额										✓	贷方金额									
				千	百	十	万	千	百	十	元	角	分		千	百	十	万	千	百	十	元	角	分
计提折旧	制造费用		✓					2	0	0	0	0	0											
	管理费用	折旧费	✓					1	0	0	0	0	0											
	累计折旧		✓																3	0	0	0	0	0
合计							¥	3	0	0	0	0	0					¥	3	0	0	0	0	0

附单据 1 张

财务主管　　记账　　审核　　制单 杜牧

凭证 6.16

转账凭证

2010 年 11 月 30 日　　转字第 4 号

摘要	总账科目	明细科目	✓	借方金额										✓	贷方金额									
				千	百	十	万	千	百	十	元	角	分		千	百	十	万	千	百	十	元	角	分
领用材料	生产成本	A 商品	✓				1	0	0	0	0	0	0											
		B 商品	✓				1	2	5	0	0	0	0											
	制造费用		✓					3	0	0	0	0	0											
	管理费用							1	0	0	0	0	0											
	原材料	甲材料																1	2	1	0	0	0	0
		乙材料																1	4	4	0	0	0	0
合计						¥	2	6	5	0	0	0	0				¥	2	6	5	0	0	0	0

附单据 1 张

财务主管　　记账　　审核　　制单 杜牧

凭证 6.17

转账凭证

2010 年 *11* 月 *30* 日 转字第 *5* 号

摘要	总账科目	明细科目	✓	借方金额										✓	贷方金额									
				千	百	十	万	千	百	十	元	角	分		千	百	十	万	千	百	十	元	角	分
计算工资	生产成本	A 商品	✓				1	5	0	0	0	0	0											
		B 商品	✓				2	0	0	0	0	0	0											
	制造费用		✓					8	0	0	0	0	0											
	管理费用		✓				1	2	0	0	0	0	0											
	应付职工薪酬													✓				5	5	0	0	0	0	0
合计						¥	5	5	0	0	0	0	0				¥	5	5	0	0	0	0	0

附单据 *1* 张

财务主管 记账 审核 制单 杜牧

凭证 6.18

转账凭证

2010 年 *11* 月 *30* 日 转字第 *6* 号

摘要	总账科目	明细科目	✓	借方金额										✓	贷方金额									
				千	百	十	万	千	百	十	元	角	分		千	百	十	万	千	百	十	元	角	分
结账已销售产品成本	主营业务成本	A 商品	✓			3	6	0	0	0	0	0	0											
		B 商品	✓			2	2	5	0	0	0	0	0											
	库存商品	A 商品	✓											✓			3	6	0	0	0	0	0	0
		B 商品	✓											✓			2	2	5	0	0	0	0	0
合计					¥	5	8	5	0	0	0	0	0			¥	5	8	5	0	0	0	0	0

附单据 *1* 张

财务主管 记账 审核 制单 杜牧

凭证 6.19

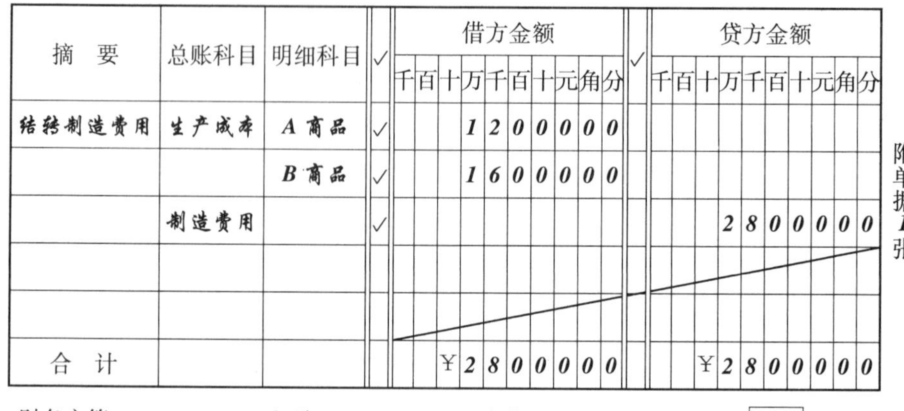

转账凭证

2010 年 11 月 30 日　　转字第 7 号

摘要	总账科目	明细科目	✓	借方金额										✓	贷方金额									
				千	百	十	万	千	百	十	元	角	分		千	百	十	万	千	百	十	元	角	分
结转制造费用	生产成本	A 商品	✓				1	2	0	0	0	0	0											
		B 商品	✓				1	6	0	0	0	0	0											
	制造费用		✓															2	8	0	0	0	0	0
合计						¥	2	8	0	0	0	0	0				¥	2	8	0	0	0	0	0

附单据 1 张

财务主管　　记账　　审核　　制单 杜牧

凭证 6.20

转账凭证

2010 年 11 月 30 日　　转字第 8 号

摘要	总账科目	明细科目	✓	借方金额										✓	贷方金额									
				千	百	十	万	千	百	十	元	角	分		千	百	十	万	千	百	十	元	角	分
结转已完工产品成本	库存商品	A 商品	✓				3	7	0	0	0	0	0											
		B 商品	✓				4	8	5	0	0	0	0											
	生产成本	A 商品												✓				3	7	0	0	0	0	0
		B 商品												✓				4	8	5	0	0	0	0
合计						¥	8	5	5	0	0	0	0				¥	8	5	5	0	0	0	0

附单据 1 张

财务主管　　记账　　审核　　制单 杜牧

凭证 6.21

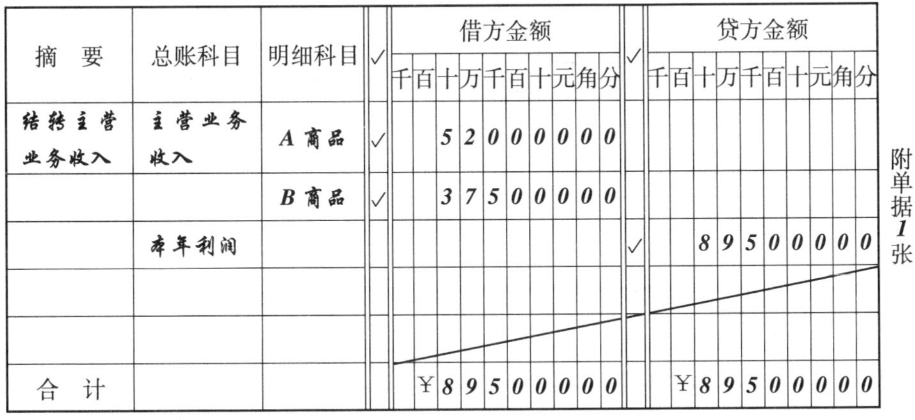

转账凭证

2010 年 11 月 30 日 转字第 9 号

摘要	总账科目	明细科目	✓	借方金额										✓	贷方金额									
				千	百	十	万	千	百	十	元	角	分		千	百	十	万	千	百	十	元	角	分
结转主营业务收入	主营业务收入	A 商品	✓			5	2	0	0	0	0	0	0											
		B 商品	✓			3	7	5	0	0	0	0	0											
	本年利润													✓			8	9	5	0	0	0	0	0
合计					¥	8	9	5	0	0	0	0	0			¥	8	9	5	0	0	0	0	0

附单据 1 张

财务主管　　记账　　审核　　制单 杜牧

凭证 6.22

转账凭证

2010 年 11 月 30 日 转字第 10 号

摘要	总账科目	明细科目	✓	借方金额										✓	贷方金额									
				千	百	十	万	千	百	十	元	角	分		千	百	十	万	千	百	十	元	角	分
结转成本	本年利润	A 商品	✓			3	6	0	0	0	0	0	0											
		B 商品	✓			2	2	5	0	0	0	0	0											
	主营业务成本	A 商品												✓			3	6	0	0	0	0	0	0
		B 商品												✓			2	2	5	0	0	0	0	0
合计					¥	5	8	5	0	0	0	0	0			¥	5	8	5	0	0	0	0	0

附单据 1 张

财务主管　　记账　　审核　　制单 杜牧

凭证 6.23

转 账 凭 证

2010 年 11 月 30 日　　　　转字第 11 号

摘要	总账科目	明细科目	✓	借方金额										✓	贷方金额									
				千	百	十	万	千	百	十	元	角	分		千	百	十	万	千	百	十	元	角	分
结转	本年利润		✓				3	3	3	0	0	0	0											
	管理费用													✓				2	9	5	0	0	0	0
	财务费用													✓					1	8	0	0	0	0
	销售费用													✓					2	0	0	0	0	0
合计						¥	3	3	3	0	0	0	0				¥	3	3	3	0	0	0	0

附单据 1 张

财务主管　　记账　　审核　　制单 杜牧

凭证 6.24

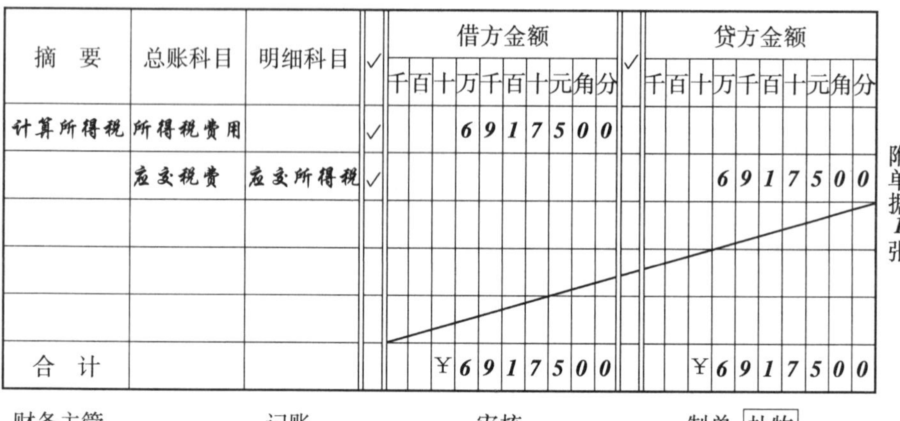

转 账 凭 证

2010 年 11 月 30 日　　　　转字第 12 号

摘要	总账科目	明细科目	✓	借方金额										✓	贷方金额									
				千	百	十	万	千	百	十	元	角	分		千	百	十	万	千	百	十	元	角	分
计算所得税	所得税费用		✓				6	9	1	7	5	0	0											
	应交税费	应交所得税	✓															6	9	1	7	5	0	0
合计						¥	6	9	1	7	5	0	0				¥	6	9	1	7	5	0	0

附单据 1 张

财务主管　　记账　　审核　　制单 杜牧

凭证 6.25

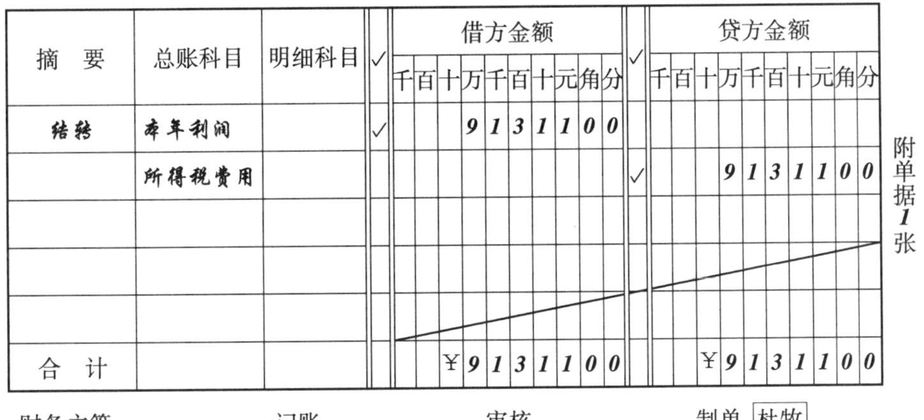

转账凭证

2010 年 11 月 30 日 转字第 13 号

摘要	总账科目	明细科目	✓	借方金额										✓	贷方金额									
				千	百	十	万	千	百	十	元	角	分		千	百	十	万	千	百	十	元	角	分
结转	本年利润		✓				9	1	3	1	1	0	0											
	所得税费用													✓				9	1	3	1	1	0	0
合计						¥	9	1	3	1	1	0	0				¥	9	1	3	1	1	0	0

附单据 1 张

财务主管　　记账　　审核　　制单 杜牧

第 2 步:根据收款凭证和付款凭证登记日记账,如表 6.3 和表 6.4 所示。

表 6.3 银行存款日记账

账号:02-99890567482

2010年		记账凭证		摘要	对方科目	借方											贷方											借或贷	余额										
月	日	字	号			亿	千	百	十	万	千	百	十	元	角	分	亿	千	百	十	万	千	百	十	元	角	分		亿	千	百	十	万	千	百	十	元	角	分
11	1			期初余额																								借				5	9	3	9	0	0	0	0
	1	收	1	接受投资	实收资本				5	0	0	0	0	0	0	0												借			1	0	9	3	9	0	0	0	0
	1	收	2	借款	短期借款					3	0	0	0	0	0	0												借			1	1	2	3	9	0	0	0	0
	2	收	3	销售	主收/应税				8	7	1	6	5	0	0	0												借			1	9	9	5	5	5	0	0	0
	5	付	2	取现	库存现金																5	5	0	0	0	0	0	借			1	9	4	0	5	5	0	0	0
	8	付	4	采购	原付/应税																2	3	4	0	0	0	0	借			1	9	1	7	1	5	0	0	0
	9	付	5	付款	应付账款																4	8	5	2	5	0	0	借			1	8	6	8	6	2	5	0	0
	20	付	6	付水电费	制造/管理																3	0	0	0	0	0	0	借			1	8	3	8	6	2	5	0	0
	23	收	4	收款	应收账款				1	7	5	5	0	0	0	0												借			2	0	1	4	1	2	5	0	0
	25	付	7	广告费	销售费用																	2	0	0	0	0	0	借			2	0	1	2	1	2	5	0	0
	28	付	8	买计算机	固定资产																	6	5	0	0	0	0	借			2	0	0	5	6	2	5	0	0
	30			本月合计				1	5	7	7	1	5	0	0	0				1	6	5	4	2	5	0	0	借			2	0	0	5	6	2	5	0	0

表 6.4　现金日记账

2010年		记账凭证		摘要	对方科目	借方											贷方											借或贷	余额										
月	日	字	号			亿	千	百	十	万	千	百	十	元	角	分	亿	千	百	十	万	千	百	十	元	角	分		亿	千	百	十	万	千	百	十	元	角	分
11	1			期初余额																								借							7	5	0	0	0
	2	付	1	办公费	管理费用																		5	0	0	0	0	借							2	5	0	0	0
	5	付	2	取现	银行存款					5	5	5	0	0	0	0												借					5	5	2	5	0	0	0
	5	付	3	发放工资	应付职工薪酬																5	5	0	0	0	0	0	借							2	5	0	0	0
	30			本月合计						5	5	5	0	0	0	0					5	5	5	0	0	0	0	借							2	5	0	0	0

第 3 步：根据收款凭证、付款凭证和转账凭证及其所附原始凭证或原始凭证汇总表，逐笔登记明细分类账。现以库存商品为例，说明明细分类账的登记方法，如表 6.5 和表 6.6 所示。

表 6.5　明细分类账 1

库存商品

贷号_______品名 A 产品 计数单位_______备注_______

2010年		记账凭证		摘要	借方													贷方													余额												
					数量	单价	金额											数量	单价	金额											数量	单价	金额										
月	日	字	号				亿	千	百	十	万	千	百	十	元	角	分			亿	千	百	十	万	千	百	十	元	角	分			亿	千	百	十	万	千	百	十	元	角	分
11	1			期初余额																											2000	180				3	6	0	0	0	0	0	0
	30	转	6	结转已售产品成本														2000	180				3	6	0	0	0	0	0	0											0		
	30	转	8	结转完工产品成本	185	200					3	7	0	0	0	0	0														185	200					3	7	0	0	0	0	0
	30			本月合计	185	200					3	7	0	0	0	0	0	2000	180				3	6	0	0	0	0	0	0	185	200					3	7	0	0	0	0	0

表 6.6　明细分类账 2

库存商品

贷号_______品名 B 产品 计数单位_______备注_______

2010年		记账凭证		摘要	借方													贷方													余额												
					数量	单价	金额											数量	单价	金额											数量	单价	金额										
月	日	字	号				亿	千	百	十	万	千	百	十	元	角	分			亿	千	百	十	万	千	百	十	元	角	分			亿	千	百	十	万	千	百	十	元	角	分
11	1			期初余额																											2500	90				2	2	5	0	0	0	0	0
	30	转	6	结转已售产品成本														2500	90				2	2	5	0	0	0	0	0											0		
	30	转	8	结转完工产品成本	285	100					4	8	5	0	0	0	0														285	100					4	8	5	0	0	0	0
	30			本月合计	285	100					4	8	5	0	0	0	0	2500	90				2	2	5	0	0	0	0	0	285	100					4	8	5	0	0	0	0

第 4 步:根据收款凭证、付款凭证和转账凭证登记总分类账,如表 6.7 至表 6.31 所示。

表 6.7　科目名称

库存现金

2010年		记账凭证		摘要	借方											贷方											借或贷	余额										
月	日	字	号		亿	千	百	十	万	千	百	十	元	角	分	亿	千	百	十	万	千	百	十	元	角	分		亿	千	百	十	万	千	百	十	元	角	分
11	1			期初余额																							借							7	5	0	0	0
	1	付	1	办公费																		5	0	0	0	0	借							2	5	0	0	0
	1	付	2	取现					5	5	0	0	0	0	0												借					5	5	2	5	0	0	0
	2	付	3	发放工资																5	5	0	0	0	0	0	借							2	5	0	0	0
	30			本月合计					5	5	0	0	0	0	0					5	5	5	0	0	0	0	借							2	5	0	0	0

表 6.8　科目名称

银行存款

2010年		记账凭证		摘要	借方											贷方											借或贷	余额										
月	日	字	号		亿	千	百	十	万	千	百	十	元	角	分	亿	千	百	十	万	千	百	十	元	角	分		亿	千	百	十	万	千	百	十	元	角	分
11	1			期初余额																							借				5	9	3	9	0	0	0	0
	1	收	1	收投资				5	0	0	0	0	0	0	0												借			1	0	9	3	9	0	0	0	0
	1	收	2	借款					3	0	0	0	0	0	0												借			1	1	2	3	9	0	0	0	0
	2	收	3	销售				8	7	1	6	5	0	0	0												借			1	9	9	5	5	5	0	0	0
	5	付	2	取现																5	5	0	0	0	0	0	借			1	9	4	0	5	5	0	0	0
	8	付	4	采购																2	3	4	0	0	0	0	借			1	9	1	7	1	5	0	0	0
	9	付	5	付款																4	8	5	2	5	0	0	借			1	8	6	8	6	2	5	0	0
	20	付	6	付水电费																3	0	0	0	0	0	0	借			1	8	3	8	6	2	5	0	0
	23	收	4	收款				1	7	5	5	0	0	0	0												借			2	0	1	4	1	2	5	0	0
	25	付	7	广告费																	2	0	0	0	0	0	借			2	0	1	2	1	2	5	0	0
	28	付	8	买计算机																	6	5	0	0	0	0	借			2	0	0	5	6	2	5	0	0
	30			本月合计			1	5	7	7	1	5	0	0	0				1	6	5	4	2	5	0	0	借			2	0	0	5	6	2	5	0	0

表 6.9 科目名称

应收账款

2010		记账凭证		摘要	借方											贷方											借或贷	余额										
月	日	字	号		亿	千	百	十	万	千	百	十	元	角	分	亿	千	百	十	万	千	百	十	元	角	分		亿	千	百	十	万	千	百	十	元	角	分
11	1			期初余额																							借					9	8	0	0	0	0	0
	15	转	2	销售				1	7	5	5	0	0	0	0												借				2	7	3	5	0	0	0	0
	23	收	4	收款															1	7	5	5	0	0	0	0	借					9	8	0	0	0	0	0
	30			本月合计				1	7	5	5	0	0	0	0				1	7	5	5	0	0	0	0	借					9	8	0	0	0	0	0

表 6.10 科目名称

原材料

2010		记账凭证		摘要	借方											贷方											借或贷	余额										
月	日	字	号		亿	千	百	十	万	千	百	十	元	角	分	亿	千	百	十	万	千	百	十	元	角	分		亿	千	百	十	万	千	百	十	元	角	分
11	1			期初余额																							借				1	1	2	4	0	0	0	0
	8	付	4	采购					2	0	0	0	0	0	0												借				1	3	2	4	0	0	0	0
	30	转	4	领用材料																2	6	5	0	0	0	0	借				1	0	5	9	0	0	0	0
	30			本月合计					2	0	0	0	0	0	0					2	6	5	0	0	0	0	借				1	0	5	9	0	0	0	0

表 6.11 科目名称

库存商品

2010		记账凭证		摘要	借方											贷方											借或贷	余额										
月	日	字	号		亿	千	百	十	万	千	百	十	元	角	分	亿	千	百	十	万	千	百	十	元	角	分		亿	千	百	十	万	千	百	十	元	角	分
11	1			期初余额																							借				5	8	5	0	0	0	0	0
	30	转	6	结转销售产品成本															5	8	5	0	0	0	0	0	平									0		
	30	转	8	结转完工产品成本					8	5	5	0	0	0	0												借					8	5	5	0	0	0	0
	30			本月合计					8	5	5	0	0	0	0				5	8	5	0	0	0	0	0	借					8	5	5	0	0	0	0

表 6.12 科目名称

固定资产

2010年		记账凭证		摘要	借方											贷方											借或贷	余额										
月	日	字	号		亿	千	百	十	万	千	百	十	元	角	分	亿	千	百	十	万	千	百	十	元	角	分		亿	千	百	十	万	千	百	十	元	角	分
11	1			期初余额																							借					3	7	8	5	0	0	0
	28	付	8	购买计算机						6	5	0	0	0	0												借					3	7	9	1	5	0	0
	30			本月合计						6	5	0	0	0	0									0			借					3	7	9	1	5	0	0

表 6.13 科目名称

累计折旧

2010年		记账凭证		摘要	借方											贷方											借或贷	余额										
月	日	字	号		亿	千	百	十	万	千	百	十	元	角	分	亿	千	百	十	万	千	百	十	元	角	分		亿	千	百	十	万	千	百	十	元	角	分
11	1			期初余额																							贷				8	4	8	5	2	5	0	0
	29	转	3	计算折旧																	3	0	0	0	0	0	贷				8	5	1	5	2	5	0	0
	30			本月合计									0								3	0	0	0	0	0	贷				8	5	1	5	2	5	0	0

表 6.14 科目名称

短期借款

2010年		记账凭证		摘要	借方											贷方											借或贷	余额										
月	日	字	号		亿	千	百	十	万	千	百	十	元	角	分	亿	千	百	十	万	千	百	十	元	角	分		亿	千	百	十	万	千	百	十	元	角	分
11	1			期初余额																							贷					4	0	0	0	0	0	0
	1	收	2	向银行借款																3	0	0	0	0	0	0	贷					7	0	0	0	0	0	0
	30			本月合计									0							3	0	0	0	0	0	0	贷					7	0	0	0	0	0	0

表 6.15 科目名称

应付利息

2010年		记账凭证		摘要	借方											贷方											借或贷	余额										
月	日	字	号		亿	千	百	十	万	千	百	十	元	角	分	亿	千	百	十	万	千	百	十	元	角	分		亿	千	百	十	万	千	百	十	元	角	分
11	1			期初余额																							贷						1	8	0	0	0	0
	11	转	1	计算利息																	1	8	0	0	0	0	贷						3	6	0	0	0	0
	30			本月合计									0								1	8	0	0	0	0	贷						3	6	0	0	0	0

表 6.16　科目名称

应付职工薪酬

2010年		记账凭证		摘要	借方											贷方											借或贷	余额										
月	日	字	号		亿	千	百	十	万	千	百	十	元	角	分	亿	千	百	十	万	千	百	十	元	角	分		亿	千	百	十	万	千	百	十	元	角	分
11	1			期初余额																							平									0		
	5	付	3	发放工资					5	5	0	0	0	0	0												借				5	5	0	0	0	0	0	0
	30	转	5	核算工资																5	5	0	0	0	0	0	平									0		
	30			本月合计					5	5	0	0	0	0	0					5	5	0	0	0	0	0	平									0		

表 6.17　科目名称

应付账款

2010年		记账凭证		摘要	借方											贷方											借或贷	余额										
月	日	字	号		亿	千	百	十	万	千	百	十	元	角	分	亿	千	百	十	万	千	百	十	元	角	分		亿	千	百	十	万	千	百	十	元	角	分
11	1			期初余额																							贷					4	8	5	2	5	0	0
	9			付款					4	8	5	2	5	0	0									0			平									0		
	30			本月合计					4	8	5	2	5	0	0									0			平									0		

表 6.18　科目名称

应交税费

2010年		记账凭证		摘要	借方											贷方											借或贷	余额										
月	日	字	号		亿	千	百	十	万	千	百	十	元	角	分	亿	千	百	十	万	千	百	十	元	角	分		亿	千	百	十	万	千	百	十	元	角	分
11	1			期初余额																							贷					4	1	2	0	0	0	0
	2	收	3	销售															1	2	6	6	5	0	0	0	贷						1	6	7	8	5	0
	8	付	4	采购						3	4	0	0	0	0												贷						1	6	4	4	5	0
	15	转	2	销售																2	5	5	0	0	0	0	贷						1	8	9	9	5	0
	30	转	12	计算所得税																6	9	1	7	5	0	0	贷						2	5	9	1	2	5
	30			本月合计						3	4	0	0	0	0						2	2	1	3	2	5	贷						2	5	9	1	2	5

表6.19 科目名称

实收资本

2010年		记账凭证		摘要	借方											贷方											借或贷	余额										
月	日	字	号		亿	千	百	十	万	千	百	十	元	角	分	亿	千	百	十	万	千	百	十	元	角	分		亿	千	百	十	万	千	百	十	元	角	分
11	1			期初余额																							贷			2	8	0	0	0	0	0	0	0
	1	收	1	收到投资款															5	0	0	0	0	0	0	0	贷			3	3	0	0	0	0	0	0	0
	30			本月合计									0						5	0	0	0	0	0	0	0	贷			3	3	0	0	0	0	0	0	0

表6.20 科目名称

资本公积

2010年		记账凭证		摘要	借方											贷方											借或贷	余额										
月	日	字	号		亿	千	百	十	万	千	百	十	元	角	分	亿	千	百	十	万	千	百	十	元	角	分		亿	千	百	十	万	千	百	十	元	角	分
11	1			期初余额																							贷				1	6	5	0	0	0	0	0
	30			本月合计									0											0			贷				1	6	5	0	0	0	0	0

表6.21 科目名称

盈余公积

2010年		记账凭证		摘要	借方											贷方											借或贷	余额										
月	日	字	号		亿	千	百	十	万	千	百	十	元	角	分	亿	千	百	十	万	千	百	十	元	角	分		亿	千	百	十	万	千	百	十	元	角	分
11	1			期初余额																							贷				1	5	0	0	0	0	0	0
	30			本月合计									0											0			贷				1	5	0	0	0	0	0	0

表6.22 科目名称

本年利润

2010年		记账凭证		摘要	借方											贷方											借或贷	余额										
月	日	字	号		亿	千	百	十	万	千	百	十	元	角	分	亿	千	百	十	万	千	百	十	元	角	分		亿	千	百	十	万	千	百	十	元	角	分
11	1			期初余额																							贷				3	0	0	0	0	0	0	0
	30	转	9	结转收入															8	9	5	0	0	0	0	0	贷			1	1	9	5	0	0	0	0	0
	30	转	10	结转成本				5	8	5	0	0	0	0	0												贷				6	1	0	0	0	0	0	0
	30	转	11	结转费用					3	3	3	0	0	0	0												贷				5	7	6	7	0	0	0	0
	30	转	13	结转所得税					6	9	1	7	5	0	0												贷						5	0	7	5	2	5
	30			本月合计				6	8	7	4	5	4	0	0				8	9	5	0	0	0	0	0	贷						5	0	7	5	2	5

表 6.23　科目名称

利润分配

2010年		记账凭证		摘要	借方											贷方											借或贷	余额										
月	日	字	号		亿	千	百	十	万	千	百	十	元	角	分	亿	千	百	十	万	千	百	十	元	角	分		亿	千	百	十	万	千	百	十	元	角	分
11	1			期初余额																							贷				7	8	0	0	0	0	0	0
	30			本月合计									0											0			贷				7	8	0	0	0	0	0	0

表 6.24　科目名称

生产成本

2010年		记账凭证		摘要	借方											贷方											借或贷	余额										
月	日	字	号		亿	千	百	十	万	千	百	十	元	角	分	亿	千	百	十	万	千	百	十	元	角	分		亿	千	百	十	万	千	百	十	元	角	分
11	1			期初余额																							平									0		
	30	转	4	领用材料					2	2	5	0	0	0	0												借					2	2	5	0	0	0	0
	30	转	5	核算工资					3	5	0	0	0	0	0												借					5	7	5	0	0	0	0
	30	转	7	结转制造费用					2	8	0	0	0	0	0												借					8	5	5	0	0	0	0
	30	转	8	结转完工产品成本																8	5	5	0	0	0	0	平									0		
	30			本月合计					8	5	5	0	0	0	0					8	5	5	0	0	0	0	平									0		

表 6.25　科目名称

制造费用

2010年		记账凭证		摘要	借方											贷方											借或贷	余额										
月	日	字	号		亿	千	百	十	万	千	百	十	元	角	分	亿	千	百	十	万	千	百	十	元	角	分		亿	千	百	十	万	千	百	十	元	角	分
11	20	付	6	水电费					1	5	0	0	0	0	0												借					1	5	0	0	0	0	0
	29	转	3	计提折旧						2	0	0	0	0	0												借					1	7	0	0	0	0	0
	30	转	4	领用材料						3	0	0	0	0	0												借					2	0	0	0	0	0	0
	30	转	5	核算工资						8	0	0	0	0	0												借					2	8	0	0	0	0	0
	30	转	7	结转制造费用																2	8	0	0	0	0	0	平									0		
	30			本月合计					2	8	0	0	0	0	0					2	8	0	0	0	0	0	平									0		

表 6.26 科目名称

主营业务收入

2010年		记账凭证		摘要	借方											贷方											借或贷	余额										
月	日	字	号		亿	千	百	十	万	千	百	十	元	角	分	亿	千	百	十	万	千	百	十	元	角	分		亿	千	百	十	万	千	百	十	元	角	分
11	2	收	3	销售															7	4	5	0	0	0	0	0	贷				7	4	5	0	0	0	0	0
	15	转	2	销售															1	5	0	0	0	0	0	0	贷				8	9	5	0	0	0	0	0
	30	转	9	结转收入				8	9	5	0	0	0	0	0												平									0		
	30			本月合计				8	9	5	0	0	0	0	0				8	9	5	0	0	0	0	0	平									0		

表 6.27 科目名称

主营业务成本

2010年		记账凭证		摘要	借方											贷方											借或贷	余额										
月	日	字	号		亿	千	百	十	万	千	百	十	元	角	分	亿	千	百	十	万	千	百	十	元	角	分		亿	千	百	十	万	千	百	十	元	角	分
11	30	转	6	结转销售产品成本				5	8	5	0	0	0	0	0												贷				5	8	5	0	0	0	0	0
	30	转	10	结转成本															5	8	5	0	0	0	0	0	平									0		
	30			本月合计				5	8	5	0	0	0	0	0				5	8	5	0	0	0	0	0	平									0		

表 6.28 科目名称

管理费用

2010年		记账凭证		摘要	借方											贷方											借或贷	余额										
月	日	字	号		亿	千	百	十	万	千	百	十	元	角	分	亿	千	百	十	万	千	百	十	元	角	分		亿	千	百	十	万	千	百	十	元	角	分
11	2	付	1	办公费							5	0	0	0	0												贷							5	0	0	0	0
	20	付	6	水电费					1	5	0	0	0	0	0												贷					1	5	5	0	0	0	0
	29	转	3	计提折旧						1	0	0	0	0	0												贷							1	6	5	0	0
	30	转	4	领用材料						1	0	0	0	0	0												贷							1	7	5	0	0
	30	转	5	核算工资					1	2	0	0	0	0	0												贷					2	9	5	0	0	0	0
	30	转	11	结转费用																2	9	5	0	0	0	0	平									0		
	30			本月合计					2	9	5	0	0	0	0					2	9	5	0	0	0	0	平									0		

表 6.29　科目名称

销售费用

2010年		记账凭证		摘要	借方											贷方											借或贷	余额										
月	日	字	号		亿	千	百	十	万	千	百	十	元	角	分	亿	千	百	十	万	千	百	十	元	角	分		亿	千	百	十	万	千	百	十	元	角	分
	25	付	7	广告费						2	0	0	0	0	0												借						2	0	0	0	0	0
	30	转	11	结转费用																	2	0	0	0	0	0	平									0		
	30			本月合计						2	0	0	0	0	0												平									0		

表 6.30　科目名称

财务费用

2010年		记账凭证		摘要	借方											贷方											借或贷	余额										
月	日	字	号		亿	千	百	十	万	千	百	十	元	角	分	亿	千	百	十	万	千	百	十	元	角	分		亿	千	百	十	万	千	百	十	元	角	分
11	11	转	1	借款利息						1	8	0	0	0	0												借						1	8	0	0	0	0
	30	转	11	结转费用																	1	8	0	0	0	0	平									0		
	30			本月合计						1	8	0	0	0	0						1	8	0	0	0	0	平									0		

表 6.31　科目名称

所得税费用

2010年		记账凭证		摘要	借方											贷方											借或贷	余额										
月	日	字	号		亿	千	百	十	万	千	百	十	元	角	分	亿	千	百	十	万	千	百	十	元	角	分		亿	千	百	十	万	千	百	十	元	角	分
11	30	转	12	结算所得税							6	9	1	7	5												借							6	9	1	7	5
	30	转	13	结算所得税																		6	9	1	7	5	平									0		
	30			本月合计							6	9	1	7	5							6	9	1	7	5	平									0		

第 5 步:根据登记完毕的总分类账和明细分类账进行对账。

第 6 步:编制财务报表。月末,根据审核无误的总分类账户和部分明细分类账户的记录编制资产负债表、利润表和现金流量表等。

任务3 熟悉科目汇总表账务处理程序

6.3.1 科目汇总表账务处理程序

1)科目汇总表账务处理程序的特点

科目汇总表账务处理程序,又称记账凭证汇总表核算程序,是指根据原始凭证或原始凭证汇总表填制记账凭证后,再根据记账凭证定期汇总编制科目汇总表,最后根据科目汇总表登记总分类账的一种账务处理程序。其主要特点是根据记账凭证编制科目汇总表(亦称记账凭证汇总表),再根据科目汇总表登记总分类账。

科目汇总表账务处理程序是由记账凭证账务处理程序发展而来的,是目前使用的比较普遍的一种账务处理程序。

2)科目汇总表账务处理程序中涉及的凭证和账簿

采用科目汇总表账务处理程序,除了需要增设“科目汇总表”以外,其余如记账凭证的种类与格式、库存现金日记账、银行存款日记账、各种明细分类账和总分类账的设置等,均与记账凭证账务处理程序相同。

掌握科目汇总表账务处理程序的关键在于编制科目汇总表。编制科目汇总表的一般方法是:根据收款凭证、付款凭证、转账凭证(或通用凭证,下同),按照相同的科目按同方向的方式进行归类汇总,即定期对每一个会计科目的借方发生额和贷方发生额分别进行汇总,并将汇总的借方发生额和贷方发生额填入“科目汇总表”中同一科目的借方栏和贷方栏内;然后加计“科目汇总表”中全部科目的借方发生额合计数和贷方发生额合计数,并核对相等;最后,填写编表时间、所属记账凭证的起讫字号等内容。科目汇总表的编制期间应该根据会计单位业务量的多少来确定,一般是10天编制1次。科目汇总表编制好后,即可根据该表中各科目的借方发生额合计数和贷方发生额合计数登记有关总分类账户。科目汇总表的样式如表6.32所示。

3)科目汇总表账务处理程序的工作流程

科目汇总表账务处理程序如图6.3所示。

表 6.32　科目汇总表 1

年　　月　　　　　　　　　　　　单位:元

<table>
<tr><td rowspan="2">会计科目</td><td rowspan="2">总账页数</td><td colspan="2">1—10 日
凭证　号至　号止</td><td colspan="2">11—20 日
凭证　号至　号止</td><td colspan="2">21—31 日
凭证　号至　号止</td><td colspan="2">合　计</td></tr>
<tr><td>借　方</td><td>贷　方</td><td>借　方</td><td>贷　方</td><td>借　方</td><td>贷　方</td><td>借　方</td><td>贷　方</td></tr>
<tr><td></td><td></td><td></td><td></td><td></td><td></td><td></td><td></td><td></td><td></td></tr>
<tr><td></td><td></td><td></td><td></td><td></td><td></td><td></td><td></td><td></td><td></td></tr>
<tr><td></td><td></td><td></td><td></td><td></td><td></td><td></td><td></td><td></td><td></td></tr>
<tr><td>合　计</td><td></td><td></td><td></td><td></td><td></td><td></td><td></td><td></td><td></td></tr>
</table>

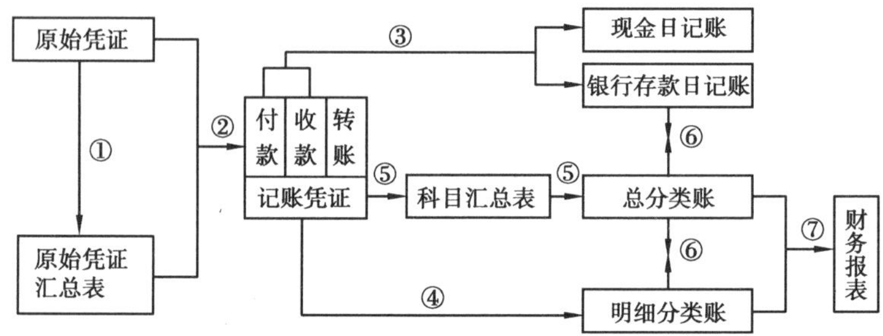

图 6.3　科目汇总表账务处理程序

①根据原始凭证编制原始凭证汇总表。

②根据原始凭证或原始凭证汇总表编制记账凭证(包括收款凭证、付款凭证和转账凭证)。

③根据收、付款凭证,逐日、逐笔登记现金日记账和银行存款日记账(做到“日清月结”)。

④根据记账凭证及其所附原始凭证或原始凭证汇总表逐笔登记各类明细分类账。

⑤根据各种记账凭证定期编制科目汇总表,再根据科目汇总表,登记总分类账。

⑥月末,将各类明细账的余额与总分类账的余额核对相符。

⑦月末,根据核对无误的账簿记录,编制财务报表。

4)科目汇总表账务处理程序的优缺点及适用范围

科目汇总表账务处理程序的特点是根据科目汇总表登记总分类账,其优点有两个。

①简化了登记总分类账的工作量。

②通过科目汇总表的编制,可以将会计科目本期借方、贷方发生额的合计数进行试算平衡,便于及时发现在填制会计凭证和汇总过程中出现的错误,从而确保登记总账的正确性,因而可以保证记账工作的质量。

其缺点是科目汇总表不按对应科目进行汇总,因此,不能反映各会计科目之间的对应关系,不利于对经济业务进行分析和检查。如果记账凭证较多,汇总编制科目汇总表的工作量也比较大;如果记账凭证较少,运用会计科目汇总表登记总分类账则起不到简化登记总账的效果。因此,科目汇总表账务处理程序主要适用于规模较大、业务量较多的单位。

6.3.2 科目汇总表账务处理程序案例

仍以万达公司11月份的经济业务为例,说明科目汇总表账务处理程序的核算过程和处理方法。

第1步:根据发生经济业务的原始凭证编制记账凭证。处理方法同记账凭证账务处理程序。

第2步:根据审核无误的记账凭证登记日记账和明细分类账。处理方法同记账凭证账务处理程序。

第3步:定期根据记账凭证编制科目汇总表,如表6.33所示。

表6.33 科目汇总表2

年 月　　　　单位:元

会计科目	总账页数	1—10日 凭证 号至 号止		11—20日 凭证 号至 号止		21—31日 凭证 号至 号止		合 计	
		借 方	贷 方	借 方	贷 方	借 方	贷 方	借 方	贷 方
库存现金		55 000	55 500	—	—	—	—	55 000	55 500
银行存款		140 165	126 925	—	3 000	175 500	8 500	1 577 150	165 245
应收账款		—	—	175 500	—	—	175 500	175 500	175 500
原材料		20 000	—	—	—	—	26 500	20 000	26 500
库存商品		—	—	—	—	85 500	585 000	85 500	585 000
固定资产		—	—	—	—	6 500	—	6 500	—
累计折旧		—	—	—	—	—	3 000	—	3 000

续表

会计科目	总账页数	1—10日 凭证 号至 号止		11—20日 凭证 号至 号止		21—31日 凭证 号至 号止		合 计	
		借 方	贷 方	借 方	贷 方	借 方	贷 方	借 方	贷 方
短期借款		—	30 000	—	—	—	—	—	30 000
应付账款		48 525	—	—	—	—	—	48 525	—
应交税费		3 400	126 650	—	25 500	—	69 175	3 400	221 325
应付职工薪酬		55 000	—	—	—	—	55 000	55 000	55 000
应付利息		—	—	—	1 800	—	—	—	1 800
实收资本		—	500 000	—	—	—	—	—	500 000
本年利润		—	—	—	—	687 454	895 000	687 454	895 000
生产成本		—	—	15 000	—	85 500	85 500	85 500	85 500
制造费用		—	—	—	—	13 000	28 000	28 000	28 000
主营业务收入		—	745 000	—	150 000	895 000		895 000	895 000
主营业务成本		—	—	—	—	585 000	585 000	585 000	585 000
管理费用		500	—	1 500	—	14 000	29 500	29 500	29 500
销售费用		—	—	—	—	2 000	2 000	2 000	2 000
财务费用		—	—	1 800	—	—	1 800	1 800	1 800
所得税费用		—	—	—	—	69 175	69 175	69 175	69 175
合 计		1 584 075	1 584 075	207 300	207 300	2 662 922	2 662 922	4 454 297	4 454 297

第4步:根据科目汇总表登记总分类账,以库存现金和银行存款两个账户为例说明登记总分类账的具体方法,如表6.34和表6.35所示。

表6.34 科目名称

库存现金

2010年		记账凭证	摘 要	借 方											贷 方											借或贷	余 额										
月	日	字号		亿	千	百	十	万	千	百	十	元	角	分	亿	千	百	十	万	千	百	十	元	角	分		亿	千	百	十	万	千	百	十	元	角	分
11	1		期初余额																							借							7	5	0	0	0
	10	科汇	1—10日科目汇总					5	5	0	0	0	0	0					5	5	5	0	0	0	0	借							2	5	0	0	0
	30		本月合计					5	5	0	0	0	0	0					5	5	5	0	0	0	0	借							2	5	0	0	0

表6.35 科目名称

银行存款

2010年		记账凭证字号	摘要	借方											贷方											借或贷	余额										
月	日			亿	千	百	十	万	千	百	十	元	角	分	亿	千	百	十	万	千	百	十	元	角	分		亿	千	百	十	万	千	百	十	元	角	分
11	1		期初余额																							借				5	9	3	9	0	0	0	0
	10	科汇	1—10日科目汇总			1	4	0	1	6	5	0	0	0				1	2	6	9	2	5	0	0	借			1	8	6	8	6	2	5	0	0
	20	科汇	11—20日科目汇总																3	0	0	0	0	0	0	借			1	8	3	8	6	2	5	0	0
	30	科汇	21—31日科目汇总				1	7	5	5	0	0	0	0						8	5	0	0	0	0	借			2	0	0	5	6	2	5	0	0
	30		本月合计			1	5	7	7	1	5	0	0	0				1	6	5	4	2	5	0	0	借			2	0	0	5	6	2	5	0	0

第5步:根据登记无误的账簿记录进行对账和编制会计报表。处理方法同记账凭证账务处理程序。

账务处理程序
- 理解账务处理程序
  - 账务处理程序的意义
  - 账务处理程序的种类
- 熟悉记账凭证账务处理程序
  - 记账凭证的账务处理
  - 记账凭证账务处理程序的案例
- 熟悉科目汇总表账务处理程序
  - 科目汇总表的账务处理程序
  - 科目汇总表账务处理程序的案例

一、思考题

1. 科学合理地设计账务处理程序有何意义?
2. 账务处理程序的确定,一般应符合哪几点要求?
3. 记账凭证账务处理程序的主要特点是什么?该账务处理程序的记账程

序和方法是怎样的?它具有哪些优缺点?

4. 科目汇总表账务处理程序的主要特点是什么?该账务处理程序的记账程序和方法是怎样的?它具有哪些优缺点?

二、判断题

1. 记账凭证账务处理程序的特点是直接根据汇总记账凭证逐笔登记总分类账和明细分类账,它是最基本的账务处理程序。 ( )

2. 编制财务会计报告是企业账务处理程序的组成部分。 ( )

3. 各种账务处理程序之间的主要区别在于登记总账的依据和方法不同。 ( )

4. 科目汇总表可以采用全部汇总和分类汇总两种汇总方式,但任何格式的科目汇总表都不能反映账户之间的对应关系。 ( )

5. 采用科目汇总表账务处理程序,总分类账、明细账和日记账均应根据科目汇总表登记。 ( )

6. 科目汇总表账务处理程序的缺点是不便于查对账目。 ( )

三、单项选择题

1. ( )是账务处理程序中最基本的形式。

A. 记账凭证账务处理程序

B. 科目汇总表账务处理程序

C. 汇总记账凭证账务处理程序

D. 多栏式日记账账务处理程序

2. 记账凭证账务处理程序的主要特点是根据( )登记总账。

A. 记账凭证

B. 原始凭证汇总表

C. 汇总记账凭证

D. 科目汇总表

3. 科目汇总表的缺点主要是不能反映( )。

A. 账户借方、贷方发生额

B. 账户借方、贷方余额

C. 账户对应关系

D. 各账户借方、贷方发生额合计

4. 科目汇总表账务处理程序适用于( )。

A. 业务量少的单位

B. 业务量较多的单位

C. 企业单位

D. 行政单位

四、多项选择题

1. 以下属于科目汇总表账务处理程序的优缺点的是(　　)。

A. 总账能比较详细地反映经济业务的内容

B. 科目汇总表不能反映会计科目的对应关系

C. 可以大大减轻登记总账的工作量

D. 科目汇总表还能起到试算平衡的作用

2. 账务处理程序的内容包括(　　)。

A. 账簿组织　　B. 记账程序　　C. 成本计算　　D. 报表分析

3. 记账凭证账务处理程序的缺点是(　　)。

A. 核算程序复杂

B. 不便于对账和查账

C. 登记总分类账的工作量大

D. 不便于总分类账与明细分类账的分工协作

4. 记账凭证汇总表账务处理程序的优点有(　　)。

A. 根据记账凭证汇总表登记总账,能大大减轻总账登记的工作量

B. 能进行登账前的试算平衡

C. 能清晰地反映账户之间的对应关系

D. 便于对账和查账

五、业务题

目的:练习科目汇总表账务处理程序。

1. 中兴公司 2010 年 9 月初有关科目的余额如表 6.36 所示:

“生产成本”明细账的期初余额如表 6.37 所示:

2. 中兴公司 2010 年 9 月份发生如下经济业务:

①1 日,取得短期借款 150 000 元,存入银行。

②2 日,购进甲材料 2 500 千克,单价为 10 元/千克,计 25 000 元,增值税率 17%,全部款项以存款支付。

③2 日,销售 A 产品 1 200 盒,单价为 150 元/盒,计 180 000 元,增值税率 17%,全部款项已收回入账。

表 6.36　中兴公司信息　　单位:元

会计科目	借方余额	贷方余额
库存现金	600.00	
银行存款	639 600.00	
应收账款	88 700.00	
其中:大发公司	48 700.00	
全顺公司	40 000.00	
其他应收款	680.00	
其中:王云	680.00	
原材料	86 700.00	
其中:甲材料 6 000 千克	61 500.00	
乙材料 4 000 千克	25 200.00	
库存商品	510 000.00	
其中:A 产品 3 000 盒	330 000.00	
B 产品 2 000 盒	180 000.00	
固定资产	690 000.00	
累计折旧		206 200.00
短期借款		450 000.00
应付账款		73 000.00
其中:西康工厂		73 000.00
应付职工薪酬		86 792.00
应交税费		84 000.00
应付利息		8 288.00
实收资本		862 000.00
盈余公积		109 000.00
本年利润		257 000.00
生产成本	120 000.00	
其中:A 产品	78 000.00	
B 产品	42 000.00	
合　计	2 136 280.00	2 136 280.00

表 6.37　生产成品明细账　　单位:元

产品名	直接材料	直接人工	制造费用	合　计
A 产品	34 000	29 000	15 000	78 000
B 产品	17 000	16 000	9 000	42 000

④3 日,通过银行发放职工工资 70 000 元。

⑤4 日,李明因公出差预借差旅费 1 000 元,以现金支票付讫。

⑥5 日,收回大发公司的货款 48 700 元,存入银行。

⑦6 日,向全顺公司销售 B 产品 500 盒,单价为 120 元/盒,计 60 000 元,增值税率 17%,款项尚未收回。

⑧6 日,从东丰工厂购进乙材料 2 000 千克,单价为 6.20 元/千克,增值税率 17%,款项尚未支付。

⑨7 日,以存款支付修理费 3 200 元,其中:生产车间 2 700 元,行政管理部门 500 元。

⑩8 日,以存款 3 600 元支付广告费用。

⑪9 日,购进甲材料 1 500 千克,单价为 11 元/千克,计 16 500 元,增值税率 17%,全部款项以存款支付。

⑫10 日,结转上述甲、乙材料的采购成本。

⑬12 日,李明出差归来报销差旅费 950 元,退回剩余现金 50 元。

⑭13 日,以存款支付前欠西康工厂的款项 73 000 元。

⑮14 日,以存款支付电费 2 600 元,其中:生产车间 1 680 元,行政管理部门 920 元。

⑯18 日,购置设备 1 台,价值 30 000 元。

⑰19 日,从银行提取现金 800 元备用。

⑱20 日,以存款支付业务招待费 12 000 元。

⑲20 日,接银行付息通知,第三季度应付短期借款利息 12 800 元,企业在 7、8 月份已预提利息共 8 288 元。

⑳22 日,以存款购办公用品 270 元,其中:生产车间 120 元,行政管理部门 150 元。

㉑25 日,以存款 5 000 元对外捐赠。

㉒30 日,本月领用材料汇总如表 6.38 所示。

表 6.38 材料领用单

部 门	甲材料		乙材料	
	数量/千克	金额/元	数量/千克	金额/元
A 产品	4 272	44 000	3 015	18 900
B 产品	3 204	33 000	2 010	12 600
生产车间	854	8 800	805	5 040
行政管理部门	214	2 200		

㉓30 日，计提本月固定资产折旧 7 810 元，其中：生产车间 4 540 元，行政管理部门 3 270 元。

㉔30 日，分配本月职工工资：生产 A 产品工人工资 36 000 元、生产 B 产品工人工资 24 000 元、车间管理人员工资 4 000 元、行政管理人员工资 6 000 元。

㉕30 日，按工资总额的 14% 计提职工福利费。

㉖30 日，按 A、B 产品的生产工时比例分配结转本月的制造费用，其中：A 产品的生产工时为 700 小时，B 产品的生产工时为 300 小时。

㉗30 日，结转本月完工产品成本，其中：A 产品全部完工，产量 1 600 盒，B 产品尚未完工。

㉘30 日，结转本月销售产品的成本，其中：A 产品的单位生产成本 110 元，B 产品的单位生产成本 90 元。

㉙30 日，按规定计缴本月销售税金 2 360 元。

㉚30 日，结转本期损益。

要求：采用科目汇总表账务处理程序对中兴公司 2010 年 9 月份的经济业务进行账务处理。

模块3 基于会计工作过程的实务处理

基于会计工作过程的实务处理模块，以实际会计工作过程为导向来组织教学，结合建账→日常业务处理→期末业务处理整个会计工作过程，通过会计核算技能训练，有助于缩短学生会计顶岗适应期。

项目7　建立账簿体系

知识目标

1. 了解会计循环包括的各阶段的工作内容；
2. 掌握期初建账的业务流程。

技能目标

1. 根据企业经济业务正确选择账簿和设置账簿；
2. 按照规范要求进行期初建账。

导学案例

2011 年 12 月 7 日，榕星公司的高山(此前，高山已于2011 年 8 月 1 日开始担任了 4 个月的出纳员。当时的启用财务负责人为金文涛，此前的出纳员为侯玉霞)被调离了出纳岗位，接任材料会计工作，新接任出纳工作的是何丽，前任材料会计为谢光华。高山和谢光华对各自的原工作做了他们认为必要的处理，并办理了交接手续，办理完交接手续后库存现金日记账和材料明细账的扉页资料如表 7.1 所示：

表 7.1　账簿启用与经管人员一览表

单位名称	榕星公司
账簿名称	库存现金日记账
册次及起止页数	自壹页起至壹百页止共壹百页
启用日期	2011 年 1 月 1 日
停用日期	年　月　日

续表

经管人员姓名	接管日期	交出日期	经管人员盖章	会计主管人员盖章
高山	2011年8月1日	2011年12月7日	高山、何丽	金文涛
	年 月 日	年 月 日		
	年 月 日	年 月 日		
	年 月 日	年 月 日		
	年 月 日	年 月 日		
备 考			单位公章	
			羽飞公司财务专用章	

账簿启用与经管人员一览表

单位名称	榕星公司			
账簿名称	原材料明细账			
册次及起止页数	自壹页起至 页止共 页			
启用日期	2011年1月1日			
停用日期	年 月 日			
经管人员姓名	接管日期	交出日期	经管人员盖章	会计主管人员盖章
谢光华	2011年3月5日	2011年12月7日	谢光华	金文涛
高山	2011年12月7日	2011年12月31日	高山	金文涛
	年 月 日	年 月 日		
	年 月 日	年 月 日		
	年 月 日	年 月 日		
备 考			单位公章	
			榕星公司财务专用章	

思考与讨论

1. 现金日记账和材料明细账的扉页填写内容是否正确？

2. 账簿的扉页上是否详尽记录相关交接内容，履行相关交接手续？

3. 针对存在的问题应如何更正和完善。

会计循环

会计工作具有明显的阶段性，具体可以划分为建账、日常业务处理和期末业务处理3个阶段，每一阶段都有其特定的工作内容。

建账是根据企业具体行业要求和未来可能发生的经济业务，设置账簿，并将相关账户期初余额登记入账，从而为具体会计核算工作做好准备。建账主要在两种情况下进行：一是在一个会计主体设立时，根据相关规定从事生产、经营的企业应自领取营业执照之日起15日内设置账簿；二是在一个会计年度结束，新会计年度开始时，必须更换旧账簿，设置新账簿。即：期初业务包括更换账簿、启用账簿和设置账簿3项工作。

日常业务处理是根据实际发生的会计事项，采用复式记账的方法，收集、整理、分类、汇总会计信息，为期末处理提供依据。其基本步骤为：当经济业务发生或完成时，由相关业务人员填制或取得原始凭证，交会计人员对原始凭证审核无误后，据以编制记账凭证，再采用一定的方法和程序记入日记账、明细账和总分类账。即：会计工作的日常业务处理主要包括填制、审核原始凭证；填制记账凭证和登记账簿3个环节。

填制与审核原始凭证环节主要包括填制自制原始凭证和审核外来原始凭证两项工作。

填制记账凭证环节主要就是根据审核后原始凭证对经济业务进行确认，并按照规则填制记账凭证。

登记账簿环节就是采用一定的方法和程序将经济业务记入日记账、明细账和总分类账。具体而言包括日记账的登记、明细账的登记、科目汇总表的编制和总账的登记几个环节。

期末业务处理是在日常处理的基础上，对会计资料进行进一步加工整理，并编制会计报表。其基本步骤为：根据权责发生制，对本期的收入和费用进行调整；计算并结转存货出入库成本；根据会计分期的要求，结转损益、确认本期财务成果；在对账无误后，进行结账并根据相关账簿记录编制会计报表。

在下一会计期间，又循着日常处理和期末处理的步骤依次进行，如此循环往复，周而复始，我们把每一会计期间不断往复、依次进行的账务处理步骤称为会计循环。

任务1 掌握新成立企业的建账

7.1.1 选择适用会计核算制度

根据企业的规模等，选择适用《企业会计准则》《企业会计制度》或《小企业会计制度》

7.1.2 购买账簿

制造企业由于会计核算涉及内容多，既有成本归集与计算问题，又有成本管理的要求，所以制造企业建账是最复杂的，一般而言，制造企业应设置的账簿有：

1）库存现金日记账

一般企业只设1本库存现金日记账。但如有外币，则应就不同的币种分设库存现金日记账。

2）银行存款日记账

一般应根据每个银行账号单独设立1本账。如果企业只有1个基本账户，则就设1本银行存款日记账。

库存现金日记账和银行存款日记账均应使用订本账。根据单位业务量大小可以选择购买100页的或200页的。

3）总分类账

一般企业只设1本总分类账。外形使用订本账，根据单位业务量大小可以选择购买100页的或200页的。这1本总分类账包含企业所设置的全部账户的总括信息。

4）明细分类账

明细分类账要使用活页的，所以不能直接买到现成的。存货类的明细账要用数量金额式的账页;收入、费用、成本类的明细账要用多栏式的账页;应交增值税的明细账专有账页;其他的基本全用三栏式账页。因此,要分别购买这4种账页,根据所需每种格式账页大概页数分别取部分出来,外加明细账封皮及经管人员一览表,再用装订钉或以鞋带系上即可。

当然,本数的多少是根据单位业务量等情况而定。业务简单且很少的企业可以把所有的明细账户设在1本明细账上;业务多的企业可根据需要分别就资产、权益、损益类分3本明细账;也可单独就存货、往来各设1本,无固定情况,完全视企业管理需要来设。

另外,有些大公司固定资产明细账用卡片账。一般小公司都是和其他资产类合在一起。

7.1.3 选择会计科目

可以参照会计核算制度指南中的会计科目,结合自己单位所属行业及企业管理需要,依次从资产类、负债类、所有者权益类、成本类、损益类中选择出应设置的会计科目。

7.1.4 填制账簿内容

1)封皮

2)扉页

或使用登记表,明细账中称经管人员一览表。

①单位或使用者名称,即会计主体名称,与公章内容一致。

②印鉴,即单位公章。

③使用账簿页数,在本年度结束(12月31日)据实填写。

④经管人员,盖相关人员个人名章。另外记账人员更换时,应在交接记录中填写交接人员姓名、经管及交出时间和监交人员职务、姓名。

⑤粘贴印花税票并划双横线,除实收资本、资本公积按万分之五贴花,其他账簿均按5元每本贴花。

另外,如果明细账分若干本的话,还需在经管人员一览表中填列账簿名称。

3)总分类账的账户目录

总分类账外形采用订本式,印刷时已事先在每页的左上角或右上角印好页码。但由于所有账户均须在一本总账上体现,故应给每个账户预先留好页码。如"库存现金"用第1、2页,"银行存款"用第3,4,5,6页,根据单位具体情况设置。并要把科目名称及其页次填在账户目录中。

明细分类账由于采用活页式账页，在年底归档前可以增减账页，故不用非常严格的预留账页。

现金或银行存款日记账各自登记在一本上，故不存在预留账页的情况。

4）账页（不存在期初余额）

库存现金和银行存款日记账不用对账页特别设置。

（1）总账账页

按资产、负债、所有者权益、成本、收入、费用的顺序把所需会计科目名称写在左上角或右上角的横线上，或直接加盖科目章。

（2）明细账账页

按资产、负债、所有者权益、成本、收入、费用的顺序把所需会计科目名称写在左（右）上角或中间的横线上，或直接加盖科目章，包括根据企业具体情况分别设置的明细科目名称，另外对于成本、收入、费用类明细账还需以多栏式分项目列示，如“管理费用”借方要分成：办公费、交通费、电话费、水电费、工资等项列示，具体的是按企业管理需要，即费用的分析项目列示，每个企业可以不相同。

另外，为了查找、登记方便，在设置明细账账页时，每一账户的第一张账页外侧粘贴口取纸，并各个账户错开粘贴。当然口取纸上也要写出会计科目名称，一般只写一级科目。另外，也可将资产、负债、所有者权益、收入、费用按红、蓝不同颜色区分开。

任务2 掌握企业年初建账

企业成立第二年或以后年度，即年初建账。

根据我国会计档案管理的要求，会计凭证、会计账簿和会计报表等资料应作为会计档案分期整理归档，会计账簿一般要按年更换，因此，在新的会计年度开始时，将上年度的会计账簿归档保管，开设出新的账簿，将上年的相关账簿资料结转入新账簿，使新旧年度的会计资料在账簿中衔接起来。结转时，将有余额的账户的余额直接记入新账簿中相对应的账户中的余额栏内，不需要编制记账凭证，也不必将余额再记入本年账户的借方或贷方。

在启用新的会计账簿时，应按照账簿启用的规则填写账簿使用登记表，并认真填写账簿的扉页和目录。

在设置账簿环节时，应根据要求开设相关账页，录入期初余额，并进行试算平衡。

年初，新建账簿主要有：

(1)总账；(2)日记账：日记账包括库存现金日记账和银行存款日记账等；(3)三栏式明细账：如，实收资本明细账、短期借款明细账、长期借款明细账、资本公积明细账等；(4)收入、费用(损益类)明细账。

跨年使用的账簿有：

(1)卡片式账簿：如，固定资产卡片等；(2)数量金额式明细账：如，仓库保管员登记的数量金额式材料明细账、库存商品明细账等；(3)备查账：如，租入固定资产备查账，受托加工材料物资备查账等。这些账簿主要记录跨年租赁业务或受托加工业务的会计信息，为便于管理，该类账簿可以连续使用；(4)债权债务明细账(也称为往来明细账)：一些单位债权债务较多，如果更换一次新账，抄写一遍的工作量较大，可以跨年使用，不必每年更换。但是，如果债权债务尚未结算的部分较少，单位应及时将未结算的债权债务转入下年新设“债权债务明细账”中。

年初建账步骤包括启用账簿、设置总分类账户、日记账和明细分类账户、登记期初余额、试算平衡、填写账户目录几个环节。

7.2.1 启用账簿

1)填写“账簿启用表”

每本账簿的扉页均附有“账簿启用表”，内容包括单位名称、账簿名称、账簿号码、账簿页数、启用日期、单位负责人、单位主管财会工作负责人、会计机构负责人、会计主管人员等，启用账簿时，应填写表内各项内容，并在单位名称处加盖公章、各负责人姓名后加盖私章。

启用订本式账簿，应当从第一页到最后一页顺序编定页数，不得跳页、缺号。使用活页式账页，应当按账户顺序编号，并定期装订成册。装订后再按实际使用的账页顺序编定页码，另加目录，标明每个账户的名称和页次。

2）填写“经管本账簿人员一览表”

账簿经管人员是指负责登记使用该账簿的会计人员，当账簿的经管人员调动工作时，应办理交接手续，填写该表中的账簿交接内容，并由交接双方人员及监交人共同签名或盖章。

3）粘贴印花税票

根据税法相关规定，企业会计账簿中的资金账簿，即反映企业实收资本和资本公积金额增减变化的账簿，按以下方法贴花：在企业设立初次建账时，按实收资本和资本公积金额的0.5‰贴花；次年度实收资本与资本公积未增加的，不再计算贴花，实收资本与资本公积增加的，就其增加部分按0.5‰税率补贴印花。其他会计账簿，每本应粘贴5元面值的贴花。

印花税票粘贴在账簿扉页的右下角“印花粘贴处”框内，并在印花税票中间画几条平行横线即行注销，注销标记应与骑缝处相交。若企业使用缴款书缴纳印花税，应在账簿扉页的“印花粘贴处”框内注明“印花税已缴”以及缴款金额。

7.2.2　设置账簿

1）设置总分类账户

总分类账簿中包括本企业使用的全部总分类账户，因此需指定每一总分类账户在总分类账簿中的登记账页，在相应账页的“会计科目及编号”栏处填写指定登记账户的名称及编码。

由于总分类账采用的是订本式账簿，为了便于账户的查找，各总账账户的排列顺序应有一定的规律，一般应按会计科目表中编码顺序排列，因此，只要本单位会计核算涉及的总账账户，不论期初是否有余额，都需在总账中设置出相应账户，并根据实际需要预留账页。

2）设置日记账

库存现金日记账按现金的币种分别开设账户，银行存款日记账按单位在银行开立的账户和币种开设账户，每一账户要预留账页。因外币现金和银行存款需采用包含原币信息的复币账页，因此，本位币与外币现金、银行存款分别开设账簿。

3）设置明细账户

对于有期初余额的三栏式明细分类账户，如应收账款、其他应收款、长期待摊费用、短期借款、应付账款、应付职工薪酬、应付利息、应交税费、长期借款、实收资本、盈余公积、利润分配等账户应对应账户进行设置。其他无期初余额的明细账户暂不设置。

开设明细账户时，首先在选定明细账页上方填写该明细账户所属总分类科目名称、明细科目名称、明细科目编码及该明细账户当前页码。

活页式账簿内账页事先未印制固定页码，由企业根据使用情况填写。每一账页均有两个页码：

①“第　页”（“分第　页”），指按明细分类账户对账页所进行的编码，即该账页为该明细分类账户的第几页，在启用新账页时进行编码。如开设“应收账款——福州福兴有限公司”账户时，选定的账页为该账户的“第1页”，该页登记满，转入下页继续登记时，下页即为该账户的“第2页”。

②“连续　页”（“总第　页”），指不区分明细分类账户，对账簿中包含的账页按排列顺序进行的编码，即该账页为该明细账簿中的第几页。由于活页账在使用过程中会根据需要对账页进行增减，以及调整账页的顺序，所以该编码在年度结束时，将账簿中空白账页抽出，并对账页顺序进行整理后填写。

由于活页账簿中账页数量和位置的可变性，账簿登记过程中不能通过账户目录来查找账户，因此，为了便于账户查找，在每个账户首页上加贴口取纸标签。

由于应交增值税明细账是专用账簿，用以登记应交增值税的增减变化情况。因此，无须再进行账户设置，在启用账簿后，将应交增值税账户的期初余额记入账簿即可。

生产成本明细账用以登记各成本核算对象的实际生产成本，按产品品种开设明细分类账户，对每种产品设置直接材料、直接人工及制造费用3个成本构成项目。开设时，在选定的账页左上方填入总账科目、产品名称、规格型号及计量单位等资料，并填写账页编码。

普通多栏式明细分类账主要用来登记制造费用及各损益类账户，这些账户一般没有期初余额。开设账户时，首先将总分类科目填入账户的“科目名称”栏；然后确定多栏方向并写入栏目上方，一般将该账户登记增加的一方设为多栏方向，如“制造费用”和损益类中的费用账户设借方多栏，损益类中的收入账户设贷方多栏；最后将所属明细科目作为账户中栏目名称写入各栏目，注意将第一栏设为“合计”栏。

4)设置备查账簿

设置备查账簿一本，用以登记租入的行政办公用房相关信息，该账簿没有固定的账本形式和账页格式,企业可以根据实际情况选择适用账簿。

另外,企业在经营过程中涉及应收票据的,还应设"应收票据备查簿",逐笔登记商业汇票的种类、号数和出票日、票面金额、交易合同号和付款人、承兑人、背书人的姓名或单位名称、到期日、背书转让日、贴现日、贴现率和贴现净额以及收款日和收回金额、退票情况等资料。商业汇票到期结清票款或退票后,在备查簿中注销。

企业在经营过程中涉及应付票据的,应设"应付票据备查簿",详细登记商业汇票的种类、号数和出票日期、到期日、票面金额、交易合同号和收款人姓名或单位名称以及付款日期和金额等资料。应付票据到期结清时,在备查簿中注销。

7.2.3 登记期初余额

1)总账账户期初余额的登记

对于有期初余额的总账账户,根据相关资料登记账户记录。在该账户账页的第一行日期栏中填入期初的日期,在摘要栏填入"期初余额"(年度更换新账簿时填入"上年结转"),在借贷方向栏标明余额的方向,在余额栏填入账户的期初余额。对于没有余额的总账账户,无须特别标示其余额为零,如表7.2所示。

2)日记账期初余额的登记

对于有期初余额的"库存现金"日记账,根据相关资料在账户中登记期初余额;如表7.3所示有期初余额的"银行存款"日记账,根据相关资料在账户中登记期初余额,如表7.4所示。

3)明细账账户期初余额的登记

明细分类账一般采用活页式账簿,有三栏式、数量金额式及多栏式多种账页格式,相同格式的账页装订成本。

三栏式和数量金额式明细分类账户,根据相关资料在明细分类账户中登记期初余额。

生产成本明细账的期初余额,根据相关资料将该种产品期初在产品成本登记入账。登记时,在"合计栏"中填入期初总成本,在"直接材料""直接人工"和"制造费用"栏中填入各成本构成项目金额。

明细账账户期初余额的登记举例如表7.5、表7.6、表7.7和表7.8所示。

表 7.2 总分类账

会计科目及编号 库存现金 1001

第 1 页

×年		凭证字号	摘要	借方											√	贷方											√	借或贷	余额										
月	日			亿	千	百	十	万	千	百	十	元	角	分		亿	千	百	十	万	千	百	十	元	角	分			亿	千	百	十	万	千	百	十	元	角	分
12	1		期初余额																									借						4	1	4	0	0	0

表 7.3 库存现金日记账

第 1 页

<table>
<tr><th colspan="2">×年</th><th rowspan="2">凭证字号</th><th rowspan="2">摘　要</th><th rowspan="2">对应科目</th><th colspan="11">借　方</th><th colspan="11">贷　方</th><th rowspan="2">借或贷</th><th colspan="11">余　额</th><th rowspan="2">√</th></tr>
<tr><th>月</th><th>日</th><th>亿</th><th>千</th><th>百</th><th>十</th><th>万</th><th>千</th><th>百</th><th>十</th><th>元</th><th>角</th><th>分</th><th>亿</th><th>千</th><th>百</th><th>十</th><th>万</th><th>千</th><th>百</th><th>十</th><th>元</th><th>角</th><th>分</th><th>亿</th><th>千</th><th>百</th><th>十</th><th>万</th><th>千</th><th>百</th><th>十</th><th>元</th><th>角</th><th>分</th></tr>
<tr><td>12</td><td>1</td><td></td><td>期初余额</td><td></td><td></td><td></td><td></td><td></td><td></td><td></td><td></td><td></td><td></td><td></td><td></td><td></td><td></td><td></td><td></td><td></td><td></td><td></td><td></td><td></td><td></td><td></td><td></td><td></td><td></td><td></td><td></td><td></td><td>4</td><td>1</td><td>4</td><td>0</td><td>0</td><td>0</td><td></td></tr>
<tr><td></td><td></td><td></td><td></td><td></td><td></td><td></td><td></td><td></td><td></td><td></td><td></td><td></td><td></td><td></td><td></td><td></td><td></td><td></td><td></td><td></td><td></td><td></td><td></td><td></td><td></td><td></td><td></td><td></td><td></td><td></td><td></td><td></td><td></td><td></td><td></td><td></td><td></td><td></td><td></td></tr>
<tr><td></td><td></td><td></td><td></td><td></td><td></td><td></td><td></td><td></td><td></td><td></td><td></td><td></td><td></td><td></td><td></td><td></td><td></td><td></td><td></td><td></td><td></td><td></td><td></td><td></td><td></td><td></td><td></td><td></td><td></td><td></td><td></td><td></td><td></td><td></td><td></td><td></td><td></td><td></td><td></td></tr>
<tr><td></td><td></td><td></td><td></td><td></td><td></td><td></td><td></td><td></td><td></td><td></td><td></td><td></td><td></td><td></td><td></td><td></td><td></td><td></td><td></td><td></td><td></td><td></td><td></td><td></td><td></td><td></td><td></td><td></td><td></td><td></td><td></td><td></td><td></td><td></td><td></td><td></td><td></td><td></td><td></td></tr>
<tr><td></td><td></td><td></td><td></td><td></td><td></td><td></td><td></td><td></td><td></td><td></td><td></td><td></td><td></td><td></td><td></td><td></td><td></td><td></td><td></td><td></td><td></td><td></td><td></td><td></td><td></td><td></td><td></td><td></td><td></td><td></td><td></td><td></td><td></td><td></td><td></td><td></td><td></td><td></td><td></td></tr>
<tr><td></td><td></td><td></td><td></td><td></td><td></td><td></td><td></td><td></td><td></td><td></td><td></td><td></td><td></td><td></td><td></td><td></td><td></td><td></td><td></td><td></td><td></td><td></td><td></td><td></td><td></td><td></td><td></td><td></td><td></td><td></td><td></td><td></td><td></td><td></td><td></td><td></td><td></td><td></td><td></td></tr>
<tr><td></td><td></td><td></td><td></td><td></td><td></td><td></td><td></td><td></td><td></td><td></td><td></td><td></td><td></td><td></td><td></td><td></td><td></td><td></td><td></td><td></td><td></td><td></td><td></td><td></td><td></td><td></td><td></td><td></td><td></td><td></td><td></td><td></td><td></td><td></td><td></td><td></td><td></td><td></td><td></td></tr>
<tr><td></td><td></td><td></td><td></td><td></td><td></td><td></td><td></td><td></td><td></td><td></td><td></td><td></td><td></td><td></td><td></td><td></td><td></td><td></td><td></td><td></td><td></td><td></td><td></td><td></td><td></td><td></td><td></td><td></td><td></td><td></td><td></td><td></td><td></td><td></td><td></td><td></td><td></td><td></td><td></td></tr>
</table>

表 7.4 银行存款日记账

第 1 页

开户银行工行鼓楼支行

账 号1486752

×年		凭证字号	银行凭证	摘要	对应科目	借方											贷方											借或贷	余额											√
月	日					亿	千	百	十	万	千	百	十	元	角	分	亿	千	百	十	万	千	百	十	元	角	分		亿	千	百	十	万	千	百	十	元	角	分	
12	1			期初余额																								借				2	0	1	2	0	0	0	0	

表 7.5 明细分类账

总第 1 页 分第 1 页

科目编号112201 明细科目福建福兴有限公司 总账科目应收账款

×年		凭证字号	摘要	借方											√	贷方											√	借或贷	余额										
月	日			亿	千	百	十	万	千	百	十	元	角	分		亿	千	百	十	万	千	百	十	元	角	分			亿	千	百	十	万	千	百	十	元	角	分
12	1		期初余额																									借				2	3	4	0	0	0	0	0

表 7.6　原材料明细分类账

总第　页　　分第 1 页

×年		凭证字号	摘要	收入												发出												结存												√
月	日			数量	单价	金额										数量	单价	金额										数量	单价	金额										
						千	百	十	万	千	百	十	元	角	分			千	百	十	万	千	百	十	元	角	分			千	百	十	万	千	百	十	元	角	分	
12	1		期初余额																									1 500	100			1	5	0	0	0	0	0	0	

部类　　产地　　单位　千克　　规格　　品名　甲材料

表 7.7　应交税费(应交增值税)明细账

第 1 页　连续第　页

×年		凭证字号	摘要	借方																														贷方																														借或贷	余额									
月	日			合计										进项税额										已交税金										合计										销项税额										进项税额转出																				
				千	百	十	万	千	百	十	元	角	分	千	百	十	万	千	百	十	元	角	分	千	百	十	万	千	百	十	元	角	分	千	百	十	万	千	百	十	元	角	分	千	百	十	万	千	百	十	元	角	分	千	百	十	万	千	百	十	元	角	分		千	百	十	万	千	百	十	元	角	分
12	1		期初余额																																																													贷				1	0	9	0	0	0	0

表 7.8 生产成本账

总第 页 分第 1 页

总账科目生产成本 产品名称 B 产品 规格型号 计量单位 个

×年		凭证字号	摘要	合计											成本项目																										
月	日														直接材料									直接人工									制造费用								
				亿	千	百	十	万	千	百	十	元	角	分	百	十	万	千	百	十	元	角	分	百	十	万	千	百	十	元	角	分	百	十	万	千	百	十	元	角	分
12	1		期初余额					1	2	2	0	0	0	0				6	0	0	0	0	0				3	0	0	0	0	0				3	2	0	0	0	0

在各多栏式明细账簿中,一般将多栏方向的起始栏设为“合计”栏,“合计”是指本行本方向登记的各栏金额合计数,上下行数据不累积。

7.2.4 试算平衡

1)总账—总账

将设置完成的各总分类账户的期初余额写入总分类账户本期发生额和余额试算平衡表的期初余额栏,结出借方合计和贷方合计,试算平衡后,在各总分类账户的核对号处打“√”。

2)总账—明细账

将各总分类账户的余额与其所属的各明细账户或日记账户的余额之和进行核对,核对无误后,在各明细账户或日记账户的核对号处打“√”。

7.2.5 填写账户目录

对于订本式账簿,在各账页中预先印有连续编号,为方便查找,所有总账账户设置完后,应在账簿启用页后的“账户目录表”中填入各账户的科目编号、名称及起始页码。账户目录表的格式如表7.9所示。

表7.9 账户目录表

科　目	账　号	总页码	科　目	账　号	总页码	科　目	账　号	总页码

会计循环{建账 / 日常业务处理 / 期末业务处理}

建账{企业刚成立——建账 / 年初建账}

一、思考题

1. 简述会计循环的含义。

2. 简述建账、日常业务处理和期末业务处理包括的主要工作内容。

二、单项选择题

1. 以下账簿不必每年更换新账的有(　　)。

A. 库存现金日记账　　B. 银行存款日记账

C. 固定资产明细账　　D. 生产成本明细账

2. 以下需要预留账页的账簿有(　　)。

A. 库存现金日记账　　B. 银行存款日记账

C. 固定资产明细账　　D. 生产成本明细账

3. 以下需要预留账页的账簿有(　　)。

A. 库存现金日记账　　B. 银行存款日记账

C. 明细账　　D. 总账

4. 以下(　　)账簿的编码是在年度结束时,将账簿中空白账页抽出,并对账页顺序进行整理后填写的。

A. 库存现金日记账　　B. 银行存款日记账

C. 明细账　　D. 总账

5. 以下(　·　)账簿没有固定的账本形式和账页格式,企业可以根据实际情况选择适用账簿。

A. 日记账　　　　　　　　　B. 备查簿
C. 明细账　　　　　　　　　D. 总账

三、多项选择题

1. 会计循环包括(　　)3 个阶段。
A. 建账　　　　　　　　　　B. 结账
C. 日常业务处理　　　　　　D. 期末业务处理

2. 企业刚成立的建账工作包括(　　)。
A. 选择适用会计核算制度　　B. 购买账簿
C. 选择会计科目　　　　　　D. 填制账簿内容

3. 年初建账工作包括(　　)。
A. 启用账簿　　　　　　　　B. 设置账户
C. 登记期初余额　　　　　　D. 试算平衡

4. 会计工作的日常业务处理主要包括(　　)。
A. 填制、审核原始凭证　　　B. 填制记账凭证
C. 对账　　　　　　　　　　D. 登记账簿

5. 启用账簿时,应做好以下工作(　　)。
A. 填写“账簿启用表”　　　B. 填制记账凭证
C. 填写“经管本账簿人员一览表”　D. 粘贴印花税票

四、判断题

1. 在设置总分类账时,对本企业所涉及的所有账户,不论是否有余额,均应事先预留账页。(　　)

2. 按我国会计档案管理要求,企业在年末时应更换新的会计账簿,但对尚未用完的订本式账簿可以继续使用至用完再进行更换。(　　)

3. 活页式账簿可以通过账簿目录来查找账户,不必粘贴账户标签。(　　)

4. 所有的会计账簿均应按件交纳印花税,即每本粘贴 5 元面值的印花。(　　)

5. 银行存款日记账按单位在银行开立的账户和币种开设账户,每一账户要预留账页。(　　)

五、业务题

榕星公司 2011 年 1 月 1 日的相关账务资料如下:

1. 总分类账户的期初余额如表 7.10 所示:

表 7.10

单位:元

会计科目	借方余额	会计科目	贷方余额
库存现金	2 000	应付账款	150 000
银行存款	300 000	应付利息	600
应收账款	150 000	长期借款	300 000
预付账款	36 200	实收资本	1 000 000
库存商品	34 000	本年利润	100 000
原材料	13 400	利润分配	150 000
生产成本	85 000	累计折旧	320 000
固定资产	1 400 000		
合　计	2 020 600	合计	2 020 600

2. 有关明细分类账户的期初余额及相关资料:

应收账款——福建久佳公司:117 000 元;

　　　　——福建福兴公司: 33 000 元;

预付账款——上海康华公司:36 200 元;

原材料——甲材 500 千克,单价 20 元,计 10 000 元;

　　　——乙材料 200 千克,单价 17 元,计 3 400 元;

生产成本——B 产品——直接材料:5 000 元;

　　　　　　　　——直接人工:2 000 元;

　　　　　　　　——制造费用:1 500 元;

库存商品——A 产品,340 件,单价 100 元,计 34 000 元;

应付账款——上海海华公司:93 600 元;

　　　　——宁波九华公司:56 400 元;

应付利息——长期借款:600 元

实收资本——榕宜公司:500 000 元;

　　　　——星海公司:500 000 元;

利润分配——未分配利润:150 000 元。

请根据以上资料设置榕星公司账簿。

项目8 掌握日常业务处理——经济业务的核算

知识目标

1. 了解制造业的主要经济业务流程；
2. 理解并掌握制造业企业在日常经营活动中各阶段的主要交易或事项；
3. 理解并掌握复式记账原理在制造业主要经济业务核算中的应用。

能力目标

1. 能运用借贷记账法对日常经济业务进行确认并进行账务处理；
2. 能运用正确方法对采购成本、生产成本、销售成本进行核算；
3. 能正确运用权责发生制原则确认收入和费用，并正确计算财务成果；
4. 能规范填制和审核记账凭证。

导学案例

榕星公司系一家中型制造企业，主要生产A和B两种产品。2011年6月公司在生产经营过程中发生了材料、人工、折旧等各项耗费，其中A和B两种产品分别领用材料140 000元、84 000元，A、B两种产品负担的间接费用分别为98 000元、48 000元，发生管理费用30 540元，销售15 560元，财务费用155 600元。

①假如您是本公司的会计，请计算该公司本月投入A产品和B产品的总生产成本。

②假如A产品月初有在产品成本85 000元，经过本月继续加工后，全部完工并验收入库，请确定这批产品的生产成本。

制造企业的主要任务是生产符合技术标准并满足社会需要的产品。企业要完成生产经营任务，就需要有供应、生产和销售3个主要过程。

供应过程(即储备过程),是制造业进行生产经营的准备阶段。在这一过程中,企业的主要经济业务有:固定资产购建,材料采购成本的计算和结转,以及由此产生的相关账款的结算等。

生产过程是制造业的主要过程。在这一过程中,其主要经济业务有:发生的料、工费等各种费用的归集和分配,以及完工产品成本的计算和结转。

销售过程是企业资金的回笼过程。其主要经济业务有:产品销售收入及销售成本的确认,与客户发生的货款结算,计算并纳销售税金等。

综上所述,企业从投入货币资金—储备资金—生产资金—成品资金—货币资金,从而完成了资金形态的一个循环。随着生产经营活动不间断地进行,其经营资金也周而复始地循环周转着。因此,企业生产经营活动过程中,资金筹集、资金运用、资金回笼与退出就构成了制造业的主要经济事项。

任务1 掌握筹资业务的核算

资金筹集是企业经营活动的起点,又是企业再生产顺利进行的保证。企业筹集资金的渠道很多,但按筹集资金的主体分,主要有两条:一是投资者的投入资金;二是向银行等债权人借入款项。

8.1.1 掌握投入资本的核算

投入资本是投资者作为资本实际投入到企业的资金数额,形成所有者权益的最基本的部分。一般情况下,投资者投入资本,即构成企业的实收资本,也正好等于其注册资本。但是,在一些特殊情况下,投资者也会因特殊原因超额投入,从而使得其投入资本超过其注册资本,超过部分应记入资本公积,进行单独核算。投资者按照出资比例或合同、章程的规定,分享企业的利润,分担企业的风险。

1)投入资本的账户设置

(1)“实收资本”(股份有限公司为“股本”)账户

用以核算和监督企业接受投资者投入的资本增减变化及结果情况,属所有者权益类账户。贷方登记企业收到投资者投入企业的资本,借方登记按规定程序减少的注册资本的数额。期末贷方余额,表示所有者投资的实有数额。所有者投入企业的资金一般不得随意抽走,因此,该账户一般没有借方发生额。该账户应按投资人设置明细账,进行明细核算。账户结构如图8.1所示。

借方	实收资本　　　　贷方
投入资本的减少数	收到投资者投入的资本 资本公积、盈余公积转增的注册资本
	余额:投资者投资的实有数

图8.1

企业收到的所有者投资应该按实际投资数额入账;吸收的货币资金投资,应按实际收到的款项作为投资者的投资入账;吸收的实物形式投资,应当进行合理的估价,按双方认可的估价款项作为实际投资额入账。吸收的无形资产投资,应当按评估机构确认的无形资产的公允价值入账。

(2)"银行存款"账户

用来核算和监督企业存放在银行的存款的增减变动及结余情况的账户,属资产类账户。借方登记银行的存款的增加额,贷方登记银行的存款的减少额。期末借方余额,表示银行存款账户的余额。该账户按开户银行和其他金融机构及存款种类分别设置"银行存款日记账"。有外币存款的企业,还应分别按人民币和外币设置"银行存款日记账"进行明细核算。账户结构如图8.2所示。

借方	银行存款　　　　贷方
银行存款增加数	银行存款减少数
余额:银行存款结余数	

图8.2

2)投入资本的核算举例

以榕星公司为例,进行投入资本的核算。

【例8.1】 2011年12月02日,收到投资者福望公司投入的资金500 000元。

这项经济业务发生,一方面,公司收到了福望公司的投入资本,使投资者投入的实收资本增加,应记"实收资本"账户的贷方,同时收到的资金存入银行,使银行存款增加应记入"银行存款"账户的借方。本业务根据银行进账单回单(原始凭证8.1),投资协议(原始凭证8.2),编制会计分录如下:

借:银行存款　　500 000

　贷:实收资本——福望公司　　500 000

原始凭证 8.1

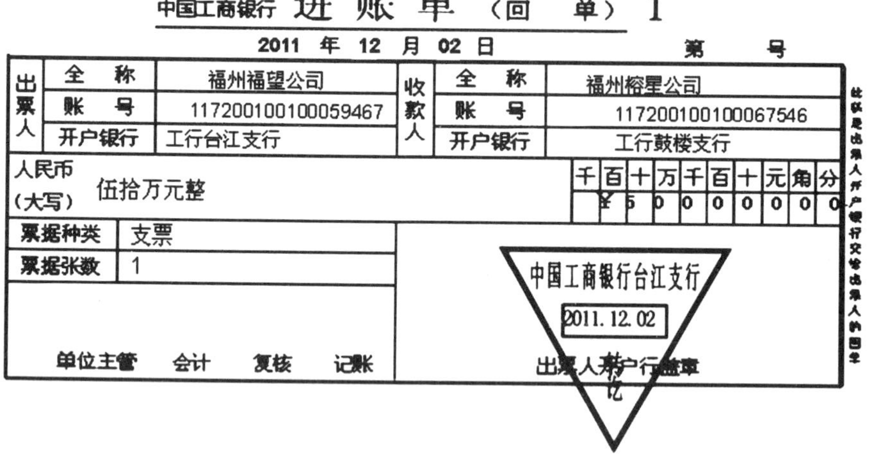

中国工商银行 进账单（回单） 1

2011 年 12 月 02 日　　　第　　号

出票人	全称	福州福望公司	收款人	全称	福州榕星公司
	账号	117200100100059467		账号	117200100100067546
	开户银行	工行台江支行		开户银行	工行鼓楼支行

人民币（大写）	伍拾万元整	千	百	十	万	千	百	十	元	角	分
			¥	5	0	0	0	0	0	0	0

票据种类	支票
票据张数	1

单位主管　会计　复核　记账

中国工商银行台江支行 2011.12.02 转讫

出票人开户行盖章

此联是出票人开户银行交给出票人的回单

原始凭证 8.2

投资协议

为加强双方的业务联系，福州福望公司（以下简称甲方）与福州榕星公司（以下简称乙方）经友好协商，达成以下协议：由甲方向乙方投入资金，价值人民币伍拾万元整（¥500 000），并提供有关单据。本协议一式三份，自双方签字之日起生效。

甲方（投资人）：福州福望公司（公章）　　乙方（受资人）：福州榕星公司（公章）

甲方代表：刘　（签字）　　乙方代表：陈　（签字）

2011 年 12 月 1 日　　2011 年 12 月 1 日

思考：如果企业收到投资者以原材料、固定资产或者商标权方式投入资本，应何反映呢？

8.1.2 掌握借入资金的核算

企业筹集的资金，除了所有者投入资本外，还可以向银行或其他金融机构借入资金，以弥补生产周转资金的不足，这部分资金构成企业的负债。企业的借入资金，按照偿还期限的不同，分为短期借款和长期借款。企业借入的偿还期在1年以内的借款为短期借款,借入的偿还期在1年以上的借款为长期借款。企业借入的资金必须按照规定的用途使用,到期要归还本金和利息。

1)借入资金的账户设置

(1)"短期借款"账户

用来核算企业向银行等金融机构借入的期限在1年以下(含1年)的各种借款及其变动情况,属负债类账户。贷方登记借入资金的实际金额,借方归还借款的实际金额,期末贷方余额,表示尚未偿还的借款金额。该账户应按债权人设置明细账,并按借款种类进行明细核算。账户结构如图8.3所示。

借方 短期借款	贷方
短期借款的偿还数	短期借款的借入数
	余额:尚未偿还的数额短期借款

图8.3

(2)"财务费用"账户

用以核算和监督企业为筹集生产经营所需资金而发生的筹资费用,包括利息支出、汇兑损益以及相关的手续费等,属损益类账户。借方登记企业发生的各项财务费用;贷方登记期末转入"本年利润"账户的财务费用数额;结转后该账户应无余额。该账户可按费用项目设置专栏进行明细核算,如图8.4所示。

借方 财务费用	贷方
归集本期发生的财务费用	期末转入"本年利润"中的财务费用

图8.4

(3)"长期借款"账户

用来核算和监督期限在1年以上(不含1年)或超过1年的1个营业周期以上的各种借款及其变动情况,属长期负债类账户。贷方登记借入资金的实际金额,借方偿还借款的实际金额,期末贷方余额,表示尚未偿还的长期借款金额。该账户应按债权人设置明细账,并按借款种类进行明细核算。账户结构如图8.5所示。

借方 长期借款	贷方
长期借款的归还数	长期借款的借入数
	余额:尚未归还的数额长期借款

图8.5

2)借入资金的核算举例

【例8.2】 2011 年 12 月 5 日,公司向银行借入期限为 3 个月的借款60 000元,已经办理相关手续,并存入公司银行账户。

这项经济业务发生,使企业的银行存款增加,应记入"银行存款"账户的借方;同时,企业流动负债中的短期借款也增加,应记入"短期借款"账户的贷方。本业务是根据银行流动资金借款收据(原始凭证 8.3)和借款合同(省略),编制会计分录如下:

借:银行存款　　60 000

　贷:短期借款　　60 000

原始凭证 8.3

中国工商银行流动资金借款收据 (回单)

2011 年 12 月 5 日

借款单位全称	福州榕星公司		存款账号	11720010010006754б
贷款种类	经营周转借款	年利率 8%	贷款户账号	1172001001000568
贷款金额	人民币(大写):陆万元整			千 百 十 万 千 百 十 元 角 分 ¥ 6 0 0 0 0 0 0
借款原因或用途:资金周转			约定还款期限:	2012 年 3 月 5 日
备　注:			上列贷款已转入你单位的存款户	

此联代存款账户收账通知

中国工商银行鼓楼支行

【例8.3】 2011 年 12 月 8 日,从银行取得 3 年期的借款 200 000 元,款项已存入银行。

这项经济业务发生,使企业的银行存款增加,应记入"银行存款"账户的借方;同时,企业长期负债中的长期借款也增加,应记入"长期借款"账户的贷方。本业务是根据长期借款合同和银行借据回单(原始凭证格式同例 8.2 的凭证),编制会计分录如下:

借:银行存款 200 000
　贷:长期借款 200 000

【例8.4】 12月10日公司以银行存款偿还到期的短期借款,其中,本金60 000元,利息1 000元。

这项经济业务发生,使公司的银行存款减少,应记入“银行存款”的贷方;同时,公司偿还了到期的借款,使得短期借款这项负债减少,应记入“短期借款”账户的借方,在借款期间发生的利息费用,应记入“财务费用”账户的借方。本业务根据银行利息回单(原始凭证8.4)、还款回单(原始凭证8.5),编制会计分录如下:

借:短期借款 60 000
　财务费用 1 000
　贷:银行存款 61 000

原始凭证8.4

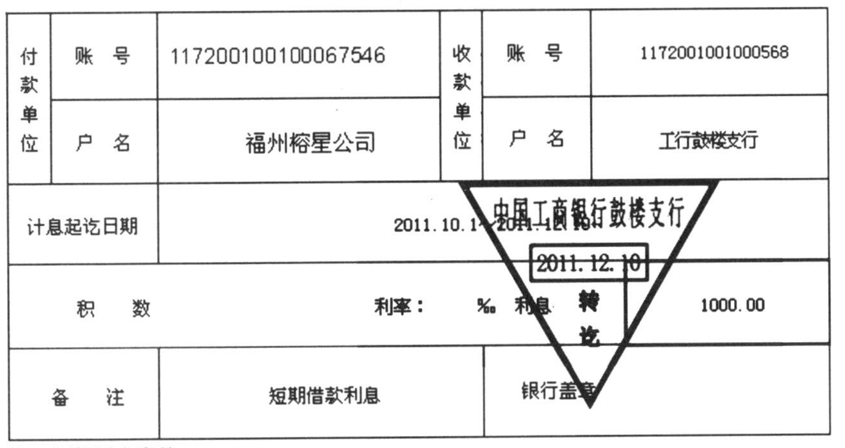

中国工商银行 （利息回单）

日期：2011年12月10日

付款单位	账号	117200100100067546	收款单位	账号	1172001001000568
	户名	福州榕星公司		户名	工行鼓楼支行
计息起讫日期		2011.10.1—2011.12.10			
积数		利率：‰	利息		1000.00
备注		短期借款利息	银行盖章		

注：本凭证为打印件

原始凭证 8.5

（生产周转贷款）还款凭证（回单）

原借款凭证单位编号：　　日期：2011年12月10日　　原借款凭证银行编号：

<table>
<tr><td rowspan="3">借款单位</td><td>名 称</td><td>中国工商银行鼓楼支行</td><td rowspan="3">付款单位</td><td>名 称</td><td colspan="2">福州榕星公司</td></tr>
<tr><td>放款户账号</td><td>1172001001000568</td><td>往来账号</td><td colspan="2">117200100100067546</td></tr>
<tr><td>开户银行</td><td>工行鼓楼支行</td><td>开户银行</td><td colspan="2">工行鼓楼支行</td></tr>
<tr><td colspan="2">计划还款日期</td><td>2011年12月10日</td><td colspan="2">还款次序</td><td colspan="2">第　　次还款</td></tr>
<tr><td colspan="2">还款金额</td><td colspan="4">人民币（大写）：陆万元整</td><td>千百十万千百十元角分
¥6000000</td></tr>
<tr><td colspan="2">还款内容</td><td colspan="5">短期借款</td></tr>
<tr><td colspan="3">备　注</td><td colspan="4">上述借款已从你单位往来账户内转还此借款单位
（银行盖章）
2011年12月10日</td></tr>
</table>

（印章：中国工商银行鼓楼支行）

任务2　掌握生产准备业务的核算

8.2.1　掌握购入固定资产的核算

固定资产是制造企业进行正常生产经营活动的重要条件。为了进行产品生产，企业不仅需要原材料，还必须建造厂房，购买机器设备。由于厂房、建筑物等的取得主要是通过基本建设完成的，具有使用期限较长、单位价值较高的特点。企业生产所需要的机器设备主要通过外购取得。固定资产应按其取得时的实际成本入账即原始价值。实际成本是指为购建某项固定资产，达到预定使用状态前发生的一切合理必要的支出，具体包括买价、包装费、运输费、装卸费、保险费、安装费以及需要记入成本的有关税费。为了在市场竞争中求生存，提升企业的竞争力，企业还需要不断研究与开发新产品，努力形成自己的专利和品牌等。

1)购入固定资产的账户设置

企业购入的固定资产,分为需安装的固定资产和不需安装的固定资产两种,企业应分别设置“固定资产”和“在建工程”两个账户进行核算。

(1)“固定资产”账户

“固定资产”账户是用来核算和监督企业固定资产原始价值增减变动及结余情况的账户,属资产类账户。借方登记固定资产增加的原始价值;贷方登记固定资产减少的原始价值;期末借方余额,反映企业持有的固定资产原始价值的实有数。该账户可以按固定资产的类别设置二级账户。账户结构如图8.6所示。

借方　　**固定资产**　　贷方

固定资产原始价值的增加数	固定资产原始价值的减少数
余额:现有固定资产原始价值的实有数	

图8.6

(2)“在建工程”账户

“在建工程”账户是用来核算和监督企业建造或购入需要安装的固定资产的价值及安装成本,属资产类账户。借方登记建造或购入需要安装的固定资产的价值及安装成本;贷方登记建造或安装完毕结转的固定资产的原始价值;期末借方余额,反映尚未完工或已完工但尚未办理竣工决算的工程实际支出。该账户按工程项目进行明细核算。账户结构如图8.7所示。

借方　　**在建工程**　　贷方

为建造或安装的固定资产原值	固定资产建造完成结转的实际成本
余额:尚未完工或未办理竣工决算的工程成本	

图8.7

(3)“应交税费——应交增值税”账户

本账户用以核算和监督企业在购买物资或接受劳务过程中发生的增值税,属负债类账户。其借方登记企业在购进货物或接受劳务时,所支付的进项税额和实际缴纳的增值税税金;贷方登记企业销售货物等应缴纳的增值税销项税额、进项税额转出以及出口退税等。期末若为借方余额,表示有尚未抵扣的增值税额,期末若为贷方余额,表示企业有应交而尚未缴纳的增值税额。为了核算企业应交增值税的发生、抵扣、交纳等情况,应在“应交税费——应交增值税”

明细账内设置“进项税额”“已交税金”“销项税额”“出口退税”“进项税额转出”等专栏，如图8.8所示。

借方　　　　　　　　**应交税费——应交增值税**　　　　　　　　贷方

借方				贷方				借或贷	余额
略	合计	进项税额	已交税额	合计	销项税额	进项税额转出	出口退税		

图8.8

增值税是对我国境内销售、进口货物，或者提供加工、修理修配劳务的增值额征收的一种流转税。增值额是企业在生产经营过程中新创造的价值，即企业销售收入扣除相应的外购材料、商品等成本的差额。增值税是一种价外税，凡在我国境内销售、进口货物，或提供加工、修理修配劳务的单位和个人，均应按期缴纳增值税。

增值税的纳税义务人按照经营规模及会计核算的健全程度，分为一般纳税人和小规模纳税人两类。一般纳税人应纳增值税额的计算公式为：

应交增值税税额 = 当期销项税额 - 当期准予抵扣的进项税额

进项税额是指纳税人（购买方）在购进货物或接受应税劳务时，在购进价格之外向卖方支付的税额。销项税额是指纳税人（销货方）在销售货物或提供应税劳务时，在销售价格之外向买方收取的税额。

2）购入固定资产的核算举例

【例8.5】 12月12日，企业购入小轿车一辆，价款225 000元，增值税税款38 250元，购置税22 500元，各种保险费6 750元。货款和税款均已用银行存款支付。

这项经济业务发生，使企业的固定资产增加，应记入“固定资产”账户的借方；同时使企业的银行存款减少，应记入“银行存款”账户的贷方。本业务是根据支票存根联（原始凭证8.6、8.7、8.13）、增值税专用发票购货方记账联、抵扣联（原始凭证8.8、8.9）、保险业发票（原始凭证8.10、8.11）车辆购置税缴税凭证（原始凭证8.12）和固定资产验收单（原始凭证8.14），编制会计分录如下：

借：固定资产　　　　　　　　　　　　　　292 500

　　贷：银行存款　　　　　　　　　　　　　　292 500

原始凭证 8.6

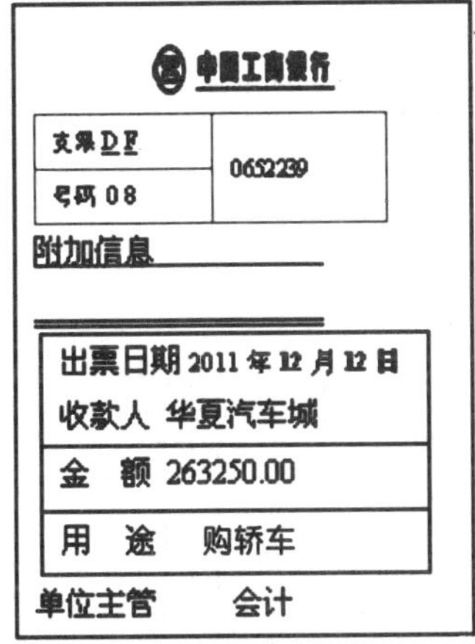
中国工商银行

支票DF 号码08	0652239

附加信息

出票日期 2011年12月12日
收款人 华夏汽车城
金 额 263250.00
用 途 购轿车
单位主管 会计

原始凭证 8.7

中国工商银行

支票DF 号码08	0652240

附加信息

出票日期 2011年12月12日
收款人 平安保险公司
金 额 2925.00
用 途 支付车辆保险费
单位主管 会计

原始凭证 8.8

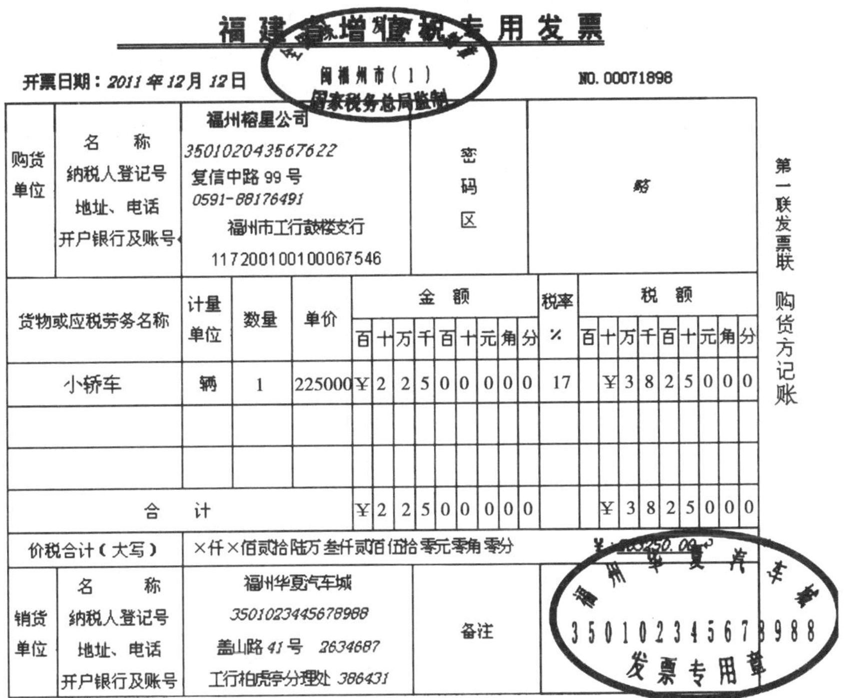
福建增值税专用发票

闽福州市（1） 国家税务总局监制

开票日期：2011年12月12日 NO. 00071898

购货单位	名称	福州榕星公司	密码区	略
	纳税人登记号	350102043567622		
	地址、电话	复信中路99号 0591-88176491		
	开户银行及账号	福州市工行鼓楼支行 117200100100067546		

货物或应税劳务名称	计量单位	数量	单价	金额	税率%	税额
小轿车	辆	1	225000	¥22500000	17	¥3825000
合计				¥22500000		¥3825000
价税合计（大写）	×仟×佰贰拾陆万叁仟贰佰伍拾零元零角零分					¥：263250.00

销货单位	名称	福州华夏汽车城	备注	福州华夏汽车城 350102345678988 发票专用章
	纳税人登记号	350102345678988		
	地址、电话	盖山路41号 2634687		
	开户银行及账号	工行柏虎亭分理处 386431		

第一联 发票联 购货方记账

开票人：赵亮 开票单位：福州华夏汽车城

原始凭证 8.9

福建省增值税专用发票

闽福州市（1） 国家税务总局监制

开票日期：2011年12月12日　　　　NO. 00071898

购货单位	名称	福州榕星公司	密码区	略
	纳税人登记号	350102043567622		
	地址、电话	复信中路 99 号 0591-88176491		
	开户银行及账号	福州市工行鼓楼支行 117200100100067546		

货物或应税劳务名称	计量单位	数量	单价	金额									税率	税额								
				百	十	万	千	百	十	元	角	分	%	百	十	万	千	百	十	元	角	分
小轿车	辆	1	225000	¥	2	2	5	0	0	0	0	0	17		¥	3	8	2	5	0	0	0
合计				¥	2	2	5	0	0	0	0	0			¥	3	8	2	5	0	0	0

价税合计（大写）	×仟×佰贰拾陆万叁仟贰佰伍拾零元零角零分		¥263250.00
销货单位 名称	福州华夏汽车城	备注	
纳税人登记号	350102345678988		
地址、电话	盖山路 41 号 2634687		
开户银行及账号	工行柏虎亭分理处 386431		

福州华夏汽车城 350102345678988 发票专用章

开票人：赵　亮　　　　开票单位：福州华夏汽车城

第二联 抵扣联 购货方抵扣

备注：在实际工作中，经认证后的抵扣联可以用来抵扣销项税额，并将抵扣联另行装订成册，而不附在记账凭证后面。

原始凭证 8.10

保险业专用发票

保险业专用发票 福建省 发票联 税务局监制

税务号：350101132421896　　　　发票代码：231000894000

工商号：3145000873-3000　　　　发票号码：111455

开票日期 2011 年 12 月 12 日

付款人（Payer）：福州榕星公司

承包险种（Coverage）：机动车交通事故责任强制保险　车船使用税

保险单号：（Policy No）：030765997999999333666879　　批单号（End. No）：

保险金额（大写）（Premium Amounts In Wors）：壹仟叁佰壹拾元整　小写（In Figures）：1310.00

附注（Rmarks）：

经手人（Handler）：李立制　　复核（Check by）：周海虹

地址（Add）：福州市五一路 10 号　　电话：88970563

保险公司签章（Stamped by Insurance Company）

中国平安财产保险股份有限公司 350101132421896 发票专用章

注意：手开无效（Not Valid If In Hand Written）

原始凭证 8.11

保险业专业发票

保险业专用发票 全国统一发票监制章 福建省地方税务局监制

发票代码：231000894000
发票号码：111456

税务号：350101132421896
工商号：3145000873-3000

开票日期 2011 年 12 月 12 日

付款人（Payer）：福州榕星公司

承包险种(Coverage)：机动车辆综合保险（09 版A款）

保险单号：(Policy No)：048829971234567564458952　批单号（End. No）：

保险金额（大写）(Premium Amounts In Wors)：壹仟陆佰壹拾伍元整　小写（In Figures）：1615.00

附注(Rmarks)：

经手人(Handler)：李立制　复核(Checked by)：周海虹

地址(Add)：福州市五一路100号　电话：88920563

保险公司签章(Stanmped by Insrance Company)

中国平安财产保险股份有限公司 350101132421896 发票专用章

注意：手开无效（Not Valid If In Hand Written）

原始凭证 8.12

车辆购置税缴税凭证

2011 年 12 月 12 日　　榕(2009) 022222

车主	福州榕星公司				
车辆厂牌型号	三菱精典版			国产/进口	国产
车辆计税价格	263250.00	缴税金额	26325.00	滞纳金	0.00
合计金额(大写)	贰万陆仟叁佰贰拾伍元整		￥26325.00 元		
发给车辆购置税完税证明号码：		第	8888888888	号	

第二联 纳税人作完税凭证

征税单位：　　收款人：王大卫　　开票人：张小妹

原始凭证 8.13

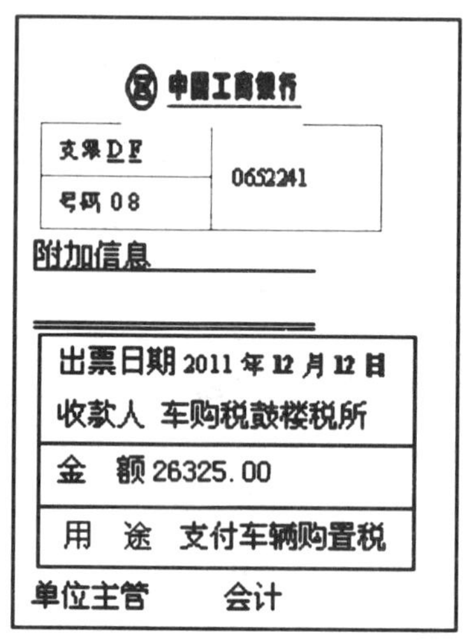
中国工商银行

支票号码 DF 08 0652241

附加信息

出票日期 2011年12月12日

收款人 车购税鼓楼税所

金 额 26325.00

用 途 支付车辆购置税

单位主管 会计

原始凭证 8.14

固定资产验收单

2011 年 12 月 12 日

供货单位	福州华夏汽车城	附原凭 8 张	发票号	71898	2011 年 12 月 12 日
固定资产取得方式:购进		发票价格:22500000		杂费等:6750000	
固定资产名称:别克经典版 投入使用日期:2009.11.12 固定资产折旧方法:直线法			固定资产编号:522 预计使用年限:10 年 预计净残值:5 000 克		
日　期	固定资产原值	本年折旧额	累计折旧	固定资产净值	

三财会

使用单位负责人:陈万利

【例 8.6】 2010 年 12 月 13 日,购入需要安装的机器设备 1 台,价款40 000 元,税款 6 800 元,以银行存款支付。

这项经济业务发生,使企业的在建工程增加,应记入该账户的借方;企业的银行存款减少,应记入该账户的贷方。本业务根据支票存根联(原始凭证

8.15)、增值税专用发票购货联、抵扣联(原始凭证8.16、原始凭证8.17),编制会计分录如下:

借:在建工程　　40 000

　应交税费——应交增值税(进项税额)　　6 800

　贷:银行存款　　46 800

原始凭证 8.15

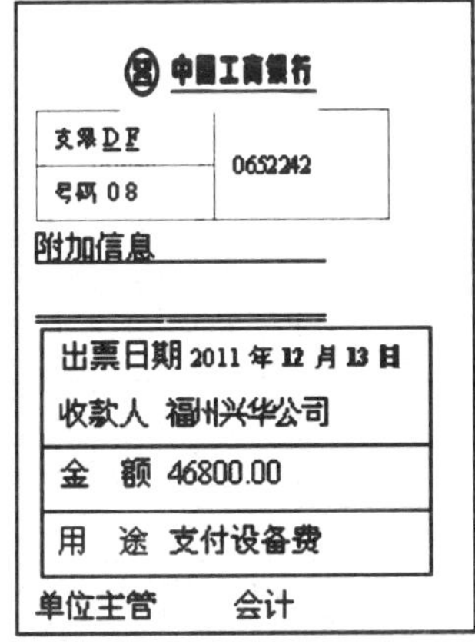

中国工商银行

支票 DF 号码 08	0652242

附加信息

出票日期 2011 年 12 月 13 日 收款人 福州兴华公司
金　额 46800.00
用　途 支付设备费

单位主管　　会计

原始凭证 8.16

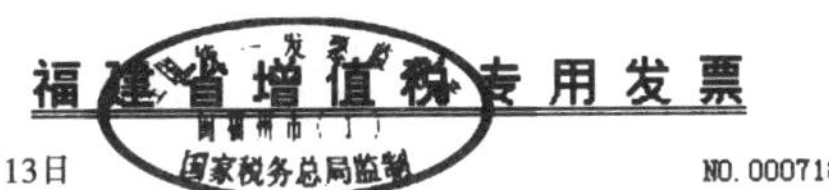

福建省增值税专用发票

开票日期:2011年12月13日　　NO. 00071898

购货单位	名　称 纳税人登记号 地址、电话 开户银行及账号	福州榕星公司 350102043567622 复信中路 99 号 0591-88176491 福州市工行鼓楼支行 117200100100067546	密码区	略

货物或应税劳务名称	计量单位	数量	单价	金额 百	十	万	千	百	十	元	角	分	税率%	税额 百	十	万	千	百	十	元	角	分
设备	台	1	6800			4	0	0	0	0	0	0	17				6	8	0	0	0	0
合　计					￥	4	0	0	0	0	0	0	17			￥	6	8	0	0	0	0
价税合计(大写)	×佰×拾肆万陆仟捌佰零拾零元零角零分 ￥46800.00																					

销货单位	名　称 纳税人登记号 地址、电话 开户银行及账号	福州华兴公司 350102267426962 琴园路 83 号 2634687 工行五四分理处 3864316	

福州华兴公司 350102267426962 发票专用章

开票人:林小亮　　开票单位:福州华兴公司

第一联 发票联 购货方记账

原始凭证 8.17

福建省增值税专用发票

全国统一发票监制章 国家税务总局监制

开票日期：2011年12月13日 NO. 00071898

购货单位	名称 纳税人登记号 地址、电话 开户银行及账号	福州榕星公司 350102043567622 复信中路 99 号 0591-88176491 福州市工行鼓楼支行 117200100100067546			密码区	略
货物或应税劳务名称	计量单位	数量	单价	金额（百十万千百十元角分）	税率%	税额（百十万千百十元角分）
设备	台	1	6800	4000000	17	680000
合计				¥4000000	17	¥680000
价税合计（大写）	×佰×拾肆万陆仟捌佰零拾零元零角零分				¥：46800.00	
销货单位	名称 纳税人登记号 地址、电话 开户银行及账号	福州华兴公司 350102267426962 琴亭路 83 号 2634687 工行五四分理处 3064310[illegible]			备注	

开票人：林小亮　　开票单位：福州华兴公司

第二联 抵扣联 购货方抵扣

福州华兴公司 350102267426962 发票专用章

【例 8.7】 12 月 14 日，安装上述机器设备共耗用材料 300 元，另外用现金支付安装人员的人工费 100 元。

这项经济业务发生，使在建工程支出增加，应记入“在建工程”账户的借方；同时，企业的原材料和库存现金也减少，应记入“原材料”和“库存现金”账户的贷方。本业务根据领料单（原始凭证 8.18）、服务业发票联（原始凭证 8.19），编制会计分录如下：

借：在建工程　　400

　　贷：原材料　　300

　　　　库存现金　　100

原始凭证 8.18　　　　　　　　**领料单**

领料部门:第一车间　　　　　　　　　　　　　　　　　领料编号:

领料用途:安装设备　　　　2011 年 12 月 14 日　　　　领料仓库:二库

材料类别	材料编号	材料名称	规格	计量单位	数量		材料成本(元)	
					请领	实发	单价	金额
	1001	水泥		袋	2	2	150	300.00
合计金额(大写)人民币叁佰元整(￥300.00)								

记账:　　　　发料:越男　　　　审批:陈万利　　　　领料:张奎

原始凭证 8.19

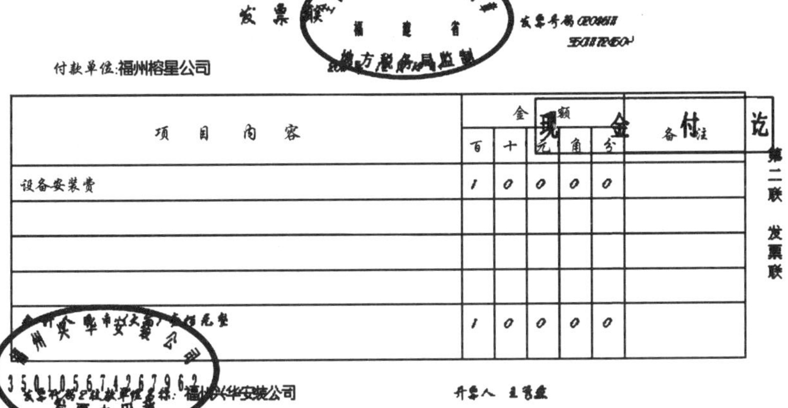

福建省福州市地方税务局服务业行业手工发票

发票联

付款单位:福州榕星公司

项目内容	金额 百	十	元	角	分	备注
设备安装费	1	0	0	0	0	
[illegible]	1	0	0	0	0	

收款单位名称:福州兴华安装公司　　　　开票人

第二联 发票联

现金付讫

【例 8.8】 12 月 15 日,上述机器设备安装完毕交付使用。

这项经济业务发生,使企业的固定资产增加,应记入"固定资产"账户的借方;同时企业的在建工程减少,应记入"在建工程"账户的贷方。本业务根据固定资产交接验收单(原始凭证 8.20),编制会计分录如下:

借:固定资产　　　　　　　　　　40 400

　　贷:在建工程　　　　　　　　　　40 400

原始凭证 8.20

<u>**固定资产交接验收单**</u>

2011 年 12 月 15 日

<table>
<tr><td>供货单位</td><td>福州华兴公司</td><td>附原凭 3 张</td><td>发票号</td><td>00071898</td><td>2011 年 12 月 15 日</td></tr>
<tr><td colspan="6">固定资产取得方式:购进　　发票价格:40 000　　运杂费等:400</td></tr>
<tr><td colspan="3">固定资产名称:机器设备——车床</td><td colspan="3">固定资产编号:15</td></tr>
<tr><td colspan="3">投入使用日期:2011. 12. 15</td><td colspan="3">预计使用年限:5</td></tr>
<tr><td colspan="3">固定资产折旧方法:直线法</td><td colspan="3">预计净残值:100</td></tr>
<tr><td>验收部门</td><td>验收人</td><td>管理部门</td><td>管理人</td><td colspan="2">财务部门</td></tr>
<tr><td>第壹车间</td><td>杨样</td><td>第壹车间</td><td>张厅</td><td colspan="2">洪红</td></tr>
</table>

三
财会

8.2.2　掌握材料采购业务的核算

供应过程又称采购过程,是指从采购物资开始,直到物资验收入库为止的全过程。它的任务是组织采购物资,作为生产储备,以保证企业生产经营的需要。在采购过程中,企业要与供应单位或其他有关单位办理款项的结算,以支付采购物资的货款、运杂费等采购费用。这些费用形成材料物资的采购成本。材料采购的实际成本包括材料的买价、运杂费(运输费、装卸费、保险费、包装费等)、入库前的整理挑选费、途中的合理损耗和进口的关税等。物资货款的结算、采购费用的支付、材料采购成本的计算、增值税进项税额的核算以及物资的验收入库等,构成了供应过程核算的主要内容。

制造企业材料采购成本包括以下几项:

①买价,指进货发票所开列的货款金额;

②运杂费,包括运输费、装卸费、包装费、保险费等;

③运输途中的合理损耗,指企业与供应或运输部门所签订的合同中规定的合理损耗或必要的自然损耗;

④入库前的挑选整理费用，指购入的材料在入库前需要挑选整理而发生的费用，包括挑选过程中所发生的工资、费用支出和必要的损耗，但要扣除下脚料、残料的价值；

⑤购入材料负担的税金（允许抵扣的增值税除外）和其他费用等。

以上第①项和第⑤项应直接记入各种材料的采购成本，第②③④项，凡能分清是某种材料负担的，可以直接记入该种材料的采购成本，不能分清某种材料负担的，应按材料的重量、买价等比例采用一定的方法，分摊记入各种材料的采购成本。

$$费用分配率=\frac{待分配的采购费用}{分配标准（买价或重量）之和}$$

某种材料物资应负担的采购费用＝该种材料物资的分配标准（买价或重量）×费用分配率

某种材料物资的采购成本＝该种材料物资的买价＋应负担的采购费用

对于企业供应部门或材料仓库所发生的经常性费用、采购人员的差旅费，以及市内零星运杂费等则不计入材料采购成本，而作为“管理费用”列支。

1）材料采购业务的账户设置

（1）“材料采购”账户

本账户用以核算和监督企业购入材料物资所发生的买价和采购费用，并用来计算其采购成本的账户，属资产类账户。借方登记购入材料物资的买价、采购费用和应由购入材料物资负担的其他费用，贷方登记结转入库材料物资的实际采购成本，期末借方余额，表示月末在途材料物资的实际成本。该账户可按材料的供应单位和材料品种设置明细账户进行明细核算。账户结构如图8.9所示。

借方 材料采购	贷方
购入材料物资的买价和采购费用	已验收入库材料物资的实际成本
余额：在途材料的实际成本	

图8.9

（2）“原材料”账户

本账户用来核算和监督企业库存材料增减变动和结存情况的账户，属资产类账户。借方登记验收入库材料的实际成本；贷方登记发出材料的实际成本，期末借方余额，反映企业库存原材料的实际成本。该账户应按材料的品种、规格设置明细账户进行明细核算。账户结构如图8.10所示。

借方	原材料 贷方
入库材料的实际成本	发出材料的实际成本
余额:结余材料的实际成本	

图 8.10

(3)“应付账款”账户

本账户用来核算和监督企业因采购材料物资、商品和接受劳务等应付给供应单位的款项的账户,属负债类账户。贷方登记因采购材料物资、商品和接受劳务等应付的款项;借方登记偿还的货款,期末余额一般在贷方,反映企业尚未偿还的应付账款。该账户可按债权人设置明细账户进行明细核算。账户结构如图 8.11 所示。

借方	应付账款 贷方
应付账款的偿还数	因采购材料物资、商品和接受劳务等应付的款项
	余额:尚未偿还的应付账款

图 8.11

(4)“预付账款”账户

本账户用来核算和监督企业因购买材料、商品和接受劳务等按照合同规定向供应单位预付购料款而与供应单位发生的债权结算账户,属资产类账户。借方登记企业按照合同规定向供应单位预付的货款金额;贷方登记冲销预付的货款金额;期末余额一般在借方,反映企业尚未结算的预付货款数。该账户按供应单位名称设置明细账进行明细核算。账户结构如图 8.12 所示。

借方	预付账款 贷方
预付的货款数	冲销预付的货款数
余额:尚未结算的预付货款数	

图 8.12

2)材料采购业务的核算

【例 8.9】 12 月 15 日,从大发公司购入甲材料 2 000 千克,单价 80 元,乙材料 4 000 千克,单价 15 元,增值税专用发票上注明的增值税额为 37 400 元。货税款均未支付(合同约定下月支付)。

这项经济业务发生,一方面增加了材料的采购成本,应记入“材料采购”账户的借方,同时,因采购材料而支付了增值税的进项税额,应借记“应交税费

——应交增值税(进项税额)”账户;另一方面,由于货款尚未支付,使得应付账款这项负债也发生了增加,应贷记“应付账款”账户。本业务根据增值税专用发票发票联、抵扣联(原始凭证8.21、原始凭证8.22)、采购合同(格式省略),编制会计分录如下:

借:材料采购——大发公司(甲材料) 160 000

——大发公司(乙材料) 60 000

应交税费——应交增值税(进项税额) 37 400

贷:应付账款——大发公司 257 400

原始凭证8.21

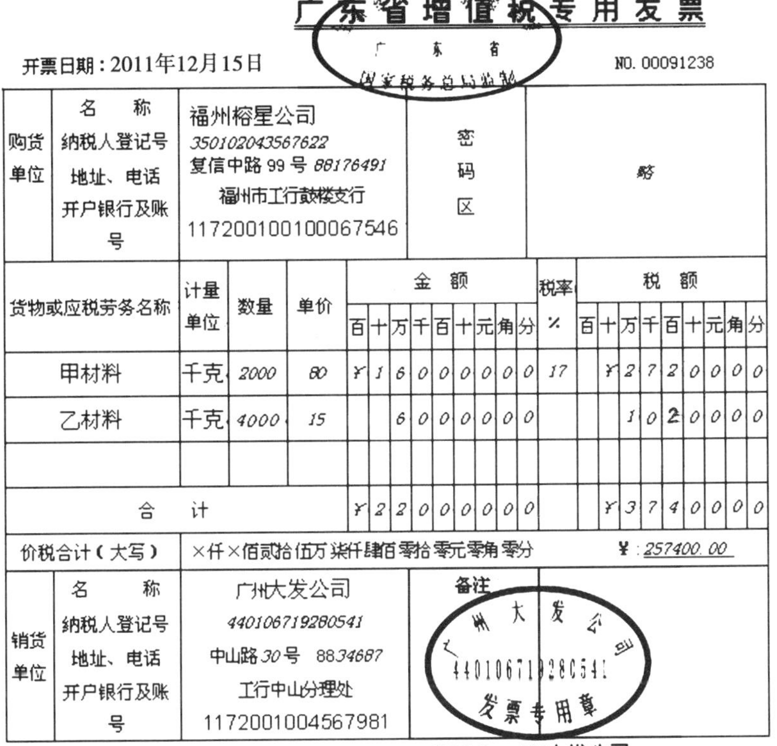

广东省增值税专用发票

开票日期:2011年12月15日　　NO. 00091238

购货单位	名称 纳税人登记号 地址、电话 开户银行及账号	福州榕星公司 350102043567622 复信中路99号 88176491 福州市工行鼓楼支行 117200100100067546	密码区	略

货物或应税劳务名称	计量单位	数量	单价	金额 百	十	万	千	百	十	元	角	分	税率%	税额 百	十	万	千	百	十	元	角	分
甲材料	千克	2000	80	¥	1	6	0	0	0	0	0	0	17		¥	2	7	2	0	0	0	0
乙材料	千克	4000	15			6	0	0	0	0	0	0				1	0	2	0	0	0	0
合计				¥	2	2	0	0	0	0	0	0			¥	3	7	4	0	0	0	0

价税合计(大写)	×仟×佰贰拾伍万柒仟肆佰零拾零元零角零分	¥:257400.00

销货单位	名称 纳税人登记号 地址、电话 开户银行及账号	广州大发公司 440106719280541 中山路30号 8834687 工行中山分理处 1172001004567981	备注

开票人:萧庆山　　开票单位:广州大发公司

第一联 发票联 购货方记账

原始凭证 8.22

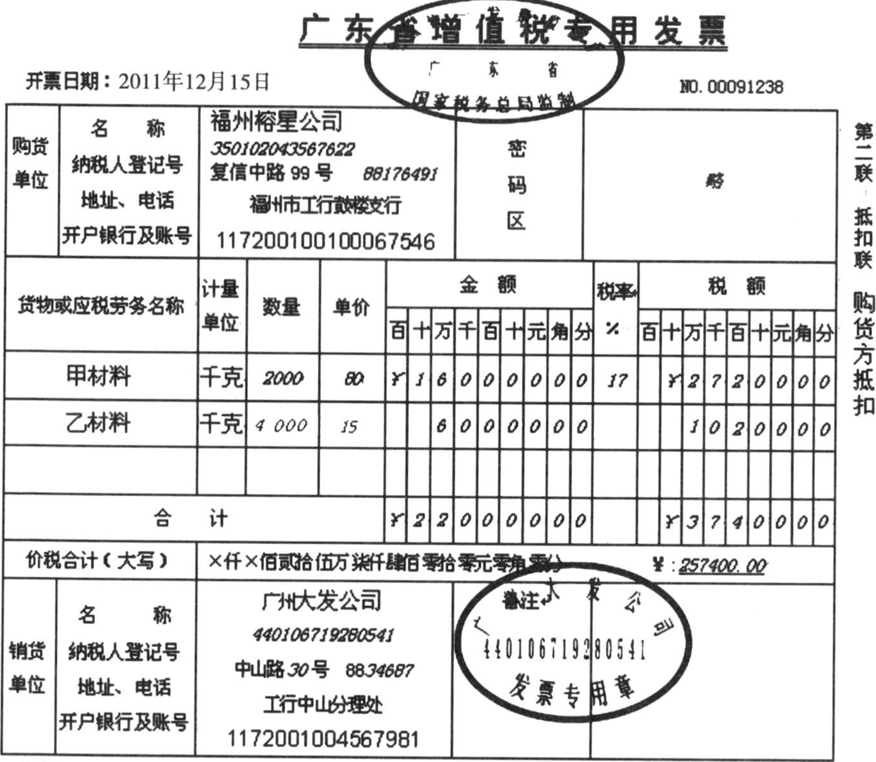

广东省增值税专用发票

开票日期：2011年12月15日　　　　NO.00091238

购货单位	名称 纳税人登记号 地址、电话 开户银行及账号	福州榕星公司 350102043567622 复信中路99号 88176491 福州市工行鼓楼支行 117200100100067546	密码区	略

货物或应税劳务名称	计量单位	数量	单价	金额	税率%	税额
甲材料	千克	2000	80	￥160 000.00	17	￥27 200.00
乙材料	千克	4 000	15	60 000.00		10 200.00
合计				￥220 000.00		￥37 400.00
价税合计（大写）	×仟×佰贰拾伍万柒仟肆佰零拾零元零角零分			￥:257400.00		

销货单位	名称 纳税人登记号 地址、电话 开户银行及账号	广州大发公司 440106719280541 中山路30号 8834687 工行中山分理处 1172001004567981	备注

开票人：黄庆山　　　　开票单位：广州大发公司

第二联 抵扣联 购货方抵扣

【例8.10】 12月16日，以银行存款支付15日所欠大发公司的货税款合计数257 400元。

这项经济业务发生，使负债中的前欠货款减少，应记入“应付账款”账户的借方；同时，企业的银行存款也减少，应记入“银行存款”账户的贷方。本业务根据银行电汇回单（原始凭证8.23），编制会计分录如下：

借：应付账款——大发公司　　　　257 400

　贷：银行存款　　　　257 400

【例8.11】 12月16日，向大发公司购入的甲、乙材料运至企业验收入库，以银行存款支付运杂费4 800元。

这项经济业务发生，使企业的材料采购成本增加，应记入“材料采购”账户的借方；同时，企业的银行存款减少，应记入“银行存款”账户的贷方。

原始凭证 8.23

中国工商银行电汇凭证（回单） NO.987261

委托日期：2011年12月16日 第 号

<table>
<tr><td rowspan="3">汇款人</td><td>全 称</td><td colspan="3">福州榕星公司</td><td rowspan="3">收款人</td><td>全 称</td><td colspan="12">广州大发公司</td></tr>
<tr><td>账号或住址</td><td colspan="3">117200100100067546</td><td>账号或住址</td><td colspan="12">1172001004567981</td></tr>
<tr><td>汇出地点</td><td>福州市</td><td>汇出行名称</td><td>工行鼓楼支行</td><td>汇款地点</td><td>广州市</td><td>汇入行名称</td><td colspan="10">中山分理处</td></tr>
<tr><td colspan="2" rowspan="2">金 额</td><td colspan="7" rowspan="2">人民币（大写）：贰拾伍万柒仟肆佰元整</td><td>千</td><td>百</td><td>十</td><td>万</td><td>千</td><td>百</td><td>十</td><td>元</td><td>角</td><td>分</td></tr>
<tr><td></td><td>¥</td><td>2</td><td>5</td><td>7</td><td>4</td><td>0</td><td>0</td><td>0</td><td>0</td></tr>
<tr><td colspan="2">汇款用途</td><td colspan="3">货款</td><td colspan="14">汇出行盖章：
中国工商银行鼓楼支行
2011年12月16日</td></tr>
</table>

单位主管 会计 复核 记账

此联汇出行给汇款人的回单

由于材料采购需按材料的供应单位和品种进行明细核算，因此对于由甲、乙材料共同负担的采购费用需采用一定的标准进行分配后，分别记入甲、乙材料的采购成本。若选择材料重量为分配标准，则分配过程如下：

运杂费费用分配率 = 4 800 元 ÷ (2 000 + 4 000) = 0.8

甲材料负担的运杂费 = 2 000 × 0.8 = 1 600 元

乙材料负担的运杂费 = 4 000 × 0.8 = 3 200 元

在实际工作中，一般通过编制“材料采购费用分配表”进行采购费用的分配。本业务根据货运发票（原始凭证 8.24）、电汇回单（原始凭证 8.25）和材料采购费用分配表（原始凭证 8.26），编制会计分录如下：

借：材料采购——大发公司（甲材料） 1 600

　　　　　　——大发公司（乙材料） 3 200

　贷：银行存款 4 800

原始凭证 8.24

广州市运输公司业统一发票

发 票 联

NO.0456581

付款单位：福州榕星公司　　2011年12月12日　　羊税(94)第四版(4)

发货地点	广州		发货单位		大发公司			地址		中山路30号		电话		020-88346871
收货地点	福州		收货单位		福州榕星公司			地址		复信中路99号		电话		88176491
货物名称	包装	件数	货物体积	实际重量	计费里程	计费运输量		货物等级	山区支线	运价率	运费金额	其他杂费		运杂费小计
						吨	吨/公里					费用	金额	
材料		6 000						运费						4800
运杂费合计金额(大写)：肆仟捌佰元整										¥：4800.00				
备注														

运输单位：广州中统货运公司　　承运驾驶员：王 里　　开票人：邱思

②报销凭证

原始凭证 8.25

中国工商银行电汇凭证(回单)　　NO.987261

委托日期：2011年12月16日　　第　号

汇款人	全称	福州榕星公司			收款人	全称	广州大发公司		
	账号或住址	117200100100067546				账号或住址	117200100456798		
	汇出地点	福州市	汇出行名称	工行鼓楼支行		汇款地点	广州市	汇入行名称	中山分理处
金额		人民币(大写)：肆仟捌佰元整					千百十万千百十元角分 ¥480000		
汇款用途		运费款			汇出行盖章： 2011年12月16日				

此联汇出行给汇款人的回单

原始凭证8.26

材料采购费用分配表

2011年12月

材料名称	分配标准	分配率	分配金额
甲材料	2 000		1 600
乙材料	4 000		3 200
合 计	6 000	0.8	4 800

提示:入库材料的成本可以采用入库时逐次结转成本,也可以采用月末集中结转成本,本书是采用月末集中结转法。

【例8.12】 12月16日,从福州前进公司购进甲材料4 000千克,每千克80元,运杂费400元,增值税进项税额5 440元。材料尚未运到企业,款项也尚未支付。

这项经济业务发生,使企业的材料采购成本增加,应记入“材料采购”账户的借方;支付的增值税进项税额应记入“应交税费——应交增值税”账户的借方;同时,企业负债项目中的应付账款的增加,应记入“应付账款”账户的贷方。该业务编制会计分录如下:

借:材料采购——前进公司(甲材料) 32 400
　　应交税费——应交增值税(进项税额) 5 440
　　贷:应付账款——福州前进公司 37 840

思考:本业务账务处理应该根据哪些原始凭证呢?

【例8.13】 12月17日,企业以银行存款50 000元向新星工厂预付购买材料的货款。

这项经济业务发生,使得企业资产项目中的预付账款增加,应记入“预付账款”账户的借方,同时,企业资产中的银行存款的减少,应记入“银行存款”账户的贷方。该业务编制会计分录如下:

借:预付账款——新星工厂 50 000
　　贷:银行存款 50 000

思考:本业务账务处理应该根据哪些原始凭证呢?

【例8.14】 12月18日,企业收到新星工厂发来的乙材料6 000千克,单价15元,材料的买价为90 000元,运杂费1 000元,增值税进项税额15 300元,除了冲销原预付货款外,其余用银行存款支付。

这项经济业务发生,使企业的材料采购成本增加,应记入“材料采购”账户的借方;支付的增值税进项税额应记入“应交税费——应交增值税”账户的借方;同时,冲销预付账款使得债权减少,应记入“预付账款”账户的贷方,减少的银行存款应记入“银行存款”账户的贷方。该业务编制会计分录如下:

借:材料采购——新星工厂(乙材料)　　91 000
　应交税费——应交增值税(进项税额)　　15 300
　贷:预付账款——新星工厂　　50 000
　　银行存款　　56 300

思考:本业务账务处理应该根据哪些原始凭证呢?

【例 8.15】 12 月 31 日,本期购入的材料已全部验收入库,结转采购成本。

根据“材料采购”账户归集的买价和采购费用,计算其实际采购成本,并按实际采购成本将其从“材料采购”账户的贷方结转到“原材料”账户的借方,以反映库存原材料的增加。本业务是根据材料收入汇总表(原始凭证 8.27)及收料单(省略)编制会计分录如下:

借:原材料——甲材料　　194 000
　　　　——乙材料　　154 200
　贷:材料采购——大发公司(甲材料)　　161 600
　　　　　　——前进公司(甲材料)　　32 400
　　　　　　——大发公司(乙材料)　　63 200
　　　　　　——新星工厂(乙材料)　　91 000

原始凭证 8.27

12 月材料收入汇总表

材料名称	数量/千克	单价	金额
甲材料	6 000	32.33	194 000
乙材料	8 000	19.28	154 200
合计			348 200

附领料单15张

审核:周南　　　　制表:越南

提示:收料汇总表是根据材料收料单定期汇总而成的,并将收料单附在收料汇总表后面,这里由于篇幅关系,就省略收料单。

根据以上分录登记的“材料采购”相关明细账户,记录如图 8.13、图 8.14、图 8.15 和图 8.16 所示。

借方	材料采购——大发公司(甲材料) 贷方
(9)160 000 (11) 1 600	(15)161 600
本期发生额:161 600	本期发生额:161 600

图8.13

借方	材料采购—大发公司(乙材料) 贷方
(9)60 000 (11)3 200	(15)63 200
本期发生额:63 200	本期发生额:63 200

图8.14

借方	材料采购——前进公司(甲材料) 贷方
(12)32 400	(15)32 400
本期发生额: 32 400	本期发生额:32 400

图8.15

借方	材料采购——新星工厂(乙材料) 贷方
(14)91 000	(18)91 000
本期发生额:91 000	本期发生额:91 000

图8.16

任务3 掌握产品生产业务的核算

8.3.1 认识产品生产阶段的主要交易或事项

制造业企业的生产过程,既是产品的加工制造过程,也是生产耗费的过程。在这个生产过程中,企业在生产产品的同时,要发生材料、人工等各种各样的生产耗费。企业在一定时期内发生的,用货币表现的生产耗费,称为生产费用。这些费用最终都要汇集、分配到一定种类的产品上,形成各种产品的成本。企业为生产一定种类、一定数量产品所发生的直接材料、直接人工和制造费用的总和就是这些产品的生产成本。构成产品成本的费用,在本期完工产品和在产品之间进行分配。除此之外,企业为组织和管理生产还会发生期间费用。期间费用是指与生产产品没有直接关系,不能直接归属于某个特定产品成本的费用,具体包括销售费用、财务费用、管理费用。期间费用不计入产品成本,而应记入当期损益,从当期实现的收入中得到补偿。因此,生产活动过程中生产费用的发生、归集和分配以及产品成本的计算,就构成产品生产过程的主要内容。

8.3.2 掌握产品生产业务核算的账户设置

(1)"生产成本"账户

本账户用来核算和监督企业为进行产品生产而发生的各项生产费用,属于成本类账户。其借方登记为生产产品而发生的各项费用,即直接材料、直接人工、期末分配应负担的制造费用;贷方登记已生产完工并验收入库的产品成本。期末余额在借方,表示企业尚未完工的在产品成本。该账户可按产品的品种设置明细分类账户进行各种产品成本的明细核算,必要时可以增设"基本生产成本"和"辅助生产成本"两个二级账户。账户结构如图 8.17 所示。

借方　　　　**生产成本**	贷方
为生产产品发生的各项费用:直接材料 直接人工 制造费用	结转完工入库 的产品生产成本
余额:在产品的生产成本	

图 8.17

(2)"制造费用"账户

本账户用来核算和监督企业为生产产品而发生的各项间接费用,属于成本类账户。借方登记企业发生的各项间接费用;贷方登记期末分配的制造费用;分配结转后账户期末无余额。该账户应按不同的车间或部门设置明细分类账户进行明细核算。账户结构如图 8.18 所示。

借方	制造费用	贷方
归集本期发生的各项间接费用		分配转入"生产成本"的制造费用

图 8.18

知识链接

制造费用是指企业生产单位(分厂、车间)为生产产品和提供劳务而发生的各项间接费用,主要包括生产单位管理人员的工资及福利费、生产单位房屋、建筑物、机器设备等的折旧费、固定资产租赁费、机物料消耗、低值易耗品摊销、取暖费、水电费、办公费、差旅费、运输费、保险费、设计制图费、试验检验费、劳动保护费、季节性停工和生产用固定资产大修理期间停工的损失以及其他制造费用。

在生产一种产品的车间中,制造费用可直接记入其产品生产成本。在生产多种产品的车间中,就要采用既合理又简便的分配方法,将制造费用分配记入各种产品成本。制造费用分配记入产品成本的方法,常用的有按生产工时、定额工时、机器工时、直接人工费等比例进行分配。

$$制造费用分配率=\frac{待分配的制造费用总额}{各种产品的分配标准之和}$$

某种产品应分摊的制造费用=该种产品的分配标准(工时)×费用分配率

(3)"应付职工薪酬"账户

本账户用以核算企业应付职工薪酬的提取、结算、使用等情况,属负债类账户。贷方登记已分配记入有关成本费用项目的职工薪酬数额,借方登记实际发放、支付和使用职工薪酬的数额;期末余额一般在贷方,表示企业应付而未付的职工薪酬。该账户可按"工资""职工福利""社会保险费""住房公积金""工会经费""职工教育经费""非货币性福利""辞退福利""股份支付"等明细账户进行明细核算。账户结构如图 8.19 所示。

借方	应付职工薪酬	贷方
实际支付的薪酬	应付的薪酬	
	余额:应付未付的薪酬	

图 8.19

知识链接

职工薪酬是指企业为获得职工提供的服务而给予各种形式的报酬以及其他相关支出,包括:

①职工工资、奖金、津贴和补贴。

②职工福利费:指为职工集体提供的福利,如职工的生活困难补助等。

③社会保险费:指企业按国家规定的基准和比例计算,向社会保险经办机构缴纳的医疗保险金、基本养老保险金、补充养老保险金、失业保险费、工伤保险费和生育保险费等社会保险,以及以商业保险形式提供给职工的各种保险待遇。

④住房公积金:指企业按国家规定的基准和比例计算,向住房公积金管理机构缴纳的住房公积金。

⑤工会经费和职工教育经费:指根据国家规定的基准和比例计算,用于开展工会活动和职工教育及技能培训的开支。

⑥非货币性福利:指企业提供给职工的实物福利、服务性福利、优惠性福利及有偿休假性福利等。

⑦因解除与职工的劳动关系而给予的补偿。

⑧其他与获得职工提供的服务相关的支出。

(4)"库存商品"账户

本账户用来核算企业库存商品的增减变动及结存情况,属资产类账户。借方登记生产完工并验收入库的产品生产成本;贷方登记已发出产品的实际生产成本。期末余额在借方,反映企业库存商品的实际成本。该账户可按产品的品种和规格设置明细账进行明细核算。账户结构如图 8.20 所示。

(5)"管理费用"账户

本账户用以核算企业行政管理部门为组织和管理生产经营活动所发生的

各项费用,属于损益类账户。借方登记企业发生的各项管理费用,贷方登记期末结转入“本年利润”账户的管理费用,结转后该账户期末无余额。该账户可按费用项目设置专栏进行明细核算。账户结构如图8.21所示。

借方 库存商品	贷方
完工入库产品的实际生产成本	发出产品的实际生产成本
余额:库存产品实际生产成本	

图8.20

借方 管理费用	贷方
归集本期发生的管理费用	期末转入“本年利润”中的管理费用

图8.21

(6)“库存现金”账户

本账户用来核算企业库存现金增减变动和结余情况的账户,属资产类账户。借方登记库存现金的增加额,贷方登记库存现金的减少额。期末余额在借方,反映库存现金账户的余额。该账户按库存现金的币种设置“库存现金日记账”,进行明细核算。账户结构如图8.22所示。

借方 库存现金	贷方
库存现金增加数	库存现金减少数
余额:库存现金实有数	

图8.22

(7)“累计折旧”账户

本账户用来核算企业固定资产的累计损耗价值的增减变动和结余情况的账户,属于资产类账户。借方登记固定资产折旧的减少或注销额;贷方登记折旧的增加或计提额;期末余额在贷方,反映现有固定资产计提折旧的累计数。账户结构如图8.23所示。

借方 累计折旧	贷方
折旧的减少或注销额	折旧的增加或计提额
	余额:现有固定资产计提折旧的累计数

图8.23

固定资产具有使用期限长,并能够多次参加生产经营周转而保持原有实物形态,但固定资产的价值随其不断周转使用而逐渐损耗,这部分损耗的价值称为折旧。固定资产折旧应该作为折旧费用记入产品成本或期间费用。

8.3.3 掌握产品生产业务的核算

1)材料费用的核算

企业在产品生产过程中所需用的材料,使用部门应填制“领料单”向材料仓库领取。仓库根据领料单发出材料后,应将领料单按领用材料的用途和种类进行汇总,编制材料耗用汇总表,作为编制材料发出记账凭证的依据。

【例8.16】 12月31日,根据本月领料凭证进行汇总,编制发出材料汇总表,如表8.1所示。

表8.1 材料发出汇总表

用 途	甲材料		乙材料		合计金额
产品生产耗用	数量/千克	金额/元	数量/千克	金额/元	
A产品	1 000	80 000	4 000	60 000	140 000
B产品			5 600	84 000	84 000
二、车间管理部门耗用	1 200	96 000	200	3 000	99 000
三、行政管理部门耗用			100	1 500	1 500
合 计	2 200	176 000	9 900	148 500	324 500

提示:材料发出汇总表是根据领料单、限额领料单退料单等相关凭证汇总得到的,这里由于篇幅问题,没有办法一一列示。

这项经济业务发生,一方面使企业的库存甲材料减少176 000元,乙材料减少148 500元,应记入“原材料”账户的贷方;另一方面使企业的各项耗费增加324 500元:其中生产产品耗用224 000元,应记入“生产成本”账户的借方,车间一般耗用99 000元,应记入“制造费用”账户的借方,管理部门耗用1 500元,应记入“管理费用”账户的借方。根据材料发出汇总表及所附的领料单,编制会计分录如下：

借：生产成本——A 产品　　140 000
　　　　　　——B 产品　　84 000
　　制造费用　　99 000
　　管理费用　　1 500
　贷：原材料——甲材料　　176 000
　　　　　　——乙材料　　148 500

2）职工薪酬的核算

职工薪酬应根据发生的地点和用途不同，分别记入有关的成本费用账户。其中，产品生产工人的职工薪酬应作为直接人工费用，记入“生产成本”账户；车间管理及技术人员的职工薪酬应记入“制造费用”账户；销售部门人员的职工薪酬应记入“销售费用”账户；企业行政管理部门人员的职工薪酬应记入“管理费用”账户等。职工福利费于月末时进行分配，分配的去向与应付职工薪酬——工资一致，但是按福利人员工资提取的福利费由“管理费用”列支。

【例 8.17】　2011 年 12 月 20 日，委托银行代发 2011 年 11 月职工工资 120 000元（假定没有其他的扣款项目）。

这项经济业务的发生，一方面使得应付职工薪酬这项负债减少，应借记“应付职工薪酬”账户；另一方面，企业的银行存款也减少，应贷记“银行存款”账户。本业务是根据支票存根联（原始凭证 8.28）和职工工资结算单（格式见例 8.18，假定有 5 张）等有关原始凭证，编制会计分录如下：

借：应付职工薪酬——职工工资　　120 000
　贷：银行存款　　120 000

【例 8.18】　12 月 31 日，结算 12 月应付职工工资 120 000 元，其中 A 产品生产工人工资 50 000 元，B 产品生产工人工资 30 000 元，车间管理人员工资 20 000元，销售部门人员工资 8 000 元，行政管理部门工资 12 000 元。

这项经济业务发生，涉及“生产成本”“制造费用”“销售费用”“管理费用”及“应付职工薪酬”5 个账户。根据职工提供劳务服务的受益对象，分别计入产品生产成本或当期损益。其中从事产品生产的直接生产工人工资借记“生产成本”账户，车间管理人员工资借记“制造费用”账户，销售部门人员工资借记“销售费用”账户，行政管理部门人员工资借记“管理费用”账户；企业应根据当月结算出的职工工资，贷记“应付职工薪酬——工资”账户。本业务是根据工资结算汇总表 8.2 及所附的各部门的工资结算单，编制会计分录如下：

借:生产成本——A 产品 50 000
——B 产品 30 000
制造费用 20 000
销售费用 8 000
管理费用 12 000
贷:应付职工薪酬——职工工资 120 000

原始凭证 8.28

中国工商银行
支票 DF
号码 08 0652240
附加信息

出票日期 2011 年 12 月 20 日
收款人 福州榕星公司
金 额 120000.00
用 途 支付 12 月工资
单位主管 会计

表 8.2 工资结算汇总表

2011 年 12 月 单位:元

部 门	基础工资	职务工资	加班加点工资	奖 金	应发工资	扣款合计	实发工资
第一车间(A)	30 000	10 000	5 000	5 000	50 000	10 000	40 000
第一车间(B)	17 000	7 000	3 000	3 000	30 000	6 000	24 000
车间人员	6 000	10 000	2 000	2 000	20 000	4 000	16 000
管理部门	5 000	6 000	1 000		12 000	2 400	9 600
销售部门	1 000	4 000	0	3 000	8 000	1 600	6 400
合 计	59 000	37 000	11 000	13 000	120 000	24 000	96 000

主管:陈万利 审核:高明 制表:江小丽

提示:工资结算汇总表是根据各部门的工资结算单汇总,各部门的工资结算单是个根据考勤记录或产量记录计算出来的。

【例8.19】 12月31日,按职工工资总额的8%和10%分别计提本月应向社会保险经办机构缴纳的职工医疗保险金和社会养老保险金。

根据国家规定的计提基础和计提标准,本月应计提的社会保险费为:

A产品生产工人社会保险费: 50 000元×(8% +10%) =9 000元

B产品生产工人社会保险费: 30 000元×(8% +10%) =5 400元

车间管理人员社会保险费: 20 000元×(8% +10%) =3 600元

销售部门人员社会保险费: 8 000元×(8% +10%) =1 440元

行政管理部门人员社会保险费: 12 000元×(8% +10%) =2 160元

合计: 21 600元

企业计提的社会保险费,应根据职工提供服务的受益对象,分别计入产品生产成本或当期损益,其中从事产品生产的直接生产工人社会保险费借记"生产成本"账户,车间管理人员社会保险费借记"制造费用"账户,销售部门人员社会保险费借记"销售费用"账户,行政管理部门人员社会保险费借记"管理费用"账户;所计提的这些费用作为应付职工薪酬的构成部分,应贷记"应付职工薪酬"账户。本业务是根据工资结算单和计提比例计算编制职工医疗保险金和社会养老保险金计提表,如表8.4所示,编制会计分录如下:

借:生产成本——A产品 9 000

——B产品 5 400

制造费用 3 600

销售费用 1 440

管理费用 2 160

贷:应付职工薪酬——社会保险费 21 600

表8.3 职工医疗保险和社会养老保险计提表

2011年12月 单位:元

车间及部门		应付工资	职工社会医疗保险		社会养老保险		合 计
			比例	金额	比例	金额	
第一生产车间	A产品	50 000	8%	4 000	10%	5 000	9 000
	B产品	30 000	8%	2 400	10%	3 000	5 400
车间管理部门		20 000	8%	1 600	10%	2 000	3 600
厂部管理部门		12 000	8%	960	10%	1 200	2 160
销售部门		8 000	8%	640	10%	800	1 440
合计		120 000	8%	9 600	10%	12 000	21 600

主管:陈万利 审核:高明 制表:江小丽

【例8.20】 12月31日,企业签发转账支票向社保局和医疗保险中心缴纳职工社会保险费21 600元。

这项经济业务发生,使得应付职工薪酬这项负债减少,应借记“应付职工薪酬”账户;同时,企业的银行存款也减少,应贷记“银行存款”账户。该业务编制会计分录如下:

借:应付职工薪酬——社会保险费 21 600

贷:银行存款 21 600

思考:本业务账务处理应该根据哪些原始凭证呢?

【例8.21】 12月31日,企业按规定的比例从工资总额中计提职工福利费用16 800元。

A产品生产工人福利费: 50 000元×14% =7 000元

B产品生产工人福利费: 30 000元×14% =4 200元

车间管理人员福利费: 20 000元×14% =2 800元

销售部门人员福利费: 8 000元×14% =1 120元

行政管理部门人员福利费: 12 000元×14% =1 680元

合计: 16 800元

企业计提的福利费,应根据职工提供服务的受益对象,分别记入产品生产成本或当期损益,其中从事产品生产的直接生产工人福利费借记“生产成本”账户,车间管理人员福利费借记“制造费用”账户,销售部门人员福利费借记“销售费用”账户,行政管理部门人员福利费借记“管理费用”账户;计提的福利费作为应付职工薪酬的构成部分,应贷记“应付职工薪酬”账户。本业务是根据工资结算单和计提比例计算编制职工福利费计提表,如表8.4所示,编制会计分录如下:

借:生产成本——A产品 7 000

——B产品 4 200

制造费用 2 800

销售费用 1 120

管理费用 1 680

贷:应付职工薪酬——职工福利 16 800

3)固定资产折旧费用的核算

固定资产折旧应该作为折旧费用记入产品成本或期间费用。不仅为了企业在将来有能力重置固定资产,更主要的是为了实现期间收入和费用的正确配比。

表 8.4 职工福利费计提表

2011 年 1 月　　　　单位:元

车间及部门		应付工资	职工社会医疗保险	
			比例	金额
第一生产车间	A 产品	50 000	14%	7 000
	B 产品	30 000	14%	4 200
车间管理部门		20 000	14%	2 800
厂部管理部门		12 000	14%	1 120
销售部门		8 000	14%	1 680
合计		120 000	14%	16 800

主管:陈万利　　　审核: 高明　　　制表: 江小丽

根据固定资产的用途:生产车间使用的固定资产,计提的折旧应记入制造费用;行政管理部门使用的固定资产,计提的折旧应记入管理费用;销售部门使用的固定资产,计提的折旧应记入销售费用。

企业生产车间和行政管理部门发生的固定资产修理费用,记入管理费用,销售机构发生的固定资产修理费用,记入销售费用。

【例 8.22】 12 月 31 日,按规定提取本月固定资产折旧 5 500 元,其中生产车间 4 500 元,行政管理部门 1 000 元。

每月计提的固定资产折旧费,应按固定资产使用部门借记有关费用账户,其中,对生产用固定资产提取的折旧额和生产车间管理部门使用的固定资产所提取的折旧额,记入"制造费用"账户,对于企业行政管理部门使用的固定资产所提取的折旧额,记入"管理费用"账户,累计折旧增加应贷记"累计折旧"账户。本业务根据固定资产折旧计算表(表 8.5),编制会计分录如下:

借:制造费用　　　　4 500

　　管理费用　　　　1 000

　贷:累计折旧　　　　　5 500

4)其他费用的核算

【例 8.23】 12 月 19 日,以现金支付职工张明生活困难补助 2 000 元。

这项经济业务发生,使得应付职工新酬这项负债减少,应借记"应付职工薪酬"账户;同时,企业库存现金也减少,应贷记"库存现金"账户。本业务根据原

始凭证——职工困难补助发放表,如表 8.6 所示,编制会计分录如下:

借:应付职工薪酬——职工福利　　2 000

　贷:库存现金　　2 000

表 8.5　固定资产折旧计算表

单位:元

车间或部门	房屋及建筑物			机器设备			其他设备			合　计
	原值	月折旧率	月折旧额	原值	月折旧率	月折旧额	原值	月折旧率	月折旧额	
第一车间	1 000 000	0.3%	3 000	120 000	1%	1 200	10 000	3%	300	4 500
行政管理部门	250 000	0.3%	750				20 000	1.25%	250	1 000
合　计	1 250 000	0.2%	3 750	120 000	1%	1 200	30 000		550	5 500

主管:陈万利　　审核:高明　　制表:江小丽

表 8.6　职工困难补助发放表

2011 年 12 月 19 日

姓　名	补助金额	签　名	备　注
张明	2 000.00	张明	
合计	2 000.00		

主管:陈万利　　审核:高明　　制表:江小丽

【例 8.24】　12 月 19 日,以银行存款 2 000 元支付生产车间的一台设备日常修理费。

这项经济业务发生,使企业生产车间的固定资产修理费增加,应借记“管理费用”账户;也使企业的银行存款减少,应贷记“银行存款”账户。本业务根据服务业发票(原始凭证 8.29)和付款通知(原始凭证 8.30),编制会计分录如下:

借:管理费用——修理费　　2 000

　贷:银行存款　　2 000

原始凭证 8.29

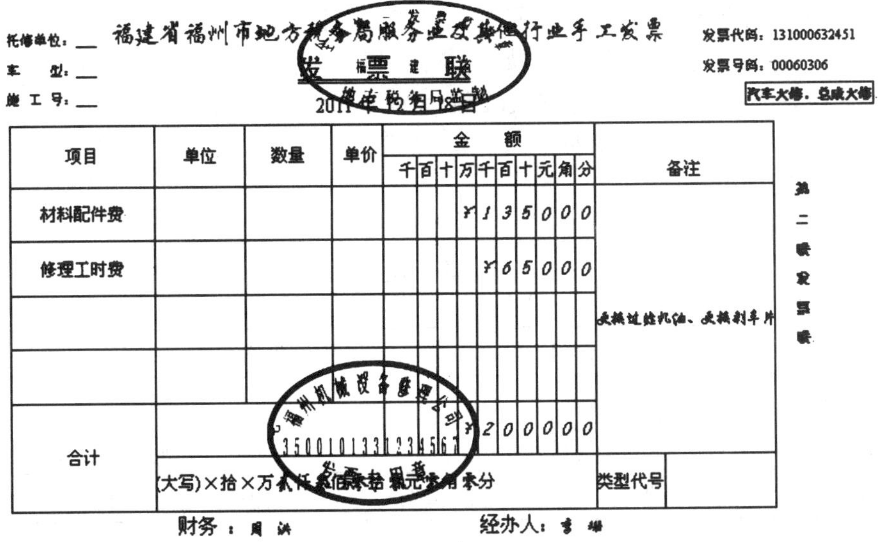
福建省福州市地方税务局服务业及其他行业手工发票

发票联

托修单位：
车型：
施工号：

2011年12月18日

发票代码：131000632451
发票号码：00060306
汽车大修、总成大修

项目	单位	数量	单价	金额（千百十万千百十元角分）	备注
材料配件费				¥1 3 5 0 0 0	更换过滤机油、更换刹车片
修理工时费				¥6 5 0 0 0	
合计				¥2 0 0 0 0 0	
	(大写)×拾×万贰仟零佰零拾零元零角零分				类型代号

财务：周洪　　经办人：李娜

第二联 发票联

原始凭证 8.30

第　　号

委托收款凭证（付款通知）　委托号码：

委邮

委托日期：2010年12月18日　　付款期限 2010年12月22日

付款人		收款人	
全称	福州榕星公司	全称	福州机械设备修理公司
账号或住址	117200100100067546	账号	1172003567976
开户银行	工行鼓楼支行	开户银行	工行东街营业部　行号

委收金额	人民币（大写）：贰仟元整	千百十万千百十元角分：¥2 0 0 0 0 0

款项内容	设备修理费	委托收款凭据名称	协议103	附寄单证张数	1

备注：

付款人注意：
1.根据结算办法，上列委托收款，如在付款期限内未拒付时，即视同全部同意付款，以此联代付款通知。
2.如需提前付款或多付款时，应另写书面通知送银行办理。
3.如系全部或部份拒付，应在付款期限内另填拒绝付款理由书送银行办理。

单位主管　会计　复核　记账　付款人开户银行：　2011年12月19日

此联是付款人开户银行给收款人按期付款

【例8.25】 12月19日，企业行政管理人员黎明出差预借差旅费5 000元，以银行存款支付。

这项经济业务发生，一方面使企业的其他应收款增加，借记“其他应收款”账户；另一方面企业的银行存款减少，贷记“银行存款”账户。本业务根据借款单（原始凭证8.31）和支票存根联（原始凭证8.32），编制会计分录如下：

借：其他应收款——黎明　　5 000

　　贷：银行存款　　5 000

原始凭证 8.31

借　款　单

2011年12月19日　　No.0049769

姓名	黎明	部门	厂办	职务	主任
借款原因	出差				
借款金额	人民币（大写）：贰仟元整　¥：2000.00				
财务部门	负责人陈万利　审核　高明　记账　经办人黎明				

原始凭证 8.32

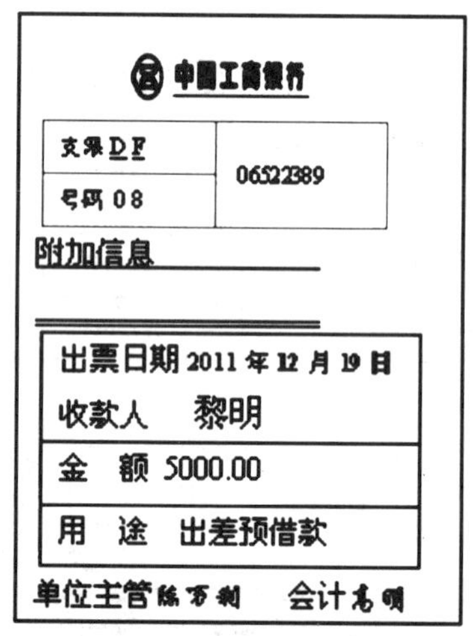
中国工商银行

支票 DF 号码 08　06522389

附加信息

出票日期 2011年12月19日

收款人　黎明

金　额 5000.00

用　途　出差预借款

单位主管 陈万利　会计 高明

【例8.26】　12月22日，以银行存款购买办公用品2 200元，其中生产车间领用1 500元，厂部行政管理部门领用700元。

这项经济业务发生，一方面企业的制造费用增加，应借记“制造费用”账户，同时管理费用也增加，应借记“管理费用”账户；另一方面，企业的银行存款减少，应贷记“银行存款”账户。本业务根购货发票发票联（原始凭证8.33）支票存根联

(原始凭证8.34)和办公用品领用表(原始凭证8.35),编制会计分录如下:

借:制造费用　　1 500

　　管理费用　　700

　　贷:银行存款　　2 200

原始凭证8.33

福州鹏飞百货公司商业零售普通发票

发票联

发票代码 135010720177

发票号码 02665955

购货单位:福州榕星公司　　2011年12月22日填制 17:04:05

品名及规格型号	单位	数量	单价	金额	备注
复印纸	箱	1	¥400.00	¥400.00	*757507501
色带	盒	5	¥200.00	¥1000.00	
颜料	罐	10	¥60.00	¥600.00	
钢笔	支	2	¥100.00	¥200.00	
合　　计 ¥2200.00					
合计(大写)肆佰玖拾玖元整					
销货单位:福州鹏飞百货公司				全国统一服务专线:…4008	

第二联 发票联

填票人:陈华丽　　收款人:王成刚

(本发票手写无效)

原始凭证8.34

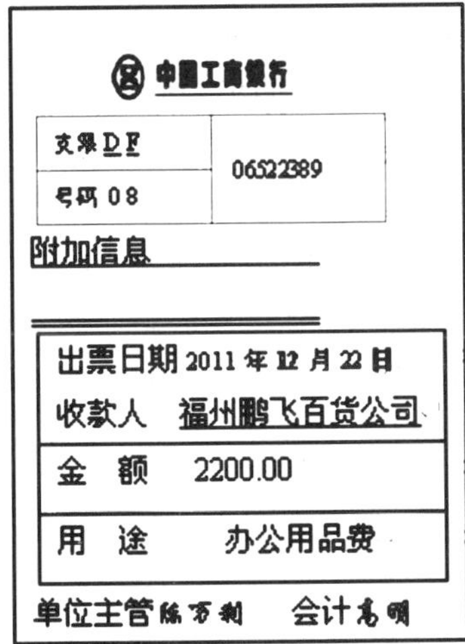

中国工商银行

支票DF 号码08	06522389

附加信息

出票日期 2011年12月22日

收款人 福州鹏飞百货公司

金　额 2200.00

用　途 办公用品费

单位主管 陈万利　会计 高明

原始凭证 8.35

办公用品领用表

2011 年 12 月 22 日

领用部门	领发金额				金　额	签　名
	复印纸	色带	颜料	钢笔		
生产车间	200.00	800.00	400.00	100.00	1 500.00	李立
财务科	100.00	200.00			300.00	林四妹
行政科	100.00		200.00		300.00	王杉
陈万利				100.00	100.00	陈万利
合计	400.00	1 000.00	600.00	200.00	2 200.00	

审核:高明　　　　制表:越奇

【例 8.27】　12 月 22 日,以银行存款支付本月的水电费用 20 600 元,其中生产车间用 15 600 元,管理部门用 5 000 元。

这项经济业务发生,一方面使企业的制造费用增加,应借记"制造费用"账户,同时使管理费用也增加,应借记"管理费用"账户;另一方面,企业的银行存款减少,应贷记"银行存款"账户。该业务编制会计分录如下:

借:制造费用　　15 600
　管理费用　　5 000
　　贷:银行存款　　20 600

思考:本业务发生涉及哪些原始凭证呢?

【例 8.28】　12 月 23 日,职工黎明出差回来报销差旅费 4 500 元,返还现金 500 元。

这项经济业务发生,一方面使企业的管理费用增加,应借记"管理费用"账户,同时库存现金增加,应借记"库存现金"账户;另一方面,企业的其他应收款减少,应贷记"其他应收款"账户。本业务根据差旅费报销单(原始凭证 8.36)收款收据存根联(原始凭证 8.37),编制会计分录如下:

借:管理费用 ——差旅费　　4 500
　　库存现金　　500
　贷:其他应收款——黎明　　5 000

原始凭证 8.36

差旅费报销单

2011 年 12 月 23 日

出差者姓名		黎明		出差地点		北京			出差任务			联系业务		
月/日	时间	地点	月/日	时间	地点	车船费	机场费保险费	宿费	机票	其他	途中伙食补助费		住勤伙食补助费		合计
											日数	金额	日数	金额	
12.19	8:10	福州	2.19	12:10	北京		70	600	1 200	960	4	200	4	200	3 230
12.22	8:40	北京	12.22	12:30	福州		70		1 200						1 270
合计							140	600	2 400	960	—	200	—	200	4 500
2011 年 12 月 19 日借款 5000 元						结余 500 元			报销大写金额:肆仟伍佰元整						

凭单据11张

会计主管:陈万利　审核:高明　制单:黎明　部门主管:李里　出差人:黎明

原始凭证 8.37

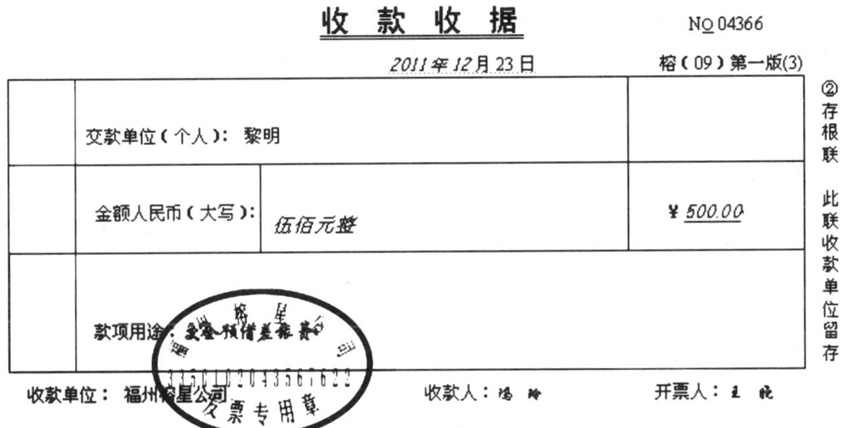

收 款 收 据　NO 04366

2011 年 12 月 23 日　榕(09)第一版(3)

交款单位(个人)：黎明	
金额人民币(大写)：伍佰元整	¥ 500.00
款项用途：交回预借差旅费	

收款单位：福州榕星公司　收款人：冯玲　开票人：王晓

②存根联　此联收款单位留存

【例 8.29】 12 月 31 日,计提应由本月负担的短期借款利息 600 元。

这项经济业务发生,使企业的财务费用增加,应借记"财务费用"账户,同时,企业应付的利息也增加,贷记"应付利息"账户。本业务根据利息计算表(省略)业务编制会计分录如下：

借:财务费用　　600

　贷:应付利息　　600

5)制造费用的核算

制造费用是指企业各生产车间等生产单位为组织和管理生产而发生的各项间接费用。如果车间只生产一种产品,制造费用可直接记入其产品生产成本;如果车间生产多种产品,就要采用既合理又简便的分配方法,将制造费用分配记入各种产品成本。制造费用分配的方法,主要有按生产工时比例分配法、定额工时比例分配法、机器工时比例分配法、直接人工费比例分配法等。

【例8.30】　将本月制造费用按机器工时比例在A产品和B产品之间进行分配。本月A产品机器工时为4 000工时,B产品机器工时为2 000工时。

根据“制造费用”账户记录,本月共发生制造费用147 000元,按A、B两种产品的机器工时比例进行分配,则:

每机器工时应分摊的制造费用 = 147 000元 ÷ 6 000 = 24.50元

A产品分摊的制造费用 = 4 000 × 24.50元 = 98 000元

B产品分摊的制造费用 = 147 000元 − 98 000元 = 49 000元

根据计算结果编制制造费用分配表如表8.7所示。最后,还需要将其从“制造费用”账户贷方结转到A和B两种产品的“生产成本”账户借方,结转后“制造费用”账户无余额,同时,A和B两种产品“生产成本”账户中才能反映其直接材料、直接人工及制造费用等全部成本构成项目,从而进一步计算出产品的实际生产成本。本业务根据制造费用分配表(表8.7),该业务编制会计分录如下:

借:生产成本——A产品　　98 000

　　　　　——B产品　　49 000

　贷:制造费用　　147 000

表8.7　制造费用分配表

产品名称	机器工时/小时	分配率	分配金额/元
A产品	4 000	—	98 000
B产品	2 000	—	49 000
合计	6 000	24.50	147 000

思考:制造费用分配表的数据来自于哪里呢?

6)结转完工产品成本

经过全部工序进行生产加工出可供销售的库存商品,而处在生产过程尚未加工完成的产品,称为在产品。每月月末应计算本月完工产品的生产成本,并将其从“生产成本”账户转入“库存商品”账户,以反映本期验收入库的完工产品成本。

产品生产成本,又称产品制造成本,是指制造业企业为生产一定种类、一定数量的产品所支出的各种生产费用总和。产品生产成本计算是指将生产中发生的应记入产品成本的生产费用,按照产品品种或类别进行归集和分配计算出各种产品的总成本和单位成本。

关于产品成本的计算,按国家统一的会计制度规定,企业应采用制造成本法。制造成本法是指将企业为生产产品发生的直接材料、直接人工直接记入产品生产成本,为制造产品所发生的各项间接费用作为制造费用,按一定标准分配记入产品生产成本。产品成本明细账是按照成本计算对象设置的,并在明细账中按成本项目设置专栏或专行来归集应记入各种产品的生产费用。

企业在一定期间所发生的不能直接归属于某个特定的产品成本的费用,包括企业行政管理部门为组织管理生产经营活动而发生的管理费用、企业销售产品或提供劳务过程中所发生的销售费用、企业为筹集生产经营所需资金而发生的财务费用,都属于期间费用,直接记入当期损益。

【例8.31】 12月31日,假设月末A产品全部完工、B产品全部未完工。A产品本月初在产品1 000件,成本85 000元,其中直接材料50 000元,直接人工20 000元,制造费用15 000元,月末全部完工验收入库。B产品无期初在产品,本月投产800件,月末尚未完工。

A产品本月份的生产成本313 000元,其中直接材料140 000元,直接人工65 000元,制造费用108 000元。

根据A产品的“生产成本”账户记录,至本月末共归集了A产品的生产成本389 000元,其中直接材料190 000元,直接人工86 000元,制造费用113 000元。由于A产品1 000件期末全部完工,因此,这1 000件A产品的总成本为389 000元,单位成本为389元。A产品完成了全部工序并验收入库,在计算出实际成本后,应将其从"生产成本"账户贷方结转到"库存商品"账户的借方,按A产品的实际生产成本反映库存商品的增加。根据"生产成本——A产品"明细分类账户归集的生产成本编制A产品生产成本计算单如表8.8所示。

根据B产品的"生产成本"账户记录,至本月末共归集了B产品的生产成本172 600元,其中直接材料84 000无,直接人工39 600元,制造费用49 000元。由于B产品700件全部未完工。因此,其"生产成本"账户所归集的费用为B产品期末在产品的成本,保留在B产品"生产成本"账户的借方,作为下一期期初B在产品的生产成本。根据"生产成本——B产品"明细分类账户归集的生产成本编制B产品生产成本计算单如表8.9所示。

表8.8　A产品生产成本计算单　　单位:元

日期	摘要	直接材料	直接人工	制造费用	合计
	期初在产品成本	50 000	20 000	15 000	85 000
	耗用材料	140 000			140 000
	人工费		66 000		66 000
	分配制造费用			98 000	98 000
	全部生产成本	190 000	86 000	113 000	389 000

表8.9　B产品生产成本计算单　　单位:元

日期	摘要	直接材料	直接人工	制造费用	合计
	耗用材料	84 000			84 000
	人工费		39 600		39 600
	分配制造费用			49 000	49 000
	全部生产成本	84 000	39 600	49 000	172 600

思考:产品生产成本计算单的数据来自哪里?

本业务根据生产成本计算单(表8.8、表8.9),生产成本计算单的计算结果,编制会计分录如下:

借:库存商品——A 产品　　389 000
　　贷:生产成本——A 产品　　389 000

任务4 掌握销售业务的核算

8.4.1 认识销售阶段的主要交易或事项

销售过程是制造业经营周转的最后阶段,也是营业收入的实现阶段。制造企业通过产品销售,收回货币资金,以保证企业再生产的顺利进行。企业的销售过程,就是把生产过程制造完工并合乎标准规格和技术条件的产品,按照销售合同规定的条件送交订货单位或组织发运,并按照销售价格和结算制度规定,办理结算手续,并确认主营业务收入,同时交付相应的商品或劳务,结转相关产品或劳务的成本。企业在取得主营业务收入时,应当根据国家有关税法规定,计算并缴纳销售税金。此外,企业还可能发生除产品销售以外的其他销售业务,如多余材料销售、包装物出售等。其他销售业务所获得收入和所发生的成本分别作为其他业务收入和其他业务成本,两者的差额即为其他业务利润。在销售活动中发生的运输费、装卸费、广告费、包装费等销售费用,与管理费用、财务费用共同构成期间费用,应记入当期损益。主营业务利润加上其他业务利润扣减期间费用,就构成了企业的营业利润。

在实际工作中,销售收入的确认是一个十分重要的内容,它既关系到纳税的时间,又关系到经营成果的计算。确认销售收入一般以产品已经发出,收取货款或取得收款凭据为标志。产品销售成本是指已销产品的生产成本,它是根据已销产品的数量和单位生产成本计算出来的。销售环节缴纳的税金主要有增值税、城市维护建设税、个别产品还应缴纳消费税。产品销售费用作为期间费用,按月归集,月终全部转入“本年利润”账户,以确定当期的经营成果。

综上所述,销售过程核算的主要内容有:①确认营业收入的实现;②计算和结转营业成本;③计算和结转营业税金;④支付销售费用。

产品销售收入的确认条件：

产品销售收入，应在下列条件均能满足时予以确认：

①企业已将商品或产品所有权上的主要风险和报酬转移给购货方；

②企业既没有保留通常与所有权相联系的继续管理权，也没有对已售出商品产品实施控制；

③与交易相关的经济利益能够流入企业；

④相关的收入和成本能够可靠地计量。

8.4.2 掌握销售业务核算的账户设置

(1)“主营业务收入”账户

本账户用以核算企业销售商品、提供劳务及让渡资产的使用权等日常活动中产生的收入，属损益类账户。贷方登记实现的主营业务收入；借方登记销售退回、折让冲销的收入、期末转入“本年利润”账户的主营业务收入；结转后该账户无余额。该账户按销售的产品品种或劳务种类设置明细账户，进行明细核算。账户结构如图8.24所示。

借方 主营业务收入	贷方
销售退回、折让冲销的收入 期末转入“本年利润”账户的收入	实现产品销售的收入

图8.24

(2)“其他业务收入”账户

本账户用以核算企业除产品销售以外的其他销售或其他经营活动实现的收入，包括出租固定资产、出租无形资产、出租包装物和商品、销售材料等实现的收入，属损益类账户。贷方登记实现的其他业务收入，借方登记月末转入“本年利润”账户的其他业务收入，结转后该账户期末无余额。账户结构如图8.25所示。

借方	其他业务收入 贷方
期末转入"本年利润"账户的其他业务收入	实现其他经营活动的其他业务收入

图 8.25

(3)"主营业务成本"账户

本账户用以核算企业销售商品、提供劳务及让渡资产的使用权等日常活动而发生的实际成本,是一个损益类账户。借方登记已经销售商品、提供劳务等主营业务的实际生产成本;贷方登记转入"本年利润"账户的销售商品、提供劳务等主营业务的实际成本;结转后该账户期末无余额。该账户按销售的产品品种或劳务种类设置明细账户,进行明细核算。账户结构如图 8.26 所示。

借方	主营业务成本 贷方
已销商品或劳务的实际成本	销售退回商品实际成本 期末转入"本年利润"账户的成本

图 8.26

(4)"其他业务成本"账户

本账户用以核算企业确认的除主营业务活动以外的其他经营活动所发生的支出,包括销售材料、提供劳务而发生的相关成本、费用等,属损益类账户。借方登记企业发生的其他业务成本数;贷方期末转入"本年利润"账户的其他业务成本数;结转后该账户期末无余额。该账户按其他业务的种类设置明细账户,进行明细核算。账户结构如图 8.27 所示。

借方	其他业务成本 贷方
本期发生的其他业务成本	期末转入"本年利润"账户的其他业务成本

图 8.27

(5)"营业税金及附加"账户

本账户用以核算企业日常经营活动应负担的税金及附加,如营业税、消费税、城市维护建设税、资源税和教育费附加等相关税费,属损益类账户。借方登记企业按规定计算确定的与经营活动相关的税金与教育费附加;贷方登记期末转入“本年利润”账户的税费;结转后该账户期末无余额。该账户按税种及附加项目设置明细账户,进行明细核算。账户结构如图8.28所示。

借方	营业税金及附加 贷方
负担的各种税金及附加	转入“本年利润”账户的税金及附加

图8.28

(6)“应收账款”账户

本账户用以核算企业因销售商品或提供劳务应该购货单位或接受劳务单位应收取的款项,属资产类账户。借方登记企业发生的应收账款;贷方登记收回的应收账款或转作商业汇票结算的应收账款。该账户的期末余额一般在借方,反映企业尚未收回的应收账款。该账户按客户(债务人)的名称设置明细账户,进行明细核算。账户结构如图8.29所示。

借方	应收账款 贷方
应收账款的发生数	应收账款的收回数
余额:尚未收回应收账款	

图8.29

(7)“销售费用”账户

本账户用来核算企业销售商品过程中发生的各项费用,包括应由销售方负担的运输费、装卸费、包装费、保险费、商品展览费、推销费、广告费以及专设销售机构的职工工资、福利费、业务费等经常费用,是一个损益类性质的账户。借方登记发生的销售费用;贷方登记期末转入“本年利润”的销售费用数;结转后期末无余额。该账户按销售费用项目设置明细账户,进行明细核算。账户结构如图8.30所示。

借方	销售费用 贷方
销售费用的发生数	转入“本年利润”账户的费用数

图8.30

(8)“预收账款”账户

本账户用来核算企业按照合同规定向客户收取预收货款的账户,属负债类账户。如果预收账款不多的企业,可以不设置此账户,而将预收账款在“应收账款”账户核算。贷方登记企业按合同规定预先收到的货款和补收的余款;借方登记实现销售清偿的货款和退回多收的货款;期末余额可能在借方,也可能在贷方,如果出现借方余额,表示应补付的货款;如果出现贷方余额,则为尚未清偿的预收账款。该账户按客户的名称设置明细账户,进行明细核算。账户结构如图8.31所示。

借方	预收账款　　　　贷方
实现销售清偿的货款 退回多收的货款	按合同预先向客户收取的货款 补收的余款
余额:应补付的货款	余额:尚未偿付的预收货款

图8.31

8.4.3　掌握销售业务的核算

【例8.32】　12月20日,本月销售给久佳公司A产品400件,开具的增值税专用发票上注明售价为240 000元,增值税额为40 800元,合同约定款项尚未收到。

这项经济业务的发生,使企业应收的款项增加,应记入“应收账款”账户借方;同时,企业通过销售产品增加了主营业务收入,应记入“主营业务收入”账户的贷方,应向购货方收取的增值税销项税额,记入“应交税费——应交增值税”账户的贷方。本业务根据增值税专用发票第3联记账联(原始凭证8.38)和销货合同(省略),编制会计分录如下:

借:应收账款——久佳公司　　　　280 800

　贷:主营业务收入　　　　240 000

　　应交税费——应交增值税(销项税额)　　　　40 800

【例8.33】　12月20日,本月销售给联华公司A产品200件,开具的增值税专用发票上注明售价为120 000元,增值税额为20 400元,代垫运杂费3 000元,已办妥托收手续。

原始凭证 8.38

福建省增值税专用发票

（印章：全国统一发票监制 福建省 国家税务总局监制）

开票日期：2011 年 12 月 20 日　　　　NO.000912356

购货单位	名称	杭州久佳公司	密码区	略
	纳税人登记号	330105326753658		
	地址、电话	杭州市南京路 3 号 8854234		
	开户银行及账号	1142001201000645 工行南京路支行		

货物或应税劳务名称	计量单位	数量	单价	金额 百	十	万	千	百	十	元	角	分	税率 %	税额 百	十	万	千	百	十	元	角	分
A 产品	件	400	600	¥	2	4	0	0	0	0	0	0	17			4	0	8	0	0	0	0
合　计				¥	2	4	0	0	0	0	0	0			¥	4	0	8	0	0	0	0

价税合计（大写）	×仟×佰贰拾捌万零仟捌佰零拾零元零角零分	¥：280800.00

销货单位	名称	福州榕星公司	备注	（印章：福州榕星公司 350102043567622 发票专用章）
	纳税人登记号	350102043567622		
	地址、电话	复信中路 99 号 88176491		
	开户银行及账号	福州市工行鼓楼支行 117200100100067546		

开票人：黄庆山　　　　开票单位：福州榕星公司

第三联　销货方记帐联

该项经济业务的发生，使企业的应收账款增加了，应按其托收金额记入“应收账款”账户的借方；同时，企业通过销售产品增加了主营业务收入，应记入“主营业务收入”账户的贷方，向购货方收取的增值税销项税额，记入“应交税费——应交增值税”账户的贷方。支付的代垫运杂费也使银行存款减少，应记入“银行存款”账户的贷方。该业务编制会计分录如下：

借：应收账款——联华公司　　143 400

　贷：主营业务收入　　120 000

　　应交税费——应交增值税（销项税额）　　20 400

　　银行存款　　3 000

思考：本业务账务处理应该根据哪些原始凭证呢？

【例 8.34】　12 月 21 日，以银行存款支付本月产品的展览费 5 000 元。

该项经济业务的发生，使销售费用增加，应记入“销售费用”账户的借方；同时，使企业的银行存款减少，记入“银行存款”账户的贷方。本业务根据地方服

务业及其他行业发票(原始凭证8.39)和支票存根(原始凭证8.40),编制会计分录如下:

借:销售费用——展览费　　5 000

　贷:银行存款　　5 000

原始凭证8.39

福建省福州市地方税务局服务业及其他行业手工发票

发票联

20[illegible]年12月[illegible]日

托修单位:　　发票代码:13100342451

车　　型:　　发票号码:00060089

施 工 号:

项目	单位	数量	单价	金额 千	百	十	万	千	百	十	元	角	分	备注
展位费	天	2	2500				¥	5	0	0	0	0	0	
合计	小写						¥	5	0	0	0	0	0	
	(大写)×拾×万贰仟叁佰零拾零元零角零分													类型代号

经办人:李小姗

第二联发票联

原始凭证8.40

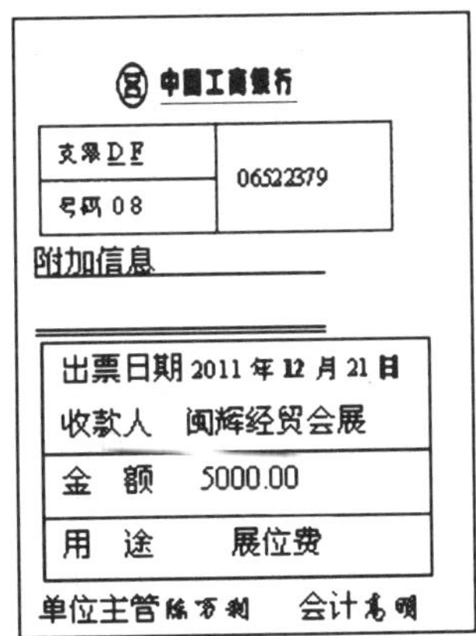

中国工商银行

支票DF	06522379
号码08	

附加信息

出票日期 2011年12月21日
收款人　闽辉经贸会展
金　额　5000.00
用　途　展位费

单位主管 陈万利　会计 高明

【例8.35】 12月25日,企业销售多余的乙材料100千克,开具的增值税专用发票上注明售价为2 000元,增值税额为340元,款项已收存银行。

该项经济业务的发生,使企业的银行存款增加,应记入“银行存款”账户的借方;同时,企业销售材料增加了其他业务收入,应记入“其他业务收入”账户的贷方,收取的增值税销项税额增加了应交税费,应记入“应交税费——应交增值税”账户的贷方。该业务编制会计分录如下:

借:银行存款　　2 340

　　贷:其他业务收入　　2 000

　　　　应交税费——应交增值税(销项税额)　　340

思考:本业务账务处理应该根据哪些原始凭证呢?

【例8.36】　12月25日,结转本月销售乙材料的采购成本。

此项经济业务发生,使企业已销售乙材料的实际成本增加,应记入“其他业务成本”账户的借方,同时,企业库存甲材料减少,应记入“原材料”账户的贷方。该业务编制会计分录如下:

借:其他业务成本　　1 500

　　贷:原材料——乙材料　　1 500

思考:本业务账务处理应该根据哪些原始凭证呢?

【例8.37】　12月26日,收到南国公司购买A产品的预付货款50 000元,已存入银行。

该项经济业务的发生,使企业的银行存款增加,应记入“银行存款”账户的借方;同时,使企业的预收账款增加,应记入“预收账款”账户的贷方。该业务编制会计分录如下:

借:银行存款　　50 000

　　贷:预收账款——南国公司　　50 000

思考:本业务应该有哪些原始凭证呢?

【例8.38】　12月30日,向南国公司销售A产品100件,开具的增值税专用发票上注明售价为60 000元,增值税额为10 200元,款项已预收50 000元,余款以银行存款收回。

该项经济业务的发生,使企业的预收账款减少,应记入“预收账款”账户的借方;银行存款增加,应记入“银行存款”账户的借方,同时,销售产品使企业的主营业务收入和销项税额增加,应分别记入“主营业务收入”和“应交税费——应交增值税(销项税额)”账户的贷方。该业务编制会计分录如下:

借:预收账款 ——南国公司　　50 000

　　银行存款　　20 200

　　贷:主营业务收入　　60 000

　　　　应交税费——应交增值税(销项税额)　　10 200

思考:本业务账务处理应该根据哪些原始凭证?

【例 8.39】 12 月 31 日,结转本月 A 产品的销售成本(假定销售的产品系本月份所生产)。

该项经济业务的发生,使企业已销 A 产品的成本增加,应记入"主营业务成本"账户的借方;同时,企业库存 A 产品减少,应记入"库存商品"账户的贷方。本业务根据商品出库汇总表 8.10 及商品出库单(省略),编制会计分录如下:

借:主营业务成本　　272 300

　　贷:库存商品——A 产品　　272 300

表 8.10 商品出库汇总表单

2011年12月31日

购货单位	民生商店			提货单号	34526		发票号	45838
货号	名称	型号规格	单位	数量		生产成本		提货方式
				发票	实付	单价	金额	
	A产品		件	700	700	389	272 300	发货
大写金额		贰拾柒万贰仟叁佰元整						

三 财务

仓库负责人:周南　　保管员:越奇　　提货人:枚

产品销售成本是指已销产品的生产成本,它是根据已销产品的数量和单位生产成本计算而来的。

产品销售成本 = 已销产品数量 × 单位产品生产成本

【例 8.40】 12 月 31 日,计算本月企业应交的城市维护建设税 476 元,教育费附加 204 元。

城市维护建设税和教育费附加的计提依据是本期企业实际缴纳的增值税、

消费税、营业税。地方收的附加税费,分别用于城市的公用事业和公共设施的维护建设及教育支出。假定本企业适用的城市维护建设税率及教育费附加的征收比率分别为7%和3%。本企业涉及的增值税账户记录如图8.32所示。

该项经济业务的发生,使企业营业税金及附加增加,应记入“营业税金及附加”账户的借方;同时使“应交税费”这项负债也增加,应记入“应交税费——应交城市维护建设税”和“应交税费——应交教育费附加”账户的贷方。编制会计分录如下:

应交城建税 =6 800 元 ×7% =476 元

应交教育费附加 =6 800 元 ×3% =204 元

借:营业税金及附加　　680

　贷:应交税费——应交城市维护建设税　　476

　　应交税费——应交教育费附加　　204

借方	应交税费——应交增值税	贷方
(6) 6 800 (进)		(32) 40 800 (销)
(9) 37 400 (进)		(33) 20 400 (销)
(12) 5 440 (进)		(35) 340 (销)
(14) 15 300 (进)		(38) 10 200 (销)
本期发生额:64 940		本期发生额:71 740 期末余额: 6 800

图8.32

提示:本业务根据产品销售税金计算表8.11(“应交税费——应交增值税”“应交税费——应交营业税”“应交税费——应交消费税”3个账簿的实际交纳税额计算得到)。

表8.11　产品销售税金计算表

项　目	计提基数/元	计提比例	金额/元
城市维护建设税	6 800	7%	476
教育费附加	6 800	3%	204
合　计			680

【例8.41】 12月31日,用银行存款支付本月的增值税6 800元,应交的城市维护建设税476元,教育费附加204元。

该项经济业务的发生,使“应交税费”负债下的增值税、城市维护建设税、教育费附加减少,应记入“应交税费——应交增值税(已交税金)”“应交税费——

表 8.12 库存现金日记账

2011年		凭证号数	对方科目	摘要	总页	收入(借方)										付出(贷方)										结存									
月	日					千	百	十	万	千	百	十	元	角	分	千	百	十	万	千	百	十	元	角	分	千	百	十	万	千	百	十	元	角	分
12	1			期初余额																										2	5	0	0	0	0
12	14	略	在建工程	支付安装设备费用																	1	0	0	0	0					2	4	0	0	0	0
				本日合计																	1	0	0	0	0					2	4	0	0	0	0
12	19	略	支付职工困难补助	应付职工薪酬																2	0	0	0	0	0						4	0	0	0	0
				本日合计																2	0	0	0	0	0						4	0	0	0	0
12	23	略	交回多余的出差预借款	其他应收款							5	0	0	0	0																9	0	0	0	0
				本日合计							5	0	0	0	0																9	0	0	0	0
				本月合计							5	0	0	0	0					2	1	0	0	0	0						9	0	0	0	0

表 8.13 销售费用明细账

总第______页

分第______页

2011 年		凭证号数	摘要	(借)方																																								
月	日			展览费										工资及福利费										…	合计										余额									
				千	百	十	万	千	百	十	元	角	分	千	百	十	万	千	百	十	元	角	分		千	百	十	万	千	百	十	元	角	分	千	百	十	万	千	百	十	元	角	分
12	20	21	支付本月展览费					5	0	0	0	0	0																5	0	0	0	0	0					5	0	0	0	0	0
12	31	31	分配工资															8	0	0	0	0	0						8	0	0	0	0	0				1	3	0	0	0	0	0
12	31	32	分配五险一金															1	4	4	0	0	0						1	4	4	0	0	0				1	4	4	4	0	0	0
12	31	34	分配福利费															1	1	2	0	0	0						1	1	2	0	0	0				1	5	5	6	0	0	0

应交城市维护建设税”和“应交税费——应交教育费附加”账户的借方；同时，银行存款减少，应记入“银行存款”账户的贷方。本业务根据中国税收通用缴款书，编制会计分录如下：

借：应交税费——应交增值税（已交税金）　6 800
　应交税费——应交城市维护建设税　476
　应交税费——应交教育费附加　204
　贷：银行存款　7 480

本项目所有涉及的经济业务的账簿登记如下：

①库存现金日记账的登记如表8.12所示；（由于篇幅关系，银行存款日记账省略，其登记方法同库存现金日记账）

②明细账的登记如表8.13所示；（由于篇幅关系，其他明细账皆省略，其登记方法类似）

③总分类账户登记如图8.33—图8.61所示；（由于篇幅关系，用T字形账户表示）

库存现金

借方	贷方
期初余额：2 000	（7）　100
（28）　500	（23）　2 000
本期发生额：　500	本期发生额：2 100

图8.33

银行存款

借方	贷方
期初余额：　300 000	（4）　61 000
（1）　500 000	（5）　292 500
（2）　60 000	（6）　46 800
（3）　200 000	（10）　257 400
（35）　2 340	（11）　4 800
（37）　50 000	（13）　50 000
（38）　20 200	（14）　56 300
	（17）　120 000
	（20）　21 600
	（24）　2 000
	（25）　5 000
	（26）　2 200
	（27）　20 600
	（33）　3 000
	（34）　5 000
	（41）　7 480
本期发生额：832 540	本期发生额：955 680

图8.34

借方	应收账款	贷方
期初余额： 150 000		
(32) 280 800		
(34) 143 400		
本期发生额： 424 200		本期发生额:0

图 8.35

借方	预付账款	贷方
期初余额： 36 200		(14) 50 000
(13) 50 000		
本期发生额：50 000		本期发生额：50 000

图 8.36

借方	其他应收款	贷方
(25) 5 000		(28) 5 000
本期发生额:5 000		本期发生额:5 000

图 8.37

借方	材料采购	贷方
		(17) 348 200
(9) 220 000		
(11) 4 800		
(12) 32 400		
(14) 91 000		
本期发生额：348 200		本期发生额:348 200

图 8.38

借方	库存商品	贷方
期初余额：34 000		(39) 272 300
(31) 389 000		
本期发生额：389 000		本期发生额:272 300

图 8.39

借方	原材料	贷方
期初余额：13 400		(7) 300
(15) 348 200		(16) 324 500
		(36) 1 500
本期发生额：348 200		本期发生额：326 300

图 8.40

借方	固定资产	贷方
期初余额：1 400 000		
(5) 292 500		
(11) 40 400		
本期发生额：332 900		本期发生额：0

图 8.41

借方	累计折旧	贷方
		期初余额：200 000
		(26) 5 500
本期发生额:0		本期发生额：5 500

图 8.42

借方	在建工程	贷方
		(8) 40 400
(6) 40 000		
(7) 400		
本期发生额：40 400		本期发生额：40 400

图 8.43

借方	短期借款 贷方
(4) 60 000	(2) 60 000
本期发生额：60 000	本期发生额：60 000

图 8.44

借方	应付账款 贷方
(10) 257 400	期初余额： 150 000 (9) 257 400 (12) 37 840
本期发生额：257 400	本期发生额：295 240

图 8.45

借方	预收账款 贷方
(38) 50 000	(37) 50 000
本期发生额：50 000	本期发生额：50 000

图 8.46

借方	应付利息 贷方
	期初余额： 600 (26) 600
本期发生额:0	本期发生额:600

图 8.47

借方	应付职工薪酬 贷方
(17) 120 000 (20) 21 600 (23) 2 000	期初余额： 120 000 (18) 120 000 (19) 21 600 (21) 16 800
本期发生额：143 600	本期发生额：158 400 期末余额：

图 8.48

借方	应交税费	贷方
(6) 6 800		(32) 40 800
(9) 37 400		(33) 20 400
(12) 5 440		(35) 340
(14) 15 300		(38) 10 200
(41) 7 480		(40) 680
本期发生额：72 420		本期发生额:72 420

图 8.49

借方	长期借款	贷方
		期初余额： 300 000
		(3) 200 000
本期发生额：0		本期发生额:200 000

图 8.50

借方	实收资本	贷方
		期初余额： 1 000 000
		(1) 500 000
本期发生额：		本期发生额:500 000

图 8.51

借方	生产成本	贷方
期初余额： 85 000		
(16) 224 000		(31) 389 000
(18) 80 000		
(19) 14 400		
(21) 11 200		
(30) 147 000		
本期发生额：476 600		本期发生额:389 000

图 8.52

借方	制造费用	贷方
(16) 99 000		
(18) 20 000		(30) 14 700
(19) 3 600		
(21) 2 800		
(22) 4 500		
(26) 1 500		
(27) 15 600		
本期发生额:14 700		本期发生额:14 700

图 8.53

借方	主营业务收入	贷方
		(32) 240 000
		(33) 120 000
		(38) 60 000
本期发生额:		本期发生额:420 000

图 8.54

借方	其他业务收入	贷方
		(35) 2 000
本期发生额:		本期发生额: 2 000

图 8.55

借方	主营业务成本	贷方
(40) 272 300		
本期发生额:272 300		本期发生额:

图 8.56

借方	其他业务成本	贷方
(36) 1 500		
本期发生额:1 500 期末余额:		本期发生额:0

图 8.57

借方	营业税金及附加	贷方
(40)	680	
本期发生额：680		本期发生额:0

图 8.58

借方	管理费用	贷方
(16)	1 500	
(17)	12 000	
(19)	2 160	
(21)	1 680	
(23)	1 000	
(24)	2 000	
(26)	700	
(27)	5 000	
(28)	4 500	
本期发生额：30 540		本期发生额：

图 8.59

借方	销售费用	贷方
(17)	8 000	
(19)	1 440	
(21)	1 120	
(34)	5 000	
本期发生额：15 560		本期发生额：

图 8.60

借方	财务费用	贷方
(4)	1 000	
(29)	600	
本期发生额:1 600		本期发生额:0

图 8.61

当根据记账凭证上的某一账户登记到账簿时,需在这一张凭证的该账户对应的记账符号栏上打"√",表示已经登账,避免重复过账。

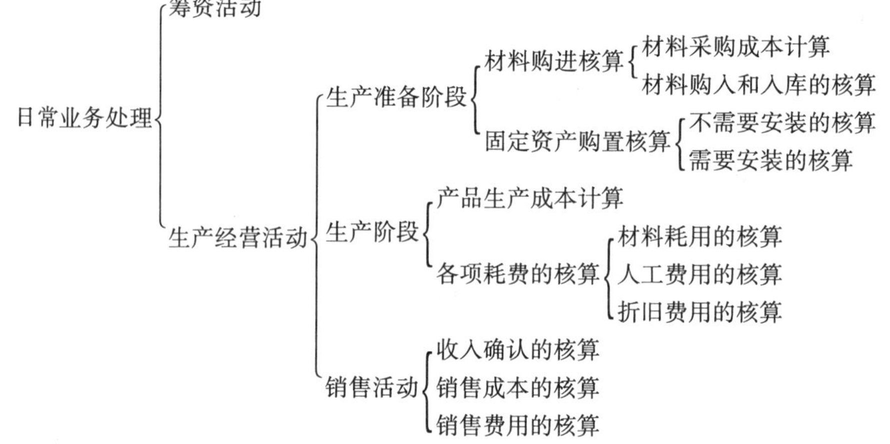

一、复习思考题

1. 请简述制造业的主要经济业务?
2. 企业资金筹集的渠道有哪些?分别应通过哪些账户进行核算?
3. 如何确定企业购置的固定资产成本?
4. 材料采购成本包括哪些内容?如何核算?
5. 简述应付职工薪酬包括的内容。

6. 什么是增值税？增值税应怎样确定？

7. 什么是营业收入？营业收入主要包括哪些内容？收入确认的条件是什么？

8. 简述产品成本项目及其构成的内容。

二、单项选择题

1. 购进材料未付款时，这笔未结算的款项应作为一项(　　)加以确认。
A. 资产　B. 负债　C. 费用　D. 收入

2. 购买的原材料，当其验收入库后，其实际成本在(　　)账户核算。
A. "材料采购"　B. "原材料"　C. "库存商品 "　D. "材料"

3. 某企业购入丙材料，增值税专用发票上注明货款 20 000 元，增值税 3 400 元，发生包装费、运杂费共计 300 元，丙材料的采购成本为(　　)。
A. 20 000 元　B. 23 400 元　C. 20 300 元　D. 23 700 元

4. 下列应记入产品成本的项目是(　　)。
A. 车间机器设备的修理费　B. 厂部领用修理用材料
C. 车间机器设备的折旧费　D. 业务招待费

5. 期间费用账户期末应(　　)。
A. 有借方余额　B. 有贷方余额
C. 有时在借方，有时出现贷方余额　D. 无余额

6. 收入包括主营业务收入和(　　)。
A. 其他业务收入　B. 投资收益　C. 营业外收入　D. 补贴收入

7. 下列各项中，不属于制造业企业资金的循环与周转阶段的是(　　)。
A. 供应过程　B. 生产过程　C. 销售过程　D. 分配过程

8. "生产成本"账户的期末借方余额表示(　　)。
A. 本期完工产品成本　B. 期末在产品成本
C. 本期生产费用合计　D. 库存产成品成本

9. 企业在不单独设置"预收账款"账户的情况下，可并入用(　　)账户核算。
A. 应收账款　B. 预收账款　C. 应付账款　D. 其他应收款

10. 某企业 3 月初权益总额为 2 000 万元，企业发生了下列两项经济业务后：①前欠光明公司的应付账款 8 万元，经双方协商后，转为对本企业的投资；②开出一张 5 万元的转账支票，预付解放公司的购料款，资产的总额为(　　)。

A. 2 000　　B. 2 005　　C. 1 989　　D. 1 995

11. 企业应交的下列税金中，不通过“营业税金及附加”科目核算的有(　　)。

A. 资源税　　B. 增值税　　C. 消费税　　D. 城建税

三、多项选择题

1. 材料的采购成本主要包括(　　)。

A. 支付的材料款

B. 购买材料发生的运费

C. 材料入库前的挑选整理费用

D. 材料入库后发生的仓储保管费用

E. 采购员的差旅费

2. 下列属于期间费用的有(　　)。

A. 财务费用　　B. 管理费用　　C. 销售费用　　D. 制造费用

3. 一项经济业务发生后，引起银行存款减少 5 000 元，则相应地有可能引起(　　)。

A. 固定资产增加 5 000 元　　B. 短期借款增加 5 000 元

C. 现金增加 5 000 元　　D. 应付账款减少 5 000 元

4. 企业销售一批产品，价款 10 000 元，增值税 1 700 元，代垫运杂费 300 元，该业务可能涉及的贷方科目有(　　)。

A. 应收账款　　B. 银行存款

C. 主营业务收入　　D. 应交税费——应交增值税

5. “应交税费——应交增值税”账户的贷方反映(　　)。

A. 出口退税　　B. 进项税额　　C. 销项税额

D. 进项税额转出　　E. 已交税金

6. 计提固定资产折旧时，与“累计折旧”账户对应的账户为(　　)。

A. “生产成本”　　B. “制造费用”　　C. “管理费用”

D. “销售费用”　　E. “银行存款”

7. 销售费用的内容包括(　　)。

A. 采购过程发生的运杂费　　B. 销售广告费

C. 销售网点人员工资　　D. 销售网点人员福利费

E. 销售过程中的保险费

8. 下列账户中，用来记录存货的账户有(　　)。

A. 库存商品　　B. 银行存款　　C. 生产成本　　D. 原材料
E. 周转材料

9. 下列账户中,属于成本类账户的有(　　)。
A. 制造费用　　B. 主营业务成本　　C. 生产成本　　D. 管理费用
E. 财务费用

10. 下列项目中,应在"管理费用"账户列支的有(　　)。
A. 厂部管理人员工资　　B. 车间管理人员工资
C. 业务招待费　　D. 利息支出

四、判断题

1. 应收账款和预收账款都是企业的债权。(　　)

2. 车间管理人员的工资及福利费不属于直接人工费。(　　)

3. "生产成本"账户的借方余额,表示期末结存产成品的数额。(　　)

4. 应付账款是指因购买材料、商品或接受劳务供应等而发生的债务。(　　)

5. "制造费用"账户本期借方发生额,应于月末分配转入"生产成本"账户,结转后"制造费用"账户一般无余额。(　　)

6. 企业应当在实际收到销售货款的时候确认营业收入。(　　)

7. 对于制造业企业,发生的所有费用最终都要记入产品成本,以便正确计算产品销售利润。(　　)

8. 购入生产用的原材料,其实际成本应包括应交增值税的进项税额。(　　)

9. 其他业务收入是指企业发生的与生产经营无直接关系的各项收入。(　　)

10. 对一次购入多种材料共同发生的采购费用应按一定标准分配记入各种材料的采购成本。(　　)

五、业务题

1. 实训目的:练习资金筹集的核算。

实训资料:榕星公司 2011 年 4 月份发生下列经济业务:

①收到投资人南华公司投入的货币资金 200 000 元,存入银行。

②向银行借入短期借款 100 000 元,年利率为 8%,期限为 3 个月。

③向银行借入长期借款 5 000 000 元,用于建造新厂房。

④以银行存款偿还已到期的短期借款本金 400 000 元,利息 36 000 元,已经计提 24 000 元。

⑤计提本月借入短期借款的利息。

要求:根据上述经济业务编制会计分录。

2. 实训目的:练习供应过程的核算。

实训资料:榕杏公司 4 月份发生下列经济业务:

①向华林公司购入甲材料 1 000 千克,每千克 200 元,价款 200 000 元,增值税进项税额 34 000 元。对方代垫运杂费 2 000 元,税款及运费用银行存款支付,货款暂欠。

②向万达公司购买乙材料 5 000 千克,增值税专用发票上注明的单价 20 元/千克,价款 100 000 元,增值税额 17 000 元,万达公司代垫了 600 元运杂费,货款尚未支付。

③以银行存款向中兴公司预付甲材料购料款 300 000 元。

④企业购入甲材料 300 000 元,对方代垫运杂费 4 000 元,增值税额 51 000 元,除已预付的货款外,其余的款项用银行存款支付,材料并已验收入库。

⑤企业购入不需安装的机器设备 1 台,取得的增值税专用发票中注明价款 300 000 元,增值税 51 000 元,运杂费 1 000 元,款项全部用银行存款支付。

⑥企业购入丙材料 600 千克,每千克 100 元;购入丁材料 200 千克,每千克 50 元,运费共计 2 400 元,增值税为 11 900 元。货款及运费尚未支付(运杂费按重量分配)。

⑦本月购入材料均已经验收入库,月末集中结转入库材料的实际采购成本。

要求:根据上述经济业务编制会计分录,并设置并登记“材料采购”总分类账户。

3. 实训目的:练习生产过程的核算。

实训资料:榕杏公司 4 月份发生下列经济业务:

①本月发出的各种材料,仓库根据领料单汇总,编制材料发出汇总表 8. 14 表示:

②结算本月职工工资 90 000 元,其中 A 产品生产人员工资 45 000 元,B 产品生产人员工资 25 000 元,车间管理人员工资 10 000 元,销售人员工资 5 000 元,行政管理人员工资 5 000 元。

③按本月工资总额的 10% 和 8% 比例分别计提职工养老保险费和医疗保险费。

表 8.14 材料发出汇总表

用 途		甲材料/元	乙材料/元	合计金额/元
一、产品耗用	A 产品	400 000	80 000	480 000
	B 产品	200 000	30 000	230 000
二、车间管理部门耗用		6 000	3 000	9 000
三、行政管理部门耗用		500	1 500	2 000
合 计		606 500	114 500	721 000

④以银行存款支付水电费 40 000 元，其中车间用 27 000 元，销售部门使用 5 000 元，行政管理部门用 8 000 元。

⑤采购员刘明出差预借差旅费 2 000 元。

⑥以银行存款支付车间设备修理费 2 600 元，管理部门用设备修理费 1 400 元。

⑦计提本月固定资产折旧费 9 000 元，其中车间固定资产折旧费 6 000 元，销售部门固定资产折旧 1 000 元，管理部门固定资产折旧 2 000 元。

⑧以银行存款支付本月电话费 7 000 元，宽带使用费 1 000 元。

⑨采购员出差回来报销差旅费 4 500 元，不足部分用现金支付。

⑩支付应由行政管理部门负担的本期报刊费 500 元。

⑪以 A 产品和 B 产品的生产工人的工资为标准分配并结转本月发生的制造费用。

⑫本月投产的 A 产品全部完工，B 产品全部未完工。计算并结转 A 产品的实际生产成本。

要求：根据上述经济业务编制会计分录，登记“生产成本”和“制造费用”的总账和明细账。

4. 实训目的：练习销售过程的核算。

实训资料：榕杏公司 4 月份发生下列经济业务：

①销售给关大公司 A 产品 300 件，开具增值税专用发票上的单价 300 元，价款 90 000 元，增值税 15 300 元，代垫运费 1 700 元，款项尚未收到。

②销售给望旺公司 B 产品 200 件，开具增值税专用发票上单价 100 元，价款 20 000 元，增值税额 3 400 元，销售时发生的运费、装卸费等 1 600 元，用银行存款支付，货款尚未收到。

③用银行存款支付销售部门办公费 2 000 元。

④向秦晋公司销售原材料一批，开出的增值税专用发票中注明价款 4 000 元，增值税额 680 元，款项已收妥存入银行。

⑤收到关大公司归还的购买 A 产品的货款存入银行。

⑥预收海天公司的购货款 100 000 元，存入银行。

⑦结转本月销售原材料的账面实际成本 3 000 元。

⑧以银行存款支付本月产品广告费 9 000 元。

⑨向海天公司销售 A 产品 400 件，每件单价 200 元，B 产品 100 件，每件单价 100 元，代垫运杂费 2 500 元，增值税额 15 300 元，余款用银行存款退回。

⑩结转本月销售 A 产品、B 产品的销售成本。A 产品单位成本 150 元，B 产品单位成本 50 元。

⑪假定企业本月实际应缴纳的“应交税费——应交增值税”税额为 4 000 元，分别按 7% 和 3% 的比例计提本月城建税和教育费附加。

要求：根据上述经济业务编制会计分录。

5. 实训目的：练习制造业主要生产经营活动的综合核算。

实训资料：前进公司 12 月份发生下列经济业务：

①1 日，向民天公司购入甲材料一批，货款 300 000 元，增值税 51 000 元，购入乙材料，货款 400 000 元，增值税 68 000 元，发生运输费 3 500 元，账款尚未支付。

②3 日，收到光明公司预付的材料款 200 000 元。

③4 日，支付生产车间固定资产的日常维修费 6 000 元。

④5 日，向苏武公司购入乙材料，货款 600 000 元，增值税 102 000 元，价税以银行存款支付，材料已验收入库。

⑤8 日，购入不需安装的机器设备一台，取得增值税专用发票上价款 300 000元，增值税 51 000 元，款项以银行存款支付。

⑥10 日，收回关大公司所欠的货款 200 000 元，存入银行。

⑦12 日，以银行存款上交上月的税费 21 000 元。

⑧15 日，收到出租固定资产的租金 25 000 元，存入银行。

⑨16 日，收回观民公司前欠货款 150 000 元，存入银行。

⑩17 日，偿还到期的短期借款 100 000 元。

⑪18 日，收到万利达公司投入的汽车一辆，价值 130 000 元。

⑫20 日，处理甲材料一批，成本价 1 600 元，售价 2 000 元，增值税 340 元，款项已收存银行。

⑬21 日,计提本月应负担的利息费用 3 000 元。

⑭22 日,以银行存款 80 000 元预付乙材料款。

⑮26 日,用银行存款归还本月 1 日民天公司购甲材料的欠款。

⑯27 日,销售产品给万和公司,其中:A 产品货款 200 000 元,B 产品货款 300 000 元,增值税额 85 000 元,以银行存款代垫运费 2 000 元。款项尚未收回。

⑰29 日,向银行借入期限为 3 个月的借款 200 000 元存入银行。

⑱31 日, 本月耗用甲材料 400 000 元,其中,生产 A 产品耗用 280 000 元,生产 B 产品耗用 100 000 元,车间一般耗用 12 000 元,销售部门耗用 5 000 元,管理部门耗用 3 000 元。

⑲31 日,结算分配本月职工工资 204 000 元,其中:生产 A 产品的工人工资 100 000 元,生产 B 产品的工人工资 800 000 元,车间管理人员工资 12 000 元,行政管理人员工资 8 000 元。销售人员工资 4 000 元。

⑳31 日,计提本月的固定资产折旧 80 000 元,生产部门的固定资产折旧 60 000元,管理部门的固定资产折旧 20 000 元。

㉑31 日,按生产工人工资为标准分配结转本月制造费用。

㉒31 日,假定投入生产的 A 产品、B 产品全部完工,结转本月完工入库的产品生产成本。

㉓31 日,结转本月已销产品成本,其中:A 产品销售成本 120 000 元,B 产品销售成本 180 000 元。

要求:根据上述经济业务编制会计分录。

6. 实训目的:练习制造业主要经营过程的核算。

实训资料:某公司 12 月份发生下列经济业务:

①1 日,以银行存款支付前欠科利华公司货款 46 800 元。

②3 日,向光明电子厂购入甲材料 400 千克,单价 100 元,价款 40 000 元,增值税 6 800 元,乙材料 1 000 公斤,单价 20 元,价款 20 000 元,增值税额 3 400 元,取得增值税专用发票,货款尚未支付。

③4 日,采购员王雷出差预借差旅费 4 000 元,以库存现金支付。

④6 日,收到演方公司投入的资本金 200 000 元,存入银行。

⑤8 日,购入需安装的机器设备一台,取得增值税专用发票上价款 300 000 元,增值税 51 000 元,款项以银行存款支付。

⑥9 日,以银行存款支付购买甲、乙材料的运杂费 2 800 元,材料已验收入库(运杂费按重量进行分配)。

⑦9 日,安装机器设备领用材料 1 000 元,支付安装工人的工资 3 000 元,设备安装完工并投入使用。

⑧11 日,以库存现金支付行政管理部门的办公用品费用 600 元。

⑨15 日,以银行存款缴纳上月的税费 6 600 元,其中增值税 4 000 元,消费税 2 000 元,城建税 420 元,教育费附加 180 元。

⑩15 日,以银行存款支付本月产品展览费 7 000 元。

⑪15 日,本月共耗用材料 45 000 元,其中生产 A 产品耗用甲材料 4 500 元,乙材料 20 000 元,生产 B 产品耗用甲材料 6 000 元,乙材料 8 000 元,车间一般耗用乙材料 3 000 元,行政管理部门耗用甲材料 2 000 元,销售部门耗用甲材料 1 500 元。

⑫15 日,委托银行发放上月工资 100 000 元。

⑬18 日,销售 A 产品 800 件给海浪公司,单价 500 元,开具增值税专用发票,价款 400 000 元,增值税 68 000 元,货款尚未收到。

⑭20 日,以现金支付生产车间机器设备修理费 300 元。

⑮21 日,采购员王雷报销差旅费 3 500 元,余款交回现金。

⑯23 日,向银行借入三年期长期借款 300 000 元,利率 7.5% 按年付息,到期还本。

⑰25 日, 以银行存款支付前欠长安电子厂账款 58 500 元。

⑱26 日,销售甲材料,开具增值税专用发票,价款 1 000 元,增值税 170 元,款项存入银行。

⑲27 日,计提本月固定资产折旧 24 000 元,其中生产车间固定资产折旧 18 000 元,行政管理部门固定资产折旧 4 000 元,销售部门固定资产折旧 2 000元。

⑳31 日, 结算本月职工工资 100 000 元,其中 A 产品生产工人工资 22 000 元,B 产品生产工人工资 28 000 元,车间技术及管理人员工资 20 000 元,销售人员工资 13 000 元,行政管理人员工资 17 000 元。

㉑29 日,摊销本月水电费 2 800 元,其中车间负担 2 200 元,行政管理部门负担 600 元(假定通过“应付账款”结算)。

㉒按职工工资总额的 10% 和 8% 比例分别计提职工养老保险及医疗保险费。

㉓31 日,按 A 和 B 两种产品的机器工时比例分配并结转本月制造费用。已知 A 产品的机器工时为 2 000 工时,B 产品的机器工时为 3 000 工时。

㉔30 日,本月投产的 1 000 件 A 产品,全部完工入库,计算并结转其实际生

产成本。

㉕31 日,结转本月已销 A 产品的实际生产成本。

要求:

1. 根据上述经济业务编制会计分录。

2. 开设 "T"字账户,登记"制造费用"总分类账。

六、实训项目

福州旭日公司系一家运动鞋系列生产企业,2010 年 11 月发生了一项销售业务,相关原始凭证如下:

凭证 1.1

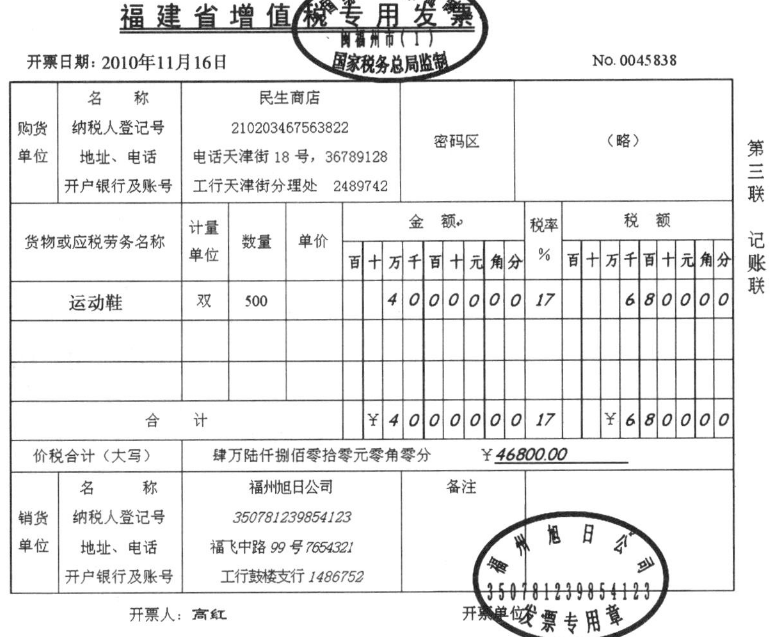

福建省增值税专用发票

(全国统一发票监制章 闽福州市(1) 国家税务总局监制)

开票日期:2010年11月16日　　　　No. 0045838

购货单位			
名　称	民生商店	密码区	(略)
纳税人登记号	210203467563822		
地址、电话	电话天津街 18 号,36789128		
开户银行及账号	工行天津街分理处　2489742		

货物或应税劳务名称	计量单位	数量	单价	金额 百	十	万	千	百	十	元	角	分	税率%	税额 百	十	万	千	百	十	元	角	分
运动鞋	双	500				4	0	0	0	0	0	0	17				6	8	0	0	0	0
合　计					¥	4	0	0	0	0	0	0	17			¥	6	8	0	0	0	0

价税合计(大写)　肆万陆仟捌佰零拾零元零角零分　¥46800.00

销货单位			
名　称	福州旭日公司	备注	
纳税人登记号	350781239854123		
地址、电话	福飞中路 99 号 7654321		
开户银行及账号	工行鼓楼支行 1486752		

(福州旭日公司 350781239854123 发票专用章)

第三联　记账联

开票人:高红　　　　开票单位

凭证 1.2

商品出库单

2010年11月16日

购货单位	民生商店			提货单号	34526		发票号	45838
货号	名称	型号规格	单位	数量		生产成本		提货方式
				发票	实付	单价	金额	
	运动鞋		双	500	500	50.00	25 000.00	发货
大写金额	贰万伍仟元整							

仓库负责人：周南　　保管员：越奇　　提货人：许月

三 财会

凭证 1.3

中国工商银行（收账通知）

2010年11月20日　　第　　号

收款人全称	福州旭日公司	账号	1486752	开户行	工行鼓楼支行
人民币（大写）	肆万陆仟捌佰元整				¥46800000

付款人全称	账号	开户银行	金额（千百十万千百十元角分）	
民生商场	2489742	工行天津街分理处	¥4680000	
				收款人开户行盖章
				单位会计　复核　记账
合计			¥4680000	

注：本凭证为打印件

要求：根据上述原始凭证，编制相关的记账凭证。

项目9　掌握期末业务处理

知识目标

1. 了解财产清查的意义、种类和程序；
2. 理解试算平衡原理、掌握对账的内容及错账更正的原则；
3. 理解权责发生制下账项调整的原理；
4. 理解结账与财务成果计算之间的关系；
5. 掌握会计报表的编制与报送；
6. 了解账簿的更换与保管；
7. 了解会计档案的整理、装订和保管。

技能目标

1. 正确选择财产清查的方法及账务处理的程序和方法；
2. 正确应用余额调节表调整未达账项；
3. 正确编制试算平衡表；
4. 正确、完整地处理期末各项业务，并进行账项调整；
5. 正确选择错账的更正方法更正错账；
6. 正确计算财务成果并结账；
7. 正确编制资产负债表；
8. 正确编制利润表；
9. 能进行账簿的更换与保管；
10. 能整理、装订和保管会计档案。

导学案例

企业清查人员在年底盘点时发现盘亏了一台设备,原值为30万元,已提折旧10万元,净值为20万元。经查,是企业的副经理林××,将企业正在使用的一台设备借给其朋友使用,未办理任何手续。于是,派人向借方追索。但借方声称,该设备已被人偷走。当问及林副经理对此处理意见时,林××建议按正常报废处理。

思考与讨论

1. 盘亏的设备按正常报废处理是否符合会计制度要求?
2. 企业应怎样正确处理盘亏的固定资产?

任务1　掌握财产清查的核算

9.1.1　认识财产清查

1)财产清查的含义

财产清查是指通过对企业的实物、现金、有价证券的实地盘点和对银行存款、往来款项的核对,以确定各项财产物资、货币资金以及往来款项的实有数与账面数是否相符的一种方法。财产清查不仅是会计核算的一种专门方法,也是财产管理的一项重要制度。

各单位日常发生的各项经济业务,都需要通过填制和审核会计凭证、登记账簿、试算平衡等一系列严密的会计处理方法,以保证账簿记录正确地反映各项财产的增减变化情况。从理论上说,会计账簿上所记录的财产的增减和结存情况,应该与实际的财产的收发和结存相符。但在实际工作中,由于许多主观和客观原因致使各项财产的账面数与实际结存数发生差异,造成账实不符。主要表现在以下方面:

(1)库存物资方面

①自然损溢。在财产物资的收、发和保管过程中,由于气候变化等自然的因素,引起商品物资重量和体积上的自然增加和减少,例如风干、吸潮、挥发、散失等,发生自然损溢而产生数量或质量上的变化,造成账实不符。

②企业各种管理制度不健全等人为因素,造成库存物资的账实不符,如收发差错:由于计量、检验不注意造成品种上、质量上的差错。保管不善:由于保管时间过长或保管条件不善或保管人员工作失误,造成残损、霉变、缺短、过时、价值减少。记账错误:漏登、重复登账或登账错误。

③由于贪污、营私舞弊等直接侵占财产物资造成损失。

(2)货币资金方面

①由于收付过程中的差错,记账差错、挪用现金或贪污盗窃,造成账实不符。

②由于记账错误和未达账项等原因,引起企业单位银行存款账面结存数和银行对账单结存数不一致。

(3)债权债务方面

由于结算中的差错,凭证传递过程中的差错、记账差错等造成企业债权债务账实不符。

(4)因不可抗力造成损失

财产物资在保管过程中因发生水灾、火灾等自然灾害,造成的账实不符。

通过上述内容可以看出,造成账实不符既有主观的原因,又有客观原因。因此,就需要通过财产清查发现账实不符的情况,采取有效措施,保证会计资料的真实正确。

2)财产清查的意义

《会计法》明确规定,各单位应当建立财产清查制度,保证账簿记录与实物、款项相符。财产清查具有十分重要的意义,归纳起来有以下几个方面:

(1)保证会计核算资料的真实性

通过财产清查,可以确定各项财产物资、货币资金和往来款项的实有数额,将实有数额与账存数额进行对比,确定盘盈、盘亏,从而及时调整账簿记录,做到账实相符,确保会计核算资料的真实可靠。

(2)保护各项财产的安全与完整

通过财产清查,对各项财产进行实地盘点,可以查明各项财产物资有无毁损、变质、丢失,或被非法挪用、贪污盗窃等情况,及时发现财产管理上存在的问题,以便采取措施,建立健全财产物资的管理制度,从而改善管理,保护财产的安全与完整。

(3)挖掘财产物资的潜力

通过财产清查,可以查明各种财产物资的储备和利用情况,有无储备不足或超储积压等情况。对储备不足的要及时补充,以保证生产的需要;对超储积压的应及时处理,以充分发挥其功能,充分挖掘财产物资潜力,提高财产物资的使用效率。

(4)保证财经纪律和结算制度的贯彻执行

通过对财产物资、货币资金及往来账款的清查,可以查明单位有关业务人员是否遵守财经纪律和结算制度,有无贪污盗窃、挪用公款的情况;查明各项资金使用是否合理,是否符合党和国家的方针政策和法规,从而使工作人员更加自觉地遵纪守法,保证财经纪律和结算制度的贯彻执行。

(5)促进经营管理水平的提高

财产清查中发现的问题,总是与企业和单位的财产管理制度和管理方法相联系的,如财产物资的毁损短缺、积压浪费、账款的长期拖欠、发出商品的拒收拒付等情况,都说明有关管理工作方面存在缺陷。通过财产清查,能发现经营管理中存在的问题,从而分析其原因,促使企业建立健全有关规章制度,改进管理方法,不断提高经营管理水平。

3)财产清查的种类

财产清查可以按照不同的标准进行分类。

(1)财产清查按其清查范围不同,可分为全面清查和局部清查

①全面清查。全面清查是指对所有的财产进行全面盘点和核对。全面清查的范围不仅包括存放在本单位内部的财产物资,而且也包括所有权属于本单位,但并不存放在本单位的财产物资。例如,制造业企业全面清查的对象一般包括:现金、银行存款等货币资金及各种有价证券;各种债权、债务及其他有关结算款项;原材料、低值易耗品等储备物资;各种产成品、半成品及在产品;房屋、建筑物和机器设备等固定资产;在途物资;尚在施工的各项在建工程;委托其他单位加工、保管的材料物资及租出的固定资产、包装物等。

全面清查内容多,范围广,清查工作量大。一般在下述情况下需要进行全面清查:年终决算之前,为确保年终决算会计资料真实正确,需要进行一次全面清查;单位撤销、合并、改组或改变隶属关系时,为明确经济责任,需要进行全面清查;在清产核资时,为了摸清家底,准确核定资产,需要进行全面清查。

②局部清查。局部清查是指根据需要对某一项或某一部分财产所进行的清查。局部清查的对象和时间是根据不同情况和具体需要来决定的:对流动性大的财产物资,如原材料、产成品、库存商品等,除年末进行清查外,年内还应当轮流盘点或重点抽查;对于各种贵重物资,应当每月盘点一次;对于库存现金,

每日终了应当由出纳员清点核对;对于银行存款、银行借款,每月应当与银行核对一次;对于各种债权、债务,每年至少要同对方核对一至两次。

(2)财产清查按清查时间不同,可分为定期清查和不定期清查

①定期清查。定期清查是指根据制度的规定或预先计划安排的时间对财产所进行的清查。清查对象可以是全部财产;也可是部分财产,一般在年末、季末、月末结账时进行。通过定期清查,可以在编制会计报表前发现账实不符的情况,据以调整有关账簿记录,使账实相符,保证会计核算资料的真实性。

②不定期清查。不定期清查是指事先不规定清查时间,根据实际需要所进行的临时的清查。清查对象可以是全部财产,也可是部分财产,一般在更换财产物资和现金保管人员、财产发生非常灾害和意外损失、上级有关部门进行会计检查、进行临时性清产核资工作时进行。通过不定期清查,可以查明情况、分清责任、验证会计资料的可靠性。

(3)按照执行单位不同,可分为内部清查和外部清查

①内部清查,也称自查,是本单位的有关人员组成清查工作组对本单位的财产进行的清查。

②外部清查,是由企业外部的有关人员根据国家法律或制度对企业进行的财产清查。

(4)按财产物资的盘点制度不同,分为“永续盘存制”和“实地盘存制”

①永续盘存制。永续盘存制也称账面盘存制,是指平时各项财产物资的增减变化都必须根据有关会计凭证一一记入账簿,并随时结出账面结存数的一种盘存制度。具体做法是:财产物资明细账按品名、规格设置,财产物资收入时,根据会计凭证将收入的数量和金额登记在有关明细账的收入栏;发出财产物资时,根据会计凭证将发出的数量和金额登记在有关明细账的发出栏,并及时结出该项财产物资在明细账上结存的数量和金额。其计算公式为:

账面期末结存数 = 账面期初结存数 + 本期增加数 - 本期减少数

永续盘存制,对财产物资的增减变化进行逐日、逐笔的登记,可以随时反映出各种存货的收、发、结存情况,并能进行数量和金额上的双重控制,手续比较严密,对加强财产物资的管理起着重要作用。不足之处就是工作量较大,但永续盘存制在控制和保护财产物资安全完整以及保证成本计算的准确性等方面具有明显优越性,因此,在实际工作中被多数企业采用。

②实地盘存制。实地盘存制又称“以存计耗”或“以存计销”制,是指平时只在账簿中登记财产物资的增加数,不登记减少数,到月末结账时,再根据实地盘点的实存数来倒挤本月的减少数,并据以登记入账的一种盘存制度,即:

本期减少数 = 账面期初结存数 + 本期增加数 - 期末实际结存数

实地盘存制,平时对发出、销售和结存的数量和金额不做记录,因而核算工作较简单,工作量较小,但手续不够严密,不能通过账簿随时掌握财产物资的增减变化,期末以实存数作为账存数,倒挤发出数量的方法,容易将财产物资在保管中的非正常损耗(如盗窃、差错、事故等)隐藏在正常的耗用中,这既不利于管理,又影响成本计算的正确性。因此,实地盘存制是一种不完善的物资管理办法,只适用于发生频繁、价值较低的财产物资。

9.1.2 了解财产清查的程序

财产清查是一项涉及范围广、人员多、操作时间长的工作,必须有计划、有组织、有步骤的进行。其一般程序有以下几个方面。

1)成立清查小组

为了保证财产清查能够有效地进行,保证财产清查的工作质量,在进行财产清查时应成立专门的领导小组,即在主管厂长和总会计师的领导下,成立由财会部门牵头,有设备、技术、生产、行政等有关部门组成的财产清查领导小组,负债财产清查的组织和管理。其主要职责是,实施清查以前,合理安排清查工作;清查过程中,进行监督、检查和指导;清查结束后,提出处理意见和建议。

2)布置准备工作

准备工作由清查小组负责安排主要包括:会计部门提供的完整、正确会计记录,财产管理部门将各种手续办理齐全、将实物整理整齐,并准备有关的衡量器具及清查所需的登记表。

(1)账簿准备

会计部门应在财产清查之前将所有经济业务登记入账并结出余额,做到账证相符、账账相符,为财产清查提供可靠的依据。

(2)实物准备

财产物资保管部门要在财产清查前将各项财产物资的出入办好凭证手续,全部登记入账,结出各科目余额。同时将各种财产物资排列整齐,挂上标签,标明品种、规格和结存数量,以便进行实物盘点。

(3)工具准备

财产清查小组的工作人员应准备好各种计量器具和有关清查登记用的表册,如盘存表、账存实存对比表、未达账项登记表等。银行存款和结算款项的清查,还应取得对账单。

3)实施财产清查

清查人员按清查小组的计划和要求,进行清查。在清查财产物资时,应有财产物资的保管员在场,并登记盘点表;清查现金,应有出纳人员在场,并登记现金盘点报告表;清查银行存款,应将银行存款日记账和银行对账单核对,并记录"未达账项登记表",必要时还可以到银行查证;清查债权债务,可通过询证、函证进行核实,并登记"结算款项核对登记表"。

9.1.3 掌握财产清查的方法

1)财产清查方法

各种不同的财产物资形态各异,因而对它们所采用的清查方法也不同,常用的清查方法有以下几种。

(1)实地盘点法

实地盘点法是指对所需清查的实物进行实地点数、量尺、过磅等方法来确定其数量的方法。一般适用于机器设备、原材料、产成品和库存商品等的清查。

(2)技术推算法

技术推算法是指利用技术方法对财产的实存数进行推算的一种方法,适用于数量多、体积大或难以逐一清点的实物。如散装的、大量成堆的化肥、饲料等的清查。

(3)查询法

查询法是指根据账簿记录,采取当面查对或函调方式查对,以确定财产实有数的一种方法,主要适用于委托加工、出租出借以及应收应付项目的清查。

(4)账单核对法

账单核对法是指把本单位的账簿记录与对方的账证进行核对并据以确定财产实有数的一种方法,主要适用于银行存款和应收应付项目的清查。

2)财产清查方法的应用

(1)库存现金的清查

库存现金的清查是通过实地盘点的方法,确定库存现金的实存数,冉与库存现金日记账的账面余额进行核对,以查明盈亏情况。库存现金的盘点,应由清查人员会同现金出纳人员共同负责。

盘点前,出纳人员应先将现金收、付款凭证全部登记入账,并结出余额;盘点时,出纳人员必须在场,现金应逐张清点,如发现盘盈、盘亏,必须会同出纳人员核实清楚。

库存现金清查的时间一般以一天业务开始前或一天业务结束后为宜。库存现金清查方式一般以突击检查为好。

盘点时,除查明账实是否相符外,还要查明有无违反现金管理制度规定,有无以“白条”抵充现金,现金库存有否超过银行核定的限额,有无“坐支”现金等。

盘点结束后,应根据盘点结果,填制“库存现金盘点报告表”,并由检查人员和出纳人员签名或盖章。此表具有双重性质,即是盘存单又是账存实存对比表,既是反映现金实存数调整账簿记录的重要原始凭证,也是分析账实发生差异原因,明确经济责任的依据。其格式如表 9.1 所示。

表 9.1　库存现金盘点报告表

单位名称:　　　　　　　　　　　　　　　　　　　　年　月　日

实存金额	账存金额	实存与账存对比		备注
		盘　盈	盘　亏	

盘点人:(签章)　　　　　　　　　　　　　　　　出纳人员:(签章)

(2)银行存款的清查

银行存款的清查,采用核对法,即将开户银行定期送来的对账单与本单位的银行存款日记账逐笔进行核对,以查明银行存款收、付及余额是否正确相符。

在与银行对账之前,应先检查本单位的银行存款日记账的正确性与完整性。通过核对,往往会发现双方账目不相符。其主要原因有:一是双方记账可能有差错,如错账漏账等,这是不正常的,应及时查明更正;二是存在未达账项,这是正常的。

所谓未达账项是指在银行和企业之间,由于凭证的传递时间不同,导致双方记账时间不一致,使得一方已接到有关结算凭证并登记入账,另一方却由于尚未接到有关结算凭证而未入账的款项。企业与银行之间的未达账项大致有以下 4 种情况。

第一种:企业已收款入账而银行尚未入账的款项;

第二种:企业已付款入账而银行尚未入账的款项;

第三种:银行已收款入账而企业尚未入账的款项;

第四种:银行已付款入账而企业尚未入账的款项。

上述任何一种未达账项的存在,都会使得银行存款日记账的余额与银行开出的对账单的余额不符。在与银行对账时,应首先查明是否存在未达账项,如果存在未达账项,应编制银行存款余额调节表对有关账项进行调整。银行存款余额调节表的编制是在企业银行存款日记账余额和银行对账单余额的基础上,分别加减未达账项,调节后双方的余额应该相符,且既不等于企业账面余额,也不等于银行账面余额,而是企业当时实际可动用的款项。

下面举例说明“银行存款余额调节表”的具体编制方法。

【例9.1】 榕星公司2011年11月30日银行存款日记账余额为300 000元,银行对账单余额为338 000元,经核对发现以下未达账项:

①11月25日,企业销售产品收到转账支票一张96 260元,企业入账并送存银行,但银行尚未收到款项。

②11月26日,企业当月的水电费2 330元已由银行代缴,但企业尚未收到付款通知单。

③11月28日,银行为企业托收的款项135 000元已入账,尚未通知企业。

④11月30日,企业购进办公用品1 590元,用支票付款,收款人尚未办理转账。

根据上述资料编制“银行存款余额调节表”如表9.2所示。

表9.2 银行存款余额调节表

单位:元

项 目	金 额	项 目	金 额
企业银行存款日记账余额	300 000	银行对账单余额	338 000
加:银行已收,企业未收的款项	135 000	如:企业已收,银行未收的款项	96 260
减:银行已付,企业未付的款项	2 330	减:企业已付,银行未付的款项	1 590
调节后的存款余额	432 670	调节后的存款余额	432 670

银行存款余额调节表的编制只起对账作用,不能作为调整账面记录的原始凭证,银行存款日记账的登记,须在收到有关原始凭证后再进行。

(3)存货的清查

存货的清查,是指对各类材料、商品、在产品、半成品、产成品、低值易耗品、包装物等的清查。由于其实物形态不同,体积重量、码放方式各异,需要采用不同的方法进行清查。一般而言,存货清查方法有实地盘点法和技术推算法两种,但大多采用实地盘点法。清查时,既要从数量上核实,还要对质量进行鉴定。

在清查过程中,首先必须以各项存货目录规定的名称规格为标准,查明各项存货的名称、规格,然后再盘点数量检查质量。为明确经济责任和便于查询,各项存货的保管人必须在场,并参加盘点工作。

清查盘点结束时,应及时把盘点的数量和质量情况如实填制"盘存单",并由盘点人和存货保管人同时签名或盖章生效。"盘存单"是财产盘点结果的书面证明,也是反映实物财产实有数额的原始凭证。其一般格式如表 9.3 所示。

表 9.3　盘存单

单位名称：　　　　盘点时间：

财产类别：　　　　存放地点：　　　　编号：

编　号	名　称	规格型号	计量单位	实存数量	单　价	金　额	备　注

盘点人签章：　　　　报告人签章：

盘点完毕,将"盘存单"中所记录的实存数与账面结存数相核对,如发现不符,应填制"账存实存对比表"(也称盘盈盘亏报告表),以确定财产物资盘盈或盘亏的数额。"实存账存对比表"是财产清查的重要报表,是调整账面记录的原始凭证,也是分析盈亏原因,明确经济责任的重要依据。其一般格式如表 9.4 所示。

表 9.4　实存账存对比表

单位名称：　　　　年　月　日　　　　编号：

类别及名称	计量单位	单价	实　存		账　存		差　异				备　注
							盘盈		盘亏		
			数量	金额	数量	金额	数量	金额	数量	金额	

报告人签章：

存货的清查应先数量后质量。对于实物先根据前述的实地盘点或技术推算盘点法，确定其实有数量，然后再根据不同情况，采用物理和化学的方法来检查其保管质量。

(4)固定资产的清查

固定资产是企业开展经营活动的物质基础，主要有房屋、建筑物、机器设备、运输工具等，在企业的资产总额中占用很大的比重。对它的清查与存货清查方法相同，通常也采用盘点法，将固定资产明细账(或固定资产卡片)上记录的情况与固定资产实物进行逐项核对，以确定其账实是否相符。清查完毕应编制"固定资产盘盈盘亏报告表"，如表9.5所示。

表9.5　固定资产盘盈盘亏报告表

部门：　　　　　　　　　　　　年　月　日　　　　　　　　　　单位：元

<table>
<tr><td rowspan="2">固定资产编号</td><td rowspan="2">固定资产名称</td><td rowspan="2">固定资产规格和型号</td><td colspan="3">盘　盈</td><td colspan="3">盘　亏</td><td colspan="3">毁　损</td><td rowspan="2">原因</td></tr>
<tr><td>数量</td><td>计量折旧</td><td>累计价值</td><td>数量</td><td>原价</td><td>已提折旧</td><td>数量</td><td>原价</td><td>已提折旧</td></tr>
<tr><td></td><td></td><td></td><td></td><td></td><td></td><td></td><td></td><td></td><td></td><td></td><td></td><td></td></tr>
<tr><td rowspan="2">处理意见</td><td colspan="3"></td><td colspan="5">清查小组</td><td colspan="4">使用保管部门</td></tr>
<tr><td colspan="12"></td></tr>
</table>

盘点人：　　　　　　　　　　　　　　　　　　　　　　出纳员：

(5)往来款项(债权债务)的清查

往来款项(债权债务)清查是对单位应收、应付项目以及其他应收、应付项目的结算和往来款项所实施的清查，主要采用查询法或核对法。

在清查过程中，不仅要查明往来款项的余额，还要查明形成的原因，有无双方发生争议的款项和没有希望收回的款项，以便加强管理。

进行清查时，首先应依据会计凭证逐笔检查核对账簿记录；然后编制往来款项对账单(如图9.1所示)，寄发给对方单位进行核对；通过核对发现未达账项，双方均应采用调节账面余额的办法，检查往来账项是否相符。最后编制"往来款项清查结果报告表”，在检查、核对并确认了往来款项余额后，清查人员应根据清查中发现的问题和情况，及时编制“往来款项清查结果报告表”，如表9.6所示，以便进行调整。

往来款项对账单

××单位：

你单位20××年×月×日购入我单位×产品××台，已付货款×××元，尚有×××元货款未付，请核对后将回单联寄回。

核查单位：(盖章)

20××年×月×日

沿此虚线裁开，将以下回单联寄回！

往来款项对账单(回联)

核查单位：

你单位寄来的“往来款项对账单”已经收到，经核对与实际相符无误(或不符，应注明具体内容)。

单位(盖章)

20××年×月×日

图9.1

表9.6　往来款项清查报告表

总分类账户		明细账户		对方结存数	对比结果及差异额	差异原因及金额			备注
名称	金额	名称	金额			未达账项	争议款项	无法收回	

清查人员(签章)　　　　记账人员(签章)

9.1.4　掌握财产清查结果的处理

通过财产清查发现实存数与账存数相等，说明账实相符，不必进行账务处理。如果实存数与账存数不等，则会出现实存数大于账存数时的盘盈，实存数小于账存数时的盘亏两种情况。此时，应当认真分析研究，以有关的法令、制度为依据进行严肃处理。

1)财产清查结果的处理原则

(1)查明差异,分析原因

根据清查情况,将全面的清查结果填列在“实存账存对比表”等有关的表格中,在进行具体处理前,应对这些原始凭证中所记录的货币资金、财产物资以及往来款项的盘盈盘亏数字进行全面核对,对各项差异产生的原因进行分析,以明确经济责任,针对不同原因造成的盘亏、余缺提出处理意见,提请有关部门批准。

(2)调整账目,账实相符

对于财产清查中所发现的差异以及对差异的处理,必须及时进行账簿记录的调整。账簿记录调整的原则是:以“实存”为准,盘盈时补充账面记录,盘亏时冲销账面记录。在调整了账面记录,做到账实相符后,将编制的“实存账存对比表”和相关的文字说明,按规定程序报送有关部门批准。

(3)批准后的账务处理

当有关部门领导对所呈报的财产清查结果做出批准意见后,企业应严格按照批复意见编制记账凭证,进行批准后的账务处理。

2)财产清查结果的账务处理

(1)账户的设置

为了反映和监督企业在财产清查中对财产物资盘盈、盘亏、毁损以及处理情况,应设置“待处理财产损溢”账户,该账户属于双重性质账户,下设“待处理流动资产损溢”和“待处理固定资产损溢”两个明细分类账户,以进行明细核算。该账户用来核算企业在财产清查时所发现的各项财产物资的盘盈、盘亏以及转销数,其借方登记各项财产物资的盘亏或毁损数、盘盈财产经批准后的转销数;贷方登记各项财产物资的盘盈数或盘亏财产经批准后的转销数。期末转销后一般无余额。若尚未转销,则月末借方余额,反映尚未处理的财产净损失,如为贷方余额,则为尚未处理的财产净溢余。其账户结构如图9.2所示。

待处理财产损溢	
(1)待处理财产的盘亏数 (2)核销的盘盈数	(1)待处理财产的盘盈数 (2)核销的盘亏数
转销后无余额	转销后无余额

图9.2 待处理财产损溢账户结构图

(2)财产清查结果的会计处理

财产清查的结果有两种情况:账实相符或账实不符。

账实相符说明账簿记录完整、真实、正确,实物资产安全、完整。账实不符包括盘盈、盘亏和损失两种情况。盘盈是指实存数大于账存数,说明实物资产发生溢余;盘亏是指实存数小于账存数,说明实物资产发生短缺。无论盘盈、盘亏,企业都必须按照企业会计准则的有关规定,严肃认真地处理。

会计核算对盘盈、盘亏的账务处理包括两个步骤:

第一,未查明原因或上报审批前,将财产清查的盘盈、盘亏和损失的情况,根据清查时取得的原始凭证(如实存账存对比表等)编制记账凭证,登记相关账簿,保证实物资产的账实相符;

第二,查明原因或审批后,根据上级的处理结论和意见,据以编制相关的记账凭证,进行账务处理,登记账簿,并追回由于责任者的原因造成的损失。

①库存现金清查结果的处理。现金清查中发现长款或短款,应根据"现金盘点报告表"进行批准前和批准后的账务处理,通过"待处理财产损溢"账户进行核算。

a. 库存现金短缺

在清查中,发现现金短缺,未查明原因或批准前,按实际短缺金额:

借:待处理财产损溢——待处理流动资产损溢

　　贷:库存现金

b. 待查明原因后,根据实际短缺的原因进行处理:

借:其他应收款——应收现金短缺款(××个人)(属于应由责任人赔偿部分)

　　其他应收款——应收保险赔款(属于应由保险公司赔偿部分)

　　贷:待处理财产损溢——待处理流动资产损溢

属于无法查明的其他原因,经批准后:

借:管理费用——现金短缺

　　贷:待处理财产损溢——待处理流动资产损溢

c. 库存现金溢余

在清查中,发现现金溢余,未查明原因或批准前,按实际溢余金额:

借:库存现金

　　贷:待处理财产损溢——待处理流动资产损溢

待查明原因后,根据实际溢余的原因进行处理:

属于应支付给有关人员或单位的:

借:待处理财产损溢——待处理流动资产损溢

贷:其他应付款——应付现金溢余(××人员或单位)

属于无法查明原因的溢余部分,经批准后:

借:待处理财产损溢——待处理流动资产损溢

贷:营业外收入——现金溢余

【例9.2】 榕星公司2011年6月30日在财产清查中发现现金短款300元。原因待查,则账务处理如下:

未查明原因或批准前,按实际短缺金额,编制会计分录:

借:待处理财产损溢——待处理流动资产损溢 300

贷:库存现金 300

经查明原因,现金短款300元,其中80元系出纳过失,应由出纳员赔偿。其余220元不能确定原因,经批准转做管理费用。编制会计分录:

借:其他应收款——应收现金短缺款(出纳员) 80

管理费用——现金短缺 220

贷:待处理财产损溢——待处理流动资产损溢 300

【例9.3】 榕星公司2011年6月30日在财产清查中发现现金长款260元,原因待查,则账务处理如下:

未查明原因或批准前,按实际溢余金额,编制会计分录:

借:库存现金 260

贷:待处理财产损溢——待处理流动资产损溢 260

经查明原因,现金长款260元,其中170元为应付洪力的交通补贴款,90元无法查明原因,经批准后转作营业外收入处理。编制会计分录:

借:待处理财产损溢——待处理流动资产损溢 260

贷:其他应付款——洪力 170

营业外收入——现金溢余 90

②存货清查结果的处理。发生盘盈的存货,经过查明如果因收发、计量或核算上的误差等原因造成的,应及时办理存货的入账手续,调整存货的账存数,使账实相符,经有关部门批准后,冲减"管理费用"。盘亏的存货则要区别情况采用不同的处理方法:属于定额内的自然损耗,经批准后可以列支"管理费用";由于自然灾害或意外事故造成的,扣除残料价值和保险赔偿后,将净损失记入"营业外支出"账户;应由责任人赔偿部分,或向保险索赔部分记入"其他应收款";由于计量差错或管理不善等原因造成的存货短缺或损失,扣除残料价值和保险赔偿后剩余部分的净损失,记入"管理费用"账户。

【例9.4】 2011年6月30日，榕星公司盘亏原材料一批，价值30 000元，原来购入材料时负担的增值税进项税额5 100元。经查明原因，其中属于定额内损耗部分为5 000元，由于管理人员过失应赔偿1 500元，属于自然灾害造成的损失有19 000元。其余部分经批准记入“管理费用”。

报经批准前，根据“实存账存对比表”的记录，编制会计分录如下：

借：待处理财产损溢——待处理流动资产损溢　　35 100
　贷：原材料　　30 000
　　应交税费——应交增值税（进项税额转出）　　5 100

根据审批文件，编制如下分录：

借：其他应收款——××管理人员　　1 500
　营业外支出　　24 100
　管理费用　　9 500
　贷：待处理财产损溢——待处理流动资产损溢　　35 100

③固定资产清查结果的处理。盘亏的固定资产净值记入“待处理财产损溢”，批准后分不同情况采取相应的会计处理，应由过失人赔偿或保险公司赔偿的，记入“其他应收款”；扣除保险公司赔偿或残值后的差额，记入“营业外支出”。盘盈的固定资产，视为以前差错，将其净值记入“以前年度损益调整”。

【例9.5】 年末财产清查，发现一台账外设备，市场上同类设备价值60 000元，该设备七成新，公司决定留用。据此编制如下分录：

借：固定资产　　42 000
　贷：以前年度损益调整　　42 000

【例9.6】 年末财产清查，盘亏一台机床，该机床原价80 000元，已提折旧29 000元。经领导批准，按营业外支出处理。

报经批准前，根据“实存账存对比表”的记录，编制如下分录：

借：待处理财产损溢——待处理固定资产损溢　　51 000
　累计折旧　　29 000
　贷：固定资产　　80 000

根据审批文件，编制如下分录：

借：营业外支出　　51 000
　贷：待处理财产损溢——待处理固定资产损溢　　51 000

任务2 掌握试算平衡、账项调整

9.2.1 掌握试算平衡

1)试算平衡的意义及原理

在复式记账法下,用借贷记账法记录经济业务时,可能会出现差错,为了检查、验证账户记录是否正确,并及时进行更正,一般会采用试算平衡的方法对账户记录的准确性进行检验。

试算平衡,就是指利用"资产 = 负债 + 所有者权益"的平衡原理,根据借贷记账法的记账原则,通过对所有账户的发生额和余额进行汇总计算和比较,来检查会计账户处理和账簿记录的正确性、完整性的一种方法。包括发生额试算平衡和余额试算平衡。

试算平衡的会计原理:试算平衡的理论基础就是会计基本恒等式,即"资产 = 负债 + 所有者权益"。

试算平衡的具体内容,在借贷记账法下,其内容包括发生额试算平衡和余额试算平衡。

(1)发生额试算平衡

发生额试算平衡是指一定时期全部账户借方发生额合计等于该时期内全部账户贷方发生额合计。这是由有借必有贷,借贷必相等的记账规则决定的。对于某个会计期间内发生的每一项经济业务,在记入一个账户借方或贷方的同时必然记入另一个账户的贷方或借方,而且金额相等。发生额试算平衡公式为:

全部账户的借方本期发生额合计 = 全部账户的贷方本期发生额合计

(2)余额试算平衡

余额试算平衡是根据本期所有账户借方余额合计与贷方余额合计之间的恒等关系来检查账户记录是否正确的方法。余额试算平衡是以资产与权益的平衡关系即"资产 = 负债 + 所有者权益"为依据进行的试算平衡。由于资产的余额表现为各项资产账户的期末借方余额,而负债和所有者权益的余额表现为各项负债和所有者权益的期末贷方余额,所以它的平衡公式为:

全部账户借方期初余额合计 = 全部账户贷方期初余额合计

全部账户借方期末余额合计 = 全部账户贷方期末余额合计

2)试算平衡表的结构及编制方法

在实际工作中,会计人员一般按照下面的方法进行试算平衡:

第一步:期末把全部账户应记录的经济业务登记入账,并计算出各个账户本期借方发生额,贷方发生额和期末余额。第二步:编制试算平衡表。试算平衡表中设置"期初余额""本期发生额""期末余额"3 个大栏,每一大栏分设"借方"和"贷方"两小栏,各大栏中的借方合计与贷方合计应该平衡相等,从而可以推断出账户记录或计算是否正确。试算平衡表的一般格式如表 9.7 所示。

表 9.7 试算平衡表

单位:元

账户名称		期初余额		本期发生额		期末余额	
		借方	贷方	借方	贷方	借方	贷方
合　计							

试算平衡表检查账户的正确性有其局限性,试算平衡并不意味着日常账户记录完全正确只是基本正确因为有些账户记录的错误很难从试算平衡表中发现。如:借贷双方同时漏记、重记相等金额;记错账户与金额;应借、应贷账户相互颠倒;某账户的错误金额一多一少,恰好互相抵消等,都不一定破坏借贷平衡关系。但借贷金额不平衡,则可以肯定账户记录有错。因此,还需要对一切会计记录进行日常或定期的复核,以保证账面记录的正确性。

9.2.2 掌握对账和错账更正

1)对账的意义、内容和方法

(1)对账的意义

在实际工作中,会计人员经过填制凭证、记账、过账、算账、结账、计算等过程,难免会发生差错,出现账实不符的情况。因此,在结账前后,要通过对有关账簿记录和会计核算资料进行核对,确保会计资料的正确性和完整性,为编制会计报表提供真实可靠的数据资料。根据有关制度规定,各单位的对账工作每年至少进行一次。

(2)对账的内容和方法

①账证核对。账证核对是指:将各种会计账簿记录与原始凭证、记账凭证进行相互核对,核对的内容主要有经济业务的时间、凭证字号、内容、记账方向和金额是否一致。为了保证账证相符,一般来说,日记账应与收付款凭证相核对;总账应与记账凭证相核对;明细账应与记账凭证或原始凭证相核对,通常这些核对工作是在日常制证和记账工作中进行的。另外,月末若发现账证或账账不符,还有必要重新按一定的线索进行再核对。

②账账核对。账账核对是指为了保证账账相等,将不同会计账簿的记录进行核对,账簿之间相互联系、相互制约的关系是账账核对的客观依据。具体核对的内容有以下几个方面:

a. 总分类账簿有关账户余额核对。总分类账中,各账户的借方发生额合计数与贷方发生额合计数、期末借方余额合计数与贷方余额合计数,应分别核对相符,以检查过账是否正确。

b. 总分类账簿与所属明细分类账簿核对。总分类账户的期末余额应与所属各明细分类账户期末余额之和核对相符,以检查两者的登记是否正确。

c. 总分类账簿与日记账核对。主要是指总分类账与现金日记账、银行存款日记账间的核对,现金日记账必须每天与库存现金核对相符,银行存款日记账也必须定期与银行对账单进行核对,现金日记账和银行存款日记账期末余额应分别同有关总分类账户的期末余额核对相符。

d. 明细分类账簿之间的核对。会计部门各种财产物资明细分类账与物资保管部门或使用部门有关明细分类账的期末余额核对相符。一般是由财产物资保管部门或使用部门定期编制收发结存汇总表报会计部门核对。

③账实核对。账实核对是各种财产物资的账面余额与实存数额相核对,也称为财产清查。具体核对内容包括以下几方面:

a. 库存现金日记账的账面余额与实际库存数额核对。

b. 银行日记账的账面余额与银行对账单核对。

c. 各种财产物资明细账账面余额与实存数核对。

d. 各种债权债务明细账账面余额与对方单位的账面记录核对。

e. 各项投资是否存在,投资收益是否按照相关规定进行确认和计量。

造成账实不符的原因是多方面的。如管理不善、制度不严、造成财产损失;财产物资保管过程中的自然损溢等,因此需要通过定期的财产清查来弥补漏洞,保证会计信息真实可靠。

2)错账的查找方法

在对账过程中,可能发生各种各样的差错。产生差错的原因可能是重记、漏记、数字颠倒、数字错位、数字记错、科目记错、借贷方向记反,从而影响会计信息的正确性,如发现差错,会计人员应及时查找并予以更正。常见的差错查找方法有以下几种。

(1)差数法

差数法是按照错账的差数查找错账的方法。如会计凭证上记录的是:

借:应交税费——应交营业税　　5 250
　　　　　　——城市维护建设税　　423
　　　　　　——个人所得税　　500
　贷:银行存款　　6 173

若会计人员在记账时漏记了个人所得税 500 元,那么在进行应交税费总账和明细账核对时,就会出现总账借方余额比明细账借方余额多 500 元的现象。对于类似差错,应由会计人员通过回忆相关金额的记账凭证进行查找。

(2)尾数法

对于发生的角、分的差错可以只查找小数部分,以提高查错的效率。如只差 0.08 元,只需看一下尾数有"0.08"的金额,看是否已将其登记入账。

(3)除 2 法

当账账、账证或账实不符,且差数为偶数时,应首先检查记账方向是否发生错误。在记账时,有时由于会计人员疏忽,错将借方金额登记到贷方或将贷方金额登记到了借方,这必然会出现一方合计数增多,而另一方合计数减少的情况,其差额恰是记错方向数字的 1 倍,且差数是偶数。对于这种错误的检查,可用差错数除以 2,得出的商数就是账中记账方向的反方向数字,然后再到账目中去寻找差错的数字就有了一定的目标。如:

借:银行存款　　1 600
　贷:其他应付款——存入保证金(福兴公司)　　1 600

登记明细账时,错把其他应付款登记入借方,总账与明细账核对时,就会出现总账贷方余额大于明细账贷方余额 3 200 元,将 3 200 元除以 2,正好是借方记错的 1 600 元。

(4)除 9 法

除 9 法是指用对账差额除以 9 来查找差错的一种方法,主要适用于下列两种错误的查找:

①数字错位。在查找错误时,如果差错的数额较大,就应该检查一下是否在记账时发生了数字错位。在登记账目时,会计人员有时会把位数看错,把十位数看成百位数,百位数看成了千位数,把小数看大了;也可能把百位看成十位,千位看成百位数,把大数看小了。这种情况下,差错数额一般比较大,可以用除9法进行检查。如将80元看成了800元并登记入账,此时在对账时就会出现余额差800元-80元=720元,用720元除以9,商为80元,80元就是应该记录的正确的数额。又如收入现金500元,误记为50元,对账结果会出现500元-50元=450元差值,用450元除以9,商为50元,商数即为差错数。

②相邻数字颠倒错误的查找。在记账时,有时易将相邻的两位数或三位数的数字登记颠倒了,如将57记成75,214记成了412,它们的差值分别是18和198,都可以被9整除,这样知道错误问题之后,进一步判断错在哪一笔业务上就可以了。

如果用上述方法检查均未发现错误,而对账结果又确实不符,还可以采用顺查、逆查、抽查等方法检查是否有漏记和重记等现象。顺查是指按账务处理的顺序,从凭证开始到账簿记录止从头到尾进行普遍核对。逆查法是指与账务处理顺序相反,从尾到头的检查方法。抽查法是指抽取账簿记录中某些局部进行检查的方法。

3)错账更正的方法

在对账过程中,可能发生各种各样的差错,产生错账,如重记、漏记、数字颠倒、数字错位、数字记错、科目记错、借贷方向记反等,从而影响会计信息的准确性,应及时找出差错,进行改正。账簿是重要的经济档案,应保持页面的整洁和文字的清晰,一旦账簿记录出现错误,不得刮、擦、挖补、随意涂改或用褪色药水更改字迹,必须按照规定的方法进行更正。一般的更正方法有:划线更正法、红字更正法、补充登记法3种。

(1)划线更正法

在结账前发现账簿记录有文字或数字的错误,而记账凭证没有错误,可以采用划线更正法进行更正。

具体做法是:先在错误的文字或数字上划一条红线,以示注销,并使原来的字迹仍可辨认,以备考查,然后将正确的文字或数字用蓝字写在划线上方的空白处,并由记账人员在更正处盖章以明确责任。对错误的数字划线时,一定要用红线全部划去,不能只划去错误的个别数码;对于文字错误,可以只划去错误的部分。

【例9.7】 记账人员李红在登账时，把845.26误记为854.26，应作如下更正：

845.26
~~854.26~~ 李红

(2)红字更正法

红字更正法是指登记账簿后，发现记账凭证中的应借、应贷的会计科目或金额有错误时，可以用填制红字记账凭证(金额用红字)来更正错误的方法。这种方法一般适用于以下两种情况。

①记账后，发现记账凭证的会计科目有错，从而引起的错误。

更正方法：填制一张与错误记账凭证内容相同，但金额是红字的记账凭证，并在摘要栏内写明"冲销某年某月第×号凭证"，据以登记账簿，冲销原有错误记录。然后，再用蓝字重新填制一张正确的记账凭证，登记账簿。

【例9.8】 采购员李华宝预借差旅费5 000元，以现金支票付给，填制记账凭证时，误作以下分录，并据以入账。

借：管理费用——差旅费 5 000
　贷：银行存款 5 000

发现时，填写一张红字记账凭证，用以冲销原来错误记录，其分录如下：

借：管理费用——差旅费 5 000(红字)
　贷：银行存款 5 000(红字)

然后，再用蓝字填写一张正确的记账凭证，重新入账：

借：其他应收款——李华宝 5 000
　贷：银行存款 5 000

账簿记录如图9.3至图9.5所示：

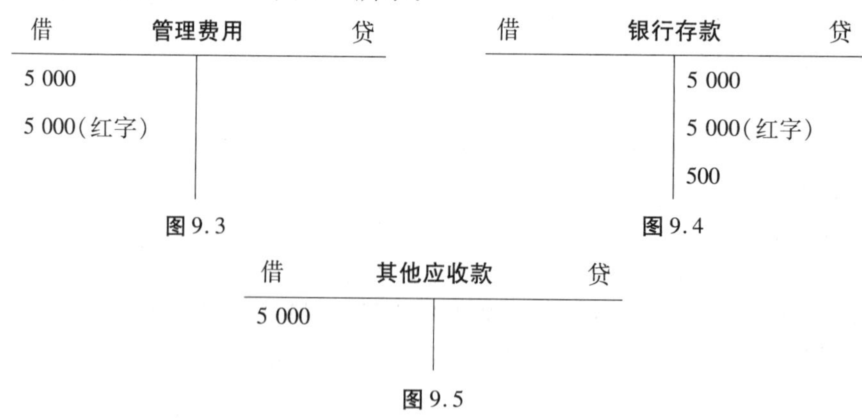

图9.3 图9.4

图9.5

②记账后，发现记账凭证应借、应贷的会计科目没有错，但所记金额大于应记金额，从而引起的记账错误。

更正方法：按多记的金额，金额用红字填写一张会计科目与原错误凭证相同的记账凭证，在摘要栏中注明"冲销××凭证多记金额"，并据以入账，冲销多记金额。

【例9.9】　基本生产车间为生产甲产品领用原材料2 000元，填制记账凭证时，误记为20 000元，并登记入账。错误记录如下：

借：生产成本　　20 000

　　贷：原材料　　20 000

发现错误时，将多记的金额（20 000元－2 000元＝18 000元）用红字填写一张记账凭证，据以入账，分录如下：

借：生产成本　　18 000（红字）

　　贷：原材料　　18 000（红字）

账簿记录如图9.6和图9.7所示：

借　生产成本	贷
20 000	
18 000（红字）	
2 000	

图9.6

借　原材料	贷
	20 000
	18 000（红字）
	2 000

图9.7

（3）补充登记法

记账后发现记账凭证填写的会计科目无误，但所记金额小于应记的金额时，可以采用补充登记法更正。

更正方法：按少记的金额，用蓝字填写一张与原记账凭证内容相同的记账凭证，在摘要栏注明"补记××凭证少计金额"，并据以入账，补记少记的金额，使全部金额符合实际。

【例9.10】　从银行提取现金6 000元备用，填制记账凭证时，误记为600元，并已入账。

借：库存现金　　600

　　贷：银行存款　　600

更正时，将少记的金额（6 000元－600元＝5 400元）用蓝字填制一张与原错误凭证科目相同、记账方向相同的记账凭证，并据以入账，补充原少记的金额。

借:库存现金　　5 400

　贷:银行存款　　5 400

账簿记录如图 9.8 和图 9.9 所示:

借	库存现金	贷
600		
5 400		
6 000		

图 9.8

借	银行存款	贷
		600
		5 400
		6 000

图 9.9

将上述更正错误的记账凭证登记入账后,原账簿中的错误记录便得到了更正。

9.2.3　掌握账项调整

1)权责发生制和收付实现制

会计记账有两个时间基础(会计处理基础):收付实现制和权责发生制。

(1)权责发生制

权责发生制也称应计制或应收应付制。它是以权利或责任的发生与否为标准,来确认收入和费用。不论是否已有现金的收付,按其是否体现各个会计期间的经营成果和收益情况,确定其归属期。就是说凡属本期的收入,不管其款项是否收到,都应作为本期的收入;凡属本期应当负担的费用,不管其款项是否付出,都应作为本期费用。反之,凡不应归属本期的收入,即使款项在本期收到,也不作为本期收入;凡不应归属本期的费用,即使款项已经付出,也不能作为本期费用。如,企业支付上月份电费 5 000 元,按权责发生制,这笔款项支出属于上月份费用。而收回上月的应收账款 10 000 元,按权责发生制,这笔款项属于上月份收入。由于权责发生制是根据经济业务的发生与否来确认收入与费用,因此会形成相当的预收、预付、应收和应付等会计项目,它能够恰当地反映某一会计期间主体的经营成果,在实际工作中被绝大部分企业使用。

(2)收付实现制

收付实现制也称现金制。它是以现金收到或付出为标准,来记录收入的实现或费用的发生。就是说按收付日期确定其归属期,凡是属本期收到的收入和支出的费用，不管其是否应归属本期，都作为本期的收入和费用；反之，凡本期未收到的收入和不支付的费用，即使应归属本期收入和费用，也不有作为本期的收入和费用。接上例，如，企业支付上月份电费5 000元，按收付实现制的要求，这笔款项支出属于本月份费用。而收回上月的应收账款10 000元，按收付实现制的要求，这笔款项属于本月份收入。由于收付实现制对未收取的收入和未支付的费用，均不入账，不能公正的表达会计主体各期的经营成果。因此，在实际工作中，我国除行政事业单位采用外，一般不用它作为记账的基础。

收付实现制与权责发生制区别和联系

联系：其联系是两者的目的均为正确计算和确定企业的收入、费用和损益。

区别：两者之间的主要区别是确认收入和费用的标准不同；对收入与费用的配比要求不同；会计期末处理方法不同；各会计期间计算的收益结果不同；核算过程中的账户设置不同；各自的优点缺点不同；适用的范围不同等。

2)账项调整

(1)期末账项调整的意义

企业账簿中的日常经济业务的记录还不能确切反映本期的全部收入和费用。因为有一些经济业务不仅影响一个会计期间的经营成果的确定，而是与两个或两个以上的会计期间的经营成果相联系，为了在权责发生制的基础上正确反映各会计期间的经营成果，就必须在期末结账前，对这些有跨期影响的经济业务进行账项调整，以确定本期的收入和费用，从而正确计量本期的经营成果。由于确定收入和费用的同时，也要确认资产和负债，所以期末账项的调整也关系到企业当期财务状况的正确性，因此，账项调整成为会计循环中起着重要意义的必要环节。

期末账项调整是会计期末结账前，为比较真实地反映企业的经营成果和财务状况，按照权责发生制要求，对有关会计事项予以调整的会计行为。

会计期末进行账项调整，虽然主要是为了能正确地反映本期的经营成果，但是在对收入和费用的调整过程中，必然也会造成资产或负债的增减变化。因此，合理、正确地进行期末账项调整，不仅关系到利润表能否正确反映，而且也关系到资产负债能否正确反映。

(2)期末账项调整的内容

期末结账前,应予调整的账项一般可分为三大类:

第一,应计账项,包括应计收入、应计费用等;

第二,递延账项,包括预收收入的分配、预付费用的摊销等;

第三,应提账项,包括固定资产折旧的计提、各种资产减值的计提等。

(3)期末账项的调整

①应计账项的调整。应计账项主要包括应计收入和应计费用。应计账项调整与否,直接关系到收入、费用能否合理配比,进而影响到能否正确、合理地反映企业本期的经营成果。

a.应计收入。应计收入是指企业在本期已经发生且符合收入确认条件,但尚未收到款项而未登记入账的收入。如应入账的营业收入、应收的租金收入、应收的银行存款利息收入等。根据权责发生制的要求凡属于本期的收入,不管其款项是否收到,都应作为本期收入处理,期末,应将那些本期已实现但尚未收到款项的收入编制调整分录,记入“应收账款”“应收利息”等账户的借方,同时,将确认为本期的收入,记入有关收入账户或相关账户的贷方。

【例9.11】 榕星公司2011年1月出租包装物给福兴公司,租期3个月,每月租金800元,3月底归还包装物时一并收取租金2 400元(暂不考虑税金)。

1月份、2月份应计收入的会计分录:

借:其他应收款——福兴公司	800	
贷:其他业务收入——出租包装物收入		800

3月份收到2 400元时:

借:银行存款	2 400	
贷:其他业务收入——出租包装物收入		800
其他应收款——福兴公司		1 600

【例9.12】 榕星公司估计本年第一季度的银行存款利息为1 800元,3月末结算时实际利息收入为1 700元,已存入银行。

1月份、2月份应计收入的会计分录:

借:应收利息	600	
贷:财务费用		600

3月份收到利息1 700元时:

借:银行存款	1 700	
贷:财务费用		500
应收利息		1 200

b. 应计费用。应计费用是本期费用已经发生，应入账而未入账的费用，如借款利息、租用的房租等。应计费用的调整一方面确认费用，另一方面也会增加负债。

【例9.13】　榕星公司本年一季度预计短期借款利息9 000元，即每月预计利息支出为3 000元；6月份实际支付短期借款利息9 310元。

1月份、2月份应计利息支出分录：

借：财务费用　　3 000
　　贷：应付利息　　3 000

3月份利息支出分录：

借：财务费用　　3 310
　　应付利息　　6 000
　　贷：银行存款　　9 310

②递延账项的调整。递延账项是指已经收入或付出款项，但尚未实现的收入或发生的费用，包括预付费用和预收收入。

预收收入不能作为企业已经实现的收入，只有在以后交付产品或提供劳务后，才可以转作收入。因此，每期的会计期末，都要对预收收入账项进行调整，将已经实现的部分转入本期的收入账户，未实现部分递延到以后的会计期间。

【例9.14】　年初榕星公司出租房屋，租期为5个月，收到5个月的租金40 000元（每月8 000元）。

年初收到租金时，其账务处理如下：

借：银行存款　　40 000
　　贷：预收账款　　40 000

1—5月，各月末都应进行预收租金的期末账项调整：

借：预收账款　　8 000
　　贷：其他业务收入——租金收入　　8 000

③应提账项的调整。这些账项与前述账项调整的不同之处在于调整的金额具有不确定性，如应收款项坏账准备的提取、固定资产折旧的计提、各种资产减值的计提等。

【例9.15】　榕星公司年末应收账款余额为900 000元，估计大约有3‰无法收回（即提取损失和准备的比例），其账务处理如下：

借：资产减值损失　　2 700
　　贷：坏账准备　　2 700

结账时，资产减值损失转入本期利润账户计算盈亏，以后，若应收账款确认无法收回时,可借记“坏账准备”账户,贷记“应收账款”账户。

任务3　掌握财务成果的核算和结账

财务成果是指企业在一定会计期间所实现的最终经营成果,也就是企业所实现的利润总额。

9.3.1　利润形成的核算

利润是指企业在一定期间的经营成果,是衡量企业经营业绩的重要指标。利润包括收入减去费用后的净额、直接记入当期利润的利得与损失等。

从企业利润的构成层次看,利润是由营业利润、利润总额、净利润构成的。

1)营业利润

营业利润是指企业生产经营活动所产生的利润,是企业利润的主要来源,它能较恰当地反映企业管理者的经营业绩。

用公式表示如下:

营业利润 = 营业收入 - 营业成本 - 营业税金及附加 - 管理费用 - 销售费用 - 财务费用 - 资产减值损失 ± 公允价值变动损益 ± 投资损益

其中:营业收入包括主营业务收入和其他业务收入;营业成本包括主营业务成本和其他业务成本。

2)利润总额

利润总额是指营业利润加上营业外收入,减去营业外支出后的金额。用公式表示如下:

利润总额 = 营业利润 + 营业外收入 - 营业外支出

其中:

①营业外收入主要是指直接记入当期利润的利得项目。内容包括处置非流动资产利得、非货币性资产交换利得、债务重组利得、罚没利得、政府补助利得、确实无法支付而按规定程序经批准后转作营业外收入的应付款项、捐赠利得、盘盈利得等。

②营业外支出主要是指直接记入当期利润的损失项目。内容包括处置非流动资产损失、非货币性资产交换损失、债务重组损失、罚款支出、捐赠支出、非

常损失等。

3)净利润

净利润是指企业当期利润总额减去所得税后的金额,即企业的税后利润。用公式表示如下:

净利润 = 利润总额 - 所得税

9.3.2 利润总额的核算

1)账户设置

为了正确核算企业的经营成果,必须设置以下账户。

(1)"本年利润"账户

企业应设置"本年利润"账户,该账户属于所有者权益类账户,用以核算企业当期实现的净利润(或发生的净亏损)。期末结转利润时,企业将"主营业务收入""营业外收入""其他业务收入"账户的余额转入该账户的贷方;将"主营业务成本""其他业务支出""营业税金及附加""销售费用""管理费用""财务费用""营业外支出"等账户的余额转入该账户的借方;将"投资收益"账户的净收益转入该账户的贷方。如为投资损失则作相反分录。年度终了,企业将本年收入和支出相抵后计算出本年实现的利润总额(或亏损总额)全部转入"利润分配"账户,结转后本账户无余额。其账户结构如图 9.10 所示。

借	本年利润 贷
登记期末转入的主营业务成本、管理费用、销售费用、财务费用、资产减值损失、营业外支出、所得税等	登记期末转入的主营业务收入、公允价值变动损益、投资收益、营业外收入等
结账后: 余额:表示本年度自年初起至本期末止累计发生的净亏损 年度终了: 将本年收入和支出相抵后结出的本年实现的净利润,转入"利润分配"科目	结账后: 余额:表示本年度自年初起至本期末止累计实现的净利润 年度终了: 将本年收入和支出相抵后结出的本年发生的净亏损,转入"利润分配"科目

图 9.10 本年利润账户结构图

企业在收入和费用确认后,将本期的全部收入扣减全部成本、费用后,其差额就是利润或亏损。

本年利润的结转方法有两种:账结法和表结法。

账结法是指在会计期末,将各损益类账户余额转入"本年利润"账户。

表结法是指月末损益类账户的余额不需要通过会计分录的方式结转到"本年利润"账户,即不在账户中结出本月的利润,而是通过填列"利润表",把各损益类账户自年初起至本期末止累计余额减去自年初起至上期末止累计余额,求出当月发生额,从而计算出本月的利润和亏损。

(2)"投资收益"账户

企业应设置"投资收益"账户,该账户属于损益类账户,用以核算企业对外投资取得的收入或发生的损失。该账户为损益类账户,企业取得投资收入时,借记"银行存款""长期投资"等账户,贷记本账户;企业转让、出售股票、债券时,借记"银行存款"等账户,贷记"交易性金融资产""长期投资"账户,借记(或贷记)本账户;债券到期,收回本息时,借记"银行存款"等账户,贷记"长期投资""变易性金融资产"账户和本账户;收回其他投资时,其收回的投资与投出资金的差额,作增减投资收益处理。期末应将本账户余额转入"本年利润"账户,结转后本账户应无余额。其账户结构如图 9.11 所示。

借	投资收益 贷
发生投资损失 期末净收益转入"本年利润"	取得投资收益

图 9.11 投资收益账户结构图

(3)"营业外收入"账户

企业应设置"营业外收入"账户,该账户属于损益类账户,用以核算企业发生的各项营业外收入,主要包括非流动资产处置利得、非货币性资产交换利得、债务重组利得、政府补助、盘盈利得、捐赠利得等。该账户的贷方反映本期发生的各项营业外收入,期末应将该账户余额转入"本年利润"账户,结转后该账户无余额。其账户结构如图 9.12 所示。

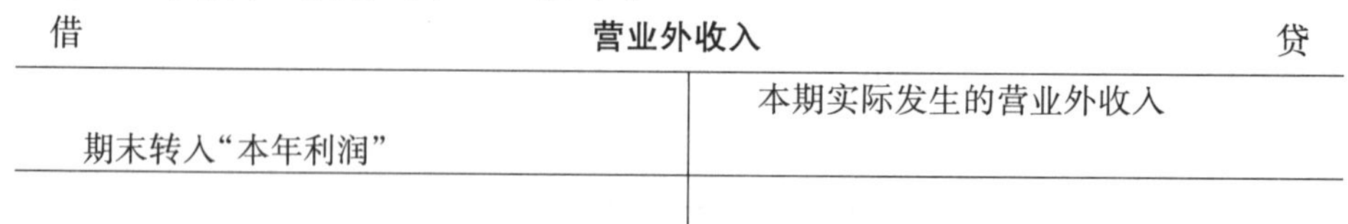

图 9.12 营业外收入账户结构图

(4)"营业外支出"账户

企业应设置"营业外支出"账户,该账户属于损益类账户,用以核算企业发生的各项营业外支出,包括非流动资产处置损失、非货币性资产交换损失、债务重组损失、公益性捐赠支出、非常损失、盘亏损失等。该账户的借方反映本期发生的各项营业外支出,期末应将该账户余额转入"本年利润"账户,结转后该账户无余额。其账户结构如图 9.13 所示。

借　　营业外支出	贷
本期实际发生的各项营业外支出	期末转入"本年利润"

图 9.13　营业外支出账户结构图

2)利润总额的核算

按照会计制度规定,企业应按期结算利润,每月终了时,将各损益类账户的余额转入"本年利润"账户,企业实现的利润(或亏损)总额应一律通过"本年利润"账户进行核算。期末将各损益类账户的余额转入"本年利润"账户,其中将收入类账户的余额转入"本年利润"账户的贷方,将支出类账户的余额转入"本年利润"账户的借方,结平各损益类账户。结转后,"本年利润"账户如为贷方余额,为本期利润总额;如为借方余额,则为本期亏损总额。年度终了,必须将"本年利润"账户结平,转入"利润分配——未分配利润"账户。

【例 9.16】　榕星公司 2011 年 6 月份应结转的主营业务收入 420 000 元,其他业务收入 2 000 元,主营业务成本 272 300 元,营业税金及附加 680 元,其他业务成本为 1 500 元,管理费用 30 540 元,财务费用 2 200 元,销售费用 15 560 元,营业外收入 90 元,营业外支出 23 000 元,投资收益 500 元。编制会计分录如下:

①结转收入:

借:主营业务收入	420 000	
其他业务收入	2 000	
营业外收入	90	
投资收益	500	
贷:本年利润		422 590

②结转成本及费用:

借:本年利润	345 780	

贷:主营业务成本　　272 300
　　其他业务成本　　1 500
　　营业税金及附加　　680
　　管理费用　　30 540
　　财务费用　　2 200
　　销售费用　　15 560
　　营业外支出　　23 000

结转后,"本年利润"账户贷方发生额 422 590 元,借方发生额 345 780 元,借贷方余额相抵后,贷方余额即为利润总额为 76 810 元。利润总额减去企业所得税后即为企业的税后利润(净利润)。

3)企业所得税的核算

所得税是国家对企业的经营所得和其他所得征收的一种收益税,因此,在确定利润总额的基础上,按照《中华人民共和国企业所得税暂行条例》和我国《企业所得税会计处理暂行规定》的要求,企业应调整应纳税所得额,依法计算与缴纳企业所得税。从收入与费用应当配比一致的原则来看,企业所得税是企业经营过程中的一项耗费,应当记入当期损益。因此,在会计核算时,应设置"所得税费用"账户,该账户属于损益类账户,用以核算企业按规定从本期损益中扣减的所得税。该账户借方登记按应纳税所得额计算的本期应交的所得税,贷方登记期末的结转额,结转后,该账户无余额。其账户结构如图 9.14 所示。

借　　所得税费用	贷
记入本期损益的所得税费用 资产负债表日根据企业确认的递延所得税负债调整的所得税费用	资产负债表日根据企业确认的递延所得税资产调整的所得税费用 期末转入"本年利润"的所得税费用

图 9.14　所得税费用账户结构图

企业所得税的税率为 25%。此外为了重点扶持和鼓励发展特定的产业和项目。规定了两档优惠税率:20% 和 15%。

【例 9.17】　榕星公司 2011 年 6 月份,按照本月应纳税所得额计算的应交所得税为 19 202.50 元,该企业采用应付税款法进行所得税的核算,用银行存款预交后,予以转账。编制会计分录如下:

①计算出当月应缴纳的所得税费用时：

借：所得税费用　　19 202.50

　贷：应交税费——应交所得税　　19 202.50

②以银行存款预交所得税费用后：

借：应交税费——应交所得税　　19 202.50

　贷：银行存款　　19 202.50

③结转所得税费用时：

借：本年利润　　19 202.50

　贷：所得税费用　　19 202.50

结转后，“本年利润”账户的贷方余额应为 57 607.50（76 810 元 - 19 202.50元），即为当月该企业实现的净利润。

4）利润分配的核算

（1）账户的设置

①企业应设置“利润分配”账户，该账户属于所有者权益类账户，用以核算企业利润的分配（或亏损的弥补），以及历年利润分配后的积存余额。该账户借方登记利润分配的数额或年终亏损转入额，贷方登记“本年利润”账户的转入数及弥补亏损数。该账户应分别设置以下明细账户：a. 提取法定盈余公积；b. 提取任意盈余公积；c. 应付现金股利或利润；d. 转作股本的股利；e. 盈余公积补亏；f. 未分配利润等。其账户结构如图 9.15 所示。

借　　利润分配	贷
实际分配利润 年终亏损转入额	盈余公积弥补亏损额 年终将“本年利润”账户余额转入
平时余额：表示年内利润分配累计数 年终余额：表示未弥补的亏损	年终余额：表示未分配的利润

图 9.15　利润分配账户结构图

年终企业将全年实现的利润总额，从“本年利润”账户转入“利润分配——未分配利润”账户。同时，将本账户内其他明细账户的余额，也转入“未分配利润”明细账户。结转后，除了“未分配利润”明细账户有余额外，其他明细账户均无余额。“未分配利润”明细账户借方余额为未弥补亏损，贷方余额为未分配利润。其账户结构如图 9.16 所示。

借　　利润分配——未分配利润　　贷	
年度终了,企业将全年实现的净亏损自“本年利润”账户转入 将“利润分配”账户下的其他明细账户的余额转入	年度终了,企业将全年实现的净利润自“本年利润”账户转入
余额:反映尚未弥补的亏损	余额:反映尚未分配的利润

图 9.16　利润分配——未分配利润账户结构图

年终结转后,其他明细账户无余额。

未分配利润通常用于留待以后年度向投资者进行分配。由于未分配利润相对于盈余公积而言,属于未确定用途的留存收益,因此,企业在使用未分配利润上有较大的自主权,受国家法律法规的限制比较少。

②企业应设置“盈余公积”账户,该账户属于所有者权益类账户,用以核算企业提取的盈余公积金。该账户贷方登记盈余公积金的提取额,借方登记盈余公积金弥补亏损额及将盈余公积金转增资本金额,该账户的期末贷方余额为盈余公积金的结余额。其账户结构如图 9.17 所示。

借　　盈余公积　　贷	
盈余公积金弥补亏损 将盈余公积金转增资本金	提取盈余公积金
	余额:反映盈余公积金的结余额

图 9.17　盈余公积账户结构图

③企业应设置“应付利润”账户,该账户属于负债类账户,用以核算企业应付给投资者的利润,包括应付给国家、其他单位以及个人的投资利润。企业与其他单位或个人的合作项目,如按协议或合同规定,应支付利润的,也在本账户核算。该账户贷方登记企业计算出应支付给投资者的利润,借方登记实际支付的利润本账户期末借方余额为多付利润,贷方余额为未支付利润。其账户结构如图 9.18 所示。

借　　应付利润　　贷	
实际支付的利润	应支付给投资者的利润
余额:多付的利润	余额:未支付的利润

图 9.18　应付利润账户结构图

(2)利润分配的核算

利润分配的核算应按照以下步骤进行:

第一步,结转本年利润。年终,从"本年利润"账户结转的利润总额,应记入"本年利润"账户的借方和"利润分配——未分配利润"账户的贷方;如发生亏损,结转的亏损额应记入"利润分配——未分配利润"账户的借方和"本年利润"账户的贷方。

按规定用本年利润弥补以前年度亏损时,应记入"盈余公积"账户的借方和"利润分配——盈余公积补亏"账户的贷方。

第二步,提取盈余公积。按规定从税后利润中提取盈余公积时,应记入"利润分配——提取法定盈余公积"账户的借方和"盈余公积——提取法定盈余公积"账户的贷方。

第三步,向投资者分配利润。接规定计算应分配给投资者的利润时,应记入"利润分配——应付利润"账户的借方和"应付利润"账户的贷方。

第四步,分配利润的结转。年度实现的利润按照规定分配以后,应将"利润分配"账户所属的"提取盈余公积""应付利润"等二级账户的余额转入"利润分配——未分配利润"二级账户的借方;将"利润分配——盈余公积补亏"二级账户的余额转入"利润分配——未分配利润"账户的贷方。除"未分配利润"明细账户外,"利润分配"账户的其他明细账户应无余额。

结转后,"利润分配——未分配利润"二级账户如有余额,贷方为历年积存的未分配利润,借方为历年积存的未弥补亏损。

【例9.18】 假设榕星公司2011年终净利润即"本年利润"账户贷方余额为690 000元。该企业按净利润的10%提取法定盈余公积,按净利润的20%给投资者分配利润。

①结转本年利润:

借:本年利润 690 000

　　贷:利润分配——未分配利润 690 000

②提取法定盈余公积:

借:利润分配——提取法定盈余公积 69 000

　　贷:盈余公积——法定盈余公积 69 000

③计算应分配给投资者的利润:

借:利润分配——应付利润 138 000

　　贷:应付利润 138 000

④将利润分配各明细科目转入"利润分配——未分配利润"账户的贷方:

借:利润分配——未分配利润 207 000

　　贷:利润分配——提取盈余公积 69 000

——应付利润　　　　138 000

结转后,该企业"利润分配——未分配利润"账户贷方余额为 483 000 元(690 000 元 - 207 000 元),可转入以后年度分配。

9.3.3　掌握结账

结账是指将一定时期内发生的经济业务在全部登记入账后,按照规定的方法对该期内的账簿记录进行小结,结算出本期发生额合计和余额,并将余额结转下期或转入新账,以便根据账簿记录编制财务会计报告。

为了总结一个会计主体一定时期内的经济活动情况,取得企业财务状况和经营成果的核算资料,各单位必须在会计期末进行结账,不得为赶编会计报表而提前结账,更不得先编制会计报表后结账。月度、季度、半年度和年度结账日分别为公历年度的最后一日。

1)结账的内容和程序

①结账前,必须检查本期内日常发生的经济业务是否已全部登记入账,若发现漏账、错账,应及时补记、更正。

②结账前,在实行权责发生制的单位,应按照权责发生制的要求,进行账项调整的账务处理,以计算确定本期的成本、费用、收入和财务成果。

③将损益类账户转入"本年利润"账户,结平所有损益类账户。将"制造费用"转入"生产成本"账户等。

④在本期全部经济业务登记入账的基础上,结算出所有账户的本期发生额和期末余额。计算登记各种账簿的本期发生额和期末余额。

在确认当前发生的经济业务、调整账项及有关转账业务全部登记入账后,可办理结账手续,结计总分类账、日记账、明细分类账各账户的当前发生额、余额及累计额,并结转下期账簿记录。

2)结账的规范

会计人员应按照规定,对库存现金、银行存款日记账按日结账,对其他账户按月、季、年结账。

(1)日结或月结时

应在该日、该月最后一笔经济业务下面划一条通栏单红线,在红线下"摘要"栏内注明"本日合计"或"本月合计""本月发生额及余额"字样,在"借方"栏、"贷方"栏或"余额"栏分别填入本日、本月合计数和月末余额,同时在"借或贷"栏内注明借贷方向。然后,在这一行下面再划一条通栏红线,以便与下日、下月发生额划清。

(2)季结时

通常在每季度的最后一个月月结的下一行,在"摘要"栏内注明"本季合计"或"本季度发生额及余额",同时结出借、贷方发生总额及季末余额。然后,在这一行下面划一条通栏单红线,表示季结的结束。

(3)年结时

在第四季度季结的下一行,在"摘要"栏注明"本年合计"或"本年发生额及余额",同时结出借、贷方发生额及期末余额。然后,在这一行下面划上通栏双红线,以示封账。

(4)年度结账后

总账和日记账应当更换新账,明细账一般也应更换。但有些明细账,如固定资产明细账等可以连续使用,不必每年更换。年终时,要把各账户的余额结转到下一会计年度,只在摘要栏注明"结转下年"字样,结转金额不再抄写。如果账页的"结转下年"行以下还有空行,应当自余额栏的右上角至日期栏的左下角用红笔划对角斜线注销。在下一会计年度新建有关会计账簿的第一行余额栏内填写上年结转的余额,并在摘要栏注明"上年结转"字样。

(5)编制会计报表前

必须把总账和明细账登记齐全,试算平衡,不准先出报表,后补记账簿和办理结账。

(6)凡涉及债权债务及待处理事项的账户

填写"上年结转"时,还应在摘要栏填写组成金额的发生日期及主要经济业务内容说明,一行摘要栏写不完的,可以在次行摘要栏继续填写,最后一行的余额栏填写上年度余额。

3)结账的方法

结账时应当根据不同的账户记录,分别采用不同的方法。

(1)对不需要按月结计本期发生额的账户

对于此类账户,如各项应收款明细账和各项财产物资明细账等,每次记账以后,都要随时结出余额,每月最后一笔余额即为月末余额。也就是说,月末余额就是本月最后一笔经济业务记录的同一行内的余额。月末结账时,只需要在最后一笔经济业务记录之下划一单红线,不需要再结计一次余额,如表9.8所示。

表 9.8　材料明细分类账

总第 10 页
分第 1 页
编号____

2010年		凭证号数	摘要	借(增加)方											贷(减少)方											金额											√
年	日			数量	单价	金额									数量	单价	金额									数量	单价	金额									
						百	十	万	千	百	十	元	角	分			百	十	万	千	百	十	元	角	分			百	十	万	千	百	十	元	角	分	
12	1		期初余额																							1 500	4				6	0	0	0	0	0	
	5	转字5	领用												800											700											
	8	转字6	购入	1 000	4				4	0	0	0	0	0												1 700											
	13	转8	领用												1 000											700											
	20	转16	购入	2 000	4				8	0	0	0	0	0												2 700											
	30	转25	汇总发出材料												1 800	4				7	2	0	0	0	0	2 700				1	0	8	0	0	0	0	
															红线																						

(2)库存现金、银行存款日记账和需要按月结计发生额的收入、费用等明细账。

此类账户每月结账时,要在最后一笔经济业务记录下面划一单红线,结出本月发生额和余额,在摘要栏内注明“本月合计”字样,在下面再划一条单红线,如表9.9所示。

(3)需要结计本年累计发生额的某些明细账户

此类账户如主营业务收入、成本明细账等,每月结账时,应在“本月合计”行下结计自年初起至本月末止的累计发生额,登记在月份发生额下面,在摘要栏内注明“本年累计”字样,并在下面再划一单红线。12月末的“本年累计”就是全年累计发生额,全年累计发生额下划双红线如表9.10所示。

(4)总账账户平时只需结计月末余额

年终结账时,为了反映全年各项资产、负债及所有者权益增减变动的全貌,便于核对账目,要将所有总账账户结计全年发生额和年末余额,在摘要栏内注明“本年合计”字样,并在合计数下划一双红线。采用棋盘式总账和科目汇总表代替总账的单位,年终结账,应当汇编一张全年合计的科目汇总表和棋盘式总账,如表9.11所示。

(5)需要结计本月发生额的某些账户

如果本月只发生一笔经济业务,由于这笔记录的金额就是本月发生额,结账时,只要在此行记录下划一单红线,表示与下月的发生额分开就可以了,不需另结出“本月合计”数,如表9.12所示。

4)结账的注意事项

(1)结账如何划线

结账划线的目的,是为了突出本月合计数及月末余额,表示本会计期间的会计记录已经截止或结束,并将本期与下期的记录明显分开。根据《会计基础工作规范》规定,月结划单线,年结划双线。划线时,应划红线;划线应划通栏线,不应只在本账页中的金额部分划线。

(2)账户余额的填写方法

每月结账时,应将月末余额写在本月最后一笔经济业务记录的同一行内。但在库存现金日记账、银行存款日记账和其他需要按月结计发生额的账户,如各种成本、费用、收入的明细账等,每月结账时,还应将月末余额与本月发生额写在同一行内,在摘要栏注明“本月合计”字样。这样做,账户记录中的月初余额加减本期发生额等于月末余额,便于账户记录的稽核。需要结计本年累计发

表 9.9 库存现金日记账

2011 年		凭证号数	对方科目	摘要	总页	收入（借方）										付出（贷方）										结存									
月	日					千	百	十	万	千	百	十	元	角	分	千	百	十	万	千	百	十	元	角	分	千	百	十	万	千	百	十	元	角	分
12	1		期初余额																											2	5	0	0	0	0
12	14	7	在建工程	安装设备花费																	1	0	0	0	0					2	4	0	0	0	0
				本日合计	红线																1	0	0	0	0					2	4	0	0	0	0
12	19	15	支付职工困难补助	应付职工薪酬																2	0	0	0	0	0						4	0	0	0	0
				本日合计	红线															2	0	0	0	0	0						4	0	0	0	0
12	23	24	差旅费返还	其他应收款							5	0	0	0	0																9	0	0	0	0
			红线	本日合计							5	0	0	0	0																9	0	0	0	0
			红线	本月合计							5	0	0	0	0					2	1	0	0	0	0						9	0	0	0	0

表 9.10 **主营业务收入明细账**

总第________页

分第________页

二级明细科目__

2011 年		凭证号数	摘 要	借 方										√	贷 方										√	借或贷	金 额									
月	日			千	百	十	万	千	百	十	元	角	分		千	百	十	万	千	百	十	元	角	分			千	百	十	万	千	百	十	元	角	分
12	20	19	出售 A 产品														2	4	0	0	0	0	0	0		贷			2	4	0	0	0	0	0	0
12	21	20	出售 A 产品														1	2	0	0	0	0	0	0		贷			3	6	0	0	0	0	0	0
12	30	28	销售产品				红线											6	0	0	0	0	0	0		贷			4	2	0	0	0	0	0	0
12	31		本月合计		红线						0						4	2	0	0	0	0	0	0		贷			4	2	0	0	0	0	0	0
12	31		本年累计				红线									6	0	0	0	0	0	0	0	0												

表 9.11 总分类账

总第______页
分第______页

会计科目名称:库存商品

2010年		凭证号数	摘要	借方										√	贷方										√	借或贷	金额									
月	日			千	百	十	万	千	百	十	元	角	分		千	百	十	万	千	百	十	元	角	分			千	百	十	万	千	百	十	元	角	分
1	1		上年结转																							借				6	4	2	0	0	0	0
	10	科汇 01	汇总1至10日凭证				3	8	6	0	0	0	0																							
	20	科汇 02	汇总11至20日凭证				3	2	4	0	0	0	0																							
	31	科汇 03	汇总21至31日凭证															6	2	4	2	0	0	0		借				7	2	7	8	0	0	0
	31	红线	本月合计				7	1	0	0	0	0	0					6	2	4	2	0	0	0		借				7	2	7	8	0	0	0
		红线	…																																	
12	31	红线	本月合计				8	6	7	0	0	0	0					7	4	3	0	0	0	0		借				8	5	1	8	0	0	0
		红线	本年合计			8	9	4	8	0	0	0	0				8	7	3	8	2	0	0	0		借				8	5	1	8	0	0	0
			结转下年																																	

表 9.12　其他业务收入明细账

总第______页

分第______页

二级明细科目____

2011 年		凭证号数	摘　要	借　方										√	贷　方										√	借或贷	金　额										√
月	日			千	百	十	万	千	百	十	元	角	分		千	百	十	万	千	百	十	元	角	分			千	百	十	万	千	百	十	元	角	分	
12	25	25	销售材料				红线												2	0	0	0	0	0		贷					2	0	0	0	0	0	

生额的某些明细账户,每月结账时,“本月合计”行已有余额的,“本年累计”行就不必再写余额了。

(3)能否用红字结账

账簿记录中使用的红字,具有特定的涵义,它表示蓝字金额的减少或负数余额。因此,结账时,如果出现负数余额,可以用红字在余额栏登记,但如果余额栏前印有余额的方向(如借或贷),则应用蓝黑墨水书写,而不得使用红色墨水。

年度终了,要把各账户的余额结转到下一会计年度,并在摘要栏注明“结转下年”字样;在下一会计年度新建有关会计账簿的第一余额栏内填写上年结转的余额,并在摘要栏注明“上年结转”字样。

任务4　编制与报送会计报表

9.4.1　编制资产负债表

1)资产负债表的格式

资产负债表一般有表首、正表两个部分。其中,表首概括地说明报表名称、编制单位、编制日期、报表编号、货币名称、计量单位等。正表是资产负债表的主体,列示了用以说明企业财务状况的各个项目。资产负债表正表的格式一般有两种:报告式资产负债表和账户式资产负债表。报告式资产负债表是上下结构,上半部列示资产,下半部列示负债和所有者权益。具体排列形式又有两种:一是按“资产 = 负债 + 所有者权益”的原理排列;二是按“资产 - 负债 = 所有者权益”的原理排列。账户式资产负债表是左右结构,左边列示资产,右边列示负债和所有者权益。不管采取什么格式,资产各项目的合计等于负债和所有者权益各项目的合计这一等式不变。

在我国,资产负债表采用账户式。每个项目又分为“期末余额”和“年初余额”两栏分别填列。其基本结构如表9.13所示。

表9.13 资产负债表

编制单位:××有限公司　　20××年××月××日　　单位:元

资　产	期末余额	年初余额	负债及所有者权益	期末余额	年初余额
流动资产:			流动负债:		
货币资金			短期借款		
交易性金融资产			交易性金融负债		
应收票据			应付票据		
应收账款			应付账款		
预付款项			预收款项		
应收利息			应付职工薪酬		
应收股利			应交税费		
其他应收款			应付利息		
存货			应付股利		
一年内到期的非流动资产			其他应付款		
其他流动资产			一年内到期的非流动负债		
流动资产合计			其他流动负债		
非流动资产:			**流动负债合计**		
可供出售金融资产			非流动负债:		
持有至到期投资			长期借款		
长期应收款			应付债券		
长期股权投资			长期应付款		
投资性房地产			专项应付款		
固定资产			预计负债		
在建工程			递延所得税负债		
工程物资			其他非流动负债		
固定资产清理			**非流动负债合计**		

续表

资　产	期末余额	年初余额	负债及所有者权益	期末余额	年初余额
生产性生物资产			**负债合计**		
油气资产			所有者权益（或股东权益）：		
无形资产			实收资本（或股本）		
开发支出			资本公积		
商誉			减：库存股		
长期待摊费用			盈余公积		
递延所得税资产			未分配利润		
其他非流动资产			**所有者权益（或股东权益）合计**		
非流动资产合计					
资产总计			**负债和所有者权益（或股东权益）总计**		

2）资产负债表的编制

资产负债表是反映资金运动的静态报表，各项目的数额主要是根据有关资产负债表的期末余额填列。表中“年初数”栏内各项金额，应根据上年末资产负债表“期末数”栏内所列金额填列。如果两个年度的资产负债表中某些项目的名称和数字不一致，应按本年度的规定调整后填入本表“年初数”栏内。表中“期末数”栏内各项目金额，大部分可以根据各账户的期末余额直接填列，其中一部分项目需要根据有关账户的期末余额合并或调整后填列。

①“货币资金”项目，反映企业库存现金、银行结算户存款、外埠存款、银行汇票存款、银行本票存款和在途资金等货币资金的合计数。本项目应根据“库存现金”“银行存款”“其他货币资金”科目的期末余额合计填列。

②“交易性金融资产”项目，反映企业购入的各种能随时变现并准备随时变现的、持有时间不超过1年（含1年）的股票、债券和基金，以及不超过1年的其他投资，减去已提跌价准备后的净额。本项目应根据“交易性金融资产”账户期末余额填列。

③“应收票据”项目，反映企业收到的未到期收款，也未向银行贴现的应收票据，包括银行承兑汇票和商业承兑汇票。本项目应根据“应收票据”账户的期末余额填列。已向银行贴现和已背书转让的应收票据不包括在本项目内，其中已贴现的商业承兑汇票应在会计报表附注中单独披露。

④“应收账款”项目，反映企业因销售商品或提供劳务应向购买方收取的款项，减去已计提的坏账准备后的净额。本项目应根据“应收账款”账户所属各明细账户的期末借方余额合计，减去“坏账准备”账户中有关应收账款计提的坏账准备期末余额后的金额填列。如“应收账款”账户所属明细账户期末有贷方余额的，应在本表“应付账款”项目内填列。“预付账款”账户所属有关明细账户期末有借方余额的，也在本项目填列。“应付账款”账户所属明细账户有借方余额的，也应包括在本项目内。

⑤“应收利息”项目，反映企业因债权投资而应收取的利息。企业购入到期还本付息债券应收的利息，不包括在本项目内。本项目应根据“应收利息”账户的期末余额填列。

⑥“其他应收款”项目，反映企业对其他单位和个人的应收、暂付款项，减去已计提的坏账准备后的净额。本项目应根据“其他应收款”账户的期末余额，减去“坏账准备”账户中有关其他应收款计提的坏账准备期末余额后的金额填列。

⑦“存货”项目，反映企业期末在库、在途和在加工中的各项存货的实际成本，包括原材料、“周转材料”、自制半成品、库存商品、发出商品等。本项目应根据“材料采购”“在途物资”“原材料”“周转材料”“材料成本差异”“委托加工物资”“自制半成品”“库存商品”“发出商品”“生产成本”等科目的期末借贷方余额相抵后的差额填列。

⑧“一年内到期的非流动资产”项目，反映企业将于一年内到期的非流动资产。本项目应根据有关账户的期末分析计算填列。

⑨“其他流动资产”项目，反映企业除以上流动资产项目外的其他流动资产的实际成本，应根据有关科目的期末余额填列。

⑩“可供出售金融资产”项目，反映企业持有的划分为可供出售金融资产的证券。本项目应根据“可供出售金融资产”账户的期末余额填列。

⑪“持有至到期投资”项目，反映企业持有的划分为持有至到期投资的证券。本项目根据“持有至到期投资”账户的期末余额减去“持有至到期投资减值准备”账户的期末余额后填列。

⑫“投资性房地产”项目，反映企业持有的投资性房地产。本项目应根据“投资性房地产”账户的期末余额，减去“累计折旧”“固定资产减值准备”所属

相关明细账户期末余额后的金额分析填列。

⑬“长期股权投资”项目，反映企业不准备在1年内(含1年)变现的各种股权性质投资的可收回金额。本项目应根据“长期股权投资”账户的期末余额，减去“长期投资减值准备”账户中有关股权投资减值准备期末余额后的金额填列。

⑭“长期应收款”项目，反映企业持有的长期应收款的可收回金额。本项目应根据“长期应收款”账户的期末余额，减去“坏账准备”账户所属相关明细账户期末余额，再减去“未确认融资收益”账户期末余额后的金额分析填列。

⑮“固定资产”项目，反映企业的固定资产可收回金额。本项目应根据“固定资产”账户的期末余额，减去“累计折旧”“固定资产减值准备”账户期末余额后的金额，分析计算填列。

⑯“在建工程”项目，反映企业期末各项未完工程的实际支出，包括交付安装的设备价值，未完建筑安装工程已经耗用的材料、工资和费用支出、预付出包工程的价款、已经建筑安装完毕但尚未交付使用的工程等的可收回金额。本项目应根据“在建工程”账户的期末余额分析填列。

⑰“工程物资”项目，反映企业各项工程尚未使用工程物资的实际成本。本项目应根据“工程物资”账户的期末余额填列。

⑱“固定资产清理”项目，反映企业因出售、毁损、报废等原因转入清理但尚未清理完毕的固定资产账面价值，以及固定资产清理过程中所发生的清理费用和变价收入等各项金额的差额。本项目应根据“固定资产清理”账户的期末借方余额填列，如“固定资产清理”账户期末余额为贷方余额，以“-”填列。

⑲“无形资产”项目，反映企业各项无形资产的期末可收回金额。本项目应根据“无形资产”账户的期末余额，减去“累计摊销”“无须资产减值准备”等账户期末余额后的金额填列。

⑳“递延所得税资产”项目，反映企业确认的递延所得税资产。本项目应根据“递延所得税资产”账户期末余额分析填列。

㉑“其他非流动资产”项目，反映企业除以上资产以外的其他长期资产。本项目，应根据有关账户的期末余额填列，其他长期资产价值较大的，应在会计报表附注中披露其内容和金额。

㉒“短期借款”项目，反映企业借入尚未归还的1年期以下(含1年)的借款。本项目应根据“短期借款”账户的期末余额填列。

㉓“交易性金融负债”项目，反映企业为交易而发生的金融负债，包括以公允价值计量且其变动记入当期损益的金融负债。本项目应根据“交易性金融负债”等账户的期末余额填列。

㉔“应付票据”项目,反映企业为了抵付货款等而开出、承兑的尚未到期付款的应付票据,包括银行承兑汇票和商业承兑汇票。本项目应根据“应付票据”账户期末余额填列。

㉕“应付账款”项目反映企业购买商品或接受劳务而应付给销货方的款项。本项目应根据“应付账款”账户所属各有关明细分类账户期末贷方余额合计填列。如“应付账款”账户所属各明细账户期末有借方余额,应在本表“应收账款”项目内填列。“预收账款”账户所属有关明细账户有贷方余额的,也在本项目填列。“应收账款”账户所属明细账户有贷方余额的,出应包括在本项目内。

㉖“应付职工薪酬”项目,反映企业应付未付的职工薪酬。本项目应根据“应付职工薪酬”账户期末贷方余额填列。如“应付职工薪酬”账户期末有借方余额,以“ - ”号填列。

㉗”应交税费”项目,反映企业期末未交、多交或未抵扣的各种税费。本项目应根据 “应交税费”账户的期末贷方余额合计填列。如“应交税费”账户期末为借方余额,以“ - ”号填列。

㉘“应付利息”项目,反映企业应付未付的利息。本项目应根据“应付利息”账户的期末贷方余额填列。

㉙“其他应付款”项目,反映企业所有应付和暂收其他单位和个人的款项。本项目应根据“其他应付款”账户的期末余额填列。

㉚“预计负债”项目,反映企业预计负债的期末余额。本项目应根据“预计负债”账户的期末余额填列。

㉛“一年内到期的非流动负债”项目,反映企业承担的一年内到期的非流动负债。本项目应根据有关非流动负债账户的期末余额分析填列。

㉜“其他流动负债”项目,反映企业除以上流动负债以外的其他流动负债。本项目应根据有关账户的期末余额填列,如“待转资产价值”账户的期末余额可在本项目内反映。其他流动负债价值较大的,应在会计报表附注中披露其内容及金额。

㉝“长期借款”项目,反映企业借入尚未归还的1年期以上(不含1年)的借款本息。本项目应根据“长期借款”账户的期末余额填列。

㉞“应付债券”项目,反映企业发行的尚未偿还的各种长期债券的本息。本项目应根据“应付债券”账户的期末余额填列。

㉟“长期应付款”项目,反映企业除长期借款和应付债券以外的其他各种长期应付款。本项目应根据“长期应付款”账户的期末余额,减去“未确认融资费用”账户期末余额后的金额填列。

㊱“递延所得税负债”项目，反映企业确认的递延所得税负债。本项目应根据“递延所得税负债”账户期末余额分析填列。

㊲“其他非流动负债”项目，反映企业除以上非流动负债项目以外的其他非流动负债。本项目应根据有关账户的期末余额填列。其他非流动负债价值较大的，应在会计报表附注中披露其内容和金额。

㊳“实收资本(或股本)”项目，反映企业各投资者实际投入的资本(或股本)总额。本项目应根据“实收资本(或股本)”账户期末余额填列。

㊴“资本公积”项目，反映企业资本公积的期末余额。本项目应根据“资本公积”账户的期末余额填列。

㊵“盈余公积”项目，反映企业盈余公积的期末余额。本项目应根据“盈余公积”账户的期末余额填列。

㊶“未分配利润”项目，反映企业尚未分配的利润。本项目应根据“本年利润”账户和“利润分配”账户的余额计算填列，未弥补的亏损，在本项目内以“－”号填列。

【例 9.19】 榕星公司 2011 年 6 月 30 日账户余额如表 9.14 所示。

表 9.14 总账余额表

总 账	借方余额	贷方余额	总 账	借方余额	贷方余额
库存现金	400		应付票据		37 840
银行存款	175 060		应付账款		150 000
应收票据	350 800		应付职工薪酬		14 800
应收账款	223 400		长期借款		500 000
预付账款	36 200		实收资本		1 500 000
原材料	35 300		盈余公积		199 220
生产成本	172 600		利润分配		150 000
库存商品	150 700				
固定资产	1 732 900				
累计折旧		325 500			
合 计	2 877 360	325 500			2 551 860

根据上述资料，编制该公司2011年6月30日的资产负债表，如表9.15所示。

表9.15 资产负债表

编制单位：榕星公司　　2011年6月30日　　单位：元

资　产	期末数	负债及所有者权益	期末数
流动资产：		流动负债：	
货币资金	175 460	短期借款	
交易性金融资产		交易性金融负债	
应收票据	350 800	应付票据	37 840
应收账款	223 400	应付账款	150 000
预付款项	36 200	预收款项	
应收利息		应付职工薪酬	14 800
应收股利		应交税费	
其他应收款		应付利息	
存货	358 600	应付股利	
一年内到期的非流动资产		其他应付款	
其他流动资产		一年内到期的非流动负债	
流动资产合计	1 144 460	其他流动负债	
非流动资产：		**流动负债合计**	202 640
可供出售金融资产		非流动负债：	
持有至到期投资		长期借款	500 000
长期应收款		应付债券	
长期股权投资		长期应付款	
投资性房地产		专项应付款	
固定资产	1 407 400	预计负债	
在建工程	1 407 400	递延所得税负债	
工程物资		其他非流动负债	
固定资产清理		**非流动负债合计**	500 000

续表

资　产	期末数	负债及所有者权益	期末数
生产性生物资产		**负债合计**	702 640
油气资产		所有者权益(或股东权益):	
无形资产		实收资本(或股本)	1 500 000
开发支出		资本公积	
商誉		减:库存股	
长期待摊费用		盈余公积	199 220
递延所得税资产		未分配利润	150 000
其他非流动资产		**所有者权益(或股东权益)合计**	1 849 220
非流动资产合计			
资产总计	2 551 860	**负债和所有者权益(或股东权益)总计**	2 551 860

9.4.2 编制利润表

1)利润表的格式

在利润表中,企业通常以各项收入、费用以及构成利润的各个项目分类分项列示。也就是说收入按其重要性进行列示,主要包括主营业务收入、其他业务收入、投资收益、补贴收入、营业外收入;费用按其性质进行列示,主要包括主营业务成本、营业税金及附加、销售费用、管理费用、财务费用、其他业务成本、营业外支出、所得税等;利润按营业利润、利润总额和净利润等利润的构成分类分项列示。

利润表一般有表首、正表两部分。其中表首说明报表名称、编制单位、编制日期、报表编号、货币名称、计量单位等;正表是利润表的主体,反映形成经营成果的各个项目和计算过程。利润表正表的格式有两种:单步式利润表和多步式利润表。

①单步式利润表是将当期所有的收入列在一起,然后将所有的费用列在一起,两者相减得出当期净损益。

②多步式利润表是通过对当期的收入、费用、支出项目按性质加以归类，按利润形成的主要环节列示一些中间性利润指标，如营业利润、利润总额、净利润，分步计算当期净损益。

在我国，利润表采用多步式，每个项目通常又分为“本月数”和“本年累计数”两栏分别列示。其基本格式如表9.16所示。

表9.16 利润表

编制单位： 20××年××月××日 单位：元

项 目	行次	本年金额	上年金额
一、营业收入			
减：营业成本			
营业税金及附加			
销售费用			
管理费用			
财务费用（收益以“－”号填列）			
资产减值损失			
加：公允价值变动净收益（净损失以“－”号填列）			
投资净收益（净损失以“－”填列）			
二、营业利润（亏损以“－”号填列）			
加：营业外收入			
减：营业外支出			
其中：非流动资产处置净损失（净收益以“－”号填列）			
三、利润总额（亏损总额以“－”号填列）			
减：所得税			
四、净利润（净亏损以“－”号填列）			
五、每股收益			
（一）基本每股收益			
（二）稀释每股收益			

2）利润表的编制

利润表是反映资金运动的动态报表，各项目的数额主要根据有关损益类账户的发生额填列。表中“本月数”栏反映各项目的本月实际发生数，在编制年度报表时，填列上年全年累计实际发生数，并将“本月数”栏改为“上年数”栏。如果上年度利润表项目的名称和内容与本年度利润表不一致，应加以调整。利润表中的“本年累计数”栏，反映各项目自年初起至本月止的累计实际发生数。

利润表各项目的内容及填列方法如下：

①“营业收入”项目，反映企业销售商品和提供劳务等经营业务取得的收入额。本项目应根据“主营业务收入”“其他业务收入”等账户的发生额分析填列。

②“营业成本”项目，反映企业经营业务发生的成本。本项目应根据“主营业务成本”“其他业务成本”等账户的发生额分析填列。

③“营业税金及附加”项目，反映企业经营活动应负担的营业税、消费税、城市维护建设税、资源税、土地增值税和教育费附加等。本项目应根据“营业税金及附加”账户的发生额分析填列。

④“销售费用”项目，反映企业在销售商品过程中发生的费用。本项目应根据“销售费用”账户的发生额分析填列。

⑤“管理费用”项目，反映企业的管理费用。本项目应根据“管理费用”账户的发生额分析填列。

⑥“财务费用”项目，反映企业发生的财务费用。本项目应根据“财务费用”账户的发生额分析填列。

⑦“资产减值损失”项目，反映企业确认的资产减值损失。本项目应根据“资产减值损失”账户的发生额分析填列。

⑧“公允价值变动损益”项目，反映企业确认的交易性金融资产或交易性金融负债的公允价值变动额。本项目应根据“公允价值变动损益”账户的发生额分析填列。

⑨“投资收益”项目，反映企业以各种方式对外投资所取得的收益。本项目应根据“投资收益”账户的发生额分析填列，如为投资损失，以“－”号填列。

⑩“营业外收入”项目，反映企业发生的与其生产经营无直接关系的各项收入。本项目应根据“营业外收入”账户的发生额分析填列。

⑪“营业外支出”项目，反映企业发生的与其生产经营无直接关系的各项支出。本项目应根据“营业外支出”账户的发生额分析填列。

⑫“利润总额”项目,反映企业实现的利润总额,如为亏损总额,以“-”号填列。

⑬“所得税”项目,反映企业按规定从本期损益中减去的所得税。本项目应根据“所得税费用”账户的发生额分析填列。

⑭“净利润”项目,反映企业实现的净利润,如为净亏损,以“-”号填列。

【例9.20】 榕星公司2011年6月30日的有关收入、费用类账户的发生额如下。

主营业务收入	420 000
主营业务成本	272 300
营业税金及附加	680
管理费用	30 540
财务费用	2 200
销售费用	15 560
投资收益	500
营业外收入	90
营业外支出	23 000
其他业务收入	2 000
其他业务成本	1 500
所得税费用	19 202.50

要求编制该公司2011年6月的利润表,如表9.17所示。

表9.17 利润表

编制单位:榕星公司 2011年6月 单位: 元

项 目	本月数	本年累计数(略)
一、营业收入	422 000	
减:营业成本	273 800	
营业税金及附加	680	
销售费用	15 560	
管理费用	30 540	
财务费用	2 200	
资产减值损失		

续表

项　目	本月数	本年累计数(略)
加:公允价值变动收益		
投资收益	500	
二、营业利润	99 720	
加:营业外收入	90	
减:营业外支出	23 000	
三、利润总额	76 810	
减:所得税(25%)	19 202.50	
四、净利润	57 607.50	

9.4.3 报送与审核财务报告

1)财务报告的报送

企业应当按照国家统一的会计制度规定的会计报表格式和内容,根据登记完整、核对无误的会计账簿记录和其他有关资料编制会计报表,不得漏报或者任意进行取舍,还应对会计报表中需要说明的事项在会计报表附注和财务状况说明书中做出真实、完整、清楚的说明,并在规定的时间内,按照规定的方式,向内部相关负责人及其外部使用者报送财务报告,及时披露相关信息,确保所有财务报告使用者同时、同质、公平地获取财务报告信息。

2)财务报告的审核

根据国家法律法规和有关监管规定,企业应聘请会计师事务所对财务报告进行审计。企业要配合注册会计师的审计工作,及时提供与财务报告相关的资料。已经审计人员同意的财务报告草稿,经由企业总会计师和经理审核并签署真实性承诺后,及时提交董事会及其审计委员会(或类似机构)审议确认。董事会正式批准财务报告后,注册会计师方可签发审计报告。经过审计的财务报告应当按照有关规定装订成册,加盖公章,并由企业经理、总会计师、会计机构负责人签名。

任务5 了解账簿的更换和保管

9.5.1 账簿的更换

会计账簿的更换通常在下一会计年度建账时进行。一般来说,总账、日记账和多数明细账应每年更换一次;有些财产物资明细账和债权债务明细账,由于品种、规格和往来单位较多,更换新账的工作量较大,因此,可以跨年使用,不必每年更换一次。

更换账簿时,要将上年旧账簿在年终结账后,账户的年终余额直接转入下一年度启用的有关新账簿中的余额栏中,结转后新账的第一页第一行“摘要”栏注明“上年结转”字样。新旧账簿有关账户之间转记金额,无须编制记账凭证。

9.5.2 账簿的保管

年度终了,各账户在建立新账后,一般要将旧账交给总账会计进行集中管理。会计账簿暂由本单位财会部门保管一年,期满之后,由财会部门编造清册移交本单位的档案部门保管。

会计人员将各种凭证和账簿,连同账簿启用表、经管人员一览表装订成册,加上封面,统一编号,一起归档保管。账簿借出,应办理有关手续,并要按期收回。各种账簿和会计凭证,都必须按照会计制度统一规定的保存年限妥善保管,不得丢失和随意销毁。

会计账簿的保管期限,根据我国《会计档案管理办法》的规定,至少保存15年,现金日记账、银行存款日记账一般保管25年,保管期满,按规定的审批程序报经批准后方可销毁。

任务6　整理、装订和保管会计档案

9.6.1　整理、装订会计档案

1)整理会计档案

(1)会计凭证的整理

会计凭证是会计档案的重要组成部分。《会计基础工作规范》对会计凭证的整理、装订、保管都有明确的要求。会计凭证要做到装订整齐、完整、牢固,妥善保管,便于查阅。

整理会计凭证,首先要把所有应归档的会计凭证收集齐全,并根据记账凭证分类。记账凭证一般分为现金收、付款凭证,银行收、付款凭证,转账凭证,共3类5种。根据不同的种类,按时间或按顺序号逐张排放好。其次,整理记账凭证的附件,剔除不属于会计档案范围和没有必要归档的一些资料,补充遗漏的必不可少的核算资料。再次,清除订书针、曲别针等金属物。最后,将记账凭证按适当厚度分成若干本。将会计凭证整理好后,应按照有关规定的要求,认真做好会计凭证的装订工作。

在凭证的整理中必须注意:原始凭证应附在记账凭证后面,要求粘贴的原始凭证应真实、合法、完整、正确,粘贴要干净整洁,排列有序。对于纸张面积过小的原始凭证,可先按一定次序和类别排列,再粘在一张同记账凭证大小相同的白纸上,粘贴时宜用胶水。证票应分张排列,同类、同金额的单据尽量粘在一起,并在一旁注明张数和合计金额。如果是板状票证,可以将票面票底轻轻撕开;对于纸张面积略小于记账凭证的原始凭证,可先用回形针或大头针别在记账凭证后面,待装订时再抽去回形针或大头针;对于纸张面积大于记账凭证的原始凭证,可按记账凭证的面积尺寸,先自右向后,再自下向后两次折叠。注意应把凭证的左上角或左侧面让出来,以便装订后,还可以展开查阅。

(2)会计凭证的归档

首先,要认真填好会计凭证的封面。封面各记事栏是事后查账和查证有关事项的最基础的索引和凭证。其次,填好卷脊上的项目。卷脊上一般应写上“×年×月凭证”和案卷号。再次,将装订好的凭证入盒,由专人负责保管。

(3)会计账簿的整理

年度终了,各种账簿(包括仓库的材料、产成品或商品的明细分类账)在结转下年、建立新账后,一般都要把旧账送交总账会计集中统一整理。首先,将活页账按页码顺序排好,加封面后装订成本。然后,将各种账簿按照会计科目顺序排列,据以逐本登记会计档案(会计账簿)封面。会计账簿封面的有关内容要写全。

(4)会计报表的整理

会计报表一般在年度终了后,由专人(一般是主管报表的人员或财会机构负责人)统一收集、整理、装订,并立卷归档。平时,月(季)度报表,由主管人员负责保存。年终,将全年会计报表,按时间顺序整理装订成册,登记会计档案(会计报表)目录,逐项写明报表名称、页数、归档日期等。经会计机构负责人审核、盖章后,由主管报表人员负责装盒归档。

(5)其他会计资料的整理

其他财会资料,包括年(季)度成本、利润计划、月度财务收支计划、经济活动分析报告、工资计算表及一些重要的经济合同,也应随同正式会计档案进行收集整理。但是,这部分资料不全部移交档案部门,有的在一个相当长时间内,由财会部门保存。这就需要认真筛选,把收集起来的这些资料,逐件进行鉴别,将需移交档案部门保管存放的,按要求另行组卷装订,而后移交档案部门。

会计档案的整理要规范化。封面、盒、袋要按统一的尺寸、规格制作,卷脊、封面的内容要按统一的项目印制、填写。要做到收集按范围,整理按规范,装订按标准。

2)装订会计档案

(1)装订机的使用

凭证装订机由22个机件构成:①机头;②手柄弹簧;③手柄;④主轴;⑤线球盒;⑥夹头;⑦钢针;⑧紧手轮;⑨压手轮;⑩压脚;⑪靠架;⑫底盆;⑬工具盒;⑭切纸刀;⑮夹线板;⑯引线臂;⑰软轴;⑱弹簧;⑲装订线;⑳球线合架;㉑后孔;㉒线引。如图9.19所示。

装订的步骤:

①先将线球盒⑤装上球台架⑳。

②带线法:将装订线从球盒中抽出穿过底座后孔,经过夹线板⑮,由下而上穿过引线臂小孔⑯,再由底孔抽出线头。按照被装订件需要长度留出线头向左拉直,按定位线方向放好。

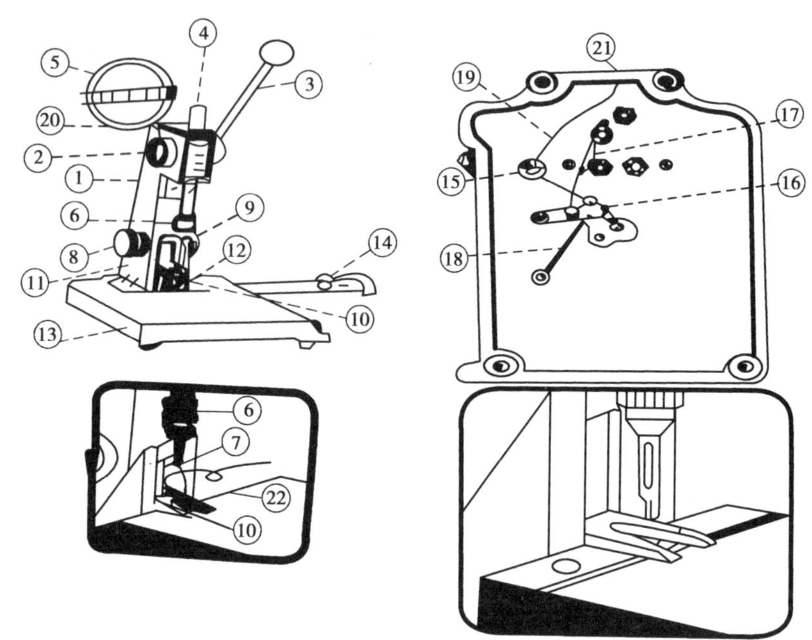

图 9.19　装订机

③将钢针装入夹头⑥,钢针钩槽朝正机身夹紧,进行试机带线;一边试机一边调整夹线板⑮螺母压力,使带线达到钩线引线灵活自如为止。

④将整理好的装订凭证夹入压脚⑩下面,转动右边压手轮⑨压紧,再转紧左边紧手轮⑧固定好,稍拉紧订线两头,继续操作手柄③将钢针缓缓穿透装订资料听到"喀"响声时,下穿已挂上钓槽。退出钢针,下线就自动带上,然后将线头穿过线孔㉒拉紧后线,就完成一次穿孔带线,孔距和孔数随意选择,装订宽度不受限制。

⑤冲孔法:在底孔盖上垫片,将冲头装压夹头上⑥。再将被冲穿物件放在压脚下面压紧。操作手柄③就能冲出光洁的圆孔。再用螺丝或铁皮账夹装订成册即成。

(2)凭证的装订

凭证装订就是将一札一札的会计凭证装订成册,以方便保管和使用。装订之前,要设计一下,看一个月的记账凭证究竟订成几册为好(一册厚度在 1.5 厘米左右)。每册的厚薄应基本保持相同,不能把几张一份的记账凭证拆开装订在两册之中,要做到既美观大方又便于翻阅。会计凭证装订之前,还要再次检查一遍所附原始凭证是否都经过加工折叠、整理。凡超过记账凭证宽度和长度的原始凭证，都要整齐的折叠进去。要尤其注意装订线眼处的折叠方法，避免装订以后再也翻不开了。

全部会计凭证都要加具封面，如图 9.20 所示。封面应用较为结实耐磨耐拉扯的牛皮纸为宜。

目录号：
案卷号：
会 计 凭 证
年
月份
本月第 卷

广州市财政局 T3式

会 计 档 案 记 账 凭 证

单位名称： 核销时间：

时 间	年度 月份 日至 日
卷 数	本月共 卷 本卷是第 卷
记账凭证张数	本卷自 字第 号至 字第 号共 张
会计主管： 经办人	
全宗号： 目录号： 案卷号	

图 9.20

①本单位的名称和会计凭证的名称，比如“广东立竣机床股份有限公司记账凭证”或“广东立竣机床股份有限公司收款凭证”等。

②凭证所反映的经济业务发生的年月份，凭证的起止号码，本札凭证为几分之几册或本月共几册，本册为第几册。

③在记账凭证封面上加盖单位负责人、财务负责人和装订人的印章，由装订人在装订线封签处签名或盖章。

(3)会计账簿的装订

①对活页账，要保留已使用过的账页，将账页数填写齐全，去除空白页并撤掉账夹，用质好的牛皮纸做封面和封底，装订成册。

②多栏式、三栏式、数量金额式等活页账簿不得混装，应按同类业务、同类账页装订在一起。

③装订好后，应在封面上填明账目的种类，编好卷号，并由会计主管人员和装订人签章。

④装订后会计账簿的封口要严密，封口处要加盖有关印章。封面应齐全，平整，并注明所属年度和账簿名称及编号，不得有折角、缺角、错页、掉页、加空白纸的现象。

⑤会计账簿要按保管期限分别编制卷号。

9.6.2 保管会计档案

1）会计档案的归档

根据财政部、国家档案局联合发布的《会计档案管理办法》，各单位对会计档案的归档和保管应做到以下 4 个方面：

①每年形成的会计档案，都应由会计机构按照归档的要求，负责整理立卷，装订成册，编制会计档案保管清册。

②当年形成的会计档案，在会计年度终了后，可暂由本单位会计机构保管 1 年。期满之后，应由会计机构编制移交清册，移交本单位的档案机构统一保管；未设立档案机构的，应当在会计机构内部指定专人保管。

③移交本单位档案机构保管的会计档案，原则上应当保持原卷册的封装，个别需要拆封重新整理的，档案机构应当会同会计机构和经办人共同拆封整理，以分清责任。

④对会计档案应当科学管理，做到妥善保管、存放有序、查找方便。同时，严格执行安全和保密制度，不得随意堆放，严防毁损、散失和泄密。

2）会计档案的查阅与复制

①各单位应建立健全会计档案的查阅、复制登记制度。

②各单位保存的会计档案不得借出。

③如有特殊需要，经本单位负责人批准，可以提供查阅或者复制，并办理登记手续。

④查阅或者复制会计档案的人员，严禁在会计档案上涂画、拆封和抽换。

⑤借出的会计档案，会计档案管理人员要按期如数收回，并办理注销借阅手续。

3）会计档案的保管期限

会计档案的重要程度不同，其保管期限也有所不同。各种会计档案的保管期限，根据其特点，分为永久和定期两类。定期保管期限分为 3 年、5 年、10 年、15 年、25 年 5 类。

会计档案的保管期限，从会计年度终了后的第一天算起。《会计档案管理办法》规定了我国企业和其他组织、预算单位等会计档案的具体保管期限，如表 9.18 和表 9.19 所示。

表9.18 企业和其他组织会计档案保管期限表

序号	档案名称	保管期限	备注
一	会计凭证类		
1	原始凭证	15 年	
2	记账凭证	15 年	
3	汇总凭证	15 年	
二	会计账簿类		
4	总账	15 年	包括日记总账
5	明细账	15 年	
6	日记账	15 年	现金和银行日记账 25 年
7	固定资产卡片		固定资产报废清理后 5 年
8	辅助账簿		
三	财务报告类		包括各级主管部门
9	月、季度财务报告	3 年	包括文字分析
10	年度财务报告(决算)	永久	包括文字分析
四	其他类		
11	会计移交清册	15 年	
12	会计档案保管清册	永久	
13	会计档案销毁清册	永久	
14	银行余额调节表	5 年	
15	银行对账单	5 年	

表9.19 财政总预算、行政单位、事业单位和税收会计档案保管期限表

序号	档案名称	财政总预算	行政事业单位	税收会计	备 注
一	会计凭证类				
1	国家金库编送的各种报表及缴库退库凭证	10 年		10 年	
2	各收入机关编送的报表	10 年			
3	行政单位和事业单位的各种会计凭证		15 年		包括:原始凭证、记账凭证和传票汇总表
4	各种完税凭证和缴、退库凭证			15 年	缴款书存根联在销号后保管 2 年

续表

序号	档案名称	财政总预算	行政事业单位	税收会计	备　注
5	财政总预算拨款凭证及其他会计凭证	15 年			包括:拨款凭证和其他会计凭证
6	农牧业税结算凭证			15 年	
二	会计账簿类				
7	日记账		15 年	15 年	
8	总账	15 年	15 年	15 年	
9	税收日记账(总账)和税收票证分类出纳账		25 年		
10	明细分类、分户账或登记簿	15 年	15 年	15 年	
11	现金出纳账、银行存款账		25 年	25 年	
12	行政单位和事业单位固定资产明细账(卡片)				固定资产报废清理后保管 5 年
三	财务报告类				
13	财政总预算	永久			
14	行政单位和事业单位决算	10 年	永久		
15	税收年报(决算)	10 年		永久	
16	国家金库年报(决算)	10 年			
17	基本建设拨、贷款年报(决算)	10 年			
18	财政总预算会计旬报	3 年			所属单位报送保管 2 年
19	财政总预算会计月、季度报表	5 年			所属单位报送的保管 2 年
20	行政单位和事业单位会计月、季度报表		5 年		所属单位报送的保管 2 年
21	税收会计报表(包括票证报表)			10 年	电报保管 1 年,所属税务机关报送的保管 3 年
四	其他类				
22	会计移交清册	15 年	15 年	15 年	
23	会计档案保管清册	永久	永久	永久	
24	会计档案销毁清册	永久	永久	永久	

4)会计档案的销毁

①会计档案保管期满需要销毁时,由本单位档案机构提出销毁意见,会同会计机构共同鉴定和审查,编制会计档案销毁清册。

②会计档案销毁清册是销毁会计档案的记录和报批文件,一般应包括:会计档案的名称、卷号、册数、起止年度和档案编号、应保管期限、已保管期限、销毁日期等内容。

③单位负责人应当在会计档案销毁清册上签署意见。

④对于保管期满但未结清的债权债务原始凭证以及涉及其他未了事项的原始凭证,不得销毁,应单独抽出,另行立卷,由档案机构保管到未了事项完结为止。

⑤单独抽出立卷的会计档案,应当在会计档案销毁清册和会计档案保管清册中列明。

⑥各单位按规定销毁会计档案时,应由档案机构和会计机构共同派员监销。

⑦国家机关销毁会计档案时,还应由同级财政部门、审计部门派员参加监销。

⑧各级财政部门销毁会计档案时,由同级审计机关派员参加监销。

⑨监销人在销毁会计档案以前,应当按照会计档案销毁清册所列内容认真进行清点核对所要销毁的会计档案;销毁后,应当在销毁清册上签名盖章,并将监销情况报告本单位负责人。

- 掌握财产清查
  - 认识财产清查
    - 财产清查的含义
    - 财产清查的意义
    - 财产清查的种类
  - 财产清查的程序
  - 财产清查的方法
    - 财产清查方法
    - 财产清查方法的应用
  - 财产清查结果的处理
    - 财产清查结果的处理原则
    - 财产清查结果的账务处理

掌握试算平衡、账项调整
- 试算平衡
- 对账和错账更正
- 账项调整

掌握财务成果的核算和结账
- 利润形成的核算
- 利润总额的核算:通过“本年利润”账户进行核算
- 企业所得税的核算:通过“所得税费用”账户进行核算
- 利润分配的核算:通过“利润分配”账户进行核算
- 结账
- 结账的注意事项

编制与报送财务会计报告
- 资产负债表
- 利润表
- 报送与审核财务报告

掌握账簿的更换和保管
- 账簿的更换
- 账簿的保管

一、思考题

1. 如何编制“银行存款余额调节表”?
2. 财产清查方法有几种?具体如何应用?
3. 实物资产清查结果如何处理?
4. 什么是试算平衡?如何进行试算平衡?
5. 什么是对账?对账包括哪些内容?
6. 错账的查找方法有几种?具体如何应用?
7. 错账更正的方法有几种?具体如何应用?
8. 什么是期末账项调整?具体调整哪些内容?
9. 什么是结账?结账的方法有哪些?
10. 如何保管会计账簿?

二、单项选择题

1. 银行存款清查的方法是(   )。

A. 技术测算法　　B. 实地盘点法

C. 查询法　　D. 账单核对法

2. 对于库存现金的清查,应将其结果及时填列( )。

A. 库存现金日记账　　B. 现金盘点报告表

C. 实存、账存对比表　　D. 余额调节表

3. 在记账无误的情况下,造成银行对账单和银行存款日记账不一致的原因是( )。

A. 预付账款　　B. 预收账款

C. 应收账款　　D. 未达账项

4. 下列项目的清查应采用询证核对法的是( )。

A. 原材料　　B. 应收账款

C. 实收资本　　D. 库存商品

5. 企业对于无法支付的应付账款应贷记的会计科目是( )。

A. 财务费用　　B. 营业外收入

C. 其他业务收入　　D. 管理费用

6. 财产清查中,流动资产发生盘盈,无法查明原因,审批后溢余金额应贷记的会计科目是( )。

A . 待处理财产损溢　　B. 营业外收入

C. 管理费用　　D. 其他业务收入

7. 对于债权债务的清查应采用的方法是( )。

A. 技术测算法　　B. 实地盘点法

C. 查询法　　D. 账单核对法

8. 为了及时掌握各项财产物资的增减变动和结存情况,一般应采用( )。

A. 权责发生制　　B. 实地盘存制

C. 收付实现制　　D. 永续盘存制

9. 银行存款余额调节表是( )。

A. 通知本单位未达账项调账的依据

B. 通知银行更正错误的依据

C. 调整银行存款账簿记录的原始凭证

D. 只起到对账作用,不能作为调节账面余额的原始凭证

10. “待处理财产损溢”账户的贷方可以登记( )。

A. 经批准转销的财产盘盈和盘亏、毁损

B. 待批准处理的财产盘盈和盘亏、毁损

C. 待批准处理的财产盘亏、毁损和经批准转销的财产盘盈

D. 待批准处理的财产盘盈和经批准转销的财产盘亏、毁损

三、多项选择题

1. 财产物资的盘存制度有(　　)。
   A. 权责发生制　　B. 实地盘存制
   C. 收付实现制　　D. 永续盘存制
2. 常用的实物财产清查的方法包括(　　)。
   A. 技术测算法　　B. 实地盘点法
   C. 查询法　　D. 账单核对法
3. 试算平衡包括(　　)。
   A. 期初余额试算平衡　　B. 期末余额试算平衡
   C. 本期发生额试算平衡　　D. 每个账户发生额试算平衡
4. 对账包括(　　)。
   A. 账证核对　　B. 账账核对
   C. 账单核对　　D. 账实核对
5. 错账的查找方法包括(　　)。
   A. 差数法　　B. 除 2 法
   C. 尾数法　　D. 除 9 法
6. 错账更正的方法包括(　　)。
   A. 余额调节表　　B. 划线更正法
   C. 红字更正法　　D. 补充登记法
7. 会计处理基础有(　　)。
   A. 权责发生制　　B. 实地盘存制
   C. 收付实现制　　D. 永续盘存制
8. 以下属于期末账项的调整的是(　　)。
   A. 应收账款　　B. 借款利息
   C. 预收款项　　D. 计提折旧
9. 资产负债表正表的格式一般有(　　)。
   A. 单步式　　B. 报告式
   C. 多步式　　D. 账户式
10. 利润表是(　　)。
   A. 根据有关账户发生额编制　　B. 反映经营成果的报表
   C. 静态报表　　D. 动态报表

四、判断题

1. 财产清查是通过对企业各种实物资产的实地盘点，将一定时点的实存数与账面结存数核对，借以查明账实是否相符的一种专门方法。 (   )

2. 不定期清查可以局部清查，也可以是全面清查。 (   )

3. 在实地盘存制下，本期发出数 = 期初结存数 + 本期收入数 - 期末实存数。 (   )

4. 现金清查时出纳人员不得在场，应回避。 (   )

5. 进行财产清查，如发现账存数大于实存数，即为盘盈。 (   )

6. 存货的盘亏或毁损属于自然灾害造成的，其净损失记入“管理费用”。 (   )

7. 除了结账和更正错账的记账凭证可以不附原始凭证外，其余的记账凭证均应当附有原始凭证。 (   )

8. 总账账户只需要结出月末余额，年终结账时，总账账户结出全年发生额和余额，并在合计数下通栏划双红线。 (   )

9. 我国的《企业会计准则》规定，企业的会计核算应当以权责发生制为基础。 (   )

10. 结账包括日结、旬结、月结、年结。 (   )

五、业务题

1. 榕星企业 2011 年 8 月 24 日至 31 日银行存款账面记录如下：

24 日，开出转账支票，支付运输费 540 元；

25 日，开出转账支票，支付购货款 38 640 元；

27 日，存入销货款 46 800 元；

29 日，开出转账支票，支付广告费 9 500 元：

30 日，转账支票存入销货款 35 100 元；

30 日，购买办公用品 800 元以现金支票支付；

31 日，银行存款账面结存余额 62 498 元。

银行对账单记录：

26 日，支票付出 38 640 元；

28 日，转账收入 46 800 元；

29 日，支票支付 540 元；

30 日，代付水电费 3 180 元；

30 日，存款利息收入 226 元；

30 日，代收销货款 12 840 元；

30 日，支票支出 9 500 元；

31 日，结存余额 38 084 元。

要求：根据上述资料，查明银行存款记录与银行对账单不符的原因，并编制银行存款余额调节表。

2. 榕星公司年终进行财产清查，发现下列事项：

①库存现金盘亏 200 元，经查其中 80 元是出纳过失，120 元无法查明原因。

②盘亏甲材料 400 千克，每千克 800 元，经查其中 2 千克为定额内损耗，3 千克为保管人员失职造成，395 千克属于自然灾害造成的损失。

③盘盈 A 产品 503 件，每件 600 元，经查其中 500 件为福兴公司尚未提走的产品，3 件为收发计量错误。

④盘亏机床一台，原价 9 500 元，已提折旧 2 850 元，经批准按非常损失处理。

要求：对清查结果进行相关账务处理。

3. 榕星公司 2011 年 10 月发生以下经济业务。

①开出转账支票 3 510 元偿还上月未付上海宏达公司的货款，编制记账凭证如下：

借：应付账款——上海宏达公司　　3 150

　贷：银行存款　　3 150

该凭证已登记入账。

②收到上月福兴公司所欠销货款 5 800 元，存入银行，编制记账凭证如下：

借：银行存款　　6 800

　贷：应收账款——福兴公司　　6 800

该凭证已登记入账。

③签发转账支票 3 600 元，预付本季度店面房租，编制记账凭证如下：

借：管理费用　　3 600

　贷：银行存款　　3 600

该凭证已登记入账。

④购买办公用品 500 元以现金支票支付，编制记账凭证如下：

借：管理费用　　500

　贷：库存现金　　500

该凭证已登记入账。

要求：指出上述会计处理错误之处，并予以更正。

4. 榕星公司2011年9月有关账户发生额如表9.20所示：

表9.20 榕星公司账户发生额

单位:元

账户名称	2011年9月份	
	借方发生额	贷方发生额
主营业务收入		680 000
主营业务成本	253 000	
营业税金及附加	87 000	
销售费用	79 000	
管理费用	62 000	
财务费用	28 000	
投资收益		138 000
营业外收入		52 000
营业外支出	85 000	
所得税费用	69 000	

要求:根据上述资料,编制该企业2011年9月份的利润表。

5. 榕星企业2011年12月发生以下经济业务：

①支付上月份水费800元；

②收回上月的应收账款11 700元；

③收到本月的营业收入款9 360元；

④支付本季度短期借款利息2 980元；

⑤支付2012年《福州晚报》征订费980元；

⑥应收营业收入46 800元,款项尚未收到；

⑦预收客户货款6 000元；

⑧负担本月的店面租金1 200元。

要求：

1. 比较权责发生制与收付实现制的异同；

2. 通过计算说明它们对收入、费用和盈亏的影响；

3. 说明各有何优缺点。

参考文献

[1] 中华人民共和国财政部. 企业会计准则 2006[M]. 北京:中国财政经济出版社,2006.
[2] 中华人民共和国财政部. 企业会计准则——应用指南 2006[M]. 北京:中国财政经济出版社,2006.
[3] 张歧. 基础会计[M]. 北京:电子工业出版社,2010.
[4] 王晖. 基础会计[M]. 北京:清华大学出版社,2010.
[5] 中华人民共和国会计法. 2000 年 7 月 1 日起实施.
[6] 会计基础工作规范. 财会字[1996]19 号.